Julius Duboc

Der Optimismus als Weltanschauung

und seine religiös ethische Bedeutung für die Gegenwart

Julius Duboc

Der Optimismus als Weltanschauung
und seine religiös ethische Bedeutung für die Gegenwart

ISBN/EAN: 9783743470002

Hergestellt in Europa, USA, Kanada, Australien, Japan

Cover: Foto ©ninafisch / pixelio.de

Manufactured and distributed by brebook publishing software (www.brebook.com)

Julius Duboc

Der Optimismus als Weltanschauung

Der

Optimismus als Weltanschauung

und seine

religiös ethische Bedeutung

für die Gegenwart.

Von

Julius Duboc,

Dr. phil.,

Verfasser von „Psychologie der Liebe", „Leben ohne Gott",
„Gegen den Strom", „Reben und Ranken".

———————

Bonn,

Verlag von Emil Strauß.

1881.

Sub specie aeterni.

Wir schauen in eine Tiefe, die wir nicht mehr durchdringen können. Das aber können wir wissen, daß das Persönliche, das uns daraus entgegenzublicken scheint, nur das Spiegelbild des Hineinschauenden ist.

D. F. Strauß.

Ich aber möchte unmaßgeblich rathen, den Worten ihre Bedeutung zu lassen und wo man etwas Anderes meint auch ein anderes Wort zu gebrauchen, also die Welt Welt und die Götter Götter zu nennen.

Schopenhauer.

Den Meinigen

in Liebe

gewidmet.

Inhalt.

Vorwort . VII
Ueberſicht 1
I. Die Erſchütterung des Jenſeits . . 13
II. Der Sinn des Seins im Optimismus . . 133
III. Die Preisgebung des Individuums im Weltprozeß 230
IV. Der Optimismus und das Gewiſſen . . 314
Anhang 380

Vorwort.

Gewitterschwül und sturmverkündend brütet es am geistigen Horizont der Gegenwart und je mehr das Jahrhundert sich seinem Ende zuneigt, desto düsterer scheint sich die Aussicht in die nächste Zukunft umwölken zu wollen. Wohin man blickt im europäischen Culturleben Gährung, Zersetzung, Befehdung auf's schärfste zugespitzter Gegensätze, Erschütterung und Gewaltthat. Der Culturkampf in Permanenz und aller Orten: das ist die überall zu Tage tretende Signatur der Zeit, handle es sich um den Kampf der Staatsgewalt mit Ultramontanen und Jesuiten, um die Hetzjagd abgeneigter Raçen, um das Ringen des Spiritualismus mit dem Materialismus, um Nihilisten-Verschwörungen, um die dröhnenden Schrittes vordringende sozialdemokratische Bewegung oder um die auf ganz Europa wie ein Bann lastende, immer erneuerte Kriegsgefahr. Alles scheint zu weissagen, daß das geistige Erdbeben, dessen Zuckungen wir verspüren, noch schwere Ausbrüche zu Tage fördern wird, daß Schillers Ausruf beim Eintritt dieses Jahrhunderts: „Das Jahrhundert ist im Sturm geschieden, und das neue öffnet sich mit Mord" vielleicht ebenso gültig bei seinem Ausgang sein wird.

Wo die Zeit so viel Drangsal, Noth, Unruhe und

unvermeidliches Elend erzeugt, da ersteht das Bedürfniß
nach einer Ausgleichung mit doppelter Gewalt. Nicht
eine Ausgleichung durch Unthätigkeit, durch selbstsüchtige
Loslösung von dem allgemeinen Schicksalsgang, wohl aber
eine Erlösung, die Frieden im Kampf, Harmonie im ver=
worrenen Getöse bietet. Wo aber besteht eine solche?
Wohl öffnet das Reich des Schönen und des Ideals
seine Freistatt und beut uns die Einkehr.

> In des Herzens heilig stille Räume
> Mußt du fliehen aus des Lebens Drang!
> Freiheit ist nur in dem Reich der Träume
> Und das Schöne blüht nur im Gesang.

Wohl verweist der Glaube auf überirdische Schätze
der Tröstung und Verheißung, wohl erlöst uns die Philo=
sophie von jedem Schmerzensantheil, wenn wir, Spinoza's
Ausspruch folgend uns bemühen, über die irdischen
Dinge weder Freude noch Trauer zu empfinden, son=
dern sie nur zu begreifen. Aber keiner dieser Wege führt
für sich allein zum Ziel, keiner schützt ohne gleichzeitig
preiszugeben: das Ideal, indem es der rauhen Wirklich=
keit entflieht, der Glaube, indem er sich der Wahrheit
gleichstellt, ja vielmehr ihre Stelle einnimmt, die Philo=
sophie, indem sie die Wärme ausscheidet. Die ersten
beseelen, aber im Dichten und Träumen, die andere weckt
aus dem Traum, aber entseelt. Wirklichkeit, Wahrheit,
Wärme im Verein aber, das ist religiöse Empfindung auf
dem Grund philosophischer Erkenntnißarbeit — und sie
ist nicht die letzte Aufgabe unserer Zeit. In welchem
Sinn diese Schrift dieselbe aufgefaßt und durchzuführen
versucht hat, darüber geben die nächstfolgenden Seiten
weitern Aufschluß.

Ueberſicht.

Das religiöſe Weſen — man laſſe den Ausdruck in
dieſer unbeſtimmten Faſſung einſtweilen unbeanſtandet gel=
ten — läßt ſich nach zwei Richtungen unterſcheiden, in
zwei geſonderte Gebiete auseinander legen, die trotz der
mannigfachſten inneren Wechſelbeziehungen jedes für ſich
einen Mittelpunkt ihres ganzen Beſtandes haben, jedes
für ſich einen ſelbſtſtändigen Wirkungskreis im Menſchen
beſchreiben. Es kann alſo auch eine geſonderte Inbe=
trachtnahme und Würdigung derſelben möglich und unter
Umſtänden vielleicht zweckmäßig und wünſchenswerth er=
ſcheinen. Dieſe beiden Gebiete laſſen ſich in der Art
auseinanderhalten und geſondert betrachten, daß man dem
einen alle Momente zurechnet, die mit der Noth des
Menſchen irgend welchen Zuſammenhang haben, dem an=
deren das, was außerhalb dieſer Beziehungen liegend,
unbehelligt von ihnen, frei vom Lebensſchatten, in Ge=
müth und Phantaſie des Menſchen ſich eigenartig ge=
ſtaltet. Unter Noth des Menſchen ſei hier im weiteſten
Wortſinn Alles verſtanden, was eine Belaſtung deſſel=
ben oder was ihm als ſolche erſcheint, ausmacht.

Dieſe beiden ſo geſonderten Gebiete ſetze ich, mehr

Duboc, Der Optimismus. 1

um eine kurze Bezeichnung derſelben vornehmen zu können,
als weil mir dadurch in erſchöpfend richtiger Weiſe ihr
Inhalt charakteriſirt oder angedeutet erſchiene, als die
praktiſche und äſthetiſche Sphäre des religiöſen We=
ſens einander gegenüber. Soweit der Menſch auf dem
religiöſen Vorſtellungsgebiet, namentlich in ſeiner popu=
lärſten Form, dem Gottes= und Unſterblichkeitsglauben,
den helfenden, rathenden, tröſtenden Gott berück=
ſichtigt, den oberſten Lenker und Geſetzgeber, ſoweit er
dieſem als ſolchen geiſtig in der Vorſtellung oder gemüth=
lich mit Wunſch und Dankesempfindung nahe tritt, ſoweit
bewegt er ſich und verharrt er in der praktiſchen Sphäre.
Und das Gleiche thut er, ſoweit er in der Annahme einer
ewigen Fortdauer ſich von dem laſtenden Druck des Ge=
dankens einmal der Vernichtung anheimzufallen, zu be=
freien ſucht. Trauer und Freude, Bitte und Dank, das
mächtige Hallelujah des befreiten Herzens, die ſtumme
Ergebung in einen „höheren Willen“ und ihre Schmerz=
geberde gehören dieſer Sphäre an. Sie nehmen den
mächtigſten Theil des religiöſen Empfindens, wo daſſelbe
noch in lebendiger Kraft und Geltung beſteht, in des
Menſchen Inneren ein. Aber daneben und darüber ſpannt
ſich wie ein glänzender Regenbogen, eine andere Sphäre
aus. Sie iſt wie von einem jenſeitigen, geheimnißvollen
Licht durchleuchtet, wie von einem jenſeitigen geheimnißvollen
Klang durchtönt. Ja, ſie iſt in der That in ihrem Ver=
hältniß zu des Menſchen Innerem nichts als die Einwir=
kung auf Phantaſie und Gemüth, die ſich dem Eindruck

zugeſellt, daß in allen dieſen religiöſen Momenten, in
dem Daſein eines oberſten Lenkers, der gerecht richtet, in
der unſere ſichtbare, ſinnfällige Vergänglichkeit aufheben=
den Fortdauer über Grab und Tod u. ſ. w. um den
Menſchen ein hohes, hehres und einer verſtandes=
mäßigen Ergründung unerreichbares Seinsver=
hältniß webt und beſteht. Soweit die Wirkung dieſes
Eindrucks in dem Menſchen reicht, ſoweit er ihn trägt,
belebt und ausfüllt, ſo weit auf dieſer Grundlage ſich
ſein religiöſes Weſen eigenartig aufbaut, ſoweit iſt daſſelbe
ausſchließlich der äſthetiſchen Seite zuzurechnen.

Ich halte es für außer Frage ſtehend, daß der prak=
tiſchen Sphäre des religiöſen Weſens ſich immer die äſthe=
tiſche zugeſellt, d. h. bei dem Beſtehen der die praktiſche
Sphäre vorausſetzenden und bedingenden Faktoren, vor
Allem alſo des Gottesbewußtſeins in einer für das prak=
tiſche Bedürfniß zulänglichen Form wird auch die äſthe=
tiſche Seite — und zwar ganz geſondert nebenher gehend —
zu wirkſamer Geltung, zu irgend einer Betonung gelan=
gen. Wie wirkſam, wie ſtark oder ſchwach betont, iſt
freilich rein von der individuellen Capacität (was Bil=
dungsſtufe, Culturzuſtand, Temperament und andere Mo=
mente umfaßt) abhängig. Gewiß wird in vielen und
nehmen wir die Totalität der Menſchheit, in den aller=
meiſten Fällen die Betonung kaum mehr als das leiſeſte,
raſch vorübergehende Erzittern einer Gemüthsſaite, nur
die dumpfe Anwandlung eines äſthetiſchen Eindrucks be=
deuten. Gleichwohl, ihr Vorhandenſein wird durch Form

und Gehalt der praktiſchen religiöſen Sphäre urſächlich,
unvermeidlich bedingt. Nur der würde ganz eindruckslos
ihr gegenüber ſich erhalten können, der den auch für die
praktiſche religiöſe Sphäre unerläßlichen geiſtigen Auf=
ſchwung nicht zu vollziehen vermöchte. Es ergiebt ſich
hier etwa ein ähnliches Verhältniß, wie es der Menſch
zum Licht hat, das ihn nützt, ihn erwärmt, kurz ſeine
bedürftige Natur praktiſch berührt, unmittelbar daneben
aber noch und zwar ohne daß der Menſch an irgend wel=
chen direkten Nutzen denkt, ihn herzerfreuend äſthetiſch
erquickt. Freilich trifft der Vergleich nicht ganz zu, da
die ſegenbringende ſinnliche Einwirkung des Lichtes eine
zu überwiegende iſt, um die äſthetiſche Seite in der Vor=
ſtellung rein von ihr zu ſondern.

Wenn wir in dieſer Weiſe das Verhältniß der äſthe=
tiſchen zur praktiſchen Seite des religiöſen Weſens auf=
faſſen, letzterem eine unbedingt grundlegende Bedeutung
zuſchreiben, ſo iſt damit ja noch nicht geſagt, daß dieſe
Bedeutung ausſchließlich ihm zukommt, daß die äſthe=
tiſche Seite des religiöſen Weſens nicht auch noch auf
anderer Grundlage auferbaut werden könnte. Wie daſſelbe
ſchon innerhalb des in beſtimmten Glaubensvorſtellun=
gen eingeſchloſſenen Gebiets eine ſelbſtſtändige Stellung
behauptet, kann es ja auch vielleicht außerhalb der=
ſelben für ſich beſtehen. Dieſe Frage zu ſtellen liegt aber
da ſehr nahe, wo die das praktiſche religiöſe Gebiet be=
herrſchenden, für daſſelbe maßgebenden Faktoren verneint
werden und ihre Beantwortung oder vielmehr ihre Be=

jahung und die Folgerungen aus diefer Bejahung bil=
den das Thema der vorliegenden Schrift. Diefelbe ver=
folgt keine Tendenz, aber aus ihrem ganzen Ge=
dankengange ergiebt fich von felbft, daß fie fich gegen
den Niedergang des religiöfen Bewußtfeins in
der Gegenwart richtet. Indem fie die äfthetifche Seite
deffelben vertheidigt, glaubt fie nicht ein willkürlich ab=
geriffenes Stück, fondern gerade den Theil deffelben für
fich zu behaupten, der als der werthvollfte, lauterfte, fu=
blimirtefte zu gelten, den vollberechtigten Anfpruch erheben
darf. Ich gründe diefen Anfpruch auf die zu Grunde
gelegte Charakteriftik deffelben, auf feine Unberührtheit
von Allem, was mit der Noth des Menfchen im Zufam=
menhang fteht. Diefer enthoben fein heißt foviel als von
Staub und Schweiß und Unruhe befreit fein, die mit
dem Bedarf, der Grundlage aller Noth und dem Rin=
gen, ihm abzuhelfen, verbunden ift. Bedürfnißlos, von
dem der Steuerung des Bedürfniffes zugewendeten Dich=
ten und Trachten unbewegt, fchwingt das Herz in einem
reinen Geiftesäther und fammelt alle Strahlen des Him=
mels, die es beleuchten, zu einem verklärten Lichte.

Einen der prägnanteften Züge der Gegenwart, ihre
— um es mit einem Wort zu bezeichnen — Diesfeitig=
keit, einen Zug, deffen Wirkungsgebiet in der ethifchen
und intellectuellen Sphäre richtig anzugeben und fcharf
zu markiren mit befonderen Schwierigkeit verknüpft ift,
habe ich gleich in dem nächftfolgenden Abfchnitt, der von
der Erfchütterung des Jenfeits im Bewußtfein han=

delt, einer hoffentlich unbefangenen, Uebertreibungen nach
rechts und links ſorgſam vermeidenden Würdigung unter=
zogen. An dieſe ſchließt ſich dann im weiteren Verfolg
meiner Aufgabe ein ausgedehntes Speculationsgebiet an.
Es ſteht daſſelbe im ſtriften Zuſammenhang mit dem der
äſthetiſch=religiöſen Sphäre zugerechneten Inhalt. Dieſer, ich
wiederhole es, wird von mir darin geſetzt, daß des Men=
ſchen Inneres in der Berührung mit der Vorſtellung Gottes,
ſeiner Weſenheit, ſeiner Leitung der Welt, ferner in der Be=
rührung mit den religiöſen Verheißungen von dem Eindruck
eines geheimnißvollen und hehren Zuſammenhanges
in allem Geſchehenden, in der Geſtaltung deſſen, was ſich
überhaupt geſtaltet, ergriffen wird. Und es handelt ſich
nun zunächſt alſo um die Berechtigung, dieſen Eindruck
auch außerhalb der poſitiven Religionsnormen zu ergrei=
ſen und feſtzuhalten. Die für dieſe Berechtigung geltend
zu machende Reihe von Erwägungen betont für den erſten
Theil ihrer Aufgabe zwei Momente, von denen das erſte
dem Blick der Gegenwart eben wegen ihrer Dieſſeitigkeit
farblos entſchwindet oder das ihr wenigſtens unbelang=
reich, gleichgültig, unintereſſant erſcheint, das ſie, ſtößt ſie
ja einmal darauf, mehr wie ein todter, unnützer Bal=
laſt beſchwert, als daß ihr Bewußtſein, ihr Gemüthsleben
dadurch in eine tiefere Strömung gelenkt würde — dies
Moment iſt die Unendlichkeit. Das zweite Moment
iſt die Unüberſehbarkeit des kosmiſchen Entwicklungs=
proceſſes oder, um der näheren Schaubühne getreu zu
bleiben, der Entwicklungsarbeit unſeres Planeten, die

raftlos fortwirkt, wie gering auch die in jedem Augen=
blick, ja in Zeiträumen, die uns groß erscheinen, zu Tage
tretende Wirkung derselben ist. Die ausgesprochene Vor=
liebe der Gegenwart, immer nur der praktischen Seite sich
zuzuwenden, mit „realen Faktoren“ zu rechnen, „Actuali=
täten“ zu studieren, verblendet uns über diese Thatsache,
die doch auch eine Actualität ist und zwar eine von der
einschneidendsten Bedeutung, denn es ist die Actualität des
Mysteriums. Selbst fruchtbringende und hoch inter=
essante Forschungen, wie die jetzt mit Recht so sehr bevor=
zugten der Anthropologie verstärken, wenn in Selbstüber=
schätzung über ihren eigentlichen Werth veranschlagt, nur
diese Verblendung und verrücken völlig unsere Stellung
dem Ganzen gegenüber.

Zu folgender Betrachtung fühlte sich vor einiger
Zeit eine Zeitschrift aus Anlaß des gerade in Berlin
tagenden Anthropologischen Kongresses ermuthigt: „Die
Anthropologie bildet das Geniekorps der Wissenschaften,
denn ihr Objekt ist Anthropos, der Mensch, das letzte
Glied in der Reihe der Schöpfungen, welche die wal=
tende Naturkraft erzeugt hat. Er ist emporgestiegen auf
den Schultern zahlloser Thiergeschlechter, deren Vorbe=
dingung die Pflanzenwelt ist, welche ihre Wurzeln wie=
derum in das anorganische Gestein getrieben hat, es lang=
sam in Erde verwandelnd. Die Naturarbeit von Hun=
derttausenden oder Millionen Jahren findet in ihm seinen
gegenwärtigen Abschluß; er ist der Kernpunkt, in welchem
sich die höchsten Gesetze der chemischen wie der mechani=

schen Welt konzentriren und zur Erscheinung kommen;
darum ist er der Schlüssel zu dem „Geheimniß" der Na=
tur, und wenn alle Ursachen und Bedingungen seines
Entstehens, Wachsens und Wirkens sich dem Forscher er=
schließen, wird auch jenes Geheimniß erschlossen vor
uns daliegen."

Ich führe diese Worte hier nur an, weil sie so cha=
rakteristisch darthun und beinahe naiv aussprechen, wie
geringfügig sich unwillkürlich auf dem Standpunkt der
„Diesseitigkeit" das Weltengeheimniß ausnimmt.

Auch der an sich, in seiner Anwendung auf das histo=
rische und politische Gebiet und für die Praxis so richtige
Gedanke einer „historischen Continuität" in der mensch=
heitlichen Entwicklung, verführt leicht dazu, daß sich ein
übertrieben conservatives Element in der Schätzung aller
dieser Verhältnisse und damit ein sehr enger Gesichtspunkt
ausbildet. Er giebt leicht dazu Anlaß, daß sich eine der
ärgsten fixen Ideen befestigt, nämlich die, daß sich in dem
Morgen, auch in dem fernsten Morgen, ungefähr das
Heute wiederholen müsse. Ein ungefährer Spielraum
wird natürlich zugegeben, aber dieser ist sehr unbedenklich,
da der mit dieser fixen Idee Behaftete ihn nur auf Ne=
bensächliches bezieht. Dieser Gedanke ist aber nicht nur
positiv falsch, sondern lähmend. Er hemmt von vorn=
herein jegliche von Phantasiekraft getragene Erhebung zu
einem Eindruck von dem Ueberragenden der Weltenkraft,
die im Allsein sich ausspannt und die auch unser Erden=
schicksal bildet. Denn das Allbekannte, das in der fixen

Idee ein für allemal feſtgehalten wird, oder das, was uns in ſeinen weſentlichen Umriſſen bekannt erſcheint, iſt eben für uns nichts Ueberragendes und ſo geht uns dies einfach verloren. Vergeſſen wird, daß das für uns unfaßbare Verhältniß mangelnder Analogie, das in Bezug auf den ganzen Seinsinhalt, das Daſeinsbild zwiſchen jeder Pflanze und dem Samen, aus dem ſie hervorging beſteht, ſich ähnlich in dem Entwicklungsproceß der Welt wiederholt, wo jedes Stadium neuen Samenſtaub, dem dieſelbe Unberechenbarkeit anhaftet, in die Entwicklung des Ganzen hineinſtreut. Wie vermögen wir heute zu ermeſſen, wie das Menſchheitsbild ſich in Aeonen geſtalten wird, wenn wir auch noch ſo viele hiſtoriſche Continuitäts-Ellen anlegen.

In dem zweiten Theil ihrer Aufgabe hat meine Entwicklung es mit der Rechtfertigung des Hehren als religiös-äſthetiſchen Eindruck gegenüber dem Weltganzen und außerhalb der poſitiven Religionsnormen zu thun. An die Stelle des sic volo sic jubeo-Princips des religiöſen allmächtigen Wunſchverlangens hat die Auffaſſung und Bewältigung des Thatbeſtandes zu treten. Dieſe Entwicklung trifft zuerſt auf die ihr den Weg verſperrende peſſimiſtiſche Theorie und das Gebiet mehr oder minder verwandter Anſichten, deren Würdigung und Richtigſtellung ſie unternehmen muß. Sie verſucht dann eine ſyſtematiſche Begründung des Optimismus als Sinn des Weltproceſſes in einer von dem gewöhnlichen Sinn abweichenden, durch das Weſen der Erſcheinung aber, wie ich hoffe, gerechtfertigten Auffassung. In dem Abschnitt: „die Preisgebung des Individuums" zieht sie aus diesem philosophischen Standpunkt die Consequenz für das religiös=ästhetische Empfinden in Bezug auf die auch vom Optimismus ja nicht zu läugnende aufgehäufte Noth der Individuen, mit einem Wort in Bezug auf das Unheil, auf das Weltübel. Der letzte Abschnitt untersucht die Tragweite des religiösen Optimismus in Bezug auf das praktisch=sittliche Verhalten und begründet seine Stärke.

Schon die Eigenart und Schwierigkeit der unternommenen Aufgabe dürfte eine von mir bereitwillig zugestandene Unzulänglichkeit in der Ausführung einigermaßen entschuldigen. Eine Partie des Buches ist aber außerdem und zwar mit Absicht mehr angedeutet als ausgeführt worden: es ist diejenige, welche sich auf den sittlichen Fortschritt der Menschheit bezieht. Man kann — und das war, worauf es mir im Zusammenhang des Ganzen zunächst ankam und ankommen mußte — die Entwicklung zu einer vollkommeneren und also auch sittlich höher gestellten Daseinsform im Kosmos als Sinn des Weltprocesses d. h. als seine Wesensbeschaffenheit, seine nothwendige und daher gewisse Bewegungsform nachzuweisen versuchen, ohne speciell auf die Frage nach dem sittlichen Fortschritt der Menschheit einzugehen. Man kann aber dies letztere nicht thun, ohne das Thema in ausführlicher Weise vorzunehmen, ohne ihm ein eigenes Buch zu widmen. Ich für mein Theil bin der Ansicht,

daß die Beantwortung jener Frage überhaupt nur auf
dem Grund und Boden einer Ethik des Eudämonismus,
einer Trieblehre auf ſtreng eudämoniſtiſcher Unterlage
unternommen werden kann. Ich meine, daß der anthro=
pologiſch zu führende Nachweis zu liefern iſt, daß der
Menſch, — d. h. nicht das Individuum ſchlechtweg,
ſondern der Gattungsmenſch — in der Glückſeligkeit,
die ſein unverrücktes Ziel bleibt, der Sittlichkeit noth=
wendig nachſtrebt, weil er jene nur durch dieſe erreichen
kann. Aber eben dies Thema beſchreitet ein nach allen
Seiten hin ſo ausgedehntes Gedankengebiet, daß ſich ihm
nur in einer ſelbſtſtändigen Entwicklung eine geeignete
Stelle anweiſen läßt, während es in dem Rahmen dieſer
Schrift nur mit einigen allgemeinen Sätzen einzufügen
war. Von der Formulirung dieſer mochte ich aber gleich=
wohl nicht abſehen, da beide Themata: die Sicherſtellung
des Gedankens einer höhere Stufen beſchreitenden Ent=
wicklung im Kosmos und einer gleichen Entwicklung auf
unſerem Planeten, im Weltendaſein und im Men=
ſchendaſein, ſo ſehr auf einander hinweiſen, daß das
Eine zu der allgemeinen Erwägung des Anderen noth=
wendig hinüberführt.

Der Verfaſſer läßt dies unzeitgemäße Buch, deſſen
Thema ihm als Denker am Herzen lag, als Autor mit
Ruhe in die Welt hinausgehen. Nichts iſt bequemer
und daher auch wahrſcheinlicher als der Vorwurf der
Phantaſterei für den hier vertretenen Standpunkt von
Seiten derer, deren Phantaſie durch Alles, nur nicht

durch das Weltgebäude und unſer Beſtehen in demſelben
belebt wird, nichts wird Manchen vielleicht näher liegend
erſcheinen als die Signatur: „myſtiſch" für dies Buch.
Wenn aber jeder für einen Myſtiker gelten ſoll, der ein
Myſterium anerkennt, weil er es vor ſich ſieht und dem
es auch etwas für ſein Gefühl und nicht blos für ſeinen
Verſtand bedeutet, ſo können die Nicht=Myſtiker nur die
Blinden und Gefühlloſen ſein, und zu dieſen nicht
gezählt zu werden, muß als Ehre gelten. Im Uebrigen
iſt ſich der Verfaſſer ſeiner Doppelſtellung wohl bewußt.
Als Atheiſt, der ſich als ſolcher bekennt, gehört er zu
jenen Unüberlegten,

> die thöricht g'nug ihr volles Herz nicht wahrten.

Er verletzt das Decorum und iſt längſt dafür be=
ſtraft worden. Als Idealiſt, wenn auch mit der ausge=
ſprochenen Tendenz eine realiſtiſche Grundlage auf dem
Gebiete ſeiner Forſchungen feſtzuhalten und keinen ein=
ſeitigen Gemüths=Cultus zu treiben, geräth er in Wider=
ſtreit mit der von der tonangebenden naturwiſſenſchaft=
lichen Seite ausgehenden, realiſtiſch=materialiſtiſchen Ge=
ſammt=Tendenz. Für die eine Seite repräſentirt er ein
unliebſames Extrem, für die andere nicht minder. Da
hilft denn nichts, als daß ihm ſein eigener, von beiden
Seiten angefochtener Standpunkt um ſo mehr als die
richtige Mitte erſcheint.

I.

Die Erschütterung des Jenseits.

In allen modernen Culturstaaten hat sich in den letzten Jahrzehnten, theils durch die umwälzenden Erfindungen, die auf allen materiellen Gebieten vor sich gegangen sind, theils durch die Suprematie, welche die naturwissenschaftlichen Disciplinen errungen haben, eine allmähliche geistige Umstimmung vollzogen, die in einem Punkt ein und dasselbe charakteristische Gepräge aufweist, wie verschiedenartig auch ihre ferner liegenden Wirkungen sich gestalten, so daß oft Lob und Tadel, Bewunderung und Verachtung, die man ihnen zollt, fast gleichberechtigt erscheinen. Diesen einen Punkt, den daher eine psychologische Betrachtung des Gesammtcharakters unserer Zeit vor allen Dingen in's Auge zu fassen haben wird, bezeichne ich als eine Erschütterung des Jenseits im Bewußtsein oder des Bewußtseins eines Jenseitigen. Dieser Vorgang mit den sich daran knüpfenden Folgen, denen ich zunächst eine eingehende Erörterung zu widmen gedenke, ist meines Erachtens der einzige, der sich dem tiefgreifenden materiellen Umschwung, den wir erlebt haben

und fortwährend erleben, dem wir, wollend oder abweh=
rend, von Jahr zu Jahr in steigendem Maaße unterliegen,
als ein gleich bedeutsamer, hoch wichtiger und tief grei=
fender auf geistigem Gebiet an die Seite stellen läßt.
Er bildet, theilweise durch denselben hervorgerufen und
wesentlich mitbedingt, sein Gegenstück im Seelischen.

Als Ludwig Feuerbach 1849 in Heidelberg seine
Vorlesungen „über das Wesen der Religion“ hielt, schloß
er dieselben mit den Worten: „Ich wünsche nur, daß ich die
mir gestellte, in einer der ersten Stunden ausgesprochene
Aufgabe nicht verfehlt habe, die Aufgabe nämlich, Sie
aus Gottesfreunden zu Menschenfreunden, aus Gläubigen
zu Denkern, aus Betern zu Arbeitern, aus Candidaten
des Jenseits zu Studenten des Diesseits, aus Chri=
sten, welche ihrem eigenen Bekenntniß und Geständniß
zufolge „halb Thier, halb Engel“ sind, zu Menschen, zu
ganzen Menschen zu machen.“ Betrachten wir uns heute
diesen Wunsch, so wird sich nicht leugnen lassen, daß in
ihm eine vorausahnende Prophezeiung ausgesprochen war,
die, soweit sie die Abwendung vom Jenseits proclamirte,
nicht Lügen gestraft worden ist. Die Reihen der „Stu=
denten des Diesseits“, wie Feuerbach die heranwachsende
Generation mit seiner gewohnten Ausdrucksschärfe be=
zeichnete, haben sich, mehr wie es der oberflächliche
Anschein vermuthen läßt, mehr wie zugegeben, ja mehr
wie gewußt wird, außerordentlich gefüllt. Kopf an Kopf
gedrängt stehen sie da, unablässig harter Arbeit ergeben,
unablässig sichtend, prüfend, rechnend, messend, wägend,

Schätzen nachspürend und sie zu Tage fördernd oder das Erbeutete klug vertheilend, ein athemloses, nimmermüdes Geschlecht. Und über den dichten Schaaren unsichtbar, weil ungesehen, schwebt in dämmernder Wolke das ewige Geheimniß, das Jenseits unseres Wissens, ein gestaltloses Phantom.

Indem ich von einer „Erschütterung des Jenseits im Bewußtsein" spreche, habe ich einen Ausdruck gebraucht, dessen mißverständliche Natur ich nicht verkenne und den vor irrigen Auslegungen zu schützen, meine nächste Aufgabe ist. Erschüttern läßt sich nur, was irgend einen Bestand hat und da die Beziehung, die ich hier in's Auge fasse, in der Vergangenheit hauptsächlich in und an den positiv religiösen Vorstellungen, Gott und Unsterblichkeit, sicheren Halt und Bestand gehabt hat, so ist es selbst= verständlich, daß ich bei einer Erschütterung des Jenseits auch dieser Factoren eingedenk bin. Aber das Moment, auf dessen Fixirung und Untersuchung es mir ankommt, dessen Erschütterung ich betrachte, sind doch nicht diese Faktoren selbst, sondern nur ausschließlich die von ihnen ausgehende, um sie wie um ihren Kern verdichtete Einwirkung auf Phantasie und Gemüth, kurz auf das Seelenleben des Menschen nach der einen Seite ihrer Jenseitigkeit, ihrer Unnahbarkeit, nach der einen Seite ihres geheimnißvollen, spezifischen Unterschiedes von dem erreichbaren, bekannten Diesseits. Daß die religiösen Vor= stellungen diese Einwirkung leisteten, gebe ich als That= sache zu und deßhalb knüpfe ich an ihren Bestand an,

ohne mich an dieſer Stelle auf die Frage einzulaſſen,
ob dieſe Einwirkungen ſich nicht außerhalb derſelben er=
halten laſſen. Noch weniger denke ich bei Erſchütterung
des Jenſeits an gewiſſe, hiſtoriſch ausgeprägte Nuancen
der religiöſen Vorſtellungen. Ich ſehe ausdrücklich davon
ab und betrete daher auch nicht das Gebiet einer ſich
daran anknüpfenden Discuſſion. Was im Zuſammen=
hang damit vorgebracht wird und einen immer erneuerten
Stoff zu gegenſeitigen Anklagen und Beſchuldigungen
hergiebt, was den Einen als Befreiung, Fortſchritt und
Läuterung, den Anderen als Verfall, Entartung und Ver=
ſündigung erſcheint, bezieht ſich weit überwiegend immer
auf Specialitäten des mit einer Erfaſſung des Jen=
ſeits zeitlich verbundenen religiöſen Vorſtellungskreiſes,
wie wenn z. B. der humanen Sinnesweiſe eines neuzeit=
lichen Chriſten die Vorſtellung eines jenſeitigen Straf=
orts, mit ausgeſuchten qualvollen hölliſchen Martern als
ein Gräuel erſcheint. Ich laſſe alle derartigen Speciali=
täten, ihren Werth oder Unwerth, die Jeder nach ſeinem
jeweiligen Standpunkt erfaßt und ſich zurecht zu legen
pflegt, auf ſich beruhen und nehme nur den Gegenſatz
vor, der an und für ſich ſeinem allgemeinſten Weſen nach
zwiſchen einer Erhebung über das Dieſſeits und einem
ausſchließlichen ausdauernden Verharren bei demſelben
gelegen iſt. In dieſem Sinn verbinde ich mit einer Er=
ſchütterung des Jenſeits, die mir als eine zweifelloſe
signatura temporis gilt, die Bedeutung, daß wir die
Perſpective in ein Jenſeitiges mehr oder weniger

eingebüßt und unsere Blicke ausschließlich dem Diesseits
zuzuwenden gelernt haben und ich frage mich, ohne mit
vorgefaßtem Lob oder Tadel, mit Wünschen oder Ver=
wünschen, an die Frage heranzutreten, ob sich sichtbare
Spuren einer solchen Erschütterung aufweisen lassen, wel=
cher Art sie sind und welche Bedeutung ihnen zukommt.
Dabei will ich unter Diesseits im Gegensatz zu einem
Jenseitigen, was ich für alles Weitere festzuhalten bitte,
den ganzen Umkreis verstanden wissen, den der Mensch
als Erdenbewohner um sich herum zieht, in den er
sich mit seinen Gefühlen, Bestrebungen und Ansprüchen,
seinen Leiden und Freuden, seiner Phantasie, seinen Ge=
danken und seinem ganzen Begriffsvermögen einspinnt
und häuslich niederläßt. Der große Weltenbau des Kos=
mos, den wir Alle zwar thatsächlich, geistig aber nur
in einer zu Eigen erworbenen Weltauffassung bewohnen,
der uns wie ein hochragender Tempelbau überwölbt und
der uns gerade in dieser doppelten Eigenschaft, als Tem=
pel und als Wohnhaus, so fremd und wieder so vertraut,
so fern und so nah', so räthselhaft und doch so erhaben
über allem bloßen Räthselwerk anmuthet, daß er zu Phan=
tasie und Gemüth in den stärksten Accorden spricht, ——
entschwindet in solcher Bedeutung alsdann gänzlich dem
Innersten des Menschen. Er behält vorwiegend nur etwa
noch die Bedeutung eines gelehrten Forschungsobjects
hinsichtlich seiner physikalischen und sonstigen Attribute.
Die Religion, zumal die christliche, genügte wenigstens
dieser einen Bedingung. Ihr „Himmel" vermittelte neben

anderen Beziehungen, auf die es hier nicht ankommt, auch
diese Beziehung, die bloß theoretische, metaphysische Welt=
speculation genügt ihr nicht.

Ich glaube, daß sich solche Spuren, gewissermaßen
die Gesichtszüge der Zeit, in dreifacher Richtung nach=
weisen lassen. Von ihnen ist namentlich die, welche ich
hier zuerst in Betracht ziehen will, da sie das verwickelte
und viel verschlungene Empfindungs= und Gemüthsleben
angeht, schwer auf einen einheitlichen Ausdruck zu bringen.
Sie steht in einiger verwandtschaftlichen Beziehung zu
dem, was man die materialistische Richtung der Zeit
zu nennen pflegt, nur daß ich das Verhältniß, das hier
in Frage kommt, richtiger und für den Durchschnitt der
Fälle correcter zu bezeichnen glaube, wenn ich von einer
gewissen überwiegenden prosaischen Ernüchterung, von
einer Einbuße, die den poetischen Gehalt des Lebens an=
geht, rede. Es würde ja z. B. offenbar das richtige Ver=
hältniß wenig angemessen bezeichnen, wenn ich einen bra=
ven, hingegeben und selbstvergessen gemeinnützig wirkenden
Mann des Materialismus anklagen wollte, weil derselbe
gleichzeitig, dem Strom der Zeit, ohne sich viel Rechen=
schaft darüber zu geben, folgend, ausschließlich im Dies=
seits schafft und was darüber hinausliegt, als Zeitverderb
verschmäht, aber es würde in solchem Fall, bei aller An=
erkennung, die wir dem Charakter des Betreffenden zollen
dürfen, nicht ausgeschlossen sein von einer Einbuße an
poetischem Gehalt, die sein Leben erlitten, zu reden. Schwer
zu definiren, trotz ihrer Unverkennbarkeit und ihres spe=

zifiſchen Gepräges, iſt die Art und Weiſe, wie die geiſtig
regſamen Schichten der Geſellſchaft in der angedeuteten
Richtung durch Ernüchterung verarmen. Selbſtverſtänd=
lich deckt ſich dieſer Prozeß keineswegs mit roher mate=
rialiſtiſcher Verdumpfung und Verſumpfung. Wenn Eins
dem Andern auch ſehr leicht die Hand bieten und zu dem=
ſelben hinüberleiten kann, ſo iſt es doch zunächſt nicht
daſſelbe. Aber man kann auf allen Gebieten des Schaf=
fens ſehr geiſtig rührig, ſehr erfindungsreich, ſehr kunſt=
fertig, ſehr productiv und doch — ſehr nüchtern und pro=
ſaiſch ſein. Das Gefühls= und Sinnenleben kann viel
Schaumſpritzen an die Oberfläche werfen und doch im
Ganzen nur den Rückert'ſchen Zeilen als Beleg dienen:

> „Traurig iſt die glatte Fläche
> Wenn der Sonne Blick ſich hehlt, —
> Schaurig des Gefühles Bäche,
> Wenn der Blick von Oben fehlt.“

Wenn wir übrigens von einer durch die Erſchüt=
terung des Jenſeits im Bewußtſein eingetretenen Ver=
minderung an poetiſchem Lebensgehalt reden, ſo haben
wir, um den Geſammteffect richtig zu würdigen, um nicht
Uebertreibungen zu verfallen und den gebrauchten Aus=
druck aus ſeiner vieldeutigen Unbeſtimmtheit zu erlöſen,
gewiſſe einſchränkende Momente in's Auge zu faſſen. Zu=
nächſt bedarf es ja kaum einer beſonderen Anerkennung,
daß ein großer Theil deſſen, was poetiſchen Gehalt in
das Leben des Einzelnen hineinträgt, unabhängig von der
hier betrachteten Beziehung auf ein Jenſeitiges beſtehen

kann und besteht. Die Poesie der Jugendzeit, ihrer
sinnlichen Frische und Kraftfülle, die Poesie der Liebe,
die, welche aus der Freude an der Natur fließt sowie
die, welche durch die Kunst vermittelt wird, gehören wesentlich dem Diesseits an und nicht ohne Entstellung und
Zwang könnten wir die Rechnung so stellen, daß auch
dieser poetische Gehalt dem geschmälert werde, der sein
Genüge, absichtlich oder unabsichtlich, ganz auf das Diesseits einschränkt. Nur daß man hierbei nicht übersehen
darf, daß diese Quellen der Poesie theils ihrer Natur
nach vergänglicher, theils weniger allgemein zugänglich sind als die Gemüthserhebung, die poetische Verklä-
rung, die sich aus der geistigen Berührung mit einem
hohen Geheimniß in das Menschendasein ergießt.

Denn das ist, auf seinen allgemeinsten Ausdruck gebracht, gerade das für die hier betrachtete Beziehung entscheidende, dem Verharren im Diesseits gegensätzliche Moment, welches in einer Berührung mit einem Jenseitigen
gelegen ist, daß es uns mit dem Schauer eines hohen
Geheimnisses erfüllt, daß es uns von der Heerstraße des
Allbekannten herabdrängt, entnüchtert, ergreift und sammelt. Darin vor Allem ist, was man seine „Erhebung"
zu nennen pflegt, gelegen[1]). Entnüchtern, berauschen thut

1) Ich erinnere wiederholt daran, daß ich, wenn ich von
einer Erschütterung des Jenseits spreche, nicht die beiden Haupt-
faktoren des religiösen Glaubens, Gott und das Jenseits im engeren Sinn schlechtweg oder das Verhältniß des Menschen zu denselben an sich im Auge habe. Sondern nur dann und soweit
dieselben so erfaßt werden, daß sie den Menschen in eine ihn über-

uns freilich auch die Jugend, die Liebe, die Schönheit,
die Kunst. Aber doch immer nur für verhältnißmäßig
kurze Zeit. Dann pflegt die farblosere Stimmung des
Werkeltages mehr und mehr ihre Herrschaft im Menschen=
dasein auszubreiten. Denn den Rausch der Zerstreuun=
gen rechne ich für keine Erhebung, die hier zu veran=
schlagen ist. Und wie wenigen bevorzugten Sterblichen
wird jene tiefere Beseeligung überhaupt nur zu Theil.
Müssen nicht die Meisten an einem flüchtigen Händedruck
der goldenen Zeit der Liebe sich genügen lassen? Ist es
nicht Unzähligen verwehrt aus Natur und Kunst einen
Strahl poetischer Erhebung in ihr Leben zu leiten, in
manchen Fällen weil sie außer jeder Berührung mit den=
selben leben, in anderen weil es ihnen an dem Medium

---

ragende, höhere, jenseitige Sphäre versetzen und dem entsprechend auf
das Innere, Bewußtsein und Empfindung, einwirken. Das ist zwar
durchschnittlich dem Wesen der Religion entsprechend, aber es ist
doch nur mit Einschränkungen und starken Abstufungen der Fall.
Es ist kaum noch vorhanden, wo eine populäre und naive, aber
auch triviale Auffassung den Gottvater nebst Zubehör derart ver=
menschlicht und familiarisirt, daß das ganze um ihn gruppirte Vor=
stelluugsgebiet beinahe nur noch die Physiognomie des Allbekannten
und Alltäglichen aufweist. Ebenso gilt bei allem hier Gesagten die
selbstverständliche Voraussetzung, daß in dem ganzen hier in's Auge
gefaßten Verhältniß des Menschen zum Jenseits dasselbe eine innere
seelische That und Wahrheit und nicht etwa gedankenlose Form=
sache sei wie bei unzähligen Bekennern eines religiösen Jenseits.
In allen diesen Punkten muß die Schrift darauf rechnen, daß das
Verständniß des Lesers nach den angedeuteten Bedingungen den
principiellen Gesichtspunkt in der Anwendung selbst erweitere oder
einschränke.

der geiſtigen Vermittlung, an der intellectuellen Bemäch=
tigung gebricht? Dieſelben Perſonen aber, denen eine Er=
hebung an dieſer Stelle ſich verſagt, werden ſie gleich=
wohl da noch finden können, wo der Gedanke eines dem
Dieſſeits entrückten Vorſtellungsgebiets ihrer Seele nahe
tritt, ihr Empfinden mit geheimnißvollem Klang durch=
tönt, weil dazu nichts gehört als Empfänglichkeit, wäh=
rend Zeit, Alter, beſondere Gelegenheit oder eine be=
ſtimmte Intellectualſtufe hierbei wenig oder jedenfalls
nicht in dem Maaße, wie in den anderen, dem Dieſſeits
zugerechneten Fällen poetiſcher Erhebung bedingend ein=
greifen.

Alter Gewohnheit gemäß pflege ich jeden Morgen
einen Choral zu ſpielen und dies gab mir einſtmal An=
laß zu bemerken, daß ich damit nicht allein mir, ſondern
vielleicht noch mehr wie mir meiner Aufwärterin, einem
armen, geplagten, von Familienſorgen und Lebensnöthen
im engſten Kreiſe feſtgebannten Weibe, eine poetiſche Er=
hebung verſchaffte, die ſie mitten in niedriger Arbeit mit
etwas Himmelsmanna erquickte. Auch hier war es vor
Allem die durch die religiöſe Muſik vermittelte Berührung
mit dem jenſeitigen Geheimniß, die mit ihrem Zauberſpruch
den Bann des Alltagsſeins ſprengte. Und auf welche an=
dere Weiſe hätte dieſem Leben, dem Jugend und Liebe
längſt entſchwunden, dem Natur= und Kunſtgenuß uner=
reichbare Gebiete waren, die gleiche ſegensreiche Erquickung
wohl verſchafft werden können? Und ſo verhält es ſich
ja in unzähligen ähnlichen Fällen.

Ich sprach davon, daß diese Wirkung von Zeit, Alter, besonderen Verhältnissen und einer bestimmten Intellectualstufe ziemlich unabhängig, im Wesentlichen nur durch Empfänglichkeit, worunter ich ein gewisses Maaß von Gemüths= und Phantasie = Empfänglichkeit verstehe, bedingt sei. Ein großes „Nur", wird Mancher sagen, das auf sehr Viele völlig unanwendbar ist. Gewiß, ich bin auch weit entfernt dies zu verkennen und, mit idealistischen Voraussetzungen rechnend, den Menschen ein höheres Vermögen zuzutrauen als wie sie durchschnittlich an den Tag legen. Man braucht sich ja nur im Leben umzusehen, so findet man so überwiegend in den zahlreichsten Volksschichten eine gewisse constitutionelle massive, durch Lebens= und Beschäftigungsweise noch unterstützte Unnahbarkeit gegen poetische Einwirkungen vertreten, daß es von vornherein gewagt erscheint, diesem Faktor in der hier angedeuteten Beziehung ein ganz besonderes Gewicht beizulegen. Und doch sind wenigstens flüchtige Anwandlungen selten ganz ausgeschlossen und man verkennt wieder den Zusammenhang des ethischen Getriebes im Menschen, wenn man solchen Lichtblitzen gar keine erhellende und erwärmende Kraft zutraut. Ich schlage allerdings auch die positive Wirkung derselben geringer an, als ihre negative d. h. ich meine, die Abwesenheit derselben wird sich eher bemerklich machen als die Anwesenheit, das gänzliche Fehlen wird sich eher in einer nachweisbaren Wirkungsform offenbaren als das Vorhandensein, das oft nur wie eine Hemmkette eingreift, welche die Action verzögert,

aber selbst keine erzeugt und daher weniger beachtet wird.
Die positive Wirkung des gänzlichen Fehlens jener leisen
Schwingungen, die sich im Gemüthsleben auch der am
wenigsten zugänglichen Volksklassen erzeugen, wenn sie
vom Hauch eines Jenseitigen sich getroffen fühlen, wird
sich vielleicht am richtigsten als eine Verrohung oder
in milderen Fällen als eine Vergröberung, als eine ge=
wisse, quantitativ natürlich unbestimmt zu lassende, aber
doch spür= und wägbare Zunahme in einer Rohheit der
Stimmung und Auffassung, kurz des inneren Lebens be=
zeichnen lassen. In dem Einzelnen verschwindet die Wir=
kung häufig als eine nachweisbare, in dem Ganzen tritt
sie durch Summirung der Einzeleffecte gleichwohl zu
Tage, für den Einzelnen ist die Behauptung nicht selten
unrichtig, — wenn andere Einflüsse oder ursprüngliche
Eigenschaften sich einem Rohwerden widersetzen — für
den Durchschnitt der Masse behält sie ihre Gültigkeit.

Ich hoffe, man wird gegen diese Annahme eines Zu=
sammenhangs zwischen der Erschütterung des Jenseits
und einer nicht absoluten (das hängt von der Stärke
der gegenwirkenden Momente ab), aber relativen Erhöhung
innerlicher Rohheit nicht etwa geltend machen, daß gerade
die strenggläubigsten Zeiten die ärgsten Rohheiten auf=
zuweisen haben. Dieser Gegengrund würde von einer
falschen Auffassung meiner ganzen Argumentation zeugen,
die es, wie ich gleich Eingangs bemerkte, nur mit dem
Gegensatz einer ausschließlich auf das Diesseits gerichte=
ten Sinnes= und Auffassungsweise zu einer solchen zu

thun hat, die über daſſelbe zu einem Jenſeitigen, das ihr
als ein hehres Geheimniß erſcheint, emporblickt, während
ich alle Specialitäten des hiſtoriſchen Jenſeitsglaubens
und die Ausbrüche religiöſer Intoleranz, die damit in
Verbindung ſtehen können und geſtanden haben, außer
Acht laſſe.

Suchen wir nach dieſem vorläufigen Blick nach der
Gefühlsſeite die Spuren einer Erſchütterung des Jenſeits
im Bewußtſein nun da auf, wo ſie ihre Wirkung auf das
intellectuelle Gebiet überträgt, ſo läßt ſich kaum ein
prägnanteres und in vieler Beziehung intereſſanteres De=
monſtrations = Object aufzeigen, als die vielbeſprochene
Zeiterſcheinung des Spiritismus in ihrem Verhältniß
zur Wiſſenſchaft reſp. das Verhalten dieſer letzteren zu
den ſogenannten ſpiritiſtiſchen Erſcheinungen und That=
ſachen. Ich kann mir daher nicht verſagen, hierauf den
Nachweis zu richten, ſo heikel das Thema, ſo gefährlich
gewiſſermaßen und jeder Mißdeutung ausgeſetzt die Stel=
lung eines Jeden iſt, der in dieſer Angelegenheit das Wort
ergreift, ſo ſchwer es iſt gerade für eine mittlere Stellung,
wie ſie mir geboten erſcheint, die Anerkennung zu errin=
gen. Da ich mich nicht zu den Spiritiſten zähle und
nicht zu ihnen gezählt zu werden wünſche, ſo bleibt mir
nichts übrig als dies durch eine vorausgeſchickte Abwehr
zu belegen. Bei der hervorragenden Stellung, die Pro=
feſſor Zöllner in der ganzen Angelegenheit für Deutſch=

land einnimmt und die ihm, als ihrem hervorragendſten,
geiſtig befähigteſten und unermüdlichſten Vertreter mit
Recht zukommt, knüpft dieſe Abwehr nothwendig an ſein
theoretiſches und praktiſches Verhalten an, dem daher die
nachfolgenden Bemerkungen zunächſt gewidmet ſind. Ich
greife dabei auf den Wunderglauben als den eigent=
lichen Kernpunkt des ſo zu ſagen philoſophiſchen Theils
ſeines Spiritismus zurück.

In ſeiner vor jetzt gerade 40 Jahren geſchriebenen
Abhandlung über das „Wunder", ſagt L. Feuerbach u. A.:
„Die Grundvorſtellung iſt hier die gemeine, niedrige: die
Geſetze der Natur hat Gott gegeben, wie der König eine
Konſtitution giebt, was er giebt, kann er wieder zurück=
nehmen. Heute macht das Waſſer naß, morgen trocknet
es vielleicht, heute bewegt ſich die Sonne, morgen ſteht
ſie vielleicht ſtille. Die Bewegung, wie die Ruhe iſt nur
der Wille des Herrn . . ." „Wenn ich daher dieſen
Willen, wie ich ſoll, mir ſtets lebhaft vergegenwärtige,
wenn ich in der Anſchauung deſſelben als eines leben=
digen Weſens lebe, wenn er mir eine präſente Wahrheit
iſt, ſo kann ich nicht beſtimmt wiſſen, wenn ich z. B. an
den Brunnen gehe, um mir zur Reinigung meiner Wäſche
Waſſer zu holen, ob das, was ich hier als Waſſer ſehe,
wirklich Waſſer iſt, und ob nicht vielleicht meine Wäſche
von ihm ſtatt weiß, roth wie von Blut wird, denn die
Wunderkraft kann mir abſichtlich ein Quid pro quo vor=
machen, damit ich mich nicht auf mich verlaſſe, ſon=
dern ſtets in dem Abhängigkeitsgefühl von der Allmacht

des wunderthätigen Willens erhalte. Wenn ich, wie Bi-
leam, einen Esel reden höre, so weiß ich nicht mehr, ob
ich ein Esel bin, oder ob der Esel ein Mensch ist. Der
Unterschied zwischen Thier und Mensch ist aufgehoben."

Professor Zöllner wird mir wahrscheinlich lebhaft
widersprechen, wenn ich diese Feuerbach'sche Ausführung
auf ihn anwende, aber meines Erachtens würde er daran
sehr Unrecht thun. In dem ersten Bande seiner „Wissenschaftlichen Abhandlungen", die gewiß nach Inhalt, Form
und Tendenz eine der merkwürdigsten Publicationen der
Gegenwart bilden, findet sich auf S. 192 folgende Ausführung: „Denjenigen aber, welche uns und dem Volke
zumuthen, sich durch den Glauben an Thomson-Helm-
holtz'sche Hypothesen vor dem Glauben an den Spiritismus zu schützen, erkläre ich offen und freimüthig, daß
eine solche Zumuthung wenigstens für den mir verliehe-
nen Verstand, ein weit größeres Opfer, ein bei weitem
schmerzlicheres sacrificium intellectus sein würde, als mit
Newton und Daniel Bernouilli an das Dasein eines
allmächtigen Gottes zu glauben, der unter ihm geeignet erscheinenden Umständen auch im Stande
sein könnte, diejenige Kraft zu verändern und aufzuheben, welche er selber durch einen „Schöpfungsact" der
Materie „eingehaucht und eingepflanzt" hat (Worte Bent-
leys aus dessen siebenter Rede) — wäre es auch nur,
um ein in seinen höheren intellectuellen Fähigkeiten herab-
gekommenes Geschlecht durch so plumpe Mittel wie Tisch-
rücken und Geisterklopfen an Hamlets Worte zu erinnern:

Es giebt mehr Ding im Himmel und auf Erden,
Als eure Schulweisheit ſich träumen läßt."

Wie ſteht denn nun die Sache? Wenn Herr Zöllner
von einer Allmacht ſpricht, die unter Umſtänden „im Stande
ſein könnte", das ſelbſtgegebene Geſetz aufzuheben und
zu verändern, und zwar lediglich zu dem Zweck, um ſich
einem ungläubigen Geſchlecht wieder einzuſchärfen; und
wenn Feuerbach ſeinerſeits den Fall ſetzt, die Wunder=
macht könne das Gleiche thun, nur um den Menſchen
in dem Abhängigkeitsgefühl von ihrer Allmacht zu erhal=
ten, ſo möchte ich wiſſen, wo da irgend ein Unterſchied
ſteckt. Der Philoſoph zieht nur die Conſequenz, die der
philoſophirende Naturforſcher nicht zieht, aber daß er ſie
nicht zieht, ſie gar nicht zu ziehen für nöthig hält, iſt
nicht die Schuld des Philoſophen.

Bei Herrn Zöllner wird ferner die Möglichkeit zu=
gegeben, daß die Allmacht das Geſetz aufheben könne,
weil und inſofern ſie es ſelber gegeben habe. Damit
ſchwindet der Begriff der „Geſetzmäßigkeit" in ſeiner philo=
ſophiſchen Bedeutung für den Weltprozeß, weil er als
ſolcher mit dem Begriff der Ausnahmeloſigkeit ſteht und
fällt. Er ſchwindet ebenſo ſicher und unrettbar, wie er
dort ſchwindet, wo die Staatsordnung, möge ihr gere=
gelter Gang der vortrefflichſte ſein, zum Abſolutismus
zurückkehrt.

Wir haben es bei Herrn Zöllner ganz einfach mit
dem Wunderglauben, mit nicht mehr und nicht weniger,
zu thun, und dieſer Punkt, der in der hitzigen Debatte, zu

der er durch seine spiritistischen Veröffentlichungen den
Anlaß gegeben, meistens ganz übersehen wird, ist doch
wahrlich kein nebensächlicher oder gleichgiltiger. Ich rede
hier zunächst gar nicht über oder wider die spiritistischen
Thatsachen, ich lasse sie ganz auf sich beruhen. Aber
wir wollen diese Thatsachen, wenn sie wirklich vorliegen,
nicht unter einem Gesichtspunkt betrachtet wissen, der die
Gesetzmäßigkeit aufhebt, und das geschieht, sobald man
sie, wie Herr Zöllner und die Spiritisten überhaupt dies
thun, in Verbindung mit dem Wunderglauben bringt.
Hier heißt es: principiis obsta. Die Localität macht
uns keinen Unterschied und wir verwahren uns gegen
den Wunderglauben ebensosehr und noch mehr, wenn er
in Leipzig von einem Professor, als wenn er in Mar-
pingen von geistlichen und ungeistlichen Schwindlern
gepredigt wird. Wir verwahren uns gegen den Rückfall
in den Wunderglauben aus demselben Grund und mit
demselben Recht, wie wir uns gegen den Rückfall in den
Absolutismus, gegen ein Regiment des persönlichen Be-
liebens, gegen die Gesetzlosigkeit verwahren. Denn
das Wunder ist die Gesetzlosigkeit, und eben deshalb bedeutet es die Aufhebung aller Wissenschaft dem Prinzip
nach, weil und insofern die Wissenschaft die Ergründung
des gesetzmäßigen Geschehens zu ihrer Lebensaufgabe hat.

Es läßt sich nicht bezweifeln, daß Professor Zöllner
an dieser Stelle auf den, man kann wohl sagen, empfindlichsten Punkt im Zeitbewußtsein trifft, auf einen Punkt,
der wie wenige andere, gleichsam eine eroberte Schanze

mit wehender Fahne, einen fast allen Theilnehmern an
der geistigen Arbeit in der Erkenntniß gemeinsamen, von
Allen respectirten Besitz bezeugt. Sprechen wir von der
Gottheit, so müssen wir sagen, wie im Einzelnen auch
der Begriff derselben von der Gegenwart erfaßt wird, ob
als das bindende Gesetz in der inneren, sittlichen Welt=
ordnung, als Gewissen, ob als Geist der Materie, als
νοῦς der Welt, immer hat die Menschheit sich gewöhnt,
im Göttlichen das Princip der höchsten Gesetzmäßigkeit
zu begreifen und zu verehren, eins mit dem anderen,
Gottheit mit Gesetz, zu identificiren, sie — um mit Car=
riere zu reden — als die Einheit zu setzen, „die aus sich
das Viele entfaltet und sich als Einheit selbst erfaßt",
das Belieben von ihr auszuschließen.   Selbst wo man
das Urbild eines persönlichen Lenkers zu Grunde legt,
hat man überwiegend diesen Grundgedanken festgehalten.
An Stelle des absoluten Herrschers, der jeden Augen=
blick das Gesetz des nothwendigen, der Natur der Dinge
entsprechenden Geschehens beugen und brechen kann — ein
Gedanke, in dem eben soviel Schrecken wie Trost gelegen
war — ist alsdann die Vorstellung des constitutionellen
getreten, der das Gesetz nie brechen wird, eben weil
er es selbst gegeben und weil in diesem Gesetz, dem Act
der höchsten göttlichen Spontaneität, sein Wesen beschlossen
liegt.   Nun erst ist jedes Ding, was es zu bedeuten
scheint, nun erst kann von einem eigenthümlichen Sein
und Wesen der Dinge im sicheren Bestande die Rede sein,
nun erst erhebt sich der Mensch zu der Ueberzeugung von

der Möglichkeit einer Erkenntnißarbeit, der im eigentlichſten
Sinn da der Boden unter den Füßen ſchwankt, wo der
Glaube an die Wundermacht ein lebendiger iſt und jedem
Ding daher die Garantie ſeiner ihm eigenthümlichen Ent-
wicklung abgeſchnitten iſt, wo das Princip der Entwick-
lung daher überhaupt preisgegeben wird, dem in letzter
Inſtanz alles Bemühen der Wiſſenſchaft dienſtbar iſt.
Nicht die Erkenntniß erweitern, ſondern ſie im Princip
aufheben iſt daher die Folge der Einführung einer Wun-
dermacht, und die Entwicklung der Wiſſenſchaft in auf-
ſteigender Linie hängt genau mit dem Rückgang des
Wunderglaubens in abſteigender Linie zuſammen.

Herr Zöllner ſieht in ſeinem ſpiritiſtiſchen Eifer offenbar
gar nicht, welche bedauerliche Verwirrung er durch ſein Verfahren anſtiftet. Er ſieht nicht, daß er ſeine eigene reſp. die
von ihm vertretene Sache ſehr bedeutend ſchädigt, denn indem
er ſich gleichzeitig zum Anwalt der Anarchie des Wun-
ders aufwirft, vereinigt er eine ſehr große Partei gegen
ſich, die aus allerlei Bekenntniſſen zuſammengeſetzt, ſich
gleichwohl in dem Princip der Ordnung zuſammenfindet,
alſo, ſo zu ſagen, die Ordnungspartei in dem Ge-
dankenſtaat vertritt. Dadurch erſchwert er natürlich die
Anerkennung deſſen, was im Spiritismus Haltbares liegen
mag, ſehr erheblich und dies iſt bedauerlich, weil es die
Erkenntniß beeinträchtigt.

Daß Herr Zöllner übrigens, ſobald er das religiöſe
Gebiet betritt, wie mir vorkommt, alle Contenance verliert, dafür noch ein Beiſpiel. In den wiſſenſchaftlichen

Abhandlungen (Bd. II Th. II pag. 979) heißt es: „die Freude bei der Conception (meiner Werke), die Leichtigkeit des Arbeitens und die mir selbst oft räthselhafte Schnelligkeit, mit welcher mir passende Citate einfallen und sogleich gefunden werden, haben mir ganz unverdient den Ruf einer großen Belesenheit zugezogen — mir selber aber den unerschütterlichen Glauben an die göttliche Vorsehung erweckt, welche uns Menschen die Wege ebnet und als geeignete Werkzeuge zur Manifestation ihrer Weisheit und Güte benutzt." Nun kann der Glaube an eine Vorsehung ja gewiß für den Einzelnen auf sehr sicheren Stützen seiner gesammten Lebensanschauung ruhen, aber darin werden wohl Alle übereinstimmen, daß die Erweckung derselben durch den bloßen Umstand, daß Einem passende Citate räthselhaft schnell einfallen, kaum auf höherer Stufe steht, als die Erweckung des Glaubens an eine ganz besondere Vorherbestimmung, weil man bei einem gefährlichen Sturz keine Beschädigung davon getragen hat, wie dies bekanntlich Wallenstein begegnete.

Betrachten wir uns nun noch einen Augenblick die Zöllner'sche Polemik, denn auch diese ist, weil und insofern Herr Zöllner dabei wesentlich als Wortführer der spiritistischen Theorien verfährt, wenn auch als ein außerordentlich weit- und offenherziger Wortführer, bei einer kritischen Abwehr gegen den Spiritismus nicht zu umgehen. Was die persönlichen Angriffe auf Helmholtz, du Bois-Reymond u. A. angeht, so wird es darüber unter allen unbefangenen, von Scandalsucht freien Geistern

wohl nur ein Gefühl geben: das des Bedauerns. Nicht
ein Bedauern, welches sich unmittelbar auf die Ange-
griffenen bezöge, denn das hieße in der Beurtheilung der
Controversen weiter gehen, als ich mir gestatten will,
aber ein Bedauern darüber, daß Derartiges überhaupt ge-
druckt zu lesen dasteht. Waren diese Angriffe für Herrn
Zöllner als ein Act der Nothwehr durchaus nothwendig,
tant pis — die Würde der Wissenschaft, darüber,
meine ich, kann er sich nicht verblenden, steht sich nicht
gut dabei. Sie ist wohl in ihrem Wesen, aber nicht in
ihrem äußeren Bestande absolut unabhängig von dem
Glauben, von der Anerkennung einer gewissen Würdigkeit
ihrer Träger. Mühselig ist diese Anerkennung in einer
langen Culturarbeit, nicht allein nach unten, sondern auch
nach oben hin, durchgesetzt und errungen worden, und
nur einer äußersten Zwangslage weichend, sollte der Einzelne von der durch diese Rücksicht bedingten Linie des
vorsichtigen Verhaltens sich eine Ausnahme gestatten. Ob
diese Zwangslage für Herrn Zöllner, wie er offenbar geglaubt, vorhanden war, darüber werde ich in keine Erörterung eintreten. Jeder mag sich da seine Ansicht aus
den Acten selbst bilden. Wenn sich aber vielleicht Mancher
bei Durchsicht der größeren, theils der Vertheidigung,
theils der Abwehr gewidmeten Abschnitte der „Wissenschaftlichen Abhandlungen", wie namentlich des Abschnitts:
„Zur Abwehr" (Bd. II, Th. 2) und über die „metaphysische Deduction der Naturgesetze" (Bd. II Th. 1; die
neuesten Expectorationen derselben Art lasse ich ganz un-

berückſichtigt) eines Erſtaunens nicht wird erwehren kön=
nen, daß ein Forſcher und Denker mit einer ſo leiden=
ſchaftlichen Empfindlichkeit, wie ſie uns dort entgegentritt,
auf Ausſprüche und Meinungen der Tagespreſſe reagirt,
ſo möge er zur Erklärung und, wenn man will, Recht=
fertigung des Herrn Zöllner, die ganz beſondere Stellung
deſſelben in der Angelegenheit des Spiritismus doch nicht
vergeſſen. Denn dieſe Stellung macht, wie mir ſcheint,
eine ſo heftige Reaction, wie die oben bezeichnete, wohl
begreiflich.

Wie man auch über die 4=dimenſionale Raumtheorie
denken mag, für die Herr Zöllner doch ſchließlich nur den
Werth einer „gewiſſen Brauchbarkeit als theoretiſchen
Leitfadens für Experimentalunterſuchungen auf dem ſo
verwickelten Gebiet ſpiritiſtiſcher Phänomene" beanſprucht
(Bd. II. Th. 1. S. 350), — gewiß iſt, — und durch den
bereits 1874 geſchriebenen Aufſatz Fechner's: „Der Raum
hat 4 Dimenſionen" ausdrücklich bezeugt — daß Herrn
Zöllners Speculationen auf dieſem Gebiet ſeinen ſpäter
angeſtellten und erlebten Experimenten voraus gingen,
gewiß, daß er vorher die Verſchlingung eines einfachen
Fadens ohne Ende ausführlich discutirt und als denk=
bare Leiſtung eines 4=dimenſionalen Weſens, falls es dem=
ſelben unter gewiſſen Umſtänden geſtattet ſei, ſichtbare,
d. h. dreidimenſionalen Weſen vorſtellbare Wirkungen
in der realen Körperwelt zu erzeugen, behauptet hatte.
Als er daher ſpäter dieſe gewagte Vorausſage in dem
Knotenexperiment nach ſeiner Auffaſſung beſtätigt fand,

hatte er als Physiker sicher eine Thatsache von so
grandioser, ausnahmsweiser Beschaffenheit erlebt, daß er
voll des stolzesten Selbstgefühls darauf hinzuweisen ein
Bedürfniß empfinden durfte. Welchem Physiker wäre es
wohl anders gegangen! Sehen wir doch manchmal, wie
ein viel geringerer Anlaß, wie z. B. die Bestätigung irgend
eines vermutheten Zusammenhangs im materiellen Triebwerk der Erscheinungen, denjenigen, der die Vermuthung
zuerst aufgestellt, in die Reihe der großen Entdecker rückt,
ihn mit einem Kranz des Ruhms krönt und mit einem
dem entsprechenden Stolz erfüllt. Und hier handelte es
sich um die anscheinende Bewahrheitung einer bestrittenen
und bespöttelten Hypothese, die weit hinaus über den Rahmen der Physik im engeren Sinne des Wortes auf ein
Gebiet hinübergriff, welches, wenn es überhaupt jemals
anbau- und ertragfähigen Boden bieten sollte, erst einer
Metaphysik der Zukunft, zu der uns noch so gut wie
alle Grundlagen fehlen, angehören dürfte. Daß sich Herr
Zöllner dabei nicht viel anders als Columbus vorkam, der
allem Zuwiderreden zum Trotz neues Land da nachwies,
wo er es vorhergesagt hatte, scheint mir erklärlich, und
nicht minder scheint mir der Ausbruch von Satire, Unwillen, Gelächter und Verunglimpfung, der sich gerade
damals über allen Spiritismus und damit auch über
ihn und seine Hypothese erhob, ganz danach angethan,
Jemanden in der Lage des Herrn Zöllner, wie man so
zu sagen pflegt, außer Rand und Band zu bringen. Hierin liegt, denke ich, eine sehr starke und genügende Er-

klärung und, wenn es dessen bedarf, Entschuldigung für
die ungezügelte Heftigkeit, mit der Herr Zöllner im Kampf
und Anklage gegen Alles, was sich ihm und seinen Anschauungen entgegenstellt, vorgegangen ist. Schlag um
Schlag! Hatte man ihn an den Pranger gestellt, so stellte
er jetzt die ganze Zeitrichtung und ihre hauptsächlichsten
Wortführer an den Pranger. Aber allerdings — sunt
certi denique fines! Und diese uns Allen unverlierbare
und unverrückbare Grenze finde ich namentlich an einer
Stelle entschieden überschritten. Wenn Herr Zöllner (Bd. II,
Th. 1 pag. 311) den „Gast aus dem Geisterland", Grim-
melshausen, dem er alle Urtheile und Verurtheilungen in
den Mund legt, die er dem Gewissen der Nation und
der oberen Gewalten einzuschärfen für nothwendig er-
achtet, eine Schilderung geben läßt, wie Friedrich der
Große unter den gegenwärtigen Umständen gehandelt haben
würde, wenn dies dann in folgender Weise ausgeführt
wird: er würde seinen Cultusminister zu sich beschieden
und ihm unter vollkommener Billigung seiner Kirchen-
politik doch dringend eine schärfere Beaufsichtigung der
„Gelegenheitsreden" der Akademiker und Professoren zur Feier seines und des deutschen Kaisers Ge-
burtstag ans Herz gelegt haben. Denn Gerechtigkeit und
Achtung vor dem Gesetz seien die Fundamente jedes ge-
ordneten Staatswesens. Habe man den gerechten Muth
gehabt, Bischöfe abzusetzen, weil sie den rechtmäßig zu
Stande gekommenen Kirchengesetzen den Gehorsam ver-
weigerten, so müsse man diesen Muth auch Universitäts-

Professoren und Akademikern gegenüber besitzen, wenn sie
ihre hervorragende und einflußreiche Stellung benutzen,
um zur Geburtstagsfeier des deutschen Kaisers Gottes=
lästerungen in einer akademischen Festsitzung auszu=
sprechen. Denn es sei eine Gotteslästerung, oder eine
„Gott beschimpfende Aeußerung", wenn man sein Dasein
durch das unbarmherzige Getriebe einer „entgötterten
Natur" verneint, und durch Pyrrhonismus den Glau=
ben an einen intelligenten Leiter der Welt im Herzen des
Volkes zerstört. Es sei nicht gleichgiltig, von wem und
an welchem Orte solche Dinge ausgesprochen und in die
Massen geworfen würden. Friedrich der Große habe sich
im Grabe herumgedreht, als er seine Akademie der Wis=
senschaften so tief herabgesunken erblickte, daß ein bestän=
diger Secretär derselben ungestraft solche Reden halten
konnte. Was Wunder, wenn das Volk unter solchen Um=
ständen den Eid verweigere und sich einbilde, nur für
Socialdemokraten sei §. 166 des deutschen Strafgesetzbuchs
gemacht!" — so ich muß zu meinem Bedauern sagen: für
solchen Ausfall, der Alles in sich vereinigt, Denuncia=
tion, Aufforderung zu staatsanwaltschaftlichem Einschrei=
ten, Angriff auf die Freiheit der Wissenschaft, Knebelung
der Rede, giebt es in meinen Augen keine Absolution.
Herr Zöllner tritt für die Sittlichkeit in der Wissenschaft
mit begeisterten Worten in demselben Augenblick ein, wo
er ohne Bedenken die erste, unentbehrlichste Grundlage
Alles dessen, was als Sittlichkeit der wissenschaftlichen
Arbeit entkeimen kann, Preis giebt, indem er ihr die Frei=

heit nimmt, zu jedem beliebigen Resultat zu kommen, und
dasselbe furchtlos und ungehemmt als Erzeugniß geistiger
Arbeit auszusprechen.   Die Wahrheit wohnt bei ihm wieder, wie in früheren Jahrhunderten, unter dem Galgen.
Darin liegt Hochverrath, wenn auch nur ein Hochverrath der Verblendung.   Ich zweifele nicht an der Echt-
heit seiner Begeisterung, aber ich finde dasselbe beklagens-
werthe Mißverhältniß zwischen dem, was er will, und dem,
was er thut, ohne sich dessen klar bewußt zu werden
hier, wie da, wo er die spiritistischen Phänomene gesetz-
mäßig (mittelst einer erweiterten Raumanschauung) ein-
zureihen sich beflissen zeigt, gleichzeitig aber das Princip
alles gesetzmäßigen Geschehens in dem Glauben an eine
Wundermacht, wie oben gezeigt, unter die Füße tritt.
Und gegen diese doppelte Verirrung und diesen Abfall
von der besten Errungenschaft der Culturarbeit von Generationen können Alle, wes Glaubens sie auch sonst seien,
dafern sie nur an der Freiheit festhalten, nur mit dem
energischsten Proteste antworten.

Soweit meine Abwehr, um etwaigen Verwechselungen
der Standpunkte ein für allemal vorzubeugen.   Hat man
aber von anderen Seiten nun wohl ähnliche Proteste
erhoben? Hat man die schwachen Seiten des Gegners
angegriffen? Ganz im Gegentheil, diese blieben meistens
unberücksichtigt. Aber gegen die starke Seite eines wissenschaftlichen Mannes, der, wenn auch in seinen Schlußfolgerungen sich überstürzend, wenn auch dem Irrthum aus-
gesetzt und vor Täuschung nicht geschützt, dennoch offen-

bar mit großer Anstrengung und einem, alle Anerkennung
verdienenden Bemühen beflissen gewesen ist, die Täuschung
im Thatsächlichen auszuschließen, den Irrthum durch exacte
Veranstaltungen zu bannen, ist man mit allen Waffen
zu Felde gezogen. Dem kritiklosen Wunderglauben Zöllner's setzte man auf gegnerischer Seite, die theils unter
der Devise der zünftigen Wissenschaft focht, theils von
namhaften Vertretern derselben, wie Professor Wundt
in Leipzig unmittelbar geführt wurde, den ebenso kritiklosen Unglauben des Thatsächlichen entgegen. Mit
wenigen rühmlichen Ausnahmen, zu denen ich namentlich
eine in der Zeitschrift „Nord und Süd“ s. Z. veröffentlichte Arbeit des verstorbenen Münchener Professors J.
Huber rechne, überwiegt in der antispiritistischen, speziell
an die Adresse von Professor Zöllner gerichteten Literatur, soweit sie mir bekannt geworden ist, eine Art der
Beweisführung, die sich zwischen geistreich schillernden
Platituden und auf hohen Stelzen schreitenden Abferti-
gungen behaglich einherbewegt, namentlich aber mit großer
Vorliebe an Stelle principieller Erwägungen das ebenso
billig zu beschaffende wie beleidigende Gelächter, das stets
ein Echo findet, stellt. Und doch ist gerade dies letztere
ein so bedenkliches Zeugniß für diejenigen, die es anheben,
daß Professor Zöllner nicht mit Unrecht in dieser Hinsicht an zwei berühmte Beispiele der Vergangenheit erinnern konnte. Als Galvani einen Froschschenkel unter
dem Einfluß der Elektricität hatte in Zuckungen gerathen
sehen und diese Beobachtung veröffentlichte, entstand ein

allgemeiner Aufruhr, über welchen Galvani sich folgender=
maßen erklärte: Ich sehe mich von zwei einander entgegen=
gesetzten Seiten angegriffen — von den Gelehrten und den
Unwissenden. Beide Theile lachen über mich — sie
nennen mich den Tanzmeister der Frösche. Trotzdem weiß
ich, daß ich eine der größten Naturkräfte entdeckt habe."
Und über Newtons Gedanken einer gegenseitigen An=
ziehungskraft der Himmelskörper, der uns ganz geläufig
ist, äußerte sich Huyghens, ein Mann, der auf der
Höhe seiner Zeit stand, in einem Briefe an Leibniz:
„Der Newton'sche Gedanke einer gegenseitigen Anziehung
scheint mir absurd. Ich wundere mich nur, daß ein
Mann wie Newton so viele mühsame Untersuchungen und
Rechnungen anstellen konnte, welche kein besseres Funda=
ment haben als einen solchen Gedanken."

Ueber die Armuth an eigentlichen Argumenten in
diesem Wortgefecht wird man sich nicht verwundern dür=
fen. Sie sind in der That nicht aufzutreiben. Denn um
was handelt es sich eigentlich? Denjenigen, die so sehr
viel „begriffen" zu haben vermeinen, daß sie das noch
Unbegriffene als ein Unbegreifliches und daher „Un=
mögliches" kurzweg ablehnen, kann nie scharf genug ent=
gegengehalten werden, daß wir in der größten aller Un=
begreiflichkeiten ein für allemal feststecken, daß in dem
größten Theil dessen, was wir uns als „begriffen", ohne
uns darüber zu verwundern, gefallen lassen, nichts weiter
enthalten ist als die gewohnheitsmäßige Auffassung einer
Aufeinanderfolge von Erscheinungen, d. h. Sinnesein=

drücken, die ihr Verwunderliches nur deßhalb verloren
haben, weil sie uns eben sehr häufig vorkommen und
daher als Regel, als „Naturgesetz" in unsere Compendien
eingetragen worden sind.

Die Menschen stellen den Ergebnissen der Beobach=
tung, die sie auf ihnen bis jetzt geläufige Vorstellungen
und Anschauungen zurückzuführen nicht im Stande sind
und die sie daher nicht als thatsächlich gelten lassen wollen,
als Thatsachen solche Beobachtungsresultate entgegen,
die den ihnen geläufigen Anschauungen und Vorstellungen
entsprechen, ohne zu bedenken, daß diese letzteren, diese ihnen
geläufigen Anschauungen und Vorstellungen, eben doch nur
aus Thatsachen der Beobachtung gebildet sind, daß also
hier nur gleichberechtigte Principien sich neben einander
stellen, zwischen denen ein Conflict von vornherein gar
nicht bestehen darf, daß also für uns nur die Aufgabe
entsteht, eins mit dem anderen auszugleichen und den bis=
herigen engeren Kreis von Beobachtungen durch den
neuen Zuwachs zu erweitern. Dies ist aber gleichbe=
deutend mit einer Berichtigung der aus dem engeren
Kreis von Beobachtungen gebildeten, bisher uns geläufigen
Anschauung und Vorstellung; denn eben in der zu engen
Fassung liegt ja das Unrichtige und sobald wir dieselbe
also durch den neuen Zuwachs als zu eng erkennen, haben
wir sie auch als einer Berichtigung bedürftig anzuer=
kennen. Gewiß hat der Mensch ein Recht, gegen behaup=
tete Ausnahmen mißtrauisch zu sein, gewiß kann er in=
ductiv verfahrend, für eine in unzähligen Fällen beob=

achtete Regel die Wahrscheinlichkeit beanspruchen, daß
sie auch ferner in unangefochtener Gültigkeit bestehen
werde — obgleich auch dies „ferner" nur eine relative
Gültigkeit beanspruchen kann — gewiß darf er darauf
die Vermuthung gründen, daß Vorgänge, welche den
bisher erkannten Naturgesetzen zuwiderlaufen, sich auf Sin=
nenbetrug und Täuschung zurückführen lassen werden —
nur daß dies alles kein Recht zu einer positiven Ver=
neinung auf Grund dessen, daß man etwas „Unbegreif=
liches" und also „Unmögliches" vor sich habe, giebt. Viel=
mehr liegt, sobald der Sinnenbetrug nach besten Kräften
aus der Beobachtung ausgeschlossen ist, die unweigerliche
Aufgabe vor, das Unbegriffene zur Begreiflichkeit zu er=
heben und es damit seiner verwundersamen Stellung zu
entkleiden.

Ganz in diesem Sinn faßte dies prinzipielle Grund=
verhältniß auch der berühmte Mathematiker Riemann
auf. Er bezeichnete die Aufgabe, welche bei unerwarteten
oder unerklärlichen Wahrnehmungen entsteht, als „Er=
gänzung oder Verbesserung des Begriffssystems.
Sie bildet die Erklärung der unerwarteten Wahrnehmung.
Durch diesen Proceß wird unsere Auffassung der Natur
allmählig immer vollständiger und richtiger, geht aber
zugleich immer mehr hinter die Oberfläche der Erschei=
nungen zurück."

Treten also Erscheinungen auf, wie sie regelmäßig
in den sogenannten spiritistischen Beobachtungen verzeich=
net werden als: spontane Bewegungen schwerer Gegen=

stände, Erheben derselben von der Erdoberfläche ohne
materiell vermittelte Druck= und Zugbewegungen, Zer=
reißen materiellen Zusammenhangs ohne wahrnehmbare
Ursache, Durchdringung von Materie u. s. w., Erschei=
nungen, die also eine ganze Reihe der uns geläufigsten
Annahmen und Auffassungen einfach aufheben und zu
einer andern Formulirung, die erst gesucht werden muß,
zwingen, so entsteht dadurch für die Naturforschung aller=
dings eine ganz gewaltige, höchst verwickelte Aufgabe, für
den Denker als solchen aber liegt hierin kein
Problem. Gerade davon will man aber nichts wissen.
Worauf man mit allen Angriffen hinauszielt, worauf man
bei aller Discreditirung und Verlachung des angeblichen
Thatbestandes fußt, ist stets, daß derartiges „undenkbar"
ist und daß eben deshalb eine „ihrer ernsten Aufgaben
bewußte Wissenschaft" sich davon fern zu halten hat.

Aber die Spirits — auf die kann man sich doch nicht
einlassen, ohne dem „crassesten Aberglauben" anheimzu=
fallen? Mit den Spirits betreten wir das eigentliche San=
ctuarum des Spiritismus, wo er, das Weihrauchfaß schwin=
gend, sich in einer gewissen naiven Pracht entfaltet und
ich brauche eigentlich kaum zu sagen, daß mir seine ganze
Religionsphilosophie und Metaphysik, seine Dämonologie,
die auf einem kaum betretenen Gebiet bereits fix und
fertig Bescheid weiß, seine überstürzten Theorien von „Ma=
terialisationen", Projection einer mehrdimensionalen Welt
in unsere dreidimensionale und wie all' der Plunder heißt,
der Einem in den spiritistischen Publikationen und mit

einigen wissenschaftlichen Allüren namentlich auch in den
Schriften des Baron v. Hellenbach mit athemloser Hast
aufgedrängt wird, von Grund aus zuwider ist. Der
Gedanke einer „Transcendental=Physik" ist nicht
kurzweg von der Hand zu weisen, er kann für die Zu=
kunft fruchtbringend werden, aber gewiß nicht auf dem
Weg dieser unreifen, verworrenen und unwissenschaftlichen
Himmelsstürmer.

Aber das ist doch nur die eine Seite der Sache und
daß man hüben die Besonnenheit verliert, sollte doch eigent=
lich nur zur Folge haben, daß man sie drüben, wo man
sich sehr überlegen vorkommt, um so fester hält. Nun
scheint es mir aber gar nicht besonnen, daß man einen
Spirit einfach für Humbug erklärt, und mit dieser kahlen
Rückenwendung die Sache abgethan zu haben glaubt. Die
von den Spiritisten gewissen intelligenten Kräften, also
den hypothetischen Spirits zugeschriebenen Manifestationen
sind ja damit doch nicht ohne Weiteres aus der Welt
geschafft. Als vor nicht allzulanger Zeit der Bathybius
im Bereich der naturwissenschaftlichen Welt auftauchte
und dort so lange herumspukte, bis er bei näherer Be=
sichtigung seiner Existenzform sich wirklich als Spuk d. h.
als ein Niederschlag von Kreide in Seewasser erwies und
er also wieder in Nichts verschwand, wurde demselben
doch nicht a priori seine Existenz bestritten, so sehr man
sie von manchen Seiten bezweifeln durfte und mochte.
Was existirt, muß sich ausweisen und diesem Ausweis
nachzuforschen ist Sache der Wissenschaft, namentlich der

Naturforschung. Wer fühlt aber nicht das Mißliche, prin=
zipielle Existenzberechtigungsfragen aufzuwerfen
und sie von irgend einem aprioristischen Standpunkt aus
entscheidend zu beantworten! Und wenn dies schon für
das unabsehbare Reich unserer planetaren Naturproducte
im engeren Sinne gilt und dort auch dem entsprechend
verfahren wird, wie viel mehr gilt es oder sollte es gelten
da, wo die Frage des Existirenden und Existenzfähigen
im weitesten Umfang eröffnet wird.

Durch die ganze Behandlung des Themas der Spirits
Seitens der Spiritisten zieht sich als Grundton die Stelle
im Faust:

> Die Geisterwelt ist nicht verschlossen,
> Dein Sinn ist zu, dein Herz ist todt,
> Auf bade, Schüler, unverdrossen
> Die ird'sche Brust im Morgenroth.

Diesem Ueberschwang des Gefühls sollte man nicht
mit gleich überschwänglicher Entrüstung begegnen, sondern
mit jener objectiven Ruhe und Gleichgültigkeit, die in
dem wahren Indifferenzpunkt der Wissenschaft steht. Für
diese sind Spirits weder ein Gegenstand ahnungsvoller
Verehrung noch auch der Abneigung und des Widerwillens,
sondern sie hat sie nur als Wesen, die in dem Gesichts=
kreis einiger Beobachter neu aufgetaucht sind, als einen
neuen Schöpfungszubehör, der sich über seine hypothe=
tische Existenz irgendwie glaubhaft auszuweisen hat, in's
Auge zu fassen. Dafür ließen sich wohl Mittel und Wege
ersinnen, die den Spiritisten schon deshalb nicht zugäng=

lich ſind, weil ihrer Befangenheit und Voreingenommen=
heit jede Manifeſtation der ſpirits als „Offenbarung"
erſcheint. Mit Offenbarungen läßt ſich aber kaum noch
wiſſenſchaftlich experimentiren. Die Frage der Exiſtenz=
berechtigung aber iſt für die Wiſſenſchaft, für die Natur=
wiſſenſchaft ſowohl wie für Philoſophie, eine müſſige.
Ob es neben und um uns noch Lebeweſen anderer Art
giebt, das rührt an die großen Züge des Weltbildes
wahrlich in keiner Weiſe, und wem dieſe feſt und unver=
zerrt im Gemüth ſtehen, dem wird jene Frage wenig
Unruhe und Aufregung verurſachen. In der That hat
ſie für ihn nur untergeordnete Bedeutung.

Ich lenke auf den Ausgangspunkt meiner Betrach=
tung zurück. Die Aufnahme der ſogenannten ſpiritiſtiſchen
Vorgänge legt in beſonders charakteriſtiſcher Weiſe die
Einwirkung des Standpunktes der „Dieſſeitigkeit" auf
die intellectuelle Sphäre klar. Denn worin haben wir die
letzte Urſache eines Verhaltens zu erblicken, das an die
Stelle eines wiſſenſchaftlich ruhigen und völlig unbefangenen
Intereſſes an auffallenden und abnormen Erſcheinungen
erregte Abwehr, leidenſchaftliche Polemik, Dünkel und Ver=
unglimpfung, an die Stelle einer Bethätigung wiſſenſchaft=
licher Forſcherkraft sine ira et studio eine wiſſenſchaft=
liche Blamage ſetzt — wir erblicken ſie in einer inſtin=
ctiven Averſion, wie denn auch eine der letzten Schriften
über dies Thema: Aus der neuen Hexenküche, von Dr.
H. Vogel das bezeichnende Motto aus Fauſt führt: Mir
widerſteht das tolle Zauberweſen.

Die Aversion sucht wohl nach Gründen, um ihrer Abneigung ein Gewand umzuhängen, sie debattirt mit Gründen oder was als solche herhalten muß, aber sie erzeugt sich nicht aus ihnen, und so müssen wir auch hier die erzeugenden Momente ganz anderswo aufsuchen. Und wir haben nicht weit zu suchen, wenn man sich über das Wesen der „Diesseitigkeit" klar ist. Das ist es, daß wir uns entwöhnen und es verlernen den Blick über das scheinbar Begriffene und Begreifliche hinaus zu richten, daß uns das Bewußtsein eines Jenseits unseres Begreifens völlig in den Hintergrund tritt. Denn daraus ergiebt sich zunächst, daß wir uns die diesseitige, von uns nur noch durchmessene Sphäre nach einem gewissen Concept zurecht rücken, womit sich wieder die lebhafte Abneigung verbindet uns dieses Concept durch Erscheinungen, die in demselben nicht verzeichnet stehen, verrücken zu lassen. Man hat sich eine gewisse anständige Weltordnung, die in einer Reihe von Naturgesetzen und Regeln schablonenhaft verzeichnet ist und bei der man zur Noth bestehen kann, eingerichtet und nun wünscht man, daß es dabei auch sein ordnungsmäßiges Bewenden behalten möge. Herausgetreten aus dem Gefühl, daß im Kosmos sich eine Entwicklung vollzieht, die das wahre unerschöpfliche Wunder ausmacht, haben wir das Verwundern verlernt und so ist uns Alles unwillkommen — und wird daher als lächerlich, abgeschmackt, verwerflich abgewiesen — was uns dies verlernte Verwundern wieder aufnöthigt. Wer lernte gern wieder, was er verlernt

hat! Und doch steht das wahre, weltoffene philosophische
Denken in dem Zeichen des Staunens und nicht ohne
Grund hieß es schon bei den Alten: ἀπὸ τοῦ θαυμα-
ζέσται τὸ φιλοσοφεῖν. Jedenfalls, als was auch die
Spirits sich ausweisen mögen — wenn das „Geisterreich"
dazu beiträgt unsere Auffassung der Dinge wieder etwas
geistreicher zu gestalten, so wird das kein Schade für
uns sein.

Wir haben die Spuren einer Erschütterung des Jenseits im Bewußtsein, wie sie sich dem psychologischen Forscher darstellen, der in den Gesichtszügen der Gegenwart
zu lesen sich bemüht, bisher nach zwei Seiten verfolgt:
nach der Seite des inneren Gemüths- und Empfindungslebens, nach der intellectuellen Seite. Wir
erblickten auf beiden Seiten Verluste und Beeinträchtigungen, dort in der größeren oder geringeren Austrocknung
eines Quellgebietes, das dem inneren Leben poetischen
Gehalt zuführte und den Seelenboden weicher und zu-
gänglicher erhielt, hier in einer Richtung der Erkenntnißarbeit, die trotz aller Zunahme des Wissensbesitzes im
Einzelnen, einen verengten Horizont der Auffassung und
eine verdunkelte Weitsicht zur Folge hat. Noch auf eine
andere im Wesen verwandte Erscheinung möchte ich nun an-
deutend hinweisen, auf die ich in weiterem Verfolg meiner
Auseinandersetzungen noch ausführlich zurückkommen werde,
während ich sie hier einstweilen nur signalisire. Wenn
die Religion ein „Jenseits" als Aufenthalt nach dem Tode

in Aussicht stellte, so verhieß dies dem Menschen ein
„besseres Jenseits" [1]), seine geglaubte Annahme enthielt
implicite als unmittelbar gewiß den Sinn eines Welt=
prozesses und zwar den einzigen, auf den wir mit allem
Grübeln, wenn wir nicht etwa alle ethischen und ästhe=
tischen Grundbedingungen unseres Wesens wie unnützen
Ballast über Bord werfen wollen, nur verfallen können:
den Sinn der fortschreitenden lebendigen Entwick=
lung zum Besseren oder der fortschreitenden Entwick=
lung zum Besseren in lebendiger Form, im lebendigen
Gehalt. Mit dem Erlöschen oder der Verdunklung dieses
Sinns tritt daher der Unsinn an seine Stelle, der seine
systematische Durchbildung in der pessimistischen Doc=
trin gefunden hat.

Diese dritte Spur, die mit einer Erschütterung des
Jenseits in nahem Zusammenhang steht, bietet gleichwohl
ein wesentlich anderes Verhältniß dar als die beiden zu=
erst in Betracht gezogenen. Bei jenen beiden handelte es
sich um den Nachweis, daß da, wo wir durch eine Er=
schütterung des Jenseits ganz auf das Diesseits zurück=
geworfen werden, wo die Beziehung zu einem Jenseitigen
unserem Bewußtsein entschwindet oder uns gleichgültig
und uninteressant wird, die und die Folgen für die Ge=

---

1) Aber das „bessere" Jenseits hat doch auch das schlimme
Jenseits, die Hölle, neben sich. Ja, aber zur Hölle wurde der Mensch
verdammt, zum Himmel, zum besseren Jenseits aber berufen. Letz=
teres enthielt also den Sinn, die Norm, die vollendeten Grundge=
danken, ersteres nur den Abfall von demselben.

müths= und Intellectualseite des Menschen eintreten resp.
eingetreten sind. Bei der dritten Spur handelt es sich
um den Nachweis, daß da, wo die Beziehung zu einem
Jenseitigen noch aufrecht erhalten wird, dem Bewußtsein
noch nicht entschwunden ist, also vor Allem auf dem
Speculationsgebiet der Theorie, die Erschütterung des
alten religiösen Jenseits gleichwohl darin zu erkennen ist,
daß an Stelle der früheren Auffassung eines bestimmten
Sinns im Weltgetriebe der Unsinn proclamirt worden ist.

Der Pessimismus — um das gleich hier vorweg
auszusprechen — d. h. der grundsatztreue, consequente
Pessimismus ist als ausgebildete motivirte Weltanschauung
keine lebendig wirkende Kraft in der Gegenwart, d. h. er
erfüllt nicht Herz und Sinne, er schafft nicht positiv, er
ist unproduktiv. Eine Weltanschauung, wie die, welche
er grundsätzlich zu vertreten unternimmt, so lange er nicht
von sich selbst abfällt, kann der Metaphysiker oder Theo=
retiker, den sie hauptsächlich nur in seinem Speculations=
Oberstübchen etwas angeht, ertragen, aber kein totaler
Mensch. Diesem wird sie so wenig anmuthend erscheinen,
er wird so wenig im Stande sein ihren tiefsinnigen und
doch so sinnlos starrenden Blick auszuhalten, daß er mit
unwillkürlichem Schauder sich von ihr abwendet. Weiß
er aber gleichwohl ihr theoretisch nichts entgegenzusetzen,
hat er die unmittelbare Gewißheit eines tröstlicheren und
sinnvolleren Zusammenhanges, den er früher in der Re=
ligion besaß, verloren oder ist ihm dieselbe so erschüttert
worden, daß sie ihm keine wesentliche Stütze mehr bietet,

so ist die nothwendige Folge die, daß er auf eine Welt=
auffassung überhaupt verzichtet und sich das ganze Ver=
hältniß thunlichst aus dem Kopf schlägt — thunlichst
d. h. indem er sich mit verstärktem Eifer und Energie
auf das Diesseitige, sei dies nun in gutem oder schlimmem
Sinne concentrirt. Der Pessimismus ist daher praktisch
die Vernichtung unserer gewußten Beziehung zu einem
Jenseitigen d. h. einer Weltauffassung oder Weltanschauung
überhaupt. Diese schädliche Bedeutung hat man ihm vor
Allem zuzuerkennen. Sie fällt der allgemeinen Bedeu=
tung nach schwerer in's Gewicht als daß — was ja auch
vorkommt — gelegentlich einmal Einer oder der Andere
vor der Todtenmaske des Pessimismus ins Taumeln ge=
räth und in den Abgrund stürzt. Er arbeitet, allerdings
ohne es zu wollen, ebenfalls an der Erschütterung des
Jenseits und steuert an seinem Theil zu den schädlichen
Folgen bei, die wir diesem Vorgang resp. der überwiegen=
den Wendung auf das Diesseits zugerechnet haben.

Indem ich mir vorbehalte auf diese Gesichtspunkte
in einem späteren Abschnitt zurückzukommen, wende ich
mich zunächst einer weiteren Untersuchung der Frage zu:
was kann für Diejenigen, die das Vorstellungsgebiet des
religiösen Jenseitigen verlassen haben oder sich auf dem=
selben nicht mehr zurechtzufinden vermögen, ein Jenseitiges
überhaupt bedeuten? Welche Gesichtspunkte sollen wir
in den Vordergrund stellen, worauf unsere Gedanken richten,
um den Verlust auszugleichen, den wir nach den obigen
Ausführungen in dem Verlust oder der Erschütterung

eines Jenſeitigen überhaupt gelegen erblickten? Denn nicht
für Alle „athmet ſich's leicht und frei auf dem luftigen Gipfel
ſouverainer Skepſis", — eine Metapher, die du Bois-
Reymond angehört. Wer in ſo hohen Tönen es als
ein Glück bezeichnet, „furchtlos in das unbarmherzige
Getriebe der entgötterten Natur" zu blicken, ohne
die Verluſte zu veranſchlagen, die darin ebenfalls gelegen
ſind, ohne das Bedürfniß eines Ausgleichs zu betonen,
der hat entweder im wiſſenſchaftlichen Eifer auf den war-
men Athemzug des innerſten menſchlichen Empfindens in
ſeinem unveräußerlichen Recht auf Bewahrheitung überhaupt verzichten zu müſſen geglaubt, d. h. den Menſchen
geopfert oder ſich in ſehr unvorſichtig ausgedrückten Uebertreibungen gehen laſſen [1]).

———

Die energiſche Poſition des Dieſſeits, wie ſie namentlich L. Feuerbach in den 40er Jahren zur Geltung brachte

———

1) In ebenſo einſeitig übertreibender Weiſe erſcheint die Stellung der Naturwiſſenſchaft gekennzeichnet, wenn du Bois-Reymond
in ſeinem Vortrag: „Culturgeſchichte und Naturwiſſenſchaft" (Köln
1877) von ihr ſagt: „Wir ſagen, Naturwiſſenſchaft iſt das abſo-
lute Organ der Cultur und die Geſchichte der Naturwiſſenſchaft
die eigentliche Geſchichte der Menſchheit . . . . Sie hat die Grenzen des Erkennens aufgedeckt und ihre Jünger gelehrt ſchwindelfrei
vom luftigen Gipfel ſouverainer Skepſis herabzublicken. Wie leicht,
wie frei athmet ſich's dort oben! Wie kaum hörbar dringt zum
geiſtigen Ohr aus der geiſtigen Niederung das Geſumme des gemeinen Menſchengewühls, die Klage des gekränkten Ehrgeizes, der
Schlachtruf der Völker."

und in sehr geistvoller Weise philosophisch vertiefte, die kraftvolle Anathematisirung alles transcendentalen Wesens im Gegensatz zu der zu einem philosophischen Princip erhobenen „Sinnlichkeit" hatte in ihrem Grundzug d. h. an der Ursprungsstelle ihrer Entstehung etwas Verwandtes mit der ungefähr gleichzeitigen Erstarkung des nationalen Gedankens gegenüber einem kosmopolitischen in die Ferne= Schweifen. Dieser Zug der heimathlosen Landflüchtig= keit, dem namentlich Herweg in dem seiner Zeit berühm= ten an den Fürsten Pückler=Muskau gerichteten Gedicht:

> O Ritter, schlechter Ritter,
> Leg' Deine Lanze ein,
> Sie soll in tausend Splitter
> Von mir zertrümmert sein u. s. w.

den Krieg erklärte, rief ja dadurch vor Allem eine Reac= tion gegen sich hervor, weil er der nächsten Aufgaben, die immer vor der Thüre eines Jeden liegen, uneingedenk sich dem Fernsten zuwandte. Und in ähnlicher Weise entstand, je mehr die alten religiösen Liebesbande sich lockerten, eine Reaction ganz verwandter Art gegen alles jenseitige Wesen vor allem aus dem Grund, weil darüber das Nächste und Dringendere, das, was wahrhaft Noth that, verabsäumt zu werden schien.

Durch Feuerbachs Schriften — und er ist bei seiner überragenden Geistesfülle für die ganze Richtung tonan= gebend geworden, hat ihr Form, Bedeutung und Entwick= lung verliehen — wiederhallt immer der eine gleiche Ton der Ueberzeugung: nur eine entschlossene Fußfassung im

Diesseits wird uns neue Menschen, neues Leben, eine neue
Entwicklung geben [1]).

Diese Strömung war ihrem Charakter nach so uni=
versell, daß sie nur zum Theil antitheologisch war, zum
anderen Theil aber auch ihre Spitze gegen alle Meta=
physik richtete, die Feuerbach ohnehin ihrer Wurzel nach
als mit der Theologie innigst verbunden und aus ihr
hervorgewachsen ansah. Selbst den Erscheinungen des
animalischen Magnetismus widmete Feuerbach ganz con=
sequent eine ausgesprochene Abneigung und noch in seiner
letzten Schrift (Gott, Freiheit und Unsterblichkeit, 1866.
Vgl. daselbst den Abschnitt: Der Spiritualismus der
sogenannten Identitätsphilosophie oder Kritik der Hegel=
schen Psychologie) polemisirte er gegen Hegel, der in
seiner Psychologie eben diese Erscheinungen zu Gunsten
und im Sinne der Identitätsphilosophie verwerthet hatte.

Immerhin aber traf der Hauptstoß bei dieser Er=
schütterung des Jenseits das populäre religiöse Bewußt=
sein eines solchen. Soweit die Metaphysik als die theo=

---

1) So Feuerbach schon 1830 über seine „Gedanken über Tod
und Unsterblichkeit": „Jetzt gilt es vor Allem, den alten Zwiespalt
zwischen Diesseits und Jenseits aufzuheben, damit die Menschheit
mit ganzer Seele, mit ganzem Herzen auf sich selbst, auf ihre Welt
und Gegenwart sich concentrire, denn nur diese ungetheilte Concen=
tration auf die wirkliche Welt wird neues Leben, wird wieder große
Menschen, große Gesinnungen und Thaten zeugen. Statt unsterb=
licher Individuen hat die „neue Religion" vielmehr tüchtige, geistig
und leiblich gesunde Menschen zu postuliren. Die Gesundheit hat
für sie mehr Werth, als die Unsterblichkeit."

retische, gelehrte Beziehung unseres Bewußtseins zu einem
Jenseitigen, in Betracht kommt, war die Wirkung nur eine
vorübergehende. Die Schopenhauersche Philosophie und
die an ihn sich anschließende philosophische Gedankenarbeit
jüngeren Datums konnten zeitweise ein verhältnißmäßig
weitreichendes Interesse beanspruchen. Aber dies war doch
mehr rein theoretischer Art d. h. das immer in größerem
oder geringerem Maaße vorhandene philosophische Bedürfniß fand eine gewisse Befriedigung darin, diesen Speculationen nachzuhängen. Die Beziehung im Bewußtsein
zu einem Jenseitigen, die den ganzen Menschen angeht,
die, über das einseitige theoretische Verhältniß hinausgreifend, ihn — wie auf dem religiösen Gebiet — umfaßt,
umarmt, erwärmt, erschüttert, blieb erlahmt, erstickt und
ihr konnte von jener Seite um so weniger Hülfe gebracht
werden als, wie ich schon hervorgehoben, der pessimistische
Inhalt jener Speculation praktisch vielmehr vernichtend
auf alle Weltauffassung wirken mußte, indem er sie un-
leidlich gestaltete. Der Mensch blieb und bleibt in seinem
inneren bewußten Leben dem Diesseits überantwortet.

Zwar das Bewußtsein ist ja auch dem kirchlich ungläubigen Theil der Gegenwart nicht entschwunden, daß
es außer dem Jenseits des Wissens, welches der positive
Glaube darstellt, dessen weitgehenden, unberechtigten Ansprüchen er sich versagt, es noch ein Jenseits des Wissens
giebt, welches eben unser Nichtwissen ist. „Was wir
wissen, ist gar wenig", sagte Laplace auf seinem Todtenbett
und mit ihm, trotz des unermeßlich angewachsenen Wissens-

besitzes, diejenigen, die zunächst von der Fülle dieses Be=
sitzes als seine Verwalter betroffen werden, unsere mo=
dernen Naturforscher. Nur daß dies Eingeständniß auch
meistens nur ein gewissermaßen theoretischer Seufzer
ist, der wohl unsere Auffassung berichtigt und unseren
Intellect bewegt, aber nicht unser Herz berührt.

Und doch ist dazu oft nichts weiter erforderlich als
daß wir statt mit den Augen des gelehrten Forschers mit
den ungelehrten, wie sie uns die Natur verliehen, um
uns schauen. Der gelehrte Forscher fixirt das von ihm
erfaßte Verhältniß als Object, er zieht es von der
Höhe, die ihm seiner Totalität nach zukommt, herunter,
indem er es einer Untersuchung unterwirft, er begiebt
sich eben dadurch des ethischen und ästhetischen Eindruckes,
den das Verhältniß nur dann ausüben kann, wenn es,
statt von dem Menschen ergriffen zu werden, ihn ergreift,
statt von ihm unterworfen zu werden, ihn erhebt.

In sehr charakteristischer Weise erscheint diese Aner=
kennung unseres Nichtwissens, unseres Jenseits, in dem
in der Leipziger Naturforscher=Versammlung von 1872
über „Die Grenzen des Naturerkennens" von du Bois=
Reymond gehaltenen, seitdem in mehreren Auflagen ver=
breiteten Vortrag, der geradezu wie ein, von der großen
Mehrheit unterschriebenes Bekenntniß des Standpunktes
der modernen Naturforschung über diese große Frage an=
gesehen werden darf. Er zeigt am besten ebenso die Un=
befangenheit der ehrlichen Selbstkritik, die in dem Ver=

such das eigene Vermögen abzuschätzen zu Tage tritt wie
auch wieder die unwillkürliche Befangenheit in dem Um=
blick des Naturforschers, die eben zur Folge hat, daß eine
fruchtbringende Anerkennung unseres Jenseits daraus doch
nicht resultirt.

Du Bois=Reymond — um hier für meine weitere
Ausführung an den bemerkenswerthen Inhalt seiner Schrift
kurz zurück zu erinnern — definirt zunächst „Naturer=
kennen oder genauer gesagt naturwissenschaftliches Er=
kennen oder Erkennen der Körperwelt mit Hülfe und im
Sinne der theoretischen Naturwissenschaft" als „Auflösung
der Naturvorgänge in Mechanik der Atome". Wo solche
Auflösung gelinge, finde sich unser Causalitätsbedürfniß
vorläufig befriedigt. Allerdings nur vorläufig, eine to=
tale Befriedigung sei schon durch unsere Unfähigkeit, Ma=
terie und Kraft zu begreifen, ausgeschlossen. Diese Un=
fähigkeit bestehe auch für den sogenannten Laplace'schen
Geist, an dem wir, als der äußersten idealen Potenz des
Naturerkennens „das Maaß unserer eigenen Befähigung
oder vielmehr unserer Ohnmacht" haben. Ueber den von
Laplace gedachten Geist hat derselbe selbst geäußert: Ein
Geist, der für einen gegebenen Augenblick alle Kräfte
kennte, welche in der Natur wirksam sind, und die gegen=
seitige Lage der Wesen, aus denen sie besteht, würde,
wenn sonst er umfassend genug wäre, um diese Angaben
der Analysis zu unterwerfen, in derselben Formel die
Bewegungen der größten Weltkörper und des leichtesten
Atoms begreifen: nichts wäre ungewiß für ihn, und Zu=

kunft wie Vergangenheit wäre seinem Blicke gegenwärtig.
Der menschliche Verstand bietet in der Vollendung, die
er der Astronomie zu geben gewußt hat, ein schwaches
Abbild solchen Geistes dar."

Es ist darin dasselbe ausgesprochen, was du Bois-
Reymond „astronomische Kenntniß eines materiellen Systems" nennt, nämlich „solche Kenntniß aller seiner Theile,
ihrer gegenseitigen Lage und ihrer Bewegung, daß ihre
Lage und Bewegung zu irgend einer vergangenen und
zukünftigen Zeit mit derselben Sicherheit berechnet werden
kann, wie Lage und Bewegung der Himmelskörper bei
vorausgesetzter unbedingter Schärfe der Beobachtungen
und Vollendung der Theorie".

Diese astronomische Kenntniß, die höchste Stufe einer
vollkommenen Naturerkenntniß, die unter gewissen allerdings nicht vorhandenen Voraussetzungen als erreichbar
gedacht werden könnte, diejenige, „bei der unser Causali-
tätstrieb sich zu beruhigen gewohnt ist", enthüllt uns
aber weder, was Materie und Kraft sind noch wie das
Bewußtsein zu Stande kommt. „Sogar der Laplace'sche,
über den unseren so weit erhabene Geist würde in diesem
Punkte (Materie und Kraft) nicht klüger sein als wir,
und daran erkennen wir verzweifelnd, daß wir hier
an der einen Grenze unseres Witzes stehen." Und was
den zweiten Punkt betrifft, so gliche auch hier „der Laplace'sche Geist in seinen Anstrengungen über diese Schranke
sich fortzuheben einem nach dem Monde trachtenden Luft-
schiffer." Ignorabimus „Nicht mehr als im Verstehen

von Kraft und Materie hat im Verstehen der Geistes=
thätigkeit aus materiellen Bedingungen die Menschheit
seit 2000 Jahren einen wesentlichen Fortschritt gemacht.
Sie wird es nie." „Nie werden wir besser als heute
wissen, was," wie Paul Erman zu sagen pflegte, „hier",
wo Materie ist, „im Raume spukt."

Gegen die weiteren Ausführungen, die du Bois Rey=
mond hieran anknüpft, mag sich vielleicht Mancherlei
einwenden lassen, wie es denn namentlich Strauß nicht
einleuchten wollte, daß der Naturforscher grade beim Ein=
tritt des Empfindens den Faden des Verständnisses für
abgerissen erklärte. Ihm schien es plausibler, wenn Einer
sagte: unerklärlich ist und bleibt das Leben, ist aber das
einmal gegeben, so folgt von selber d. h. mittelst natür=
licher Entwicklung Empfinden und Denken. Ich lasse das
auf sich beruhen, mir ist für den Punkt, den ich hier im
Auge habe, vor Allem nur das wiederholte: „Nie" an=
stößig. Zwar bezieht sich dasselbe dem Zusammenhang
nach nur auf ein Naturerkennen in dem angegebenen
Sinn d. h. also auf Auflösung der Naturvorgänge in
Mechanik der Atome und es ist geradezu verdienstlich,
daß der „mechanischen Weltauffassung", — wie du Bois=
Reymond (p. 31 a. a. O.) sie selbst nennt, eine bestimmte,
logisch bemessene Grenze gesteckt wird. Freilich sollte man
andererseits von einer „mechanischen Weltauffassung"
billigerweise überhaupt gar nicht reden. Denn wie läßt
sich doch dieser Ausdruck rechtfertigen? Als ob, selbst
wenn wir wüßten, was Materie und Kraft sind und wie

das Bewußtsein zu Stande kommt, dadurch die Frage
nach Bedeutung und Sinn des Seins, welche die erste
und letzte für eine jede Weltauffassung ist, irgendwie er-
lebigt wäre, als ob also dadurch überhaupt eine Auffassung gewonnen würde, die der Bedeutung einer Weltauffassung entspricht. So wenig ich einen Menschen
aufgefaßt zu haben, mir einbilden darf, wenn ich
weiß, wie seine Athmung, seine Verdauung, seine
Blutbildung beschaffen sind, ohne daß ich erkannt
habe, was er sinnt, so wenig kann ich von einer
Auffassung der Welt reden, ehe ich nicht an die
Frage herangetreten bin, was denn bei diesem
Spiel bewegter Materie herauskommt. Hiervon
sieht die mechanische Weltauffassung gänzlich ab,
da sie nur den Mechanismus der Welt ins Auge
faßt, nicht das Sein, sondern nur den Leib des
Seins betrachtet. Aber lassen wir diesen Punkt und
kehren wir zu dem „Nie“ zurück. Weil das Alles
bei du Bois-Reymond so ohne Vorbehalt hingestellt ist
und dabei von einer Weltauffassung geredet wird, so
scheint das „Nie“ sich auf die Entwicklung der Menschheit überhaupt zu beziehen und von ihr ein bestimmtes:
„Bis hierher“ auszusagen. Damit rührt das „Nie“ an
die großen, Entstehen, Werden und Vergehen begleiten-
den kosmischen Probleme, die undurchdringliches Dunkel
deckt, es vernichtet das Geheimniß des Unübersehbaren. Grade indem es ein bestimmtes Geheimniß
für alle Zeit fixiren zu können glaubt, tilgt es ein größe-

res Geheimniß: die Unermeßlichkeit und Unbeſtimmbarkeit
des Weltprozeſſes in der Zeitenfolge.

In zwei Punkten, an die ich hier erinnern will, tritt
das große uns umgebende Weltwunder in Bezug auf
unſere eigene Stellung und unſer Können oder nicht=
Können uns beſonders frappant und ergreifend entgegen.
Während die unlösbaren Zweifel in Bezug auf das We=
ſen von Materie und Kraft uns mehr wie intereſſante
Fragen anmuthen, die dem gelehrten Forſcher bei ſeinen
Unterſuchungen aufſtoßen, werden wir hier unmittelbar
vor Probleme geſtellt, die allgegenwärtig, unergründlich
vor uns ſtehen, ohne des Geleites ſpecieller naturwiſſen=
ſchaftlicher Deductionen zu bedürfen oder durch ſie erſt
verſtändlich zu werden.

Der eine Punkt betrifft die kosmiſche Stellung der
Erde in Bezug auf empfindendes und erkennendes Leben
d. h. ob ihr allein die Fähigkeit zuzuſprechen ſei Wohn=
ſtätte des Geiſtes zu ſein. Die Tragweite dieſer Frage
für jeden Verſuch eine Weltauffaſſung zu gewinnen, iſt
eine ſo eminente, unmittelbar gegebene, daß keine Specu=
lation ſich ihr jemals zu entziehen vermocht hat. Wie
ein rother Faden zieht ſich die Erwägung dieſes Gedan=
kens durch die ganze philoſophiſche Geiſtesarbeit vom
grauen Alterthum durch das Mittelalter hindurch bis in
die neuere Philoſophie hinein. Je nach den vorhandenen,
zur Zeit grade gültigen Lehrmeinungen und Theorien

findet sich diese Frage bejaht oder verneint, bewillkommt
oder schroff abgewiesen und wie um die Unnahbarkeit der
ganzen Materie dadurch schlagend zu belegen, daß jede
Auslegung und Auffassung ihre Möglichkeit und Gültigkeit behauptet, sehen wir zwei durch eine große Zeitwelle
getrennte, aber durch gleichartige Geistesfülle ausgezeichnete und innerlich verbundene Denker, Plato und den
der Gegenwart noch angehörigen Naturforscher und Philosophen, G. Th. Fechner, bei demselben Gedanken Halt
machen, daß die Sterne lebendige und beseelte Geschöpfe
seien.   Plato's Grundgedanke, demzufolge er in den
Gestirnen die Leiber höherer Geister erblickte, ein Gedanke, der bei den Neu=Pythagoreern und Neu=Plato-
nikern wiederkehrt und durch diese in die christliche Religionsphilosophie, wo sie Origines vertrat, überging, findet
sich auch bei Fechner, nur von Auswüchsen gereinigt und
naturwissenschaftlich und naturphilosophisch auf eine höhere Stufe erhoben, wieder.

Fechners Auffassung ragt so eigenartig in unsere Gegenwart hinein und ist in ihren Einzelheiten so geistvoll
ausgearbeitet, daß ihr auch an dieser Stelle eine kurze Rechtfertigung in Fechner's eigenen Worten gegönnt sein mag.
Ich entnehme die bezügliche Stelle der Schrift: Ueber
die Seelenfrage (Leipzig 1866) und bemerke zum Verständniß nur, daß Fechner hier nur von der Erde spricht,
sich aber für berechtigt hält, die nachzuweisende Beseelung
derselben ebenso auf alle Himmelskörper zu übertragen,
wie seiner Ansicht nach für jeden Menschen die Beseelung

aller anderen Menschen und Thiere auch nur deßhalb
als Thatsache besteht, weil er von der Beseelung des
eignen Körpers überzeugt sein darf und überzeugt
ist und diese Annahme der vorhandenen Analogie wegen
auf seine Mitgeschöpfe überträgt. Selbst wenn man übri=
gens eine zwischen der Erde und den übrigen Himmels=
körpern bestehende Analogie, die zu einem solchen Schluß
berechtigen könnte, bestreiten wollte, so bliebe doch immer
der versuchte Nachweis einer besonderen Erdenseele inter=
essant genug, um einen Blick auf die Art und Weise zu
werfen, wie Fechner einige der Gegengründe zu entwaff=
nen versucht.

„Die ganze Schwierigkeit der gemeinen Meinung
und der Naturwissenschaft," sagt er in der erwähnten
Schrift u. A.: „hängt zuletzt nur daran, daß man die Erde
statt als das, was sie ist, als ein, die Gesammtheit ihrer
Organismen aus sich entwickelndes, in sich verknüpfendes
und Verknüpfungspunkte in denselben findendes, zusammen=
hängendes materielles System anzusehen, vielmehr als etwas
ihren Organismen Aeußerliches, als etwas denselben Ge=
genüber faßt, was sie doch weder astronomisch ist, denn
sie bewegt sich als ein untrennbares Ganze mit ihren Men=
schen, Thieren, Pflanzen um die Sonne, und der Mensch
trägt wie der Stein durch seine Schwere zu ihrem Schwer=
punkt bei; — noch geologisch, denn die organischen Reiche
haben sich im Zusammenhange der Entwicklungsepochen der
Erde mit entwickelt, und ihre Reste liegen noch darin be=
graben; — noch meteorologisch, denn die Luft der Erde
ist zugleich der Athem des Menschen, ihr Druck hält das
Blut in seinen Adern und den Schenkelkopf in seiner Pfanne

zurück; — noch **physikalisch**, denn das Gesetz der Er=
haltung der lebendigen Kräfte der Erde besteht nur im
Zusammenhang des Menschen und der Erde; — noch **che=
misch**, denn der ganze Mensch ist von Erde und wird
wieder zur Erde werden; — noch endlich **teleologisch**,
denn Alles, was hier einzeln aufgeführt ist, sammt dem,
was nicht mit aufgeführt ist, ist so zweckmäßig zu einem
Ganzen in einander gepaßt und verrechnet, als Alles in
unserm eigenen kleinen Leibe, der hiermit selbst zweckmäßig
eingeht in das größere Ganze.

Ich will ein Bild geben; es ist freilich nur ein Bild.
Denken wir uns eine große runde Scheibe, die gut und
fest in sich zusammenhängt. Es kommt Jemand mit einem
Hohleisen und schlägt kleine runde Scheiben heraus und
legt sie auf einen Haufen bei Seite.

Wie werden wir die große runde Scheibe nachher
nennen? — Durchlöchert. — Und das Haufwerk der kleinen
runden Scheiben? — Ein Stückwerk.

Die große runde ganze Scheibe ist die Erde, die wirk=
lich ganze, das fest und innig in sich zusammenhängende
irdische Reich; die kleinen runden Scheiben sind die Or=
ganismen, die man herausschlägt, und als Menschen, Thiere,
Pflanzen für sich in den Haufen des organischen Reiches
zusammenlegt.

Ist nicht wirklich das irdische Reich durchlöchert, wenn
man Menschen, Thiere, Pflanzen aus dem Verbande des=
selben herausnimmt, kann man nicht die Löcher mit Fin=
gern zeigen; und sind nicht wirklich die Organismen dann
nur noch ein Haufen Stücke? Denn in der That, wie sie
zum Zusammenhange des irdischen Reiches beitragen, hän=
gen sie von der andern Seite dadurch zusammen; Beides

von einander trennen, heißt zugleich den Zuſammenhang
eines jeden für ſich trennen.

Einem jeden Scheibchen giebt man ſeine Seele; wie
kann die ganze Scheibe auf weniger Seele Anſpruch machen,
als ihre Theilſcheiben, da ſie ſolche in nur höherem Sinne
theilhaft inbegreift, als dieſe ihren eigenen Inhalt inbegreifen.

Natürlich, ein Schema, ein Bild kann nicht in aller
Hinſicht treffen. Das vorige ſtellt nur in allgemeinſter und
rohſter Weiſe, vielleicht aber eben darum um ſo treffender,
die rohe Weiſe dar, wie man die Erde und in weiterem
Sinne die Welt betrachtet und behandelt. Die Welt, die
Erde iſt keine gleichförmige Scheibe. Wohlan, ſo unterſcheide man, doch ſcheide nicht, wo blos zu unterſcheiden.
Wie viel giebt's in uns ſelbſt zu unterſcheiden, was nicht
geſchieden iſt.

Sind Menſchen, Thiere, Pflanzen auf die Erde herab-
gefallen, daß man ſie als etwas davon Getrenntes oder
davon Trennbares betrachten kann? Oder iſt ihr Beſtand
in Abſonderung davon nur denkbar? Nichts von Allem.
Sie ſind Sache der inneren Entwickelung der Erde, Be-
ſtandſtücke einer in ihr vorgegangenen, durch eigene Kraft
vollzogenen Gliederung, haben auch heute nur als ſolche
Beſtand und Beſtandfähigkeit.

Blätter und Blüthen einer Pflanze hängen äußerlich
am Stengel. Fleiſch und Nerven eines Thieres hängen
äußerlich am Knochen; das ganze Pflanzenreich und Thierreich hängt wieder äußerlich am Erdboden. Hier giebt's
ein äußerliches Gegenüber. Aber Blätter, Blüthen und
Stengel verknüpfen ſich ſtofflich, wirkend, zweckvoll in der
Pflanze; die ganze Pflanze hat alle dieſe Theile nur innerlich ſich gegenüber; Fleiſch, Nerven und Knochen verknüpfen
ſich ſtofflich, wirkend, zweckvoll im Thiere; das ganze Thier

hat alle diese Theile nur innerlich sich gegenüber; Thier=
reich, Pflanzenreich und Erdreich verknüpfen sich endlich in
der ganzen Erde; auch sie hat alle diese Theile nur inner=
lich sich gegenüber; sofern man doch begrifflich jedem Gan=
zen als solchen seine Theile als solche gegenüberstellen kann.
Das giebt das innere Gegenüber.

Umsonst, alles das, was ich hier sagte, habe ich schon
im Zend=Avesta in so viel Wendungen und Weisen gesagt,
daß es genug wäre, wenn es überhaupt etwas verfinge;
aber man macht die Blinden und die mit Fleiß die Augen
Schließenden nicht dadurch sehend, daß man ihnen das Licht
noch so nahe und in noch so viel Wendungen unter die
Augen hält; sie halten's einfach von sich ab oder begreifen
höchstens den Talg und sagen, das sei noch kein Licht.
Nachdem man Alles zugegeben oder nicht zugegeben, bleibt
man dabei stehen, in Menschen und Thieren etwas auf die
Erde äußerlich Aufgesetztes, in den Pflanzen etwas in sie
Hineingestelltes und in der Frage nach einer Seele der Erde
die Frage nach der Seele eines Globus oder kreisenden
Rades zu sehen.

Während die officielle christliche Theologie im Mittel=
alter und der Neuzeit sich immer abwehrend gegen die
namentlich seit Kopernikus, Kepler, Giordano Bruno u. A.
immer weiter verbreitete Annahme einer Bewohnbarkeit
und wirklichen Bewohnung der übrigen Himmelskörper
verhielt, weil ihr darin eine Entwürdigung der Thatsachen
der christlichen Religion enthalten zu sein schien — auch
Melanchthon eiferte gegen ein solches Weltsystem — theilte
die deutsche Philosophie seit Kant sich in entgegengesetzte
Richtungen. Ihm selbst schien es ungereimt die Wahr=

scheinlichkeit, daß alle oder die meisten Planeten bewohnt
seien, zu läugnen. „Wenn die Beschaffenheit eines Him-
melskörpers der Bevölkerung natürliche Hindernisse entgegensetzt," meinte er, „so wird er unbewohnt sein, obgleich
es an und für sich schöner wäre, daß er Einwohner hätte.
Die Trefflichkeit der Schöpfung verliert dadurch nichts,
denn das Unendliche ist unter allen Größen diejenige,
welche durch Entziehung eines endlichen Theils nicht
vermindert wird. Indessen sind doch die meisten unter
den Planeten gewiß bewohnt, und die es nicht sind, werden es einst werden."

Hegel dagegen und die Hegel'sche Schule sowie
Schelling faßten in Gemäßheit ihrer ganzen Weltauffassung die Erde als Spitze des Universums, am Ende
einer großen Entwicklungslinie gelegen. Gegenüber unserem Sonnensystem, welches erst das System realer Vernünftigkeit sei, sei der Fixsternhimmel gewissermaßen nur
ein Lichtausschlag, nicht bewundernswürdiger als einer am
Menschen. „Die Erde," sagt Ernst Kapp, „ist die durch
den Geist einer Menschheit geweihte Stätte. Kann man
vom Geiste, vom Menschen zu hoch denken? Sollte er, der
werdende Gottmensch, des Aufwandes des materiellen Organismus der Natur nicht werth sein? Sollten Sonne, Mond
und Sterne nicht Bedingungen der Erde sein können?"

„Ist die Welt ein Kosmos, ein schön geordnetes
Ganzes," sagt Karl Rosenkranz, „so widerspricht es
diesem Begriff nicht, daß alle Möglichkeit der Natur auf
den verschiedenen Sternen als auf ebensoviel verschiedenen

Stufen ihrer Entwicklung sich realisirt und daß diese Fortstufung sich endlich in eine einzige Totalität zusammen nimmt. Und ebensowenig widerspricht es die Erde als diesen classischen Stern zu betrachten. Sie hat hierin wenigstens ebensoviel für sich als jeder andere Stern." Und weiterhin: „Es kann der Phantasie nicht benommen werden sich andersgestaltige Geister und Schicksale zu fingiren. An sich aber würde es auch kein Widerspruch sein, wenn der Geist als Inhalt nur in einer Form zu erscheinen vermöchte. Die Natur als an sich dem Geist immanent erreicht für uns in der Gestalt des Menschen die absolute Gestalt, in der alle anderen organischen Formen und Processe ebenso integrirt sind als in dem meteorologischen Proceß der Erde alle sonstigen Processe der unorganischen Natur. Wäre die Erde wirklich die concrete Einheit aller sonstigen Unterschiede der Natur, so müßte auch der aus ihr entstammende Mensch die absolute Form haben, die einzig dem Geiste zu entsprechen vermöchte, weil nur sie diejenige wäre, in welcher der Geist die Natur subjectiv in sich faßte und damit zugleich als das ihr übergewaltige Prius erschiene. Nur sofern auf der Erde allein eine Geschichte existirte, wäre sie auch die Geschichte schlechthin, die wahrhafte Weltgeschichte." Es leuchtet ein, daß diese Anschauung die Erde in einem viel höheren Sinn als in dem eines geometrischen Mittelpunkts zum Centrum des Universums macht.

Abgesehen von dem Niedergang der Hegel'schen Philosophie ist die Ansicht, daß in der Erde als dem „clas-

ſiſchen Stern" der ganze Lebensgehalt der Schöpfung
ſich gewiſſermaßen concentrire und individualiſire vielleicht
durch nichts ſo ſehr erſchüttert worden als durch die in
neueſter Zeit immer mehr in den Vordergrund getretene
und als wiſſenſchaftliche Thatſache behauptete Lehrmei=
nung von einem dereinſtigen Ende des biologiſchen
Proceſſes auf der Erde.   Seit die naturwiſſenſchaftliche
Forſchung bei dem Satz angelangt iſt, daß wir unſeren
ganzen Wärmevorrath von der Sonne beziehen, ſeit uns
gelehrt wird, daß alle Bewegung, jede Kraftäußerung auf
Erden (außer der durch die Anziehungskraft des Mondes
hervorgerufenen Ebbe= und Fluthbewegung) nur verwan=
deltes Sonnenlicht ſei, daß die Sonne als Wärmequelle
allmählig aber doch ſicher — wenn erſt auch in Millionen
von Jahren — verſiegen müſſe, daß in Folge deſſen die
Erdoberfläche einer ſtufenweiſe fortſchreitenden Verglet=
ſcherung anheimfallen werde, ſeitdem öffnet ſich eine Per=
ſpective, welche wenigſtens die unvermeidliche Folge hat,
daß ſie unſerem Planeten eine dem gemeinen Loos der
Endlichkeit und des Verfalls ſcheinbar entrückte Aus=
nahmeſtellung ohne Gnade entzieht. Nehmen wir uns
ein Bild vor, wie es du Prel in den nachfolgenden Sätzen
von jener aufbehaltenen Zukunft unſeres Erdenſternes in
großen Zügen entwirft:
        Wenn einmal die Ausſtrahlung der Sonne nicht mehr
gedeckt wird durch die Wärme=Entwicklung, welche aus ihrer
Verdichtung folgt, ſo wird dies für unſere Erde zur Folge
haben, daß von jener Feuchtigkeit, die nun als Regen herab=
fällt, immer mehr in Form von Schnee ſich niederſchlagen

wird, die Schneegrenze wird immer tiefer von den Bergen
herabſteigen, die Polarzonen werden immer größere Aus=
dehnung gewinnen und die durch bedeutende Schneeanhäu=
fungen abgekühlte Luft wird von winterlichen Nebeln erfüllt
werden, die den Sonnenſtrahlen den Durchgang verwehren.
Die Iſothermen werden von den beiden Polen immer mehr
gegen den Aequator vorrücken, und damit müſſen ſich auch
die Verbreitungsbezirke derjenigen Thiere und Pflanzen
verengen, welche den neuen klimatiſchen Verhältniſſen ſich
nicht anzupaſſen vermögen.   Wie die vormals über die
ganze Erde gleichmäßig verbreitete Flora und Fauna der
Steinkohlen=Periode bis zum Aequator zurückgedrängt wurde
in dem Maße, als die Erde ihre Eigenwärme verlor, ſo
werden allmählig alle Pflanzen und Thiere aus den käl=
teren Regionen weichen.   Es iſt dies nur eine Fortſetzung
jener Bewegung, die ſchon in der bisherigen Entwicklung
ſtattgefunden hat.   Denn die erſte Sonderung klimatiſcher
Zonen auf dem noch feurig flüſſigen Erdball trat in der
Weiſe ein, daß vorerſt an den beiden Polen continentale
Maſſen ſich bildeten, und dieſe haben auch zuerſt jenen
Abkühlungsgrad erreicht, wobei der organiſche Proceß an=
heben konnte.   Die erſten Organismen ſind in den polaren
Meeren entſtanden und ſind erſt von dort gegen den Ae=
quator vorgedrungen.   Die Urformen der Pflanzen und
Thiere und damit auch die Geheimniſſe unſerer Stammes=
geſchichte liegen ſomit unter dem Eiſe der beiden Pole be=
graben.   Denn ſo wie die erſte Landthier=Fauna eine po=
lare Fauna war, ſo war auch der Ahne des Menſchen ein
Bewohner der arktiſchen und antarktiſchen Regionen; und
wie er von dort ſchon weit abgedrängt wurde, ſo wird er
auch die jetzt noch gemäßigten Klimate verlaſſen und unter
Vertilgung der Ureinwohner ſich in den Beſitz von Afrika

und Australien theilen. Je mehr die schon jetzt auf 1300 Millionen gestiegene Anzahl der Menschen sich vermehren wird, desto mehr werden sie durch die zusammenrückenden Eiszonen zusammengedrängt werden und werden schließlich um die gegenwärtig noch nicht einladenden tropischen Länder kämpfen müssen, die letzte Zufluchtsstätte der dem Untergange geweihten Geschöpfe. Jene grönländischen Eskimos aber, welche familienweise erfroren in ihren Schneehütten gefunden wurden, halten uns das Bild der Erdenbewohner vor, die einst, als die Letzten ihrer Art, am Aequator erfrieren werden.

So schauen wir ein Bild an, das, müssen wir die Wahrhaftigkeit desselben gelten lassen, uns mit Demuth und Entsagung erfüllen mag, von der Classicität unserer Weltenstellung als Erdenbewohner aber, von der Fiction, als ob, wie Kapp meinte, unseretwegen und unseretwegen allein der Aufwand des materiellen Organismus der Natur bestünde, kaum noch eine Spur übrig läßt.

Aber ist denn die Vorstellung der für alle Zeit bestehenden Classicität eines einzelnen Sterns eine unabweisliche? Ließe sich nicht eine Ablösung denken, gewissermaßen ein Heranreifen von Stern auf Stern in seine zeitlich begrenzte classische Periode? Diese Auffassung bietet sich uns deßhalb ungezwungen dar und findet leichten Eingang, weil sie das Schema gewisser, uns geläufiger Naturvorgänge wiederholt. Strauß machte mit Vorliebe bei ihr Halt. Wir werden weiterhin auf dieselbe zurückzukommen haben.

Ich wende mich hier zu dem Ausgangspunkt meiner Betrachtung über diesen speziellen Punkt zurück. Die

flüchtige Umschau über die hierauf bezüglichen Gedanken
und Gesichtspunkte Anderer sollte nur unsere gänzliche
Unzulänglichkeit veranschaulichen. Nicht allein, daß von
einem Wissen nicht zu reden ist, nicht einmal die Vorstufe
des Wissens, eine einigermaßen gesicherte Muthmaßung
vermögen wir zu beschreiten. Jeder Blick empor zu den
Himmelswelten stellt uns mit der Gewalt der sinnlich
ergreifenden Thatsache vor unser Nichtwissen, vor das
geheimnißvolle Dunkel unseres Jenseits.

Noch an einen anderen Punkt wollte ich erinnern,
der wie der ebenerwähnte den Vorzug hat unser Nichtwissen, obgleich dasselbe ja für den, der sich darauf zurück-
besinnen will, an unzähligen Punkten besteht, in besonders
großen, einfachen, übersichtlichen Linien darzustellen. Dieser Punkt ist das Unendliche.

Das Unendliche ist in der Mathematik eine Formel.
— Gauß bezeichnete es als eine „façon de parler" —
in der Religion ein Stichwort, in der Philosophie eine
räthselhafte, aber durch Vernunftzwang legitimirte Thatsache des Bewußtseins. Ich habe es hier nur mit der
letzteren zu thun. Da ich aber das Unendliche als ein
Stichwort der Religion bezeichnet habe und da eine gewisse Art von Religionswissenschaft viel mehr an demselben zu haben, da sie von einer besonderen religiösen
„Wahrnehmung des Unendlichen" sprechen zu können glaubt, so wird es am besten sein, meine Auffassung,
die im Gegentheil das Unendliche als etwas Nicht-Wahr-

nehmbares feſthält, an eine Widerlegung der dort geltend
gemachten Entwicklung anzuknüpfen.

Kein Geringerer als M a x M ü l l e r iſt es, der, als
er 1878 in England einen Curſus von Vorleſungen über
freie Religionswiſſenſchaft hielt, die erſte derſelben mit
dem Bemerken ſchloß, er glaube ſein Thema ſo behandelt
zu haben, daß ſeine Zuhörer, diejenigen, die ihn verſtanden
und begriffen hätten, Eins wenigſtens erobert und in
Beſitz genommen haben dürften, nämlich die Gewißheit
einer „u n m i t t e l b a r e n F ü h l u n g d e s U n e n d l i c h e n,
wie ſie vom erſten Flügelſchlage des menſchlichen Be=
wußtſeins jeder Wahrnehmung, jeder Einbildung, jedem
Begriff, jedem Urtheil zu Grunde liegt". Ein ſo gelehrter
und wohlangeſehener Forſcher wie Müller darf den An=
ſpruch erheben, daß man ſeinen Anſichten keinen leichthin
erhobenen Widerſpruch entgegenſetzt, ſondern der Begrün=
dung derſelben ein aufmerkſames Ohr leiht. Wir werden
daher, um dieſer Pflicht zu genügen, uns der Aufgabe
nicht entziehen können, Müller eine Strecke Wegs in ſeinen
religionsphiloſophiſchen Unterſuchungen zu begleiten und
zu prüfen, wie er von da aus zu einer „Wahrnehmung
des Unendlichen" gelangt.

In dem Vortrag, der dieſem Thema ſpeziell gewidmet
iſt, wird der ſich widerſprechende Charakter der gebräuch=
lichſten Definitionen der Religion nachgewieſen und daraus
gefolgert, daß man „Religion ſo wenig als Civiliſation,
Sittlichkeit oder Freiheit definiren könne", was man da=
gegen könne, ſei: ein „ſpecifiſches Merkmal finden, welches

die Gegenstände des religiösen Bewußtseins von allen
anderen Gegenständen trennt, und welches zu gleicher
Zeit unser Bewußtsein, wie es gegen diese religiösen Ge=
genstände reagirt, von unserm Bewußtsein unterscheidet,
wie es sich in Bezug auf Dinge verhält, welche die Sinne
und der Verstand uns entgegen bringen." Folgen wir
dem Verfasser also auf diesem Wege! Es schließt sich
hieran zunächst folgende Definition der subjectiven Seite
der Religion, die Müller früher in seiner „Einleitung in
die Religionswissenschaft" (Straßburg, Trübner) aufge=
stellt hat und deren Kern er auch noch gegenwärtig für
„gesund" hält: „Religion ist eine geistige Anlage, welche
den Menschen in den Stand setzt, das Unendliche unter
den verschiedensten Namen und wechselnden Formen zu
erfassen, eine Anlage, die nicht nur unabhängig von Sinn
und Verstand ist, sondern ihrer Natur nach im schroffsten
Gegensatz zu Sinn und Verstand steht." Statt des Aus=
drucks Anlage, gegen den seiner Zweideutigkeit wegen man=
cherlei Einwendungen erhoben worden sind, ist Müller auch
bereit, „potentielle Energie" zu sagen, wonach denn die sub=
jective Seite der Religion in der potentiellen Energie, das
Unendliche zu erfassen, bestehen würde. Immer bleibt die
Hauptsache und das eigentlich Charakteristische an der ganzen
Auseinandersetzung die festgehaltene Beziehung zu dem Un=
endlichen. Es drängt sich hierbei die Frage auf: ist das
Unendliche ein guter Ausdruck für alle Gegenstände des
religiösen Bewußtseins? Wir werden aber, um diese Frage
und ihre Beantwortung genauer würdigen zu können,

uns zunächst das anzusehen haben, was von Müller in
Bezug auf seine Auffassung des Unendlichen vorgebracht
wird. Es handelt sich für ihn dabei um einen Waffen=
gang mit demjenigen philosophischen Standpunkt, der sich
etwa in folgendem Raisonnement ausspricht: „Alles, was
die Sinne uns bieten, ist seiner Natur nach beschränkt
und endlich, muß es sein. Alles, was diese Schranken
zu überschreiten scheint, ist also ein bloßer Wahn. Das
Wort Unendlich ist eine Mißgeburt, indem man einem
Körper einen Kopf gegeben, der nicht zu ihm paßt, d. h.
indem man dem Objectiv Endlich die negative Partikel
vorgesetzt, die aber mit einem absoluten und exclusiven
Begriff wie Endlich ganz unvereinbar ist. Die Sinne
geben uns nichts als was endlich ist, der Verstand hat
nichts, als was die Sinne ihm liefern, wer hat also ein
Recht von Unendlichem zu sprechen!" Dem stimmt Müller
soweit zu, daß er ebenfalls annimmt: all unser Wissen
beginnt mit sinnlicher Wahrnehmung, mit dem, was wir
fühlen, hören und sehen. Daraus arbeiten wir unser
begriffliches Wissen heraus, welches sich vom sinnlichen nicht
dem Inhalt, sondern der Form nach unterscheidet. In
Bezug auf Inhalt bleibt es dabei, daß nichts im Ver=
stande existirt, das nicht vorher in den Sinnen existirt
hat. Dann aber erhebt er seinen Einwand, der sich im
Wesentlichen so präcisirt: „ich behaupte, daß Religion,
(als Erfassung oder Fühlung des Unendlichen) anstatt
unmöglich zu sein, vielmehr unvermeidlich ist, wenn man
uns nur unsere Sinne läßt, so wie sie wirklich sind, nicht

so, wie man sie für uns definirt hat." Auch Müller verlangt keine besondere Gabe für Erfassung des Religiösen, keine übernatürliche Offenbarung. Er fußt auf der sinnlichen Wahrnehmung und behauptet nur, „daß der Keim oder das Noch = nicht dieser Idee (des Unendlichen) in den frühesten sinnlichen Eindrücken eingeschlossen liegt und daß, so wie der Verstand auf der einen Seite sich an den endlichen Eindrücken der Sinne entwickelt, so der Glaube — oder sollen wir es Vernunft nennen — sich an dem, was in unseren sinnlichen Eindrücken unendlich ist, herausbildet."

Diese Auffassung, dieser Ausspruch scheinen mir an sich nicht sehr bedenklich. Gegenüber derjenigen, namentlich in England so einflußreichen Schule der Philosophie, die ein für allemal den Gegenstand mit dem Argument erschöpft zu haben vermeint, daß das Unendliche nie Gegenstand des menschlichen Bewußtseins sein könne, da unsere Sinne, welche den einzigen Zugang zu dem ganzen Gehöft unseres Bewußtseins bilden, immer nur mit dem Begrenzten, mit dem Wahrnehmen der Begrenzung zu thun haben, vertritt mir dieser Standpunkt ein höheres Recht, weil er an der unverrückbaren Thatsache festhält, daß die Idee des Unendlichen nicht aus unserem vernünftigen Bewußtsein herauszustreichen ist. „Die Idee des Unendlichen" — ich accommodire mich hier einstweilen der gewöhnlichen Sprechweise, mit dem Vorbehalt weiterhin diesem Ausdruck noch etwas genauer ins Angesicht zu sehen. Allein wenn ich dieser allgemeinsten Tendenz nach

mit Müller übereinstimme, so thue ich es doch um so
weniger mit den Argumenten, die ihm alsdann als Stütz-
punkte für eine unmittelbare Fühlung des Unendlichen
dienen sollen. Hier läuft, wie mir scheint, Alles auf eine
duftige und in allerlei Ausdrucks-Nuancen geistreich schil-
lernde Wortspielerei, aber doch eben nur auf eine solche,
ohne die Präcision des wissenschaftlichen Ausdrucks, hinaus. „Der Mensch sieht", — sagt Müller u. A. — „aber
er sieht immer nur bis auf einen gewissen Punkt. Da
bricht seine Sehkraft zusammen. Aber eben auf dem
Punkt, wo seine Sehkraft zusammenbricht, eben da spürt
er, mag er es wollen oder nicht, zum ersten Male den
Druck des Unendlichen. Dieser Druck ist etwas sinnlich Wahrnehmbares ... Der Mensch leidet vom
Unsichtbaren und dieses Unsichtbare ist eben nur ein
besonderer Name für das Unendliche, mit dem der Natur-
mensch seine erste Fühlung gewinnt. Was also die bloße
Entfernung betrifft, so kann der Positivste der Positi-
visten nicht leugnen, daß das Auge durch denselben Act,
durch welchen es das Endliche erfaßt, zugleich das Unendliche mitfühlt. Lange ehe er es weiß, nimmt
der Wilde das Unendliche wahr, es ist dieses das noch
unbewußte d. h. ungenannte Unendliche ... Wir
müssen uns einen Menschen vorstellen auf hohen Bergen
oder in einer unübersehbaren Wüste oder auf einer einsamen Koralleninsel ohne Hügel und ohne Bäche, auf
allen Seiten vom endlosen Gewoge des Meeres umgeben
und über seinem Haupte vom unergründlichen Blau des

Himmels überschattet und wir werden dann leicht begrei=
fen, wie sich aus den Bildern, die sein Bewußtsein aus=
füllen, ein Begriff des Unendlichen weit früher ab=
hebt, als der des Endlichen .... Dies langsam er=
wachende Bewußtsein des Unendlichen — ich hätte es
nachweisen können in dem Staunen, mit welchem der
Polynesische Schiffer auf den unendlichen Kreis des
Meeres hinblickt, in dem frohen Jubel, mit welchem der
Arische Kuhhirt den Glanz des Morgenroths begrüßt und
in der athemlosen Stille des einsamen Wanderers in der
Wüste beim Scheiden des letzten Sonnenstrahls, der seine
müden Augen in Schlummer zaubert und seine Gedan=
ken träumend in eine andere Heimath hinüberzieht."

Halten wir hier einen Augenblick still und schöpfen
wir Athem! Wovon spricht Müller denn eigentlich?
Vom Unendlichen? Ja, in aller Welt in welcher Bedeu=
tung des Wortes denn? Man sollte denken das Wort
erläuterte sich selbst, unendlich: was ohne Ende ist. Sind
wir im Stande daraus eine klare, deutliche Vorstellung
zu bilden, es zu einem Begriff mit positiven Inhalt zu
erheben? Unmöglich, der äußerste Versuch führt uns nur
bis zum Unübersehbaren d. h. also bis zu einem Auf=
fassungsverhältniß, das uns in beliebiger Steigerung doch
nichts weiter giebt als die Vorstellung eines Ausgedehn=
ten, dessen Ende, dessen Begrenzung der Perception
unserer Organe sich entzieht. Von einer absoluten
Verneinung des Endes, der Begrenzung ist dabei ja gar
keine Rede. Man hat sich gewöhnt von einer „Idee",

einem „Begriff“ des Unendlichen zu sprechen und der
Kürze halber mag dagegen nicht viel einzuwenden sein,
obgleich es vielleicht besser wäre, man begnügte sich von
einem „Gedanken“ des Unendlichen zu sprechen, da dieser
Ausdruck die schärfere Contur, die in Idee und Begriff
liegt, vermeidet, das Unendliche als Bewußtseinsthatsache
aber festhält. Müller spricht nun aber sogar von einem
„vollen und lichten Bewußtsein des höchsten aller
Begriffe, des Unendlichen.“ Möchte es ihm doch gefallen
haben sich über dies „volle und lichte Bewußtsein“ etwas
weiter und eingehender zu verbreiten. Leider fehlt es
daran. Ich für mein Theil würde mich hüten diese höchst
undurchsichtige, problematische Materie so zu bezeichnen.
Das Einzige, was wir mit gutem Fug und Recht aussagen können, ist, daß wir einem Zwangsverhältniß unterliegen, durch welches wir z. B. das Weltganze nicht begrenzt denken können, welches uns also hart an die
Grenze des Gedankens des Unendlichen rückt, ohne daß
wir gleichwohl diesen Gedanken auszudenken, diese Denk-
nothwendigkeit, die sich gleichzeitig, sobald wir sie vorstellbar zu machen suchen, als nichtig erweist, zu realisiren
vermöchten. Das Gleiche gilt von den kleinsten Theilen,
da wir uns nie einen Theil, den wir nicht noch weiter
verkleinern könnten, vorzustellen vermögen, so daß die
Zwangsforderung des Atoms immer mit einem Protest
behaftet erscheint. Wir stehen also auch hier hart vor
dem Gedanken des Unendlichen, ohne im Stande zu sein,
denselben auszudenken. Was folgt daraus? Der „Ge-

danke" des Unendlichen bleibt bestehen als Problem
Er hat zu viel Sinn, ist zu unabweisbar, ist durch
den Vernunftzwang zu gültig legitimirt, um Wahn ge=
nannt werden zu können, er ist zu sinnlos, d. h. er
löst sich von unserer Sinnesauffassung, von den Maß=
stäben, an denen uns unsere Sinnlichkeit auch im Denken,
auch im Begreifen festzuhalten zwingt, zu weit ab, um
anders denn als Problem bezeichnet werden zu können,
als eine räthselhafte Thatsache des Bewußtseins, die den
Gedanken nahe legt, daß es noch eine höhere Ord=
nung der Dinge giebt, als die wir mit den Sinnen oder
mit einem lediglich das Sinnenleben wiederspiegelnden
Denken durchmessen können, nur daß auch die Annahme
einer solchen höheren Ordnung dem eigentlichen Theismus
noch nicht zu Gute käme, denn weder der göttliche Lenker
mit seinen ihm gebührenden Attributen, noch die unver=
gängliche Fortdauer des Individuums stehen mit deut=
lichen Lettern in derselben verzeichnet.

Wie immer man nun auch die vorstehend entwickelten
Beziehungen bezüglich des Problems der Unendlichkeit
auffassen möge, immer beginnt dasselbe wort= und sinnge=
treu doch erst da, wo das einfach Große, genommen in
jeder beliebigen Potenz, gesteigert bis zum höchsten Maaß
des Unübersehbaren, aufhört und die Vorstellung eines
Urendes oder der Versuch, diese Vorstellung zu fassen,
diesen Gedanken zu denken von unserm Geiste Besitz er=
greift. Was thut nun aber Müller? In all' den ange=
führten Beispielen — dem Staunen des Schiffers beim

Blick auf den unendlichen Kreis des Meeres, dem Jubel
des Arischen Kuhhirten beim Glanz des Morgenroths
u. s. w. — stellt er einen Naturmenschen vor etwas sehr
Großes, event. Unübersehbares und dies soll uns unter
Zuhülfenahme von allerlei ahnungsvollen Gefühlen „den
ersten Keim, den prähistorischen Impuls zum Unendlichen"
erläutern, ja beweisen, „daß wir schon beim ersten Grauen
unseres persönlichen Bewußtseins das Unendliche von
Angesicht zu Angesicht vor uns gehabt haben." Worte,
Worte und Wortgeklingel! Diese letzte Wendung muß
überdies selbst als Metapher gewiß als sehr kühn bezeichnet werden, da „das Unendliche von Angesicht zu
Angesicht" doch noch etwas Anderes und viel mehr bedeutet als „der prähistorische Impuls", als das „Noch-
nicht" dieses Gedankens. Aber selbst wenn wir bei
dem letzten Halt machen: jemand kann unzählige mal
oder Unzählige können vor einem sehr Großen, einem
Größten, einem Unübersehbaren zu stehen kommen, ohne
daß in ihnen gleichwohl jemals der Gedanke eines Unendes oder des Unendlichen erwacht, die Seele kann sich
dabei mit ahnungsvollen Gefühlen des Staunens, des
Frohlockens, der Sehnsucht erfüllen, ohne daß dies Alles
irgend eine nachweisbare directe Beziehung zu dem Unendlichen hat. Die Seelenfäden, die aus diesen Sinnes-
eindrücken sich herleitend in unserer Seele zu irgend einer
gegebenen Zeit den Gedanken des Unendlichen zusammen-
weben, sind durch die Müller'schen Beispiele nicht im
Geringsten bloßgelegt. Wir erfahren nicht mehr als was

wir schon vorher wußten, daß, da aller Bewußtseinsinhalt
aus dem Sinnenleben stammen soll, auch das Stück
unseres Bewußtseins, in dem sich der Gedanke des Unendlichen ansiedelt, in irgend einer Weise mit Sinnesein-
drücken zusammenhängen, von ihnen ableitbar sein muß.
Aber wie, in welcher Weise, durch welche Zwischenglieder?
Hier schweigt unser unzulängliches Wissen und besser ist
keine Antwort als eine falsche. Ignoramus [1]).

Warum ist aber Müller so versessen auf den Ausdruck: das Unendliche, so versessen, daß er die exacte
Meinung desselben völlig in ihr Gegentheil verkehrt und
sogar, zur Erleichterung der Sache, wenn der Mensch
über einen gewissen Punkt hinaus nicht mehr sieht, der
Sache die anmuthige Wendung giebt zu sagen: der
Mensch sähe nun gewissermaßen das Unsichtbare (wenn
das auch etwas kühn klinge) und dies sei „nur ein besonderer Name für das Unendliche." Warum also? Deshalb, weil ihm zufolge der Keim des Unendlichen „der
Lebenskeim aller Religion ist, welche das Unendliche in
allem Endlichen fühlt". Wir kommen also hier auf die
früher erwähnte Müller'sche Definition des Glaubens
und auf die bis jetzt unbeantwortet gebliebene Frage: ist

---

1) Glaubt Müller wirklich eine irgendwie beschaffene und irgend-
etwas leistende Erläuterung der Entstehung des Gedankens des Unendlichen aus dem Sinnesleben geleistet zu haben, wenn er in Bezug auf das Atom sagt: „Wenn unsere Sinne die kleinste Ausdehnung
wahrnehmen, so fühlen sie nicht nur die Möglichkeit, sondern die
Wirklichkeit einer noch kleineren Ausdehnung" — also die Wirklichkeit eines (für sie) Unwirklichen. Man denke!

das Unendliche ein guter Ausdruck für alle Gegenstände
des religiösen Bewußtseins? Ich behaupte, es ist ein
sehr schlechter. Müller begründet die entgegengesetzte An=
sicht damit, daß er sagt: „Halten wir daran fest, daß
alles sinnliche Wissen stets mit endlichen Gegenständen
zu thun hat, endlich nicht nur in Raum und Zeit, son=
dern auch in Quantität und Qualität, und bedenken wir,
daß all' unser Verstandeswissen sein Material nur von
den Sinnen erhält, also ebenfalls nur mit endlichen Ge=
genständen zu thun hat, so scheint mir der allgemeinste
Ausdruck für alle Gegenstände des Glaubens das Un=
endliche zu sein". Allein was ist das für eine Argumen=
tation? Ist es nicht richtiger statt den prägnanten, er=
schöpfenden Unterschied des religiösen Wesens und Be=
wußtseins von dem nicht=religiösen rein in die gegensätz=
liche Beziehung vom Unendlichen und Endlichen aufgehen
zu lassen, ihn in die Sphäre zu verlegen, in der beide
sich bewegen und uns zu erinnern, daß wir bei dem
letzteren mit den der Erkenntniß dienstbaren geistigen
Mitteln und Wegen, bei dem ersteren mit den Kräften
der Phantasie und des Gemüths zu thun haben? Ist
denn Jemand, der sich anhaltend mit dem Problem des
Unendlichen beschäftigt, deshalb in irgend einem Sinn
ein religiöser Mensch oder ist er mit „religiöser Wahr=
nehmung" beschäftigt? Müller selbst ist so wenig im
Stande diese schwächste Seite seiner Untersuchung zu ver=
decken, daß er nicht einmal weiß, ob er das, was er meint,
Glaube oder Vernunft nennen soll — sehr characteristisch,

denn gewiß hat die Vernunft oder das, was ich lieber
die Metaphysik des Sinnenlebens nennen möchte, in Be=
zug auf das Unendliche den ersten Rechtsanspruch zu
erheben; wann und wo haben aber Vernunft und Glaube
je sich völlig deckende Größen dargestellt, so daß es ge=
stattet ist, parenthetisch einschaltend die Frage hinzuwerfen,
ob man das Eine oder das Andere sagen solle?

Fast unbegreiflich erscheint mir, wie Müller nicht
durch seine eigenen Beispiele über das Unzulängliche und
Irrige seiner ganzen Behandlung des Religiösen aufge=
klärt worden ist. Denn in die meisten dieser Beispiele
zieht er stets Gemüthsklänge mit hinein und zwar
mit erheblicher Betonung. Hätte er sich dabei nicht er=
innern sollen, daß in dem Wort, dem Ausdruck, dem
Gedanken, dem Problem des Unendlichen an sich gar
keine directe Beziehung zum Gemüthe liegt, und daß
es eben deshalb ein schlechter Ausdruck für das Reli=
giöse ist.

Kann denn aber das Unendliche nicht doch Gegen=
stand des religiösen Bewußtseins sein oder werden? Ge=
wiß; aber wie? Es wird es durch eine Beziehung, die
es gerade mit dem Unsichtbaren, Uebersinnlichen, Ueber=
natürlichen, Göttlichen, Absoluten (lauter Ausdrücke, die
Müller verwirft, weil sie ihm nicht so umfassend und
scharf erscheinen wie der Ausdruck: unendlich) gemein hat.
Denn diese Alle stoßen in dem einen Punkt zusammen,
daß sie in Bezug auf das Individuum ein Verhältniß
bezeichnen, welches über die Grenzen desselben hinaus=

reicht, welches daſſelbe überragt. Das Unendliche kann
Gegenſtand des religiöſen Bewußtſeins ſein aber nicht als
Unendliches, ſondern als Ueberragendes und ganz das
Gleiche gilt von dem Ueberſinnlichen, dem Unſichtbaren
u. ſ. w., lauter Bezeichnungen, die das characteriſtiſche
religiöſe Moment erſt in dem Augenblick erhalten, wo der
Menſch, im Gemüth berührt, das Verhältniß einer
über ihn hinausgehenden Kraft oder Weſensbeſchaffenheit
ergreift, reſp. von demſelben ergriffen wird. „Alle Religion behandelt“ — ich wiederhole einen bereits in dem
„Leben ohne Gott“ von mir ausgeſprochenen Satz, weil
er nach meiner Ueberzeugung die richtige Formel auf-
ſtellt — „in den verſchiedenſten Formen, Ausführungen
und Abſtufungen ſtets das Verhältniß eines Ueberragenden zu dem von dieſer überragenden Macht
überſchatteten Subject.“ Hiermit lenken wir aber
aus dem Müller’ſchen Labyrinth, aus dieſem clair-obscur
zwitterhafter Beziehungen, halb Vernunft, halb Glaube,
in lichte Bahnen ein. Iſt in aller Religion ſtets das
Verhältniß eines Ueberragenden zu dem von dieſer überragenden Macht überſchatteten Subjecte enthalten, iſt dies
daher der Gattungscharacter der Religion, ihr „Lebenskeim“, ihr „Weſen“ oder wie man es ſonſt nennen
will, ſo iſt religionslos, wer durch ſeine ſubjective
Beſchaffenheit überhaupt keinen Gemüthseindruck in der
bezeichneten Richtung davon trägt, irreligiös iſt die
Sinnesweiſe, welche die Anerkennung des Ueberragenden, — nicht dieſes oder jenes Ueberragenden, ſon-

dern des Ueberragenden überhaupt — verweigert, ihr
widerstrebt, religiös die, welche ihr eine Stätte bei
sich bereitet. Es kommt nun noch auf eine genaue Unter=
suchung derjenigen Eigenschaften und seelischen Momente
an, von denen das Erscheinen oder Verschwinden, die
Entwicklung oder Verkümmerung dieser Seelenvorgänge
abhängig ist, um im Großen und Ganzen das so com=
plicirte und verschlungene Räderwerk des religiösen Ge=
triebes im Menschen oder dessen, was die subjective Seite
der Religion ausmacht, auf wenige klare und übersichtliche
Momente reducirt zu finden. Was sich als Resultat auf
diesem Wege ergiebt, habe ich an einer anderen Stelle[1])
zu entwickeln mich bemüht und darf hier nur auf meine
dortigen Untersuchungen hindeutend verweisen. Auf die=
sem Wege giebt es allerdings nur eine sehr schrittweise
vordringende, durch viele Zwischenglieder vermittelte Be=
antwortung der in Bezug auf das religiöse Bewußtsein
der Menschheit sich aufdrängenden Fragen, aber man be=
hält dabei Boden unter den Füßen, der uns, wie mir
vorkommt, trotz aller Scheinbeweise bei dem salto mor=
tale einer unmittelbaren Fühlung des Unendlichen völlig
entschwindet.

Auf dem Wege dieser Untersuchung ergiebt sich für
meine nächste Aufgabe also das Resultat, daß eben weil

---

1) In der Abhandlung über die Ehrfurcht in der Sammlung
meiner Aufsätze: Gegen den Strom. (Hannover, Rümpler 1877.)
Vgl. damit die Abhandlung über das Erhabene in der Sammlung:
Reben und Ranken. (Halle, Gesenius 1879.)

das Unendliche keine Wahrnehmung gestattet, weil es
kein „volles und lichtes Bewußtsein" desselben, wie Müller
meint, giebt, wir Angesichts desselben wieder vor jenem
Jenseits unseres Wissens stehen, das ebenso wie die Frage
nach der kosmischen Stellung unseres Planeten mit einem
Schlage ein unübersehbares Geheimniß vor uns ausbreitet.
„Wir stehen hier an der Grenze unseres Erkennens, wir
schauen in eine Tiefe, die wir nicht mehr durchdringen
können. Das aber können wir wissen, daß das Persön=
liche, das uns daraus entgegenzublicken scheint, nur das
Spiegelbild des Hineinschauenden ist."

Prüfen wir, an dieser Stelle angelangt, nun noch
einmal die Bedingungen, von denen die Insolvenz im
religiösen Bewußtsein der Gegenwart zum großen Theil
abhängig ist.

Ich habe aus den verschiedenen seelischen Eindrücken,
denen ein wirklich innerlich religiös bewegtes, — nicht
etwa ein im religiösen Ceremonienkram erstarrtes — Ge=
müth unterliegt, einen ausgesondert: den, daß der Mensch
dabei, wie ihm vorkommt, vor einem hohen, hehren Ge=
heimniß zu stehen kommt. Betrachten wir uns diesen
Eindruck und seine eigenthümliche Natur etwas näher.
Daß derselbe je nach der Individualität des Betreffenden
nur die Oberfläche streifen oder mehr in die Tiefe gehen
wird, daß derselbe aber, wenn auch oft nur roh und ge=
staltlos, der Gottesgläubigkeit als ein innerlichst mit ihr

verbundenes Moment anhaftet, wird sich nicht bestreiten
lassen. Der allgemeinste seelische Eindruck desselben, wenn
wir ihn von allen anderen, ihn umschlungen haltenden,
aber aus ihm selbst nicht hervorgegangenen Momenten los=
lösen, ist als ein gewisses ästhetisches Ergriffensein der
Sammlung und Erhebung zu bezeichnen. Vor jedem
Geheimniß, das uns nicht etwa Schreck und Ent=
setzen einflößt, — deshalb muß es eben ein „hehres"
Geheimniß sein, was nach dieser Richtung hin den äußer=
sten Gegensatz von allem Schrecklichen bezeichnet — das
ferner so groß und überragend dasteht, daß es nicht
lediglich von der Wißbegier als geeignetes Object der
Untersuchung ergriffen wird — und so ernst, daß die
Neugier vor ihm verstummt, vor jedem derartigen Ge=
heimniß erfolgt für den empfänglichen Menschen ein
solches ästhetisches Ergriffensein. Das Geheimniß, wie
es in der Religion auftritt, trägt nun diesen Character.
Indem es von vornherein als außerhalb der menschlichen
Begriffssphäre liegend sich ankündigt, richtet es sich in
seiner ganzen Größe vor uns auf, es ist ernst aber nicht
furchtbar, denn nur für den Gottlosen birgt es den Schre=
cken in seinen Falten.

Es giebt meines Erachtens kaum eine stärkere Be=
kundung des ausgedehnten Banquerutts im religiösen
Bewußtsein der Gegenwart als darin liegt, daß jenes
ästhetische Ergriffensein der Sammlung und Erhebung,
von dem ich sprach, uns im Bezug auf unsere Stellung
im Weltall so gut wie abhanden gekommen ist und daß

auch das Bewußtsein unseres Nichtwissens, unseres Jen=
seits, das Bewußtsein eines großen geheimnißvollen Zu=
sammenhanges, in dem wir eingereiht sind, uns dasselbe
nicht verschafft. Die Unendlichkeit rollt in Milliarden
Sternenwelten über unsern Häuptern, ein Geheimniß be=
steht, das sich über unsere Begriffssphäre erhebt, das eben
deßhalb, weil es dies thut, ein Geheimniß ist, das uns
aber gleichwohl in unserem ganzen Bestand und Wesen
umschlungen hält, weil wir in ihm leben und weben, —
und uns ist das Alles nichts als entweder ein Rechen=
exempel oder eine Curiosität.

Der deutlichste Beweis, daß weder die Größe noch
der Ernst des Mysteriums von uns er= und begriffen
werden, daß uns die unbefangene Anschauung dafür
fehlt, liegt darin ausgesprochen, daß wir an demselben
nur entweder unsere Wißbegier oder unsere Neugier auf
die Weide führen. Der positiv gottesgläubig=religiöse
Mensch steht zu seinem Geheimniß nicht in diesem Ver=
hältniß. Ihm würde es, da sich die Vorstellung des
persönlichen Gottes hinzugesellt, als eine Beleidigung
desselben erscheinen, wollte er demselben lediglich als
Untersuchungsobject des Erkenntnißtriebes gegenübertreten
oder ihn gar als Spielball der Phantasie behandeln. Für
die ungläubige Menschheit fällt dieser Behinderungsgrund
hinweg. Für sie könnte eine Sperrkette in dieser Rich=
tung nur dann vorhanden sein, wenn die unbefangene
Anschauung sie mit dem Bewußtsein durchströmte, wie
überragend groß — zu groß, um blos dem Erkenntniß=

trieb zum Opfer zu fallen — und wie ernst — zu ernst,
um müssigen Launen als Spielball zu dienen — das
Mysterium unseres und alles Daseins ist. Zu dieser
unbefangenen Anschauung gehört freilich nichts als ein
offenes Augenaufschlagen, ein Blick in die rechte Richtung,
aber eben daran gebricht es aus mancherlei Gründen —
dem wichtigsten derselben wird sich unsere Untersuchung
sogleich zuzuwenden haben, — und so kommt es, daß die
Meisten der Seite, auf welche ich alles Gewicht lege, der
dem Weltwunder in andächtiger Feier zugewendeten Sammlung, nur etwa in der Dichtung, wie z. B. in Heyse's:
„Kindern der Welt" eine Stelle einräumen. Im poetischen Gewande flößt sie uns eine flüchtige Wallung der
Theilnahme ein, die aber eben das poetische Bereich nicht
überschreiten darf. Aber aus dem Ernst des Lebens
streichen wir sie heraus. In einer Weltanschauung findet
sie kein Unterkommen.

Ich habe schon vorher darauf hingewiesen, daß die
positive Religion für den Gläubigen nicht allein ein
großes, sondern auch ein hehres Geheimniß umschließt,
daß beides zusammengeht und zusammengehört, ferner
darauf, daß hehr u. A. auch den äußersten Gegensatz von
allem was Schreck einflößt bezeichnet, daß es also insofern
die Bedeutung von freudig, tröstlich, aufrichtend hat. Die
umfassendste Bezeichnung und Characteristik dessen, was
uns mit Schreck und Entsetzen erfüllt, ist aber die Sinnlosigkeit. Denn im Sinn leben wir als vernünftige
Wesen, in ihm haben wir den Athemzug unseres geistigen

Bestandes. Seine Vernichtung, seine Bedrohung, seine
Verdunkelung sind für die seelische Seite im Menschen
dasselbe, was Mord und Mordversuch für die physische.
Sie sind Attentate auf das, was der Mensch mit allen
Kräften festzuhalten bemüht ist, daher ihrem Wesen nach
für ihn erschrecklich. Und sie sind es in noch weit höherem, unvergleichlichem Grade auf geistigem, wie auf phy-
sischem Gebiet. Es giebt — im Selbstmord — eine
selbstwillige Verneinung unseres Lebensodems, soweit derselbe unsere organischen Verrichtungen bedingt und unter-
hält, aber es giebt keinen freiwilligen Seelenselbstmord,
keine Form des Verzichts auf den Lebensathem der Vernunft, keine freiwillige Entäußerung zum Wahnsinn. Wir halten den Sinn unseres Seins noch fester
wie das Sein selbst.

Tilgen wir aus dem uns umgebenden Weltengeheimniß den Sinn, so tilgen wir also den hehren Character
desselben, wir tilgen damit die eine wesentliche Bedingung
seines religiösen Ranges und seiner religiösen Bedeutung
für uns. Aus seiner lichten Höhe stürzt es hinunter in
das Alltagsgetreibe, den Einen ein Gegenstand der Ver-
nunft-Spekulation oder der verstandesmäßigen wissenschaftlichen Untersuchung, den Anderen ein amüsanter
Trödel, den Dritten ein Nichts. Der Seele des Menschen ist die Schöpfung stumm geworden und eben deßhalb spricht man in solchem Fall von einer Entseelung
des Kosmos.

Vergegenwärtigen wir uns dies und vergegenwärtigen

wir uns ferner, worauf ich schon weiter oben hingewiesen
habe, daß das positiv=religiöse Bekenntniß stets in dem
Glauben an ein besseres Jenseits einen bestimmten
Sinn des Weltprozesses festhielt. Mit der Erschütterung
des religiösen Jenseits kam auch dieser Sinn in's Schwan=
ken. Es wurde Raum für den Unsinn, der sich im Pes=
simismus philosophisch systematisirte. Wir werden hier
also zunächst den Pessimismus und zwar vorzugsweise
nach der Seite seiner Sinnlosigkeit in's Auge zu fassen
haben.

———

Eine nicht ganz leicht zu beseitigende Verwirrung,
der ich gleich Anfangs entgegentreten möchte, wird in
den Debatten und Auseinandersetzungen über den Pessi=
mismus meistens dadurch veranlaßt, daß man das Mo=
ment der Stimmung, welches dabei eine so große Rolle
spielt, nicht scharf genug in's Auge faßt, würdigt und in
die ihm gebührenden Schranken zurückweist. Es ist nicht
allein incorrect ausgedrückt, sondern incorrect gedacht,
wenn man, wie z. B. Huber in der Schrift: Der Pessi=
mismus (München 1876) thut und wie es überhaupt
allgemein gebräuchlich ist von „dem Pessimismus als
Massenstimmung" spricht, während man vielmehr von
einer dem Pessimismus zugeneigten Massenstimmung
sprechen sollte. Indem man bei einer Untersuchung der
pessimistischen Weltanschauung gleichzeitig von dem
Pessimismus als Stimmung spricht, den Pessimismus
also selbst als Stimmung bezeichnet, wirft man beides,

— Stimmung und Weltanschauung — durcheinander
und kommt dazu eine Weltanschauung, die lediglich aus
Stimmung hervorgewachsen, nur sie zum Inhalt hat,
überhaupt als Weltanschauung gelten zu lassen. Und
doch ist das völlig unzulässig, schon deßhalb aus dem
einfachen und durchschlagenden Grunde unzulässig, weil
eine Weltanschauung jedesmal mit dem Anspruch auf
objective sachgemäße Wahrheit auftritt, also an
etwas allgemein Bindendes appelliren muß, Stim=
mung aber nur die jedesmalige Wahrheit des Individuums
ausspricht, also nur dieses bindet.

Allerdings giebt es eine Stimmung, die sich auf
einen höheren Rechtstitel berufen darf und die mir gerade
sehr wichtig ist, weil ihr in der Ethik eine so vornehme,
meistens unterschätzte Rolle zufällt, allein diese Stim=
mung hat die Weltanschauung hinter sich, nicht vor
sich, sie ist ein Reflex derselben, reflectirt aber nicht aus
sich heraus die Weltanschauung. Dadurch ist das ganze
Verhältniß umgewandelt. Das individualistische Moment
der Stimmung ist in eine höhere Ordnung aufgehoben,
sein Subjectivismus von der bloßen Zufälligkeit erlöst
und einem bindenden Gesetz unterthan.

Der Optimismus der Religion, der etwas so himmel=
weit verschiedenes von der rosenfarbigen Laune flacher
eudämonistischer Behaglichkeit ist, hat Anspruch darauf,
als Weltanschauung zu gelten. Denn indem er den
„wahnwitzigen Carneval der Existenz“ — um einen pessi=
mistischen Lieblingsausdruck zu gebrauchen — in seinem

Glauben an eine dereinstige vollkommene Existenzform
verwirft, sucht er sich mit diesem Glauben, weit entfernt
ihn aus augenblicklichen Stimmungsverhältnissen abzuleiten, vielmehr in größter Noth und Drangsal über dieselben zu erheben. Die Religion schöpft ihren Optimismus aus unmittelbarer Gewißheit — eine unzulängliche
Bürgschaft freilich für den prüfenden Verstand — aber
diese Gewißheit knüpft an die Grundtriebe des Menschen an, geht also auf ein allgemein bindendes Princip
zurück.

Aus dem Herzen geboren, von einem grundzüglichen
Gefühl unseres Wesens in ihrem Kern getragen, vertritt
sie dem Wechsel des Subjectivismus gegenüber das Bleibende, der Zufälligkeit gegenüber die Regel. Keine Religion ist jemals ihrem ganzen Bestande nach ein Erzeugniß der Stimmung, die, wie berechtigt sie den Umständen
nach in dem Einzelnen sein mag, nothwendig ein Moment
der Launenhaftigkeit, wenn auch nur der launen-
haften Unberechenbarkeit der Umstände in sich schließt,
das überall auszuschließen ist und ausgeschlossen wird,
wo das Grundzügliche des Menschenwesens selbst in die
Action tritt. Die Philosophie vollends begründet direct
eine Weltanschauung, indem sie sich, resp. ihren Gedankeninhalt unter das allgemein bindende Gesetz der logischen
Entwicklung stellt und an dem Maßstab der Vernunft
gemessen werden will, die allen Menschen das gleiche Gesicht zeigt, wenn ihre Züge auch manchmal verschieden
aufgefaßt werden.

Denken wir einen Augenblick darüber nach, welche Tragweite der Müdigkeit für den Prozeß der Anschauungsbildung zukommt, wie tiefeingreifend, allbeherrschend ihr Einfluß sein kann. Vergegenwärtigen wir uns, wie dieselbe nicht allein als vorübergehende, rasch wieder abgelöste Anwandlung, (wo sie dann in den Anschauungsbildungsproceß nicht einzugreifen vermag), sondern als dauernde Stimmung, nicht allein im Leben des Einzelnen, sondern großer Menschheitsgruppen, nicht allein für heute auf morgen, sondern für größere Zeitabschnitte auftreten kann, wie groß demnach ihre Macht ist und wie sie trotzdem die subjectivste aller Subjectivitäten bleibt. Denn das Gebiet der ursächlichen Einflüsse in Beziehung auf die Entstehung von Müdigkeit ist ja geradezu unübersehbar. Von Wind und Wetter, von jeder Schicksalsfügung, von allen Combinationen des Zufalls, von Anspannung und Ueberspannung, von Versagung der liebsten Herzenswünsche wie vom Genußtaumel, vom Kleinsten wie vom Größten, kann ihr Ursprung stammen. Unvorhergesehen, unberechenbar, unwiderstehlich greift sie in des Menschen Leben und Verhalten ein. Und nirgend gestaltet sich dieser Eingriff eigenthümlicher als da, wo die Müdigkeit einem noch unversiegten productiven Kraftvermögen ihren scharfen Zahn eindrückt und diesem den Schmerzensschrei der Verwundung erpreßt.

Wenn Lenau am Ziel seines Lebens ausruft:

S'ist eitel nichts, wohin mein Aug' ich hefte,
Das Leben ist ein vielbesagtes Wandern,

Ein wüstes Jagen ist's von Dem zum Andern
Und unterwegs verlieren wir die Kräfte.

wenn Diderot an Sophie Voland die unsäglich bitteren
Worte schreibt: „Geboren werden in der Unmündigkeit,
unter Schmerz und Geschrei, das Spielwerk des Irr=
thums, der Unwissenheit, des Bedürfnisses, der Krank=
heiten, der Schlechtigkeiten und der Leidenschaften zu
sein, Schritt vor Schritt von dem Augenblicke an, wo
man stammelt, bis zu dem Fortgehen, wo man faselt;
zwischen Schelmen und Charlatanen aller Art leben, aus=
löschen zwischen Jemand, der uns den Puls fühlt, und
einem andern, der uns bestürzt macht, nicht wissen, woher
man kommt, warum man gekommen ist, wohin man geht;
das nennt man das wichtigste Geschenk unserer Eltern
und der Natur: das Leben." — so fragt sich's, sollen
wir darin eine Weltanschauung oder einen Stimmungs=
ausdruck erkennen, der sich vielleicht hauptsächlich aus
Uebermüdung oder Ueberreizung herleitet? Und gilt das
Gleiche nicht, trotz der kosmogonischen Färbung, von dem
pathetischen Ausbruch finstersten Weltschmerzes, in welchem
Grabbe, erhabener im Ausdruck wie aller spätere pro=
saische Pessimismus, sich den Weltuntergang ausmalt:

Auch diese Sternenherrlichkeit erbleicht
Und schnell und spurlos wie
Das flüchtige Lächeln eines finsteren
Gesichts vergeht dieser Glanz der Nacht!
Es kommt die Zeit, wo sich die Todesengel
Mit schwarzen Sturmesfittigen erheben

Und auf den Aetherhöh'n die Sonnen
Losreißen, wie die Lämmergeier auf
Den Alpenspitzen die Lawinen
Loskratzen!
Dann rollen jene feu'rigen Welten
Mit ihren Erden und
Mit ihren Monden, andere Welten mit
Sich niederreißend, in die Schlünde der
Vernichtung, und die Himmelswölbung
Fällt ihnen nach, wie'n müdes Augenlid!
Ewig ist nur der Staub.
Weltkörper gehen unter und der Mensch
Wär unvergänglich? O des Wahnwitzes!"

Vermöchten alle die, deren Phantasie in solchen
Schrecknissen schwelgt oder denen das Leben als eine
widerwärtige Alfanzerei, die Erde als eine „langweilige
Lehmkugel" erscheint mit einem psychologischen Senkblei
bis auf ihren eignen Seelenboden vorzudringen und stell=
ten sie solche Untersuchung mit einem klaren Bewußtsein
darüber an, daß Stimmungen, so productiv sie sich in
anderer Hinsicht erweisen mögen, keine wirkliche Weltan=
schauung zu produciren im Stande sind, so würden wir
etwas weniger eingebildete Weltanschauungen besitzen.
Wir würden nicht jedes brillante Fantasiestück, nicht jede
melancholische Reverie mit diesem schwerwiegenden Titel
beehren und ohne der Stimmungslosigkeit das Wort zu
reden (ganz im Gegentheil!) würden wir der Stimmung
einen höheren menschlichen Werth, einen vornehmeren
Rang zuerkennen, die den reinen Abglanz einer zu Recht
erworbenen Weltanschauung bildet als derjenigen, die

unheimlich aus den verdüsterten Lebenswogen emporrauscht
und sich ahnungsschwer in unser Herz schleicht.

Solche Prüfung würde vor Allem zu einem gesun=
den Mißtrauen in Bezug auf die gefährliche Rolle führen,
die der Müdigkeit zufällt, — eine Gefährlichkeit, die
ich in dem Vorstehenden nur kurz angedeutet habe, die
aber um so gewisser besteht, je häufiger das, was gleich=
wohl Müdigkeit ist, als solche unmittelbar im Innern
nicht empfunden wird, je mehr also ein gewisser psycho=
logischer Scharfblick schon dazu gehört sich über die
Vorgänge im eigenen Innern nicht zu täuschen. Denn
nicht das Nachlassen der Kraft, das Müdewerden, gelangt,
worauf ich schon vorher hingewiesen habe, unter Umstän=
den in dem Individuum zur schmerzlichsten Geltung, son=
dern die Antipathie des dagegen reagirenden Subjects,
das in einem zuckenden Ausbruch seines aufgestachelten
Innersten nun Alles ringsumher mit Aschenregen und
Lava überschüttet. Scheinbar sprüht hier die Kraft und
doch stellt sich für die unbefangene Untersuchung das
Grundverhältniß anders dar und dieses Grundver=
hältnisses muß der Mensch eingedenk sein, wenn er nicht
in dem Labyrinth seiner eigenen verworrenen Vorstellun=
gen untergehen will. Die Müdigkeit hat nicht allein das
gegen sich, daß sie ihrem Ursprung nach die subjectivste
der Subjectivitäten ist, daß sie das Gemüth auf die
unberechenbarste und täuschendste Weise beeinflußt, sondern
auch das, daß sie ein der Erkenntniß, also auch der Er=
kenntnißarbeit bei Bildung einer Weltanschauung direct

zuwiderlaufendes Princip enthält. „Nur die Kraft erkennt, nur die glückliche, glühende Kraft", sagt Leopold
Schefer an einer Stelle im Hafis [1]).

Es könnte aber Jemand vielleicht meinen, ich rühre
mit diesen Auseinandersetzungen, insofern sie das Verhältniß von subjectiv und objectiv in der Anschauung und
im Erkenntnißprozeß berühren, an das dunkle philosophische
Grundproblem des Verhältnisses von Subject und Object
in ihrer gegenseitigen Bedingtheit, das sich ohnehin einer
fruchtbringenden Betrachtung und Beleuchtung Seitens
der Speculation entziehe. Aber meine Betrachtung hat
damit unmittelbar nichts zu thun. Ueber jene Cardinal-
frage, vor deren Sphynxgesicht wir heute ungefähr ebenso
stehen wie die Jahrtausende vor uns gestanden haben,
nur daß wir sie vielleicht etwas schärfer zu formuliren
im Stande sind, wüßte ich meine Meinung nicht besser
auszudrücken als wie es in der nachfolgenden gedrängten
Ausführung von Professor H. Steinthal geschehen ist.
(Zeitschrift für Völkerpsychologie 1876. Neunter Band.
Erstes Heft: Zur Religionsphilosophie.) Steinthal sagt
dort:

Wenn wir also sagen: „ein Object begreifen oder auffassen, ein Ding anschauen", so ist das nicht so zu denken,
als wäre das Objekt, das Ding in seiner Bestimmtheit fertig,
stünde vor uns und nähme unsere Handlung des Auffassens
und Anschauens passiv auf; sondern die Form jener Wort-

---

1) Die angezogene Stelle bezieht sich dort auf das Erkennen
in der Liebe.

verbindungen hat dieselbe Bedeutung wie wenn wir sagen:
„einen Brief schreiben, ein Haus bauen." Da steht nicht
ein Haus, welches gebaut wird, da liegt nicht ein Brief,
der geschrieben wird; sondern durch die Thätigkeit des
Schreibens, des Bauens entsteht der Brief, das Haus. So
entsteht durch die Thätigkeit unseres Anschauens und Auf=
fassens das Ding, das Objekt, genau genommen nur die
Anschauung oder der Begriff des Dinges, des Objekts. —
Indem wir aber anschauen und Objekte bilden, sind wir
nicht willkürlich und nicht unabhängig, sondern gebunden.
Das, was uns zwingt, ist das Reale.

Unter dem Realen verstehe ich nicht, wie man zu thun
pflegt, gewisse einfachste Urelemente, Monaden, Atome u.
dergl. Denn mir gilt dasselbe als der absolute Abgrund
unseres Denkens, und ich wage nicht darüber mehr aus=
zusagen, als dies, daß es ist und erscheint, daß es die
Grundlage der Erscheinung ist. Erscheinung aber nenne
ich Natur und Geist. So wie dieser Tisch, der vor mir
steht, so bin auch Ich mir eine Erscheinung. Die Natur
nun ist nicht sich selbst Erscheinung, sondern nur einem
Geiste, der Geist aber ist es nur sich selbst. Daher ist mit
Erscheinung synonym Bewußtsein. Nämlich jenes absolut
Reale erscheint; nur indem es erscheint ist es beides, so=
wohl das, dem erscheint (Grundlage des Geistes), als auch
das, was erscheint (Grundlage der Natur). Wir nennen
das Reale, insofern es nur erscheint, Natur; insofern ihm
aber ebenso wohl die Natur erscheint, als auch es selbst
sich selbst, Geist. Genau genommen also ist es allemal
nur jenes absolut Reale, das sich selbst erscheint. Es spielt
dabei eine doppelte Rolle. Das Ergebniß jedoch ist ein=
fach. Nur nennen wir es doppelt: einmal in Hinsicht auf
das, was erscheint, nennen wir es Erscheinung; und dann

in Hinsicht auf das, dem erscheint, nennen wir es Bewußt=
sein. Und so sagen wir: Natur ist Erscheinung, Geist ist
Bewußtsein. Indem aber der Geist sich selbst erscheint,
Selbstbewußtsein ist, ist er, wie die Natur, Erscheinung.

Man meine nur nicht, wenn man sagt, die Dinge er=
scheinen, sind Erscheinung, das Erscheinen sei ein Aus=
strahlen, ein Glorienschein oder Nebelschein, eine Umhüllung
der Dinge an sich, des Realen. Nein, Erscheinung ist eine
Wirkung und Hervorbringung des Geistes in Folge der
Anregung seitens der Dinge an sich. Es ist unrichtig zu
sagen, dem Geiste erscheine, als wäre er dabei unthätig,
sondern, indem ihm erscheint, ist er thätig, bildet er Be=
wußtsein vom Erscheinenden. Aber eben weil Bewußtsein
und Erscheinung nur dasselbe von entgegengesetztem Ge=
sichtspunkt bezeichnen, kann man Bewußtsein oder Geist
auch die Erscheinung des Geistes nennen, wie umgekehrt
Erscheinung das Bewußtwerden der Natur.

Demnach drücken wir uns wohl am genauesten in
Kürze so aus: Es gibt absolut Reales, Seiendes. Darin
mag sich allerlei ereignen. Von diesen Ereignissen ist für
uns das wichtigste dieses, daß es erscheint. In der Er=
scheinung aber liegt ein Doppeltes: etwas was erscheint,
und etwas dem erscheint. Insofern das Reale das Etwas
ist welches erscheint, nennen wir es Natur; insofern es
das Etwas ist, welchem erscheint, nennen wir es Geist oder
Bewußtsein. Geschaffen wird die Erscheinung allemal vom
Geiste; den objectiven Reiz dazu aber giebt die Natur.
Und so erscheint in jeder Erscheinung sowohl die Natur
dem Geiste als auch der Geist ihm selbst. Insofern wir
nun die Bedingungen der Erscheinung einseitig auf Seiten
der Natur oder die Bedingungen des Reizes betrachten:
reden wir von Naturerscheinungen; insofern wir eben so

einseitig die Verhältnisse im Geiste betrachten, unter denen
die Erscheinung vom Geiste geschaffen wird, besteht und mit
anderen Erscheinungen combinirt und weiter mannigfachen
Prozessen unterworfen wird, reden wir von geistigen Erscheinungen. Die Betrachtung der Naturerscheinungen er-
gibt die Naturwissenschaft, die der geistigen Erscheinungen
die Wissenschaft vom Geiste."

Vor diesen „absoluten Abgrund unseres Denkens"
führt meine Betrachtung nicht und kein Sprung in oder
über dessen bodenlose Tiefe wird durch mich dem Leser
zugemuthet. Ich verlange in Verfolg meines Themas
nur von ihm, daß er unterscheide zwischen dem grundzüglichen Theil seines Wesens und Zuthaten, die demselben an sich betrachtet, fremd sind, mögen sie herstammen
woher sie wollen, zwischen dem, was ihm als Menschen
und dem, was ihm als diesem Menschen angehört.
Wer etwa das Weltanschauungsthema in Bezug auf
Subjectivität und Objectivität damit zu erledigen glaubt,
daß er sagt: „Wie der Mensch die Welt anschaut, so
schaut sie ihn an"[1]), dem erwiedere ich, darauf, wie der
Mensch (und nicht das Individuum) die Welt anschaut, kommt es eben an.

Die mangelhafte Würdigung des hier in Betracht
gezogenen Momentes der Stimmung, die ungenügende

---

1) Etwa nach der Melodie:
     Bedenke: stets Dein Echo tönt die Welt,
     Sie spiegelt nur Dein liebes Ich getreulich,
     Zufriedner Sinn erblickt, was ihm gefällt,
     Verdroßne Laune sieht die Welt abscheulich.
was als Verschen anmuthend klingt, als Gedanke und bindende

Unterscheidung zwischen Stimmung und Weltanschauung, die Bezeichnung des Pessimismus als Stimmung und die Einreihung aller derjenigen in diese Kategorie, denen die Laune am Leben verdorben ist[1]), hat u. A. den Uebelstand zu Folge, daß das Gebiet des Pessimismus und die Anzahl derer, die dem wirklichen Princip Heeres=

Grundwahrheit aber flach ist. Worauf kommt es überhaupt an? Doch nur darauf, daß dem Menschen zugetraut und zugemuthet wird bei der Gedankenarbeit, aus der die Weltanschauung hervor= zugehen hat, sich ins Stimmungslose zurückzuziehen. Sollte das als unmöglich gelten, so wäre jeder Erkenntnißact, jede Bestimmung von Beziehungen die nicht schlechtweg materiell sind, unmöglich — genau so unmöglich, wie im Gebiet der sinnlichen Erscheinungswelt jedes Gewahrwerden dem unmöglich sein würde, dessen Sehact fort= während den Blendungen oder Farbenspielen unterläge. Aber eine allgemeine Erkenntnißunmöglichkeit in diesem Sinn besteht nicht. Es giebt einen sogen. normalen, auf das Grundzügliche des Indivi= duums zurückzuführenden Sehact, den wir vom geblendeten, local gestörten Sehen unterscheiden wie es in Bezug auf geistige Bezie= hungen ein von Stimmungseinflüssen befreites, unverblendetes inne= res Verhalten giebt, welches dann erst ein Gewahrwerden ermög= licht und Erkenntniß genannt zu werden verdient.

1) Huber (a. a. O.) unterscheidet beim Dichter zwischen An= wandlung oder dem, was man so nennen kann, „wo die Klagen bloß ein individuelles und einzelnes Leid betreffen und nur ein vorüberziehender Ton sind" und zwischen „schwermüthiger Stim= mung" als Grundpathos des Dichters. Nur wenn das letztere der Fall sei, wenn der Hoffnung Diesseits wie Jenseits untergegangen seien, sei der pessimistische Dichter vorhanden. Der Kernpunkt wird auch hier wieder verfehlt. Die Anwandlung ist eine verkürzte Stimmung, aber nicht die Verkürzung, sondern grade der Stim= mungsgehalt ist es, der aus den entwickelten Gründen darüber ent= scheidet, ob wir Jemanden als Pessimisten zu rechnen haben oder nicht.

folge leisten, weit überschätzt wird. Nicht jeder bunt=
scheckige Haufe, der dem Klang der Trommel nachläuft,
ist schon eine Armee.

Ich habe vorher von dem Pessimismus als Weltan=
schauung ausgesagt, daß er keine lebendig wirkende Kraft
in der Gegenwart repräsentire, daß seine Bedeutung vor
Allem darin bestehe uns einem Jenseitigen abzuwenden.
Man kann hinzufügen, daß er unpopulär ist, nur darf
man mit diesem Ausdruck nicht die Beliebtheit bestreiten
wollen, die in weiten Kreisen, welche es mit der Sache
nicht genau nehmen und zu nehmen im Stande sind,
einem Fantom des Pessimismus gewidmet wird. Was
sich behaupten läßt, ist, daß die Zahl derer gering ist,
deren Herz und Sinne der Pessimismus selbst schaffens=
kräftig erfüllt, daß also die Anzahl der Pessimisten oder
derer, die es (abgesehen von den bloßen Theoretikern
genannt zu werden einzig verdienen, eine beschränkte ist.

In einer völlig ungenauen und incorrecten Bedeu=
tung genommen scheint in einer glaubensuntüchtigen und
also von vornherein in der optimistischen Grundanschauung
erschütterten Zeit die Zahl derselben allerdings anzuwachsen
wie Sand am Meer.

Vollends ist das aber der Fall, wenn der Pessimis=
mus sich so metamorphosirt, wie das neuerdings einge=
treten ist. Sonst war Entrüstung wenigstens zulässig,
wenn es sich um die philosophische Anschauung handelte,
die mit Schopenhauer allem Dasein den Fluch der Er=
bärmlichkeit entgegenschleuderte und das Leben hohnlachend

für ein Verbrechen erklärte, denn es stünde — wie der=
selbe Philosoph mit schneidendem Sarkasmus hinzufügte
— ja Todesstrafe darauf. Herr v. Hartmann selbst
sprach von „einem die Zähne zusammenbeißenden Mannes=
zorn, von einem ernsten gelassenen Grimm über den wahn=
witzigen Carneval der Existenz, von einem mephistophelisch
angehauchten Galgenhumor", — jetzt ist der „Ent=
rüstungs=Pessimismus" verpönt und seine Bekenner
werden als „Zungenhelden und demagogische Querulanten"
abgethan¹). Sonst wurde eine quietistische Richtung
im Pessimismus und am Pessimisten wenigstens nicht
verhöhnt und unter Anklage gestellt, es umgab sie viel=
mehr ein gewisser überirdischer Verklärungsglanz. „Ein
solcher Mensch" — sagte Schopenhauer —, der nach
vielen bittren Kämpfen gegen seine eigene Natur, endlich
ganz überwunden hat, ist nur noch als rein erkennendes
Wesen, als ein ungetrübter Spiegel der Welt übrig.
Ihn kann nichts mehr ängstigen, nichts mehr bewegen,
denn alle die tausend Fäden des Wollens, welche uns
an die Welt gebunden halten, und als Begierde, Furcht,
Neid, Zorn uns hin= und herreißen unter beständigem
Schmerz, hat er abgeschnitten. Er blickt nun ruhig und
lächelnd zurück auf die Gaukelbilder der Welt, die einst
auch sein Gemüth zu bewegen und peinigen vermochten,
die aber jetzt so gleichgültig vor ihm stehen, wie die

---

1) Vgl. den Aufsatz: Ist der Pessimismus schädlich? (von
E. v. Hartmann. Nr. 40 der Gegenwart 1879), auf den sich auch
die weiteren Ausführungen beziehen.

Schachfiguren nach geendigtem Spiel, oder wie am Mor=
gen die abgeworfenen Maskenkleider, deren Gestalten uns
in der Faschingsnacht neckten und beunruhigten. Das
Leben und seine Gestalten schweben nur noch vor ihm
hin wie eine flüchtige Erscheinung, wie dem Halberwachten
ein leichter Morgentraum, durch den schon die Wirklich=
keit durchschimmert und der nicht mehr täuschen kann;
und eben auch wie dieser verschwinden sie zuletzt ohne
gewaltsamen Untergang."

Jetzt wird der Quietismus angeklagt, daß er „alle
Freudigkeit des Wirkens und Schaffens" zerstöre,
„indem er die Zuversicht auf fortschreitende Entwick=
lung" (auslaufend in Vernichtung des Weltendaseins
und Aufhebung des Weltprozesses nota bene!) vernichte.
Er erziehe „schöngeistige Schmarotzer" — (o Schopen=
hauer!) — indem „er die Volkskraft ausschließlich auf
die spielende Beschäftigung mit sich selbst und ihrem
Schmerz anweist."

Sonst wurde eine innere Verwandtschaft mit Anacho=
retenthum und Askese doch wenigstens in der Theorie für
den pessimistischen Standpunkt zugegeben. Der Ausweg,
der um diese logische Consequenz herum und aus derselben
herausführte, war noch nicht entdeckt. Als Schopenhauer
vor dem Bilde Rancés, des Abtes von La Trappe stand,
wandte er sich mit schmerzhafter Geberde ab und sagte:
„Das ist Sache der Gnade." Und seine eigne Ethik
(wie sie sich dem unbefangenen Blick darzustellen schien)
als Philosoph zu leben wies er zwar ab, aber doch nur

mit dem Bemerken, daß es der Philosophie wesentlich sei sich stets rein betrachtend zu verhalten. Jetzt ist auch das längst ein überwundener Standpunkt. Es ist „sittliche Aufgabe" auch für den Pessimismus geworden mit Hingebung zu essen, zu trinken, zu reiten, zu fahren, Geschäfte jeder Art zu machen und sich wie jeder gewöhnliche Sterbliche zu verhalten, um durch diese selbstverleugnende Arbeit an dem Weltprozeß der endlichen Erlösung durch die Vernichtung des Seins mitzuarbeiten — nur muß das Alles mit „stiller Hoheit der Resignation" und „erhabener Trauer" verrichtet werden, welche letztere aber auf solcher Grundlage erwachsen, eine so merkwürdige Aehnlichkeit mit stillem oder lautem Vergnügtsein hat, daß das Dictum vom „seelenvergnügten Pessimismus" schon längst zum Spottwort geworden ist.

Nun mag das ja Alles sehr ernsthaft gemeint sein. Diese Philosophie des Humbug, neben der selbst Schopenhauer beinahe ehrwürdig erscheint, ist für die Betreffenden vielleicht kein Humbug. Ich dränge mich nicht in die eleusinischen Herzensgeheimnisse Derer, die uns dergleichen mit herzergreifendem Pathos vortragen. Aber die unphilosophische Zuhörerschaft schneidet sich aus solchem Stoff doch den fratzenhaftesten Carnevalsstaat zurecht. Das Facit ist: die so beliebte Geschäftsmaxime über die elenden Zeiten zu klagen und im Stillen mit dem Gelde in der Tasche zu klimpern — auf die großen Verhältnisse des Daseins und unser Verhalten zu denselben übertragen. Nichts zu entbehren brauchen und sich in diesem Jammer-

thal einrichten ſo gut es irgend geht, — um den Welt=
prozeß zu fördern; Alles aus der Hand der Natur an=
nehmen, aber mit der wegwerfenden Miene desjenigen,
der das Ganze für einen elenden Bettel, das Leben für
eine „Prellerei" erklären zu dürfen glaubt; in dieſer
Attitüde der Geringſchätzung ſich alsdann noch — auf
die Verſicherung eines bedeutenden Philoſophen — ganz
beſonders erhaben und hoheitsvoll erſcheinen — wer
möchte da nicht Peſſimiſt ſein? Und wenn in die Ton=
weiſe dieſes Juchhe=Peſſimismus Viele mit einſtimmen,
dann ſpricht man davon, daß die peſſimiſtiſche Weltan=
ſchauung „in immer wachſendem Maaße zum Gemeingut
der gebildeten Schichten des deutſchen Volkes gewor=
den ſei."

Die ſcharfe Unterſcheidung zwiſchen Stimmung und
Weltanſchauung, die ich hier durchgehends feſtgehalten
habe, hat es auch zu vertreten und zu rechtfertigen, daß
ich die Erſchütterung des religiöſen Jenſeits und des mit
ihm verbunden geweſenen und feſtgehaltenen beſtimmten
Sinns einer Weltordnung in einem urſächlich bedingenden
Verhältniß zum Auftreten des Peſſimismus als Weltan=
ſchauung bringe, dieſe letztere daher auch erſt in Schopen=
hauer und ſeiner Dependenz verwirklicht ſehe. Wie ſtark
auch das pathologiſche Element in dieſer Philoſophie
vertreten iſt, — ſo ſtark wie in keiner ihr vorangegan=
genen, — ſo iſt doch das peſſimiſtiſche Empfinden erſt in
ihr zu demjenigen ſyſtematiſchen Ausbau und der logiſchen

Gedankenverknüpfung gelangt, die sie, wenigstens formell,
aus dem Bereich der Stimmungsatmosphäre und der
bloßen Anwandlung in die höhere Ordnung einer Weltanschauung erhebt. Als solche unternimmt sie ihre allgemein bindende Kraft zu behaupten und zu beweisen.
Noch im Buddhismus trat der Pessimismus wesentlich
nur als Stimmung auf, der als solcher, als bloßer
Stimmungsausdruck, wenn auch in den imponirendsten
Größenverhältnissen in das optimistische Grundwesen der
Religion hineinragt, welches ihm unterlag, aber nicht
ohne seinerseits gegen ihn aus eingeborenem Trieb und
Drang zu reagiren. Das wird auch von Huber, freilich
ohne daß er das Grundverhältniß genau würdigte und
bezeichnete, angedeutet, wenn er sagt: „In der gleichsam
sternenlosen Nacht dieser Welt-Anschauung hielt das Bewußtsein der Völker, die den Buddhismus annahmen,
nicht aus, allmählig wurde der Olymp wieder mit den
Gestalten von Göttern, darunter mit der von Çakyamuni
selbst und anderer Buddha's, angefüllt und das Nirvana
nicht mehr als ein Fallen in's Leere, sondern als selige
Ruhe am anderen Ufer aufgefaßt." Ebenso findet sich
das den Pessimisten beherrschende Gefühl zwar auch schon
bei Diderot ausgesprochen, wenn er irgendwo sagt: „Was
uns auch die Optimisten sagen können, wir werden ihnen
erwiedern, daß wenn die Welt nicht ohne empfindende
Wesen und diese nicht ohne Schmerz existiren konnten,
man sie hätte in Ruhe lassen sollen. Es wäre wohl eine
Ewigkeit vergangen, ohne daß diese Dummheit geschehen

wäre"[1]). Aber auch Dies ist um so mehr nur als eine
Anwandlung zu bezeichnen, als das mit Diderot's An-
sichten übereinstimmende Systeme de la nature den
Pessimismus grundsätzlich nicht vertritt, sondern die Hoff-
nung auf eine bessere Zukunft durch die geschichtliche
Entwicklung festhält.

Die Bildung einer pessimistischen Welt-Anschauung
als solcher gehört also der neueren Zeit und zwar speziell
Schopenhauer und seinen Nachfolgern an und wir haben
uns bei ihnen nach dem Befund derselben umzusehen.
Da es mir aber bei dieser Umschau, wie ich gleich im
Eingang dieses Abschnitts bemerkte, nur auf eine Würdigung des Pessimismus nach der Seite seiner Sinnlosigkeit ankommt, so erinnere ich nur an die Hauptpunkte
seines Bekenntnisses, während ich alles Nebensächliche
oder das, was hierbei nicht in Betracht kommt, ausscheide.

Der allgemein gefaßte Grundgedanke des Pessimismus ist bekanntlich, daß das Nichtsein dem Sein vorzuziehen sei, weil dem Leben als solchem ein Ueberwiegen
des Leides absolut immanent sei oder wie Herr v.
Hartmann auf die Frage: „ob das Sein oder Nichtsein
dieser bestehenden Welt den Vorzug verdiene d. h. ob
Lust oder Leid in ihr überwiege" die Antwort und zwar
nach gewissenhafter Erwägung formulirt: „daß alles welt-
liche Dasein mehr Unlust als Lust mit sich bringe, folglich das Nichtsein der Welt ihrem Sein vorzuziehen wäre".

---

1) Vgl. Rosenkranz, Diderots Leben und Werke. Leipzig 1866.
II. p. 42 und 43.

Und ähnlich Schopenhauer: „Das Leben stellt sich dar als ein fortgesetzter Betrug im Kleinen wie im Großen. Hat es versprochen, so hält es nicht, es sei denn, um zu zeigen, wie wenig wünschenswerth das Gewünschte war: so täuscht uns bald die Hoffnung, bald das Gehoffte. Hat es gegeben, so war es um zu nehmen . . . . Die durchgängige Beschaffenheit stellt sich dar: „als darauf abgesehen und berechnet die Ueberzeugung zu erwecken, daß gar nichts unseres Strebens, Treibens und Ringens werth sei, daß alle Güter nichtig seien, die Welt an allen Enden bankerott und das Leben ein Geschäft, das nicht die Kosten deckt."

Der zunächst liegende Einwand, daß der Mensch selbst trotz dieser angeblich jammervollen Beschaffenheit seines Daseins, dasselbe durchschnittlich entschieden dem Nichtsein vorziehe, ist ohne Bedeutung, da von vornherein die Vorstellung eines unvernünftigen Schöpfungsdranges zu Grunde gelegt wird, der die Weltgestaltung hervorruft. Der Mensch besitzt, wie Herr v. Hartmann in seiner „Phänomenologie des sittlichen Bewußtseins" sich auszudrücken beliebt, „das teleologisch unerläßliche Minimum von Glückseligkeit", welches verhindert, daß er mit dem traurigen Dasein kurzen Prozeß macht und ohne Weiteres gewissermaßen aus der Haut fährt.

Der Denker, der sich als solcher aus diesen Banden herausgeschält hat und den Zusammenhang der Dinge und ihren Verlauf anticipirend übersieht, gleicht in seinem Verhältniß zur Menschheit ungefähr dem Arzt, der den

troſtloſen Zuſtand ſeines Patienten im Auge den Aus=
ſpruch thut: „es iſt ein Segen für den Kranken, wenn
der Tod ihn von ſeinen Leiden erlöſt" und der dies feſt=
hält, ohne ſich darin dadurch beirren zu laſſen, daß der
Patient damit nicht übereinſtimmt.

Dieſe Situation iſt denkbar, nur gehört als Be=
dingung die vollſtändige Ausſichtsloſigkeit auf
Beſſerung dazu. Dieſer Punkt iſt ſcharf zu betonen, er
iſt der entſcheidende. Auf ihn allein kommt es an, wie
es ja auch, dem Arzt gegenüber, deſſen Rolle dem peſſi=
miſtiſchen Philoſophen zufällt, für die Angehörigen einzig
und allein auf die angſterfüllte Frage ankommt: Iſt noch
Ausſicht vorhanden? Die Möglichkeit der Beſſerung
durch irgend eine Form der Entwicklung im Weltprozeß
oder in irgend einer Zeit muß ausgeſchloſſen ſein. Wäre
ſie es nicht, bliebe irgendwo ein lichter Punkt, ſo büßte
der ganze Peſſimismus ſeine ihn auszeichnende, charak=
teriſtiſche Pointe ein. Die Unbeſſerlichkeit für alle
Welt und alle Zeit iſt die Parole, die der Peſſimis=
mus ausgiebt.

Daß das Loos der Menſchheit ſo beſchaffen iſt, darf
alſo nicht aus irgend welchen individuellen, ſondern
aus allgemeinen Seins = reſp. Menſchheits = Verhält=
niſſen, aus dem, was für alle Menſchen Gültigkeit hat,
abgeleitet und begründet werden. Es darf auch nicht
etwa auf den Menſchen, wie er durchſchnittlich be=
ſchaffen iſt, zurückgegangen werden, ſondern auf das, was
grundzüglich an ihnen iſt, was alſo Alle verbindet. Gäbe

es nur ein Individuum auf welches das Signalement
nicht paßte, ſo wäre die Kette durchbrochen und die Aus=
ſicht an einer Stelle wieder offen. Was für ein Indi=
viduum Gültigkeit hat, würde der Möglichkeit nach auf
alle zukünftigen Generationen paſſen, da das Individuum
doch immer in den Rahmen der Menſchlichkeit paſſen
muß. Die ſehr gewöhnliche Auffaſſung, wonach es bei
dem Peſſimismus auf eine Summirung des menſchlichen
Elends der Meiſten anfäme, dem gegenüber die die Aus=
nahme bildenden Looſe Einzelner nicht ins Gewicht
fallen, ſo lange ſich nur ein Ueberſchuß des Elends in
der Hauptſumme ergiebt, verfehlt alſo vollſtändig den
Sinn des Peſſimismus. Vielmehr muß die Rechnung
für Jeden ſtimmen, wie dies auch in der von Herrn v.
Hartmann formulirten Aufgabe: „nachzuforſchen, ob in
dem Individuum als ſolchem die Bedingungen ge=
geben ſind, um unter den denkbarſt günſtigſten Um=
ſtänden in ſeinem Leben einen Ueberſchuß der Luſt über
die Unluſt zu erreichen“ ſelbſt ausgeſprochen iſt.

Ich komme auf dieſen Punkt: die Unterſcheidung
zwiſchen dem Individuellen und dem Grundzüglichen im
Menſchen noch weiterhin zurück und erinnere hier nur
daran, daß die peſſimiſtiſche Theorie ihren Nachweis von
dem überwiegenden Leid in allem weltlichen Daſein
theils auf allgemeine Seinsverhältniſſe zu gründen ver=
ſucht, theils aber auch individuelle Beziehungen mit heran=
zieht. Dieſe letzteren ſind, wie vorſtehend entwickelt, an
ſich unſtatthaft und nichts beweiſend. Dahin gehören, —

um nur an zwei Beiſpielen die Meinung des hier Ge=
ſagten zu erläutern, — wenn Herr v. Hartmann z. B. bei
Unterſuchung von Kunſtgenüſſen in Concerten und ſon=
ſtigen öffentlichen Aufführungen zu dem Schluß kommt,
daß die Nachtheile, die mit Concertſälen, Garderoben
u. ſ. w. unvermeidlich verbunden ſeien, den Genuß faſt
vernichten, oder wenn Taubert noch trivialer obgleich im
Princip nicht unſinniger, die Strapazen des Reiſens auf=
zählt, welche das Vergnügen des Reiſens aufhöben. Sel=
ten tritt ſo grell als in dieſen Fällen die naive Albern=
heit der ganzen „empiriſchen Begründung“ des Peſſimis=
mus zu Tage, denn hier iſt ja auf den erſten Blick die
Unzuläſſigkeit, eine bloß für individuelle Fälle zutreffende
Behauptung als allgemein wahr hinzuſtellen, zu erkennen.
Hier dürfte die gemachte Behauptung in Bezug auf Con=
certe und Reiſen nicht einmal für die Durchſchnittszahl
der Fälle zutreffen und ſie müßte doch, um Werth zu
haben, für alle gültig ſein.

Die auf die allgemeinen Seinsverhältniſſe gegrün=
deten Argumente, die einzigen, die überhaupt zuläſſig und
beweiſend ſein könnten, ſind aber entweder ſchief und that=
ſächlich unrichtig oder, ſo weit ihnen eine richtige Be=
deutung innewohnt, von keiner entſcheidenden Kraft. So
iſt gleich der Schopenhauer’ſche Fundamentalſatz: „Alles
Streben entſpringt aus Mangel, aus Unzufriedenheit mit
ſeinem Zuſtand, iſt alſo Leiden ſo lang es nicht befrie=
digt iſt,“ [1] offenbar falſch. Jeder concrete Fall, unbe=

---

1) Die betreffende Stelle lautet bei Schopenhauer: „Wollen

fangen betrachtet, erweist das Gegentheil. Hier springt
ein Junge in den Garten, er sieht hoch oben im Baum
einen rothbäckigen Apfel schimmern, es erfaßt ihn das
Verlangen ihn zu besitzen, er „strebt" ihm nach, klettert
in den Baum und langt ihn sich. Ist darin, auch ab=
gesehen von der Befriedigung, die der schließlich erlangte
Besitz gewährt, irgend ein Moment des Leidens enthalten
oder nicht vielmehr lauter lichte Freude? Entspringt das
„Streben" des Jungen aus Apfel=Mangel, aus „Unzu=
friedenheit mit seinem Zustand", aus einem „Leiden",
welches andauert, so lang es nicht befriedigt ist? Oder
ist nicht vielmehr das Streben selbst nach dem Besitz des
Apfels schon das Ende der äußerst kurzen Leidensgeschichte,
d. h. derselbe Moment, der das Bewußtsein des Apfel=
mangels erweckt, gebiert auch den Wunsch seines Besitzes
und das Streben und in der Bethätigung der Stre=
benskraft auch den Genuß, der mit jedem gesunden
Athemzug, mit jeder Position des eignen Ich verbunden
ist. Das Leiden, welches in diesen Prozeß etwa hinein=
treten kann, ist also nur aus der Natur der Hemmungen
abzuleiten, die dem Streben bereitet werden können und

---

und Streben ist das ganze Wesen des Menschen, einem unauslösch=
baren Durste gänzlich zu vergleichen. Alles Streben entspringt
aus Mangel, aus Unzufriedenheit mit seinem Zustande, ist also
Leiden, solang es nicht befriedigt ist; keine Befriedigung ist dauernd;
vielmehr ist sie stets nur der Anfangspunkt eines neuen Strebens.
Das Streben sehen wir überall vielfach gehemmt, überall kämpfend,
so lang also immer als Leiden: kein letztes Ziel des Strebens, also
kein Maß und Ziel des Leidens . . . ."

es schließlich vielleicht vereiteln u. s. w., niemals aber
aus der Natur des Strebens selbst. Die Hemmungen
sind aber ihrer Natur nach von der wechselndsten Be=
schaffenheit und daher als absolut unberechenbar ganz
außer Acht zu lassen. Es gehört das wieder dem Gebiet
des Individuellen an, welches hier nicht in Frage kommt.

Dieser hier angeführte Fall steht für alle, da es sich
dabei nur um das Prinzip handelt. Ich will indessen
noch einen weiteren anführen. Wenn ein junger, streben=
der Künstler fleißig und hingegeben an seiner Ausbildung
arbeitet, so verknüpft sich damit das Bewußtsein der Un=
zulänglichkeit seiner bisherigen Leistungen, die eben durch
bessere ersetzt werden sollen. Aber ist deshalb seine Stu=
dien= und Strebenszeit wesentlich Leiden, bis etwa das
Ziel seiner künstlerischen Ausbildung erreicht ist? Jeder
Künstler wird das verneinen. Er wird von einem Leiden
nur zu berichten wissen, wenn wiederholte Erfahrung ihn
darüber belehrt, daß sein Streben gänzlich aussichtslos
ist, daß er gewisse innere oder äußere Hemmungen ab=
solut nicht überwinden kann. Wir sehen also, daß wir
auch hier mit der Schopenhauer'schen Formel durchaus
nicht ausreichen. Jedes andauernde Streben setzt sich
— oder es wird eben als zwecklos aufgegeben — aus
kleinen Fortschritten zusammen, welche die Befriedigung
zwar noch nicht selbst sind, sie aber verheißen und eben
in dieser verheißenen Befriedigung liegt zum großen
Theil der Genuß des Strebens.

Neben diesem Hauptpfeiler, der das Gebäude des

Peſſimismus ſtützen und tragen ſoll, der in der That aber
nichts trägt und ſtützt, ſtehen zu ſeiner Erhaltung kleinere
Stützbalken, die genau ebenſowenig ihrem Zweck entſprechen.
Die von Herrn v. Hartmann angeführten 4 Momente die
ſeiner Anſicht nach im Allgemeinen zu Gunſten eines
Uebermiegens der Unluſt ſprechen, (ein entſcheidendes
Gewicht, das definitiv den Ausſchlag gäbe, alſo ohnehin
nicht in die Wagſchale werfen) zeigen bei näherer Beſich=
tigung ſofort ihre Fehlerhaftigkeit. Er ſpricht von der
Nervenermüdung, welche das Widerſtreben gegen die
Unluſt vermehre, das Beſtreben die Luſt feſtzuhalten
dagegen vermindere. Dadurch entſtehe nach der Seite
der Unluſt immer ein Zuſchuß, nach der Seite der Luſt
immer ein Abzug. Daß dieſe Betrachtung ganz einſeitig
iſt, hat ſchon Carrière gezeigt[1]), daß die Nervenermüdung
nicht bloß, wie Hartmann meint, die Luſt, ſondern auch
die Unluſt vermindere, indem ſie den Schmerz abſtumpfe.
Einen ähnlichen Einwand hat auch Haym erhoben.

Dann macht Herr v. Hartmann geltend: Die Be=
friedigung ſei kurz und verklinge ſchnell, die Unluſt dauere
dagegen ſo lange, wie das Begehren ohne Befriedigung
beſtehe. Hiergegen habe ich ſchon früher die Bemerkung
zu machen mich veranlaßt geſehen[2]), daß das Gefühl der
Vorfreude ganz unberückſichtigt geblieben iſt. Die
Vorfreude, welche eintritt, ſobald einem lebhaften Begehren

---

1) „Die Noth des Lebens, das Weltleid und ſeine Ueberwin=
dung“ (Gegenwart 1874 Nr. 49).

2) Das Leben ohne Gott (Hannover 1875 p. 188).

die Befriedigung verheißen iſt, verkürzt die Unluſt, da
der Menſch mittelſt derſelben ſchon im Voraus, ehe ſie
noch thatſächlich eingetreten iſt, die Befriedigung ſeines
Begehrens durchzukoſten vermag und ſie verlängert aus
demſelben Grunde die Luſt, welche ſie früher beginnen
läßt, als es ſonſt möglich wäre.

Die von der peſſimiſtiſchen Theorie vertretene Be=
hauptung, daß der größte Theil der beſtehenden Luſt nur
durch Aufhören oder Nachlaſſen einer Unluſt entſtehe, hat
namentlich das gegen ſich, daß ſie dem eigenthümlichen
Gefühl eines gewiſſermaßen unmotivirten Wohlbeha=
gens, welches im Menſchen herrſchend ſein kann, gar
keine Rechnung trägt.   Der Urſprung dieſes Gefühls iſt
ſchwer nachzuweiſen, ſcheinbar fällt daſſelbe unmittelbar
mit der Daſeinsfreude zuſammen, d. h. mit dem Wohl=
empfinden in und an der eigenen geſunden Leiblichkeit.
Aber dieſe Auffaſſung iſt doch nicht unbedingt zutreffend,
da wir anſcheinend geſunde Menſchen häufig des eigent=
lichen Daſeinsbehagens gleichwohl entbehren ſehen, kranke
oder kränkliche dagegen von demſelben beſeelt finden. Iſt
es doch ein von körperlichem Mißgeſchick ſchwer heimge=
ſuchter Dichter, von dem die hübſchen Zeilen ſtammen:

> Und droht auch Nacht der Schmerzen ganz
> Mein Leben zu umfaſſen —
> Ein unvernünftiger Sonnenglanz
> Will nicht mein Herz verlaſſen.

Jedenfalls aber, wenn wir auch die genaue Urſprung=
ſtelle dieſes „unvernünftigen Sonnenglanzes", namentlich

in seinem Verhältniß zur Gesundheit (die wir ohnehin nicht zu definiren im Stande sind) nicht anzugeben vermögen, so ist doch so viel gewiß, daß er ein Lust= gefühl bildet, dem in seiner weiten Verbreitung eine sehr große Bedeutung zukommt und welches nicht durch das Aufhören oder Nachlassen irgend welcher Unlust unmittel= bar entsteht. Die ganze Berechnung in Bezug auf diesen Punkt ist daher lückenhaft und unrichtig.

Die Ausdrücke: Lust und Unlust oder Leid, mit denen die pessimistische Theorie operirt, sind überhaupt irreführend und ungenau, worauf schon Weygolt[1]) hinge= wiesen hat.

Er macht darauf aufmerksam, daß Lust und Unlust überhaupt nicht den bleibenden Normalzustand des Ge= fühllebens darstellen, sondern nur vereinzelte und zufällige Abänderungen desselben seien, vergleichbar den Hebungen und Senkungen der Wogen im Gegensatz zur ebenen Fläche, dem Normalzustand des Wassers. Ein Zustand des unbewußten Befriedigtseins fülle einen großen und bei arbeitsamen Menschen vielleicht den größten Theil des Lebens aus. Diese Bemerkung ist zutreffend und sie fällt grade bei dem einen der für das Ueberwiegen der Unlust geltend gemachten Momente in's Gewicht. Wenn da gesagt wird: „Die Unlust erzwingt sich das Bewußt= sein, die Lust nicht; sie muß gleichsam vom Bewußtsein entdeckt werden und geht daher sehr oft dem Bewußtsein

---

1) Kritik des philosophischen Pessimismus der neuesten Zeit. Leyden 1875.

verloren," so ist das wie alles Uebrige in dieser Beweis=
kette eben nur halb wahr. Es kommt dabei auf den
Stärkegrad der Lust an. Der Mensch kann „sehr gut
aufgelegt" sein und sich gleichwohl dessen nicht bewußt
sein. Oft wird dieser vergängliche Dämmerzustand unseres
Seins erst von Anderen, denen derselbe auffällig wird,
zum Bewußtsein gebracht. Vorher haben wir gar nicht
daran gedacht, ihn aber gleichwohl empfunden. Er lebte
in uns und wir waren seines Lebens froh ohne es zu
wissen. Ist er nun also für nichts zu nehmen, weil er
vom Bewußtsein nicht „entdeckt" worden ist? Gewiß
nicht. Aber bei der pessimistischen Berechnung wird dieser
Zustand unbewußten Befriedigtseins ganz links liegen ge=
lassen, als ob er gar nicht zur Sache gehöre.

Wir sehen also, was bei dieser „möglichst unbefan=
genen Abschätzung der Lebenswerthe" auf die sich der
Pessimismus so viel einbildet, herauskommt. Einerseits
verirrt sich die Argumentation auf das Gebiet des Indi=
viduellen, wo gar keine Beweiskraft liegt, andrerseits stellt
sie ihren Beweis aus flüchtig aufgefaßten und entstellten
Allgemeinheiten her. Das Ganze ist ein Schattenspiel
für große Kinder.

————

Ohne mich in den alten Streit der Nominalisten
und Realisten über die Existenz der Gattungsbegriffe
vertiefen zu wollen, möchte ich an dieser Stelle doch einiges
hierauf Bezügliche beibringen, da der bisherige Gang
meiner Betrachtung wiederholt zu einer Gegenüberstellung

reſp. Entgegenſetzung des Individuellen und Allgemeinen
am Menſchen geführt hat und Dies ohne genauere
Erläuterung meiner Meinung zu Mißverſtändniſſen füh=
ren könnte. Ohnehin liegt es mir ob, den vorhin von
mir gebrauchten Ausdruck: „darauf, wie der Menſch
(und nicht das Individuum) die Welt anſchaut, kommt
es eben an“ genauer zu präciſiren, da ſich gegen dieſen
ſofort der Einwurf erheben läßt: giebt es denn einen
nicht individuellen Menſchen, einen Menſchen überhaupt?

Es iſt nicht blos das gemeine ſinnliche Bewußtſein,
welches hiergegen opponirt und die Frage verneint, ſon=
dern auch die Philoſophie hat namentlich in Feuerbach
dieſer Verneinung in ſchärfſter Weiſe ihr Siegel aufzu=
drücken verſucht. In ſeiner letzten Schrift: Gottheit, Frei=
heit und Unſterblichkeit vom Standpunkte der Anthropo=
logie (Leipzig 1866) ſagt dieſer Denker in der Abhandlung:
über Spiritualismus und Materialismus u. A.:

Senſualismus und Individualismus ſind identiſch. Die
von den Sinnen abgeſonderte, die Wahrheit der Sinne
läugnende Vernunft oder Philoſophie weiß nicht nur nichts
aus ſich von Individualität, ſondern haßt ſie auch, wie die
Kant'ſche, Fichte'ſche, Hegel'ſche Philoſophie beweiſt, als ihre
natürliche Gegnerin tödtlich. Nur durch die Sinne weiß
ich, daß noch andere Weſen, andere Menſchen außer mir
ſind, daß wie ſie von mir, ſo ich ein von ihnen unter=
ſchiedenes, individuelles Weſen bin. Aber dieſe meine In=
dividualität erſtreckt ſich nicht nur auf die auffallenden
Merkmale oder Eigenſchaften, durch die ich mich von An=
dern unterſcheide, ſondern auch auf die Eigenſchaften, die

ich im Unterschiede von jenen als gemeinschaftliche denke
und in den allgemeinen Begriff des Menschen zusammen=
fasse. Ich bin nicht Individuum bis hierher und nicht
weiter, so daß meine individuellen Eigenschaften ihre Grenze
hätten an den gemeinschaftlichen, diese nicht berührten, nicht
befleckten, nein! Individualität ist Untheilbarkeit, Einheit,
Ganzheit, Unendlichkeit; ich bin überall, durch und durch,
vom Wirbel bis zur Ferse, vom ersten bis zum letzten
Atom individuelles Wesen. „Ich bin nicht der Mensch
überhaupt in einer bestimmten Gestalt", ich bin nur
als dieser absolut bestimmte Mensch, Mensch; Mensch sein
und dieses Individuum sein ist schlechterdings ununter=
scheidbar in mir. Ich empfinde, will, denke eben so gut,
als wie du, aber ich denke nicht mit deiner oder einer ge=
meinschaftlichen, sondern mit meiner in diesem Kopfe hier
befindlichen Vernunft u. s. w."

Diesem Standpunkt gegenüber, der sich mit meiner
Auffassung nicht deckt, kommt es mir darauf an die Ab=
weichung, in der ich mich von demselben befinde, zu for=
muliren und zu begründen. Bleiben wir zunächst bei den
Menschen stehen, so können wir bei ihnen (ebenso wie bei
allen Individuen) gewisse wiederkehrende Merkmale fest=
halten und sie von den nicht wiederkehrenden unterscheiden.
Was in allen Einzelwesen wiederkehrt — oder wiederzu=
kehren scheint, denn da wir eine thatsächliche Auszählung
aller Einzelwesen nicht vornehmen können, so sind wir
auf den Wahrscheinlichkeitsschluß angewiesen — stellt,
eben weil es wiederkehrt, das Bleibende und als solches
das Grundzügliche der Menschen dar.

Dies Grundzügliche des Menschenwesens läßt sich

nach zwei verschiedenen Seiten betrachten und ist in seiner
Bedeutung davon abhängig, ob wir das Wort: „Menschen=
wesen" in seiner ersten oder letzten Hälfte accentuiren.
Sprechen wir von dem Grundzüglichen des Menschen=
wesens, so meinen wir damit den Unterschied des Mensch=
lichen von dem Nichtmenschlichen, vor Allem also den
Unterschied von den zunächst benachbarten Reichen der
organischen Schöpfung, Thierreich, Pflanzenreich u. s. w.
Sprechen wir von dem Grundzüglichen des Menschen=
wesens, so wollen wir damit einen Gegensatz zum Indi=
viduellen ausdrücken und zwar den Gegensatz, in dem das
allen Individuen Gemeinsame zu dem totalen Complex
der Individualität steht.

Was das Erste betrifft, so will ich, da dieser Punkt
uns hier nichts angeht, nur im Vorübergehen daran er=
innern, daß, wie ich in der Einleitung zu meiner „Psycho=
logie der Liebe"[1] näher ausgeführt habe, mir der spezi=
fische Unterschied des Menschen vom Thier nach seiner
geistigen Seite nicht blos in dem Vernunft= sondern
auch in dem Liebesvermögen des ersteren gelegen zu
sein scheint. Ich verneine an dem Thier die Fähigkeit
etwas schön zu finden, d. h. ein uninteressirtes, nicht auf
Nothdurft gegründetes Gefallen zu empfinden, was sich
bei näherem Betracht als die Ursprungswurzel des mensch=
lichen geschlechtlichen Liebesempfindens erweist.

Das wahre Problem liegt indessen an der zweiten
Stelle, da, wo es sich darum handelt die gemeinsamen

1) Zweite Auflage (Hannover Rümpler 1880) p. 42 u. ff.

Merkmale als ein Allgemeines dem Einzelnen gegenüber zu setzen. Wenn Feuerbach sagt: „Ich denke nicht mit einer allgemeinen, sondern mit meiner in diesem Kopf hier befindlichen Vernunft“, so ist das ja ganz richtig, aber es trifft die Frage nicht, ob dem Gemeinsamen, welches sich in dem Denkact des Individuums jedesmal wiederfindet, eine besondere Bedeutung zukommt. Und zwar welche? Eine blos begriffliche, wie Locke meinte, der alles Allgemeine als bloße begriffliche Abstraction faßte?

Dieser Schwerthieb durchhaut die Frage, ohne sie zu erledigen und wenn wir sie auch nicht lösen können, so ist es doch besser, sich darüber nicht zu täuschen als das für eine Erledigung zu halten, was keine ist.

Der berühmte, zu früh verstorbene Sprachphilosoph L. Geiger sagt über diesen Gegenstand u. A.[1]): „Bei der so viele Jahrhunderte beschäftigenden Untersuchung über die Realität des Allgemeinen hat man nicht genug beachtet, daß dasselbe eigentlich nicht das Einzelne, sondern das Besondere zum Gegensatz hat.

Jedes Einzelne vereinigt Besonderes und Allgemeines in sich. Das Allgemeine ist nichts, als das mehreren Einzelnen Gemeinsame, das Besondere ist das, was die Einzelnen unterscheidet. Woraus erklärt sich nun das Allgemeine in der Natur? Aus gemeinsamem Ursprung, d. h. aus einer entweder gleichen, oder sogar einzigen und identischen Ursache. Und woraus erklärt sich das Besondere? Aus Differenzirung, d. h. aus dem Hinzu-

---

1) Der Ursprung der Sprache. Stuttgart 1869 p. 107.

tritt neuer, jedesmal verschiedener Ursachen zu der ersten gemeinsamen."

Diesem Standpunkt glaube auch ich im Allgemeinen zustimmen zu können. Jedes Einzelwesen ist eine Verbindung von Besonderem und Allgemeinem d. h. dem den Einzelwesen Gemeinsamen. Es frägt sich indessen, welche lebendige Bedeutung diesem Allgemeinen zukommt? Ich erblicke in ihm den Ausdruck eines Prinzips, welches alle die Einzelwesen trotz ihrer Verschiedenheit in eine Einheit zusammenschließt, so daß sie sich gegenseitig verstehen und also eine Gattungsfunction — denn auch das Verstehen bildet ja eine Gattungsfunction — ausüben können. Da dies Prinzip einen Zusammenschluß bewirkt, so ist es mir mehr als wie ein bloßer Begriff. Ich spreche ihm ein Sein zu und zwar ganz in dem Sinn, den Feuerbach mit dem wirklichen Sein verbindet, indem er von ihm sagt: Sein bedeutet vor Allem mehr als bloßes Gedacht-Sein.

Ueberall, wo die Grundlinien des allen Einzelwesen Gemeinsamen verlaufen, erblicke ich das Wirken eines im und am Stoff bestehenden organisatorischen Lebensprinzips als realer Träger der Lebenserscheinung. Und weit entfernt davon den Einzelwesen als solchen einzig reales Sein zuzuschreiben erscheint mir das Einzelwesen viel eher als eine durch elementare kosmische Einwirkungen und sonstige äußere Veranlassungen herbeigeführte Modification des organisatorischen Lebensprinzips. Ich betrachte diese Formel allerdings als durchaus nicht erschöpfend zulänglich. An diesem Punkt, wo wir abermals an dem „Abgrund unseres Denkens" stehen, reicht eben keine Formel so aus, daß nicht ein Rest übrig bliebe.

„Alles Vergängliche ist nur ein Gleichniß". Jeden= falls aber — mit der Untheilbarkeit der Individualität oder mit der Individualität als Untheilbarkeit „vom Wirbel bis zur Ferse" reichen wir nicht aus. Irgendwo müssen Unterscheidungslinien gezogen werden. Einer Warze oder einer Sommersproße, die Jemand im Gesicht trägt und der Nase, die ihm ebenfalls im Gesicht steht, können wir nicht dasselbe Prinzip unterlegen, obgleich alle drei der Individualität angehören. Die ersten beiden gehören zur zufälligen, das dritte zur unumgänglichen Erschei= nung der Individualität und auch an der Nase für sich betrachtet können wir das Gemeinsame nicht auf dasselbe Prinzip zurückführen wie die abweichenden Einzelheiten. Wir haben zwischen den bleibenden Grundzügen als dem Ausdruck einer lebendigen Realität und den individuellen Zuthaten im Kleinsten wie im Größten, im Physischen wie im Seelischen zu unterscheiden.

Existirt nun auch, streng genommen, der Mensch, der Gattungsmensch im Unterschied vom Einzelwesen nicht, da keine Existenz ohne individuelle Zuthaten zu Stande kommt, so existirt er doch als Grundriß in dem Einzelnen und die Menschlichkeit des Einzelnen kann nach diesem Grundriß abgeschätzt werden. Ich halte das bei vorsich= tigster Verwerthung der wenigen bleibenden Anhaltepunkte

des Gemeinsamen — denn der Löwenantheil fällt ja hier=
bei überall auf das Individuelle — bei richtiger psycho=
logischer Entfaltung aus dem Kern zur Krone oder auch
umgekehrt bei einem richtigen Rückschluß von der Krone
auf den Kern im Seelischen für möglich.

Nicht daß der Mensch das Eine und Andere mit
dem Thier gemein hat, nähert ihn dem thierischen Typus,
sondern dann tritt dies ein, wenn ihm das fehlt, was
ihn von dem Thier unterscheidet resp. je nach dem
Maaße als es ihm fehlt, büßt er den menschlichen Cha=
racter in einer Annäherung an das Thierische ein. In
dem durch Beiseitelassung der individuellen Zuthaten her=
gestellten Allgemeinen des Menschenwesens liegt der Grund=
riß des rein=Menschlichen, also auch des reinsten Gegen=
satzes zum Thierischen, der in seiner individuellen Lebens=
erscheinung, also in dem Einzelwesen, um so reiner und
vollkommner sein Princip entfaltet, je weniger Hemmungen
und Störungen durch die individuellen Zuthaten (die sich
auch indifferent oder fördernd verhalten können) herbeige=
führt werden. Als ein solches für den Gegensatz zum
Thierischen indifferentes Moment sind z. B. die Umstände
zu betrachten, welche die Verschiedenartigkeit der mensch=
lichen Individualität in Betreff der Farbe bedingen.

———

Nach dieser kurzen, unumgänglichen Abschweifung
wende ich mich noch einmal zur pessimistischen Theorie
zurück. Wenn ich vorhin von der „Sinnlosigkeit" des
Pessimismus gesprochen habe, so setze ich diese nicht in

die Unzulänglichkeit des Beweises der pessimistischen
Theorie. Die Mangelhaftigkeit des Beweises einer Behauptung kann nachgewiesen und vorhanden sein, ohne
daß für diese selbst dadurch der Nachweis der Sinnlosigkeit entsteht. Es handelt sich dann eben nur um eine
unerwiesene, aber vielleicht noch erweislich zu machende
Behauptung oder um eine solche, die nicht zu beweisen
aber auch nicht zu widerlegen ist. Auf letzteres muß
ja aber vor Allem die Behauptung der Sinnlosigkeit sich
stützen.

Ich verbinde mit dieser Bezeichnung angewandt auf
die pessimistische Grundanschauung die Meinung, daß dieselbe implicite und als Consequenz grade das verneint,
was meines Erachtens als nachweisbarer Sinn des Weltprozesses festzuhalten ist. Es fällt mir also die Aufgabe
zu für die Nachweisbarkeit dieses Sinnes einzutreten.
Indem der Optimismus — um dies kurze Wort einstweilen festzuhalten — sich beweist und begründet, erweist
er zugleich seinen Gegensatz, den Pessimismus, als Sinnlosigkeit.

Da jede Verstümmlung des Sinns eine Sinnlosigkeit ergiebt, die Verstümmlung selbst aber eine mehr oder
weniger vollständige sein kann, so sind also auch für die
Sinnlosigkeit verschiedene Steigerungen zulässig. So ergeht es dem Pessimismus. Er verfällt derselben nicht
so weit, daß er an der Grundbitte des Menschen: „Er-
löse uns vom Uebel", stumm vorüber ginge, nur daß er
die Erlösung in einer Weise eintreten läßt, die den eigent-

lichen Sinn dieser Bitte in seinem Grundmotiv wieder aufhebt. Er kurirt den Kranken, der von seinem Uebel genesen
möchte, indem er ihn todtschlägt. Schopenhauer begnügte
sich damit die Erlösung vom Uebel in die Verneinung des
Willens zum Leben, die sich im Leben des Individuums vollziehen sollte, zu setzen. Das Ganze blieb unheilbar, da die
zwecklose, blinde Daseinsarbeit sich in infinitum fortsetzte, der
Einzelne konnte sich retten. Hartmann zog hieraus die weitere Consequenz und retablirte einen gewissen Sinn des
Weltprozesses im Unsinn dadurch, daß er die Vernichtung
des Weltendaseins überhaupt als Erlösung für den Einzelnen wie für das Ganze in's Auge faßte. Alles bewegt
sich nun mehr auf der großen, aber so zu sagen gebahnten,
nicht mehr versperrten Straße von Sansara nach Nirvana. Die nähere Ausführung dieser Weltspekulation
hat uns an dieser Stelle nicht weiter zu beschäftigen.
Unvermeidlich fällt sie einigermaßen ins Groteske wie
dies in der folgenden Darstellung des scharfsinnigen Kritikers des „Magazin für die Literatur des Auslandes"
(1877 Nr. 36) Dr. O. S. Seemann, die ich hier zur
Erbauung mittheile, besonders drastisch hervortritt. In
dieser Kritik heißt es u. A.

Wie mag es wohl kommen, daß uns in der Welt
Vieles vernünftig, Vieles dagegen unvernünftig erscheint?
Das liegt daran, erklärt unser Weiser, daß „das Unbewußte" zwei Principe in sich vereint, das Vernünftige und
das Unvernünftige. Diese unvermuthete Enthüllung hat
großen Beifall gefunden, aber freilich nicht in der abschre-

ckenden Kahlheit, in der wir sie mittheilen, sondern kunst=
gerecht ausstaffirt. Mit der bloßen Substantivirung der
beiden zur Frage Anlaß gebenden Beiwörter war nichts
anzufangen, die Sache bekam jedoch ein ganz anderes An=
sehen, wenn man den zwei Prinzipien stolzer klingende, zahl=
reichere Namen beilegte und mit bedeutend vermehrten Mit=
teln den Wortkram im Großen betrieb. Man sagte also:
das Unbewußte, d. h. das der Erscheinungswelt zu Grunde
liegende unbekannte, positive Subject vereint in sich den
unbewußten Willen, d. h. das Alogische, d. h. das Real=
princip, und die unbewußte Vorstellung, d. h. das Lo=
gische, d. h. das Formalprinzip. Nach Erwerbung dieser
sechs Hengste besaß man sechsfache Pferdekraft und hat es
recht weit gebracht. Der Wille will sein, kann aber nicht,
weil er nicht weiß, was er sein will und es kein Sein
giebt ohne „Was“. Die Vorstellung will weder sein noch
nicht sein, sie will gar nichts, sie ist inhaltsleer. So sind
sie beide ohne zu sein, sie sind „unbewußt“, sie sind po=
tentia, nicht actu. Plötzlich geräth der Wille in einen
mittleren Zustand, der mehr ist als potentia und weniger
als actus, „er erhebt sich“; „hat sich nun der Wille er=
hoben (pag. 287), so kann er nicht zum erfüllten Dasein,
zum wirklichen Actus kommen, ohne die Idee als den seine
Leere erfüllenden Inhalt zu ergreifen, was selbstredend im
Moment seiner Erhebung sofort geschieht, da die Idee sich
ihm nicht entziehen kann.“ Das Alogische packt das Logische
und die Erscheinungswelt geht los; sie geht los und wird
so lange weiter gehen, bis sich das Logische von der wider=
lichen Umarmung des Alogischen losmachen und es fort=
schleudern kann. Damit verschwindet augenblicklich die Er=
scheinungswelt (denn wir haben gehört, daß der Wille nicht
da sein kann ohne „Was“, und daß die Vorstellung nicht

da ist, ohne vom Willen gepackt zu sein, weil sie eben gar
nichts will, also auch nicht dasein), und sie, die Welt, bleibt
verschwunden, bis es dem unbewußten Willen wieder ein=
mal beikommt sich in den mittleren Zustand zu „erheben“,
in welchem er, nach Taufe des Eduard von Hartmann,
„das leere Wollen“ heißt. — Mit den Wörtern Inhalt
und Form spielt der Zauberer meisterhaft.   Bald ist der
Wille, bald die Idee Form oder Inhalt, je nach Bedürfniß.
Der Wille muß blind realisiren, „was immer die Idee an
Inhalt ihm darbietet“ (280), darum ist (256) an der Di=
stinktion festzuhalten, „nach welcher das „Was“ der Welt
untadelig und nur ihr „Daß“ ein Nichtseinsollendes ist“.
Dagegen wird (283) Volkelt abgekanzelt, weil er nicht ver=
standen hat, „daß das Idealprinzip bei mir (E. v. H.) reines,
an und für sich inhaltsleeres Formalprinzip ist“. — — —
Die Kritik der reinen Vernunft wird 1881 hundert Jahre
alt; was läuft 1877 noch alles unter dem Titel Philosophie
herum!

Innerhalb der pessimistischen Schule ist Bahnsen
der Hartmannschen Weltspekulation auf Erlösung durch
Vernichtung als einem Rest von Optimismus mit großer
Schärfe und wuchtiger Kraft entgegengetreten.   „Soweit
unsere Sinne, unser Forschen, Denken und Grübeln rei=
chen“, sagt derselbe in der Schrift: Zur Philosophie der
Geschichte“ (Berlin 1875), „gewahren wir nichts als eitel
Jammer in der Welt und keine Aussicht auf Erlösung.
Nicht daß wir sind, ist unser Unglück, sondern daß wir
sind, die wir sind.   Die Welt ist von allen möglichen
d. h. überhaupt existenzfähigen die schlechteste.   Der Welt=
prozeß ist ein Kreislauf und mag der Radius des Evo=

lutionszyklus ſich zeitlich noch ſo viel weiter ausdehnen,
irgendeinmal muß ſich doch die Fülle der Kräfte und die
Möglichkeit neuer Combinationen erſchöpfen und das in
ſich zurückgekehrte Spiel a novo et ab ovo von vorn
wieder beginnen." Das Sehnen nach Welterlöſung durch
Weltvernichtung iſt an ſich hochberechtigt, aber es iſt
ausſichtslos. „Das Grab jeder Weltperiode, die ſich in
ſich ſelber ausgelebt hat, wird gerade ſo ſicher die Brut=
ſtätte eines neuen Kalpa ſein, wie jeder nicht einbalſamirte
Cadaver das wimmelnde Heim eines Verweſungsgewürmes.
Ja, wenn wir das Geheimniß kennten, das in abſolut
lebenvernichtender und Selbſterzeugung ausſchließender Mu=
mification den Leichnam eines αἰών in ewigem Tode feſt=
hielte! Aber wir verzweifeln eben daran an ein ſolches Ende
aller Dinge zu gelangen. Der Wille duldet es nun ein=
mal nicht und dieſer letzte Heilbalſam aller Schmerzen
iſt auch in der Apotheke des Weltprozeſſes nicht feil,
trotz aller ihrer vielgeſtalteten Sublimat= und Deſtillat=
geſchirre."

II

Der Sinn des Seins im Optimismus.

Wie als das wesentliche, characteristische Merkmal
der pessimistischen Weltanschauung oder des Pessimis=
mus das anzusehen ist, daß sie eine Entwicklung zum Besse=
ren im und am Leben, eine Entwicklung, die den leben=
digen Inhalt des Seins nicht fahren läßt, nicht preis=
gibt, die sich also als eine fortdauernde Bejahung des
Lebens im Weltproceß darstellt, in Abrede stellt, so ist
umgekehrt als das characteristische Merkmal der opti=
mistischen Weltanschauung oder des Optimismus eben
diese Ueberzeugung von einem Fortschreiten in der inner=
lichen Weltbewegung zu einem höheren vollkommneren
Lebensinhalt anzusehen. Ich schicke dies hier gleich voraus,
um die Gegensätze scharf zu präcisiren und von der Be=
deutung des Wortes Optimismus im philosophischen
Sinn das auszuschließen, was ihm so leicht angehängt
wird: die behagliche Zufriedenheit mit dem jeweiligen
Stand der Dinge. Nach dieser zwar vulgären, aber leider
sehr verbreiteten Auffassung besteht der Optimismus

eigentlich aus einer Mischung von Sanguinismus und Egoismus, die das Leid, namentlich wenn es das Individuum selbst nicht trifft, möglichst auf die leichte Achsel nimmt, vor dem Uebel, wo es angeht, die Augen verschließt und demgemäß die Welt für eine vortreffliche Einrichtung erklärt. Daß hiermit der Kern und das Wesen des Optimismus als Weltanschauung nichts zu schaffen hat, ist nach allem Vorausgegangenen selbstverständlich, möge aber hier zum Ueberfluß noch einmal ausdrücklich in Erinnerung gebracht werden [1]). Ehe ich hier auf den

---

1) Auch Lange (Geschichte des Materialismus) macht aus dem Philosophen nichts Besseres als solch ein Stimmungsgeschöpf, wenn er (II. Auflage p. 541) folgenden Vergleich macht: „Wenn wir von irgend einem hervorragenden Punkt eine Landschaft betrachten, so ist unser ganzes Wesen darauf gestimmt, ihr Schönheit und Vollkommenheit beizulegen. Wir müssen die mächtige Einheit dieses Bildes erst durch Analyse zerstören, um uns zu erinnern, daß in jenen friedlich am Bergesabhang ruhenden Hütten arme, geplagte Menschen wohnen, hinter jenem verhüllten Fensterlein vielleicht ein Kranker die schrecklichsten Leiden erduldet, daß unter den rauschenden Wipfeln des fernen Waldes Raubvögel ihre zuckende Beute verzehren; daß in den Silberwellen des Flusses tausend kleine Wesen, kaum zum Leben geboren, einen grausamen Tod finden. Für unsern überschauenden Blick sind die dürren Aeste der Bäume, die verkümmerten Saatfelder, die von der Sonne verbrannten Wiesen nur Schattirungen in einem Bilde, welches unser Auge erfreut und unser Herz erhebt. So erscheint die Welt dem optimistischen Philosophen. Er rühmt die Harmonie, welche er selbst in sie hineingetragen hat. Und doch sagt Lange selbst dann an einer andern Stelle: „Nichts wird von dem Forscher so streng verlangt als Verleugnung seiner Grillen und Liebhabereien, Losreißung von den Meinungen der Umgebung und gänz-

Versuch, den Sinn des Seins in der optimistischen Auf-
faffung zu begründen, eingehe, habe ich, da es mir dabei
wesentlich auf die Bedeutung und den Inhalt des Strebens ankommt, einige allgemeine Erörterungen über das
Verhältniß des Strebens zur Empfindung vorzunehmen.
Ueber den Satz: daß das Grundelement aller seelischen
Funktionen die Empfindung sei, herrscht gegenwärtig kaum
noch auf irgend einer Seite Zweifel. Bestritten ist dagegen und angefochten einerseits die Ausdehnung des
Seelenlebens und die genaue Absteckung ihrer Grenzen,
andererseits, was damit im engen Zusammenhange steht,
die Auffassung der Empfindung selbst.

Hier steht auf der einen Seite eine engere Auffassung, welche Empfindung nur als bewußte gelten läßt,
sie mit Sicherheit daher auch nur von dem Menschen
und den höheren Thieren behaupten zu können glaubt,
auf der andern Seite eine weitere, welche den Empfindungsvorgang überall hin verlegt, wo überhaupt nur ein
Seiendes besteht. In dieser Bedeutung hat auch der
schon erwähnte Sprachphilosoph L. Geiger das Verhältniß darzustellen versucht. Er schließt sein spekulatives
Werk „Ueber den Ursprung der Sprache“ mit folgenden
Bemerkungen.

Wenn ein körperlicher Gegenstand von so kleinem Umfange ist, daß unsere Sinne ihn nicht wahrnehmen, oder

---

liche Hingabe an das Object.“ Letzteres bedingt u. A. doch
auch wohl: Stimmungslosigkeit. Wo bleibt zwischen diesen
Aussprüchen die einheitliche Grundanschauung?

wenn er überhaupt nicht mit unsern Nerven in Berührung
tritt; wenn er sich nicht so bewegt, wie es nöthig ist, damit
unsere Nerven afficirt werden; wenn er nicht in unmittel=
barer Nähe greifbar ist, auch nicht so schwingt, wie er müßte,
um Wärme, Licht, Schall zu erzeugen: so wissen wir nichts
von ihm. Aber darum kann er doch vorhanden sein, wir
können sogar im Stande sein, auf seine Existenz zu schließen.
Wir können annehmen, daß die Luft, daß ein unsichtbares
Gas aus kleinen, uns unsichtbaren Kügelchen, aus gestal=
teten Atomen besteht.

Wie aber, wenn die Empfindung eines Wesens sich
uns auf dieselbe Weise entzöge? Wir verstehen den Schmer=
zensschrei der Lebendigen; aber nicht Alles, was lebt, ist
desselben fähig.

Wir verstehen auch das Zucken des Fisches, des In=
sectes. Aber wie, wenn weiter hinab, wenn jenseits der
Nervenwelt eine Empfindung vorhanden wäre, die wir nicht
mehr verstehn? Und es muß wohl so sein. Denn so wenig
wie ein Körper möglich wäre, den wir fühlen, ohne daß
er aus Atomen bestünde, die wir nicht fühlen, und so
wenig wir eine Bewegung sehen könnten, wenn sie nicht
von Lichtwellen begleitet wäre, die wir nicht sehen: ebenso
wenig würde in einem complicirten lebendigen Wesen eine
Empfindung zu Stand kommen können, so stark, daß wir
sie in Folge der Bewegung, durch die sie sich äußert, mit=
empfinden, wenn nicht in den Elementen, in den Atomen
etwas Aehnliches, nur weit Schwächeres vor sich ginge, was
sich uns entzieht. Man bedenke nur, daß wir eben so
wenig wissen können, daß der fallende Stein nichts em=
pfindet, als daß er empfindet: es steht uns also die Ent=
scheidung nach der Seite der größeren Wahrscheinlichkeit,
der Erklärlichkeit des Weltganzen, völlig offen.

Das Letzte, was von dem Innern der Dinge, gleichsam von ihrer Seele, von uns erkannt werden kann, ist die Empfindung der Thiere. Für jede elementarere Seelenregung fehlt uns Vorstellung und Name. Aber aufwärts steigend können wir das Denken in Elementarkräfte zerlegen, wie die körperlichen, sinnlich wahrnehmbaren Vorgänge in mechanische, physische, chemische Bewegungen. Die Elementarkräfte der menschlichen Seele, aus denen auch das Denken besteht, sind Empfindungen. Und wenn es uns gestattet ist den Namen Empfindung auch für jenes einfachste, vorausgesetzte Element zu gebrauchen, für das, was im Innersten des fallenden Steines, des angezogenen Sauerstoffatomes vor sich geht, und auch dieses Empfindung zu nennen, so können wir sagen: Die Welt ist Bewegung und Empfindung; Bewegung ist eines jeden Dinges Aeußeres, sein Inneres Empfindung".

Wie geistvoll diese Betrachtungen nun auch sind, wie wenig sich ihnen vielleicht auch schließlich positiv entgegensetzen läßt, so erhellt doch ohne Weiteres, daß auf diesem ohnehin so schwierigen und verwickelten Gebiet die Schwierigkeiten nur um so mehr wachsen, je weniger wir die Worte in der Bedeutung nehmen, in der sie einen greifbaren Inhalt für uns darstellen. Der Ausdruck: „Empfindung", so erweitert, daß er auch auf einen uns unbekannten Vorgang im Innersten des fallenden Steines Anwendung finden kann, ist von seiner sinnlichen Basis, die zunächst den Ausgangspunkt der für uns damit verbundenen Vorstellung bildet, dermaßen losgelöst, daß er uns nicht annähernd Bestimmbares mehr an die Hand giebt. Der Inhalt des Begriffs zerfließt ins Bestimmungs=

lose. Wenn Geiger meint: in einem complicirten, leben=
digen Wesen könne eine Empfindung nicht zu Stande
kommen, wenn nicht in den Elementen, in den Atomen
etwas Aehnliches, nur weit Schwächeres, was sich uns
entziehe, vor sich ginge, — so kann man ihm soweit noch
etwa folgen, ohne den weiteren Schluß auf den Vorgang
im Innersten des fallenden Steines bündig zu finden,
da wir das innere Verhältniß der organischen und an=
organischen Schöpfung nicht übersehen und zu bestimmen
im Stande sind.

Meine eigene Ansicht steht zwischen der engeren und
weiteren Auffassung etwa in der Mitte. Da das Em=
pfinden unter allen Umständen an gewisse stoffliche Vor=
gänge im Organismus des Individuums gebunden er=
scheint, denen, wenn wir sie rückwärts nach ihrem Ent=
stehungspunkt verfolgen, — soweit wir dies können ohne
die Continuität aufzuheben, — als Allgemeinstes eine
Reizung oder Erregung zu Grunde liegt, so läßt sich
diese in stofflichen Vorgängen sich darstellende Empfin=
dungsbahn ungezwungen in 2 Theile abstecken, von denen
eine auf die andere sich stützt, eine in die andere verläuft.
Für die erste gilt als charakteristisches Moment die Rei=
zung und ihre Folgezustände in den von der Reizung
betroffenen, als Empfindungsleitung dienenden Organ=
theilen. Der zweite Theil greift über die erste Entwick=
lungsreihe hinaus und enthält als charakteristisches Mo=
ment jene unbekannte und unerfaßliche Beziehung, die
wir mit dem Ausdruck: Bewußtsein zu bezeichnen pflegen.

Das Empfundene wird nun gewußt. Das Individuum
tritt als Ich in den Besitz einer gewußten oder bewußten
Empfindung. „Ich empfinde" heißt daher allerdings so
viel als: „Ich bin mir einer Empfindung bewußt", nur
daß das „bewußt", um mich so auszudrücken, dabei in dem
Ich steckt und nicht in der Empfindung. Daher also
daraus auch nicht zu folgern ist, daß es unlogisch oder unstatthaft sei von einer unbewußten Empfindung zu reden.

Könnte man die bewußte Empfindung ganz
scharf abschneiden und herauslösen, so möchte es noch an-
gehn diese für sich zu packen und sie als eine bestimmte,
abgeschlossene Größe ganz allein als Empfindung schlechtweg gelten zu lassen. Nun wird aber mit dem Bewußtsein selbst ein so variables Größenverhältniß bezeichnet,
daß die Empfindung dadurch durchaus keine scharfe Präcision erlangt. Innerhalb des sogenannten bewußten Zustandes müssen wir eine ganze Scala von Schattirungen
als zulässig anerkennen, welche bald dem vollerwachten,
hellen Bewußtsein, bald der ersten dämmernden Regung
desselben, einem halb bewußten, halb unbewußten Zustand
angehören. Es erscheint daher schon aus diesem Grund
unthunlich grade an dies schwankende Moment den Empfindungsvorgang festbinden zu wollen.

In dem Bewußtwerden vollendet sich die Empfindung, d. h. der Empfindungsvorgang erlebt eine abschlie-
ßende stoffliche Veränderung und ergiebt ein Resultat.
Wo das Bewußtsein dem Empfindungsvorgang noch fehlt,
liegt daher eine unvollendete und eben deshalb unbewußte

Empfindung vor. Das Empfinden, in diesem Sinn und
dieser Ausdehnung genommen, stellt ein Organisations=
verhältniß dar, welches alles Lebendige umfaßt, das be=
seelte Lebendige aber nur soweit, als dasselbe eine be=
wußte resp. vollendete Empfindung wiederspiegelt. Hierbei
müssen wir auf das Verhältniß von Lust und Schmerz
zurückgehen. Jede Empfindung — im gewöhnlichen Wort=
gebrauch genommen, nach meiner Eintheilung müßte es,
genau genommen, heißen: jede bewußte oder vollendete
Empfindung — schlägt bei einer gewissen Steigerung in
Lust oder Schmerz um, und diese Gefühle drängen
bei einem gewissen Stärkegrad nach Außen, nach einem
sie manifestirenden Ausdruck. Hierüber besitzt der Mensch,
für seine Person wenigstens, Selbstgewißheit, da er die
in ihm emporquellenden Aeußerungen von Schmerz und
Lust stets nur mit einiger Gewalt zurückdrängen kann.
Hieraus gewinnt er ein Recht die Beseelung da zu ver=
neinen, wo unzweideutige Zeichen von Lust und Schmerz
nicht zu Tage treten und sie deshalb der Pflanze ab=
zusprechen, dort aber anzuerkennen, wo solche Zeichen
vorliegen wie in der Thierwelt. Es ist zwar wahr,
daß bei Weitem nicht alle Thiere Kundgebungen von
Lust und Schmerz von sich zu geben im Stande sind,
aber jedenfalls kommt ihnen bei der Beurtheilung ihrer
Stellung doch der Umstand zu Gute, daß sie als Thiere
einem größeren Ganzen angehören, von denen wenigstens
einige Arten solche Aeußerungen in unzweideutigster Weise
zu leisten im Stande sind, während bei den Pflanzen

das durchweg nicht der Fall ist[1]). Das Schema, das
wir für alles Lebendige gewonnen haben, stellt sich nun
also unter dem Bilde einer aufsteigenden Linie des Empfindens dar, an deren unterstem Ende das Pflanzenreich steht mit unbewußten resp. unvollendeten Empfin-
dungsvorgängen, deren Mitte die Pflanzenthiere ein-
nehmen mit erwachendem Seelenleben (d. h. mit einer
ersten, sich gestaltenden Empfindungsbeziehung auf ein
Ich), die dann im weiteren Verlauf die höheren Thiere
umfaßt, wo dies Verhältniß immer nachdrücklichere Betonung erlangt, bis es am letzten Ende in dem Menschen
die Stufe eines vollen hellbewußten Empfindungslebens
erreicht.

Die Differenz zwischen mir und dem gewöhnlich festgehaltenen und vertretenen Standpunkt ist schließlich nur
der, daß von diesem nur das Bewußtwerden gewisser
stofflicher Vorgänge Empfinden genannt wird, während ich
die stofflichen Vorgänge selbst so bezeichne und hierzu um so
mehr ein Recht zu haben glaube, als die Wissenschaft in
dem Bewußtwerden selbst das Resultat einer letzten Combination stofflicher Veränderung erblickt. Jedenfalls er-

---

1) Eine Vorahnung des Schmerzes tritt in der Furcht,
in der Beunruhigung zu Tage und hier ist der Unterschied zwischen
Thier und Pflanze fast noch augenfälliger. Selbst kleinste Thiere,
bei denen sich Symptome von Schmerz und Lust nicht mehr verfolgen
lassen oder welche dieselben in keine uns verständliche Formen ein-
zukleiden vermögen, sehen wir noch bei plötzlichen Geräuschen u. dgl.
erschreckt zusammenfahren. Hier fehlt auf Seiten der Pflanze jede
Analogie.

giebt sich so eine übersichtlichere Auffassung des Grund=
verhältnisses. Geht man vom Bewußtsein aus, mißt man
ausschließlich nach diesem die Empfindung als vorhanden
oder nicht, so läßt sich auf die Frage, die auch Geiger
aufwirft: empfindet der Stein? eigentlich gar keine Ant=
wort geben. Das heißt, man hat eben so wenig Anhalte=
punkte die Frage zu bejahen als sie zu verneinen,
da dem Menschen schließlich nur sein eignes Bewußtsein
unmittelbar gewiß ist. Dies Ergebniß ist unbefriedigend.
Auf meinem Standpunkte ist dagegen die Frage ohne
Weiteres zu verneinen, da dem Stein die Reizung, die
Irritabilität, abgeht, die von mir als primäres Stadium
der Empfindung aufgefaßt wird.

Wenn es sich nun von einer „Beseelung alles Seins",
womit meistens der Uebergang zu einer „Weltseele" und
damit zur Persönlichkeit genommen wird, handelt, so er=
giebt sich schon aus dem Vorhergehenden, daß, warum
und in welchem Sinn ich derselben widerspreche, warum
mir dieser Ausdruck incorrect und die an ihm Halt fas=
sende Vorstellung unstatthaft erscheint. Beseelung ist mir
aus den angegebenen Gründen soviel wie Ich=Bewußtsein
(resp. vollendete Empfindung), eine vollendete Thatsache[1]),

---

1) Allerdings erlebt diese vollendete Thatsache (des Ich = Be=
wußtseins) in der menschlichen Organisation noch eine höhere Stufe
der Vollendung, indem das einfache Ich=Bewußtsein sich zum re=
flectirten Ich=Bewußtsein ausbaut, resp. der Mensch sich seines
Ich=Bewußtseins bewußt wird, das Ich=Bewußtsein gleichsam ein
Sich=Bewußtsein in sich abspiegelt. Mensch und Thier bewähren
daher nach meiner Auffassung in Lust und Schmerz eine vollendete

gegenüber der erst sich vollendenden, dem Bewußtwerden
oder der Bewußtseinserwachung. Letztere eigne ich dem
Lebensprozeß zu. Ich spreche daher von einem Leben,
einem Belebtsein, von einer Belebung alles kosmischen
Daseins, (sobald man dasselbe als Ganzes faßt), aber
nicht von einer Beseelung desselben. Nach mir fällt dem
Bewußtsein allerdings nur eine Ausnahmestellung, eine
begrenzte Rolle in der Welt zu, dem Bewußtwerden
aber die allgemeinste. Die mangelhafte oder vielmehr
gänzlich unterlassene Scheidung von Bewußtsein, wofür
man am besten Ich-Bewußtsein sagte, und Bewußtwerden,
von Beseelung (Seele) und Belebung, von vollendeter
(resp. bewußter) und unvollendeter (resp. unbewußter) Empfindung halte ich eben deßhalb für so mißlich und verwirrend, weil man sich damit auf eine schiefe Ebene begiebt, auf welcher man dann bei einer Pflanzenseele, einem
wenigstens möglichen Empfinden des Steins, des Atoms,
einer Atomenseele, einem Bewußtsein des Alls (das Fechner'sche „übergreifende Bewußtsein" des persönlich gewordenen Weltgeistes) anlangt, wenn man es nicht vorzieht
bei einer ziemlich rathlosen Verneinung zu verharren —
ziemlich rathlos, denn eigentlich drängt die Consequenz
in die erste Richtung. Dies hat im Grunde auch Virchow

Empfindung, resp. ein einfaches Ich-Bewußtsein, gleichbedeutend mit
Beseelung, der Mensch daneben und ausschließlich aber noch ein reflec-
tirtes Ich-Bewußtsein, vermittelst dessen er sich auf sich selbst besinnt,
und damit die Grundlage der Sprache und aller höheren Seelen-
thätigkeit erwirbt.

ziemlich unverblümt anerkannt als er vor einigen Jahren
auf der Münchener Naturforscherversammlung sagte:
„Wenn Jemand durchaus das geistige Geschehen im Zu=
sammenhang mit den Vorgängen der übrigen Welt brin=
gen will, so kommt er nothwendig dahin, daß er zuerst
die psychischen Erscheinungen, wie sie sich bei dem Men=
schen und den höchst organisirten Wirbelthieren finden,
auf die niederen und immer niedrigeren Thiere überträgt;
sobann bekommt auch die Pflanze ihre Seele; weiterhin
empfindet und denkt die Zelle, und endlich finden sich die
Uebergänge bis zu den chemischen Atomen, die einander
hassen oder lieben, die sich suchen oder auseinanderfliehen.
Das ist Alles sehr schön und vortrefflich und mag schließ=
lich auch wahr sein. Es k a n n sein. Aber haben wir
denn wirklich das Bedürfniß, liegt irgend ein positives,
wissenschaftliches Bedürfniß vor, das Gebiet der geistigen
Vorgänge über den Kreis derjenigen Körper hinaus aus=
zudehnen, in und an denen wir sie sich wirklich darstellen
sehen? Ich habe nichts dagegen, daß Kohlenstoffatome
auch Geist haben, oder daß sie Geist in der Verbindung
mit der Plastidul=Genossenschaft bekommen, allein ich weiß
nicht, an was ich das erkennen soll. Es ist ein bloßes
Spiel mit Worten. Wenn ich Anziehung und Abstoßung
für geistige Erscheinungen, für psychische Phänomene er=
kläre, dann werfe ich einfach die Psyche zum Fen=
ster hinaus, dann hört die Psyche auf Psyche zu
sein.“ — Der letzte entscheidende Punkt: was sollen und
können wir unter Psyche, unter Beseelung verstehen, ist

hier wieder offen gelassen und insofern schwebt die Be=
hauptung: man werfe auf diese Weise die Psyche zum
Fenster hinaus, ziemlich in der Luft. Man kommt aber
eben nur zum Schluß und gewinnt einen logischen Halt,
wenn man Beseelung für identisch mit vollendeter Em=
pfindung resp. einfachem Ich=Bewußtsein erklärt, wozu
man nach dem Vorausgeschickten guten Grund hat. Die
mangelnde Unterscheidung in diesem Punkt trennt mich
auch von der nachfolgenden Auseinandersetzung Lotze's,
mit deren philosophischem Kern ich sonst insofern voll=
ständig übereinstimme, als Lotze ebenfalls das bloße qua=
litätslose Sein für etwas Leeres erklärt. Er sagt:

„Ich weiß nicht, welchen Begriff ich mit dem Zutrauen,
eben etwas Wirkliches damit zu bezeichnen mit dem Na=
men und der Behauptung eines Seins oder eines Seienden
verbinden könnte, von dem immer nur wiederholt würde,
es sei eben, ohne daß uns Verhältnisse, Beziehungen oder
Zustände namhaft gemacht würden, in welchen zu stehen
eben dieses Sein ausmacht; ebensowenig weiß ich ferner einen
Begriff, der dasselbe Zutrauen zu seiner reellen Bedeutung
verdient, mit der viel mißbrauchten Bezeichnung eines Zustan=
des zu verbinden, wenn jenes Leiden und Wirken, worin wir
ihn zu sehen glaubten, nicht in dem eigentlichen Sinne genom=
men wird, der uns allein diese Ausdrücke verständlich macht.
Leiden kann nur das, was sein Leiden fühlt; damit der soge=
nannte Zustand eines Dinges in Wahrheit eben sein Zustand
sei, reicht es nicht hin, daß wir, in unserem Urtheil, ihn
als Prädicat von jenem als dem Subjecte aussagen, sondern
erst dann, wenn Es selbst ihn als seinen Zustand fühlt,
ist es ein solches Es oder Selbst das uns berechtigt, es
an sich als Subject dieses Prädicats zu fassen u. s. w.

Der Empfindungsvorgang, ob enger oder weiter ge=
faßt, bildet aber jedenfalls eine Grundthatsache, ja die
Grundthatsache des seelischen Lebens niederer und höherer
Art. Ihr kommt die grundlegende Bedeutung zu, daß
sie das sine qua non aller geistigen Entwicklung ist.
Ihr ist in dieser Hinsicht nur noch Eins von gleicher
Bedeutsamkeit und Tragweite ebenbürtig an die Seite
zu stellen: das ist das Streben.

Das Streben möchte ich die umgekehrte Empfin=
dung, die andere Seite derselben nennen. Das Streben
ist gewissermaßen eine Antwort auf die Empfindung,
d. h. sie wird durch dieselbe hervorgerufen, aber es ist
eine Antwort, welche dem hervorrufenden Reiz jedesmal
genau entspricht, ihn also so zu sagen, wiederholt. Jeder
vollendete Empfindungsvorgang ruft ein Streben hervor,
welches demselben entspricht, und jedes Streben hat also
denselben Inhalt wie die Empfindung, nur in einer an=
deren Form des Ausdrucks.

Die Empfindung läßt sich als ein Passivum, das
Streben als ein Activum bezeichnen. Dabei trägt das
Streben einen einheitlicheren Charakter, das Empfin=
den steht der Peripherie näher, welche in unabsehbarer
Ausdehnung alle Eindrücke vermittelt, das Streben dem
sammelnden Mittelpunkt des Bewußtseins. Im Streben
nähern wir uns dem Wollen. Deshalb ist es gerade
für die Frage, die uns hier beschäftigen soll, nach dem
Sinn des Seins, für die Frage: wo will das hinaus?
von so einschneidender Bedeutung, von größerer Bedeu=

tung als das Empfinden selbst, obgleich es nur gewisser=
maßen dessen Echo bildet.

Es geht schon aus dem Gesagten hervor, daß ich
das Streben nicht im Schopenhauer'schen Sinne, so er=
weitere und aus der Bewußtseinsnähe rücke, daß es
sich mit dem uns unbekannten X in der Natur, welches
wir „Kraft" zu benennen pflegen, völlig deckt. Als das
Bedenklichste bei allen derartigen metaphysischen Con=
structionen, wie sie Schopenhauer und Andere unternom=
men, erscheint mir noch weniger die zu Grunde liegende
allgemeine Tendenz derselben, für die man sich vielleicht
nicht ohne alle Berechtigung auf den Ausspruch Kant's
stützen kann: „Es ist augenscheinlich, daß die allerersten
Quellen von den Wirkungen der Natur durchaus ein
Vorwurf für die Metaphysik sein müssen" als die so
leicht zur Anwendung kommende Methode, gewisse Grund=
begriffe in einen veränderten Sinn zu nehmen. Dadurch
entsteht häufig scheinbar eine Erweiterung und Bereiche=
rung, im Grunde aber eine oft kaum wieder gut zu
machende Unsicherheit und Verwirrung. Als Schopen=
hauer „die Identität des Wesens jeder irgend strebenden
Kraft in der Natur mit dem Willen" behauptete, war
der Hauptcoup, dessen er sich anscheinend berühmen durfte,
der, daß er „ein Unbekanntes auf ein unendlich Bekann=
teres, ja in der That auf das Einzige, uns wirklich un=
mittelbar und ganz und gar Bekannte zurückgeführt" hatte.
(Welt als Wille und Vorstellung I §. 22.)

Hiermit ist aber viel Verwirrung gestiftet worden. Die

empirischen Bestätigungen des Vordersatzes, die Schopen=
hauer in seinem „Wille in der Natur" niederlegte, waren
nothwendigerweise schwach, da eine so problematische Spe=
kulation wie die über das Weltwesen der Kraft sich einer
fruchtbringenden empirischen Behandlung überhaupt ent=
zieht. Aber man übersah diese Schwäche und freute sich
an dem auf dieser Grundlage errichteten interessanten Bau.
In der Metaphysik gilt ja so oft das: stat pro ratione
voluntas.

Das Streben, so weit es eine uns einigermaßen be=
kannte Größe darstellt — und nur mit dieser wollen wir,
um den Faden nicht zu verlieren, es hier zu thun haben —
bedingt unzweifelhaft eine gewisse Bewußtseinsnähe. Es
ist gewissermaßen eine durch das Medium des Bewußt=
seins gebrochene, intellectuell reflectirte, geistig verdaute
Empfindung. Als Grundlage für die Seelenvorgänge,
denen es in directem Zusammenhang näher steht, wie die
nur den Anreiz gewährende Empfindung, hat es einen
allumfassenden Charakter, denn alle höheren Seelen=
thätigkeiten, der actus purus des Denkens, das Erken=
nen, die Vernunft, gehören dem Streben an, sind nicht
ohne Streben. In dieser umfassenden Bedeutung genom=
men, stellt das Streben sich als ein Aequivalent für die
in der Naturwissenschaft beliebte Formel der bewegten
Materie dar. Wie sich dem Naturforscher bei seinen Un=
tersuchungen im letzten Grunde nichts enthüllt, als „be=
wegte Materie", so dem Seelenforscher nichts als Stre=
ben. Die grundlegende Bedeutung, die dem Empfinden

zukommt, ist aber aus allen diesen Gründen auch dem
Streben zuzuerkennen.

Ich wende mich nach diesen allgemeinen Bemerkungen
über die Natur des Strebens und Empfindens, und das
Verhältniß beider zu einander nun zu einer näheren Bestimmung des Ausdrucks: Sinn, als Gegensatz von Unsinn, Unvernunft, nicht als bloße Bedeutung, wie es
auch gebraucht wird. Ehe wir es unternehmen können
von einem „Sinn des Weltprozesses" zu reden, wird es
unumgänglich sein, daß wir uns diejenige Bedeutung
genau ansehen, die der Mensch in näherliegenden Fällen
mit „Sinn" verbindet. Wir müssen auf die Quellen zurückgehen, aus denen er das, was er damit ausdrücken
will, ableitet.

Sinn, Unsinn, sinnlos, vernünftig, unvernünftig, —
lauter sehr leicht und meistens mit sicherer Unbefangen-
heit gehandhabte Ausdrücke und doch erfordert es viel
Ueberlegung, wenn wir uns über ihre Bedeutung und
Berechtigung Rechenschaft geben wollen. Bei Sinn handelt es sich zunächst um Etwas, was sein kann, bei
seinem Gegensatz, dem Unsinn, um Etwas, was nicht
sein kann, oder: bei Sinn liegt immer ein Verhältniß
oder eine Beziehung vor, dessen reale oder mögliche
Existenz der Mensch einsieht, das sich daher seinem Verständniß anpaßt, während Unsinn ein Verhältniß bezeichnet,
dessen nothwendige Nicht-Existenz der Mensch einzusehen
glaubt. Darüber hinausgehend bezeichnet Sinn aber in

seiner eigentlichen prägnanten Bedeutung für den Men=
schen ein Verhältniß, resp. eine Beziehung von solcher
Beschaffenheit, wie er es selbst einrichten würde,
wie es also seiner (des Menschen) ganzen Natur entspricht.
Hier geht das: „es kann sein“ des Sinns in ein: „es
muß sein“ über. In diesem prägnanten, aber doch nur
erweiterten Sinn ist es gemeint, wenn der Mensch von
etwas, was ihm ganz und gar widerstrebt, wozu ihm in
seiner Natur alle moralischen Voraussetzungen fehlen, was
er also ganz anders einrichten würde, ungläubig sagt:
„das kann ja gar nicht sein“. Er bezweifelt oder ver=
neint die Seinsmöglichkeit, aber auf Grund seiner mora=
lischen, d. h. seiner gesammten Natur, nicht mehr
blos auf Grund einer Denkunmöglichkeit oder weil es im
Widerspruch mit der Sinnesgewißheit steht, also nicht auf
Grund einer so zu sagen theoretischen Unmöglichkeit.
Hier sieht man aber, wie der Mensch auch in dieser er=
weiterten Bedeutung den Unsinn als eine Seinsunmög=
lichkeit erfaßt.

In der ersten Bedeutung liegt das Gewicht darauf,
daß das als Sinn bezeichnete Verhältniß von den das
Begreifen im Menschen vermittelnden Factoren keinen
unbedingten Widerspruch erfährt oder, daß es zu den=
selben in keinem absoluten Gegensatz steht. Einen keines
Beweises weiter bedürftigen Unsinn erblickt der Mensch
daher da, wo etwas in Widerspruch steht mit den Denk=
operationen, mittelst deren er das Verstehen ausübt. Ein
Widerspruch gegen die Normen des Denkens, gegen

die Denkgesetze, wird daher von ihm schlechtweg als
Unsinn, als Etwas, von dessen nothwendiger Nicht=Exi=
stenz er sich überzeugt halten darf, angesehen. Desgleichen
bezeichnet der Mensch als Unsinn, wo eine Leugnung
der unmittelbaren Sinnesgewißheit vorliegt. Das
scheint zwar nicht der Fall zu sein, da gerade hierin eine
Hauptdifferenz der philosophischen Anschauung von der
Auffassung des gemeinen Bewußtseins gesetzt wird. In
der That handelt es sich bei diesen Differenzen aber immer
nur um einen Streit über den Bereich der unmittel=
baren Sinnesgewißheit, während diese selbst nie angezwei=
felt resp. die Anzweiflung als Unsinn aufgefaßt wird.
Es kann also z. B. Streit darüber sein, wie weit ich eine
anscheinende Sinnesgewißheit und ihre Aussage als solche
zulassen soll, aber das Prinzip dieser letzteren selbst kann
nicht in Zweifel gezogen werden, ohne Unsinn zu ergeben.
Erlebe ich eine Affection meines Seins, die Schmerz er=
giebt, so ist dies eine letzte Sinnesgewißheit, über die
sich nicht mehr disputiren läßt, und nur in Gemäßheit
dieser letzten Sinnesgewißheiten kann der Mensch über=
haupt etwas verstehen. Das ihnen Widersprechende be=
zeichnet daher ein Verhältniß, dessen nothwendige Nicht=
Existenz der Mensch einsehen kann, bezeichnet den Unsinn.

In der kausalen Natur des Menschen wird es am
meisten ersichtlich, wie die theoretische Beziehung auf die=
sem Gebiet sich mit der praktischen verbindet. Ein zweck=
widriges Verhalten erklärt der Mensch für Unsinn,
indem er sich dabei auf den Satz stützt: „wer den Zweck

will, muß auch die Mittel wollen." Aber dieser Satz ist
selbst nichts anderes als die practisch angewandte Denk=
unmöglichkeit, innerhalb des Complexes der Erscheinungs=
welt eine unverursachte Wirkung zu denken. Wie
dies dem Menschen wegen seiner Denkunmöglichkeit auch
als Seinsunmöglichkeit d. h. als Unsinn erscheint, so
auch das zweckwidrige Verhalten, welches practisch ange=
wandt dieselbe Verneinung des Sinns in sich schließt.
Aber nicht allein das zweckwidrige Verhalten erscheint
dem Menschen unsinnig, wobei nur ein intellectuelles resp.
theoretisches Verhältniß zu Grunde liegt, sondern auch
das, daß er sich widrige d. i. verkehrte Zwecke setzt.
Mit der Zwecksetzung berühren wir aber wieder die mora=
lische d. h. praktische Seite der menschlichen Natur und
hier werden wir nun auf das Streben und Wollen
des Menschen als Maßstab des Sinns nothwendig zu=
rückgewiesen.

So viel steht fest: was wir wollen und er=
streben, erscheint uns in dem Augenblick, wo
wir es wollen und erstreben, niemals unsinnig.
Unsinnig kann es nur dem Dritten erscheinen, der etwas
Anderes will. Dieser Dritte braucht nicht eine andere
Person vorzustellen, wir selbst können es sein, heute,
morgen, in der nächsten Stunde, in der nächsten Minute,
je nachdem unsere Auffassung und unser Sinn sich ändert,
was bei besonderen Veranlassungen ja oft urplötzlich er=
folgen kann. Nur im Wollen selbst kann uns das Ziel
desselben niemals unsinnig erscheinen. Eine nur schein=

bare Ausnahme bildet es, wenn Jemand, dessen Wollen
von leidenschaftlicher Aufwallung gepackt ist und dem
das, was er vorhat, von Anderen als unsinnig vorge=
rückt wird, diesen etwa erwiedert: „Ja, ich weiß es, ich
bin unsinnig." Denn hier wird nur eine formale Ein=
räumung gemacht, es wird nur zugegeben, daß unter
gewöhnlichen Verhältnissen diese Bezeichnung anwendbar
sein würde und hinzugedacht oder hinzugefügt ist der
Beisatz: „aber hättet ihr erlebt, was ich erlebt habe, so
würdet ihr mich nicht unsinnig nennen." Was unter den
Durchschnitts = Verhältnissen des wollenden Subjects als
Unsinn gelten muß z. B. eine Beiseitesetzung aller Klug=
heitsregeln erscheint dem Wollenden hier als Sinn. Es
giebt keinen sinnlosen Willen in dem Sinn, daß er von
dem Wollenden selbst als sinnlos angeschaut werden
könnte. Der Vollzug einer solchen Operation würde viel=
mehr ergeben, daß der Wollende den Verstand darüber
verlöre, damit aber auch die Fähigkeit einbüßte, den Wil=
len, der ihm übrig bliebe, als sinnlos anzuschauen. Was
ich will, hat für mich, der ich will, immer Sinn. Es
kann nicht im Widerspruch mit meinen Denkgesetzen stehen,
nicht undenkbar sein. sonst würde ich mein Wollen nicht
darauf richten. Als Object meines Wollens ist es ferner
so beschaffen, wie ich es anordnen will. Das Ziel meines
Wollens spricht also den Sinn meines Seins aus. Frei=
lich ist damit nur der Sinn des subjectiven Seins
umschrieben. Was ich will, was mir, weil ich es will
und insofern ich es will, als Sinn erscheint, dem wider=

spricht vielleicht und sehr häufig mein Nachbar, der es
für unsinnig erklärt.

Wie retten wir uns aus diesem Dilemma? Wie ver=
nichten wir den Widerspruch, den wir als unberechtigt,
als sinnlos nicht nachweisen können, weil wir eben den
Sinn aus dem Wollen ableiten? Nur dann vernichten
wir ihn, wenn wir das in's Auge fassen, was Alle
wollen. Was Alle wollen, dem widerspricht Nie=
mand. Es wird von keiner Seite aus Unsinn genannt.
In ihm liegt eben deshalb der Sinn des Seins in der
einzigen widerspruchslosen und denkbaren Bedeutung, die
der Mensch mit diesem Wort überhaupt verbinden kann
und verbinden will. Die Vernunft als vollziehendes Or=
gan und Vollzug des Vernehmens und Erkennens im
weitesten Sinne kann der Mensch ablegen, und er legt
sie wirklich ab, sobald er verrückt wird. Aber nicht ab=
legen kann er den Willen in seiner Grundsubstanz und
Grundrichtung, die unveränderlich bleibt.

Welches ist aber diese? Jung und Alt, Krank und
Gesund, Niedrig und Edel, Klug oder Beschränkt, Feurig
oder Träge, die verschiedensten Temperamente, die ver=
schiedensten Begabungen — sie alle bindet eine Grund=
tendenz des Strebens und Wollens, die sich darin aus=
spricht, daß von Jedem eine Verschlechterung seines
Zustandes immer und zu allen Zeiten abgewiesen, eine
Besserung desselben dagegen immer willkommen geheißen
und begehrt wird. Alle scheinbaren Ausnahmen von die=
ser Grundregel sind eben nur scheinbare. So die schein=

bare Ausnahme der Muthlosigkeit und Müdigkeit, bei
der es aussieht, als ob dem Menschen nichts mehr be=
gehrens= und erstrebenswerth erscheine. In Wirklichkeit
scheut er in solchem Fall nur den ihm peinlichen Kräfte=
aufwand, während ihm der Fortschritt zum Besseren,
gestalte sich derselbe in seiner Auffassung wie er wolle,
sobald er an die Möglichkeit desselben glaubt, immer
erwünscht erscheint. Ja selbst die Lähmung des Strebens
durch den Unglauben, daß für das Individuum über=
haupt noch etwas möglich und erreichbar sei, hat keine
universale Bedeutung. An der Grenze eines unmittel=
bar auf sich selbst gerichteten Strebens angelangt, mit
dem im Tode erlöschenden Willen bethätigt der Mensch,
sei es in Liebe, sei es in Haß, sei es für das Wohl, sei
es für das Wehe anderer Personen, daß er gleichwohl
in derselben Richtung weiter strebt, die immer wieder die
eigene Verbesserung unabänderlich verfolgt. Bleibt ihm
nichts weiter, so bleibt ihm doch noch der Wunsch, wenn
auch vielleicht nur ein ohnmächtiger, für oder gegen An=
dere und damit die Beurkundung, daß er gegen die eigene
Verbesserung nicht gleichgültig ist, denn der erfüllte Wunsch
ist ja immer wieder eine Verbesserung gegen das Be=
haftetsein mit einem unerfüllten Wunsch.

Ich sage hier ausdrücklich: Verbesserung statt Besse=
rung, um den etwa auftauchenden Irrthum auszuschließen,
daß ich schon in der Grundtendenz alles Strebens einen
directen Fortschritt zu einem höheren sittlichen Inhalt
fixiren wolle. Was ich fixiren will, ist nur, daß die

Richtung alles Strebens im Menschen sich überhaupt
auf Fortschritt, auf Herbeiführung eines dem Menschen
als Verbesserung erscheinenden Zustandes richtet. Das
Wort „Zustand“ ist hier allerdings nur ein Nothbehelf
und muß nicht in einer eingeschränkten, sondern in der
allerumfassendsten Bedeutung genommen werden. Es bedeutet eben das ganze Bereich, den ganzen Umfang dessen,
was der Mensch als sich zugehörig erfassen kann und
hat in diesem Sinn einen Umfang, der weit über das
persönliche Ich, und dessen unmittelbares Wohlbefinden,
über Familie und Angehörige, über Haus und Hof und
jegliches Eigenthum hinausgreifend, sich auf die Umgebung im weitesten Sinne, auf das Ganze der Menschheit
und ihre Lage, kurz auf Alles, worin der Mensch die
Zustandsbedingungen seines eignen Daseins gelegen fühlt, erstreben kann. Jede Verbesserung dieser
Zustandsbedingungen ist ja eine Verbesserung seines Zustandes selbst und ob der Zufriedenste oder Begehrlichste,
der Theilnehmendste oder Ichsüchtigste, der Reichste oder
Aermste, nie ist der Mensch so reich oder so arm, daß
nicht eine Verbesserung dieser Zustandsbedingungen möglich wäre und ihm erwünscht erscheinen müsse. Es gibt
nur Eins, worin kein Fortschritt zum Besseren möglich
ist — das Nichtsein. Aber der Mensch erstrebt nie
das Nichtsein, außer in dem einzigen Fall, wo er nur
dadurch einer schwersten Lebenscalamität entgehen und
sich in diesem Sinne also abermals verbessern kann, sonst
immer unterliegt er ihm nur.

So unfehlbar wie das Wasser bergab fließt, so un=
fehlbar geht also die Richtung alles Strebens immer
einem vermeinten und geglaubten besseren Zustand ent=
gegen. Freilich habe ich schon vorher zugegeben, daß
dadurch einstweilen nur die Richtung des Strebens auf
Verbesserung fixirt ist. Wie stellt sich nun das Ver=
hältniß dieser Tendenz zu einem höheren sittlichen Inhalt
beim Menschen dar? Es liegt in dem Streben nach Ver=
besserung an sich allerdings schon ein Moment, welches
die Uebereinstimmung herstellen sollte, nämlich insofern
kein Zweifel darüber besteht und bestehen kann, daß wer
besser ist — um es kurz auszudrücken — auch besser
dran ist, sich besser befindet. Dies bezieht sich natür=
lich nicht auf äußeres Ungemach, dem der Gerechte
und Gute, indem er dem Zufall unterliegt, so gut aus=
gesetzt ist wie der Ungerechte und der Gerechte häufig
noch mehr, weil seine Grundsätze und Denkweise ihm
unter Umständen die Abwehr erschweren können, aber
es ist in dem Sinn gemeint, daß Wohlwollen, Gut=
heit, Herzensgüte nicht allein nach Außen strömt,
sondern gleichzeitig eine Quelle inneren Wohlseins
ist. Beide Beziehungen stehen mit und durch einander.
Die Sonne der Herzensgüte, die Anderen leuchtet und
sie wärmt, kann dies nur, indem sie gleichzeitig das eigene
Innere erwärmt. Kann sie, für sich betrachtet, auch nicht
schon eine höchste erreichbare Befriedigung verbürgen, weil
dazu noch andere Bedingungen gehören, die hier nicht
weiter zu erörtern sind, so kann und wird sie doch unter

Voraussetzung dieser[1]) je nach ihrer eigenen Inten=
sivität auch das eigene Wohlsein intensiver gestalten.

————

Aber ist nicht auch die Schadenfreude „eine Quelle
inneren Wohlseins" und zwar eine sehr reichlich spru=
delnde und äußerst verbreitete? Begegnen wir ihr nicht
auf Schritt und Tritt? Ist sie nicht, wenn wir uns nicht
verblenden wollen, dem wahren Wohlwollen gegenüber
viel eher als Regel denn als Ausnahme zu bezeichnen?
In wiefern kann also dem Wohlwollen als Quelle des
Wohlseins eine aparte oder überlegene Stellung ange=
wiesen werden?

Die Schadenfreude scheint, obenhin betrachtet, in der
That einen Gegenbeweis zu erbringen, dem nicht leicht
beizukommen ist. Daß man ihr in moralisirender Weise
ein „eigentliches", wahres Wohlgefühl streitig macht, ver=

————

1) Hierher gehört z. B. die Beziehung des Mitleids als
Ausfluß des Wohlwollens. Eine wohlwollende Natur nimmt sich
das Leid Anderer mehr zu Herzen, als eine minder wohlwollende,
gleichgültigere, ist also anscheinend schon deßhalb in Bezug auf
Wohlsein ungünstiger als diese gestellt. Aber diese Beschränkung
ist doch nur dann zutreffend, wenn dem Wohlwollenden die Mittel
Abhülfe zu bringen, überall versagen, wenn er durch eine allge=
meine Kraftlosigkeit im weiteren Sinn verhindert ist, seinem
Herzenstrieb Genüge zu leisten. Kann er aber helfen, wenn auch
nicht Allen, so doch Vielen nach dem Vermögen einer kräftigen und
gesegneten Natur, so erwächst ihm hieraus wieder eine Freudenernte.
Die Beschränkung wurzelt also in einer Nebenbeziehung, nicht in
dem Wohlwollen selbst und hebt die für dieses geltende allgemeine
Gesetz nicht auf.

schlägt nichts, so lange die Praxis in zahlreichen Fällen das Gegentheil zu erweisen scheint. Man fällt durch diese Art der Beweisführung lediglich dem Subjectivismus anheim, an dem derartige Moralbeweise immer kranken.

Allein das Gefühl der Schadenfreude muß doch zunächst auf seinen Charakter angesehen und in dieser Hinsicht beleuchtet werden, wenn man eine Bilanz ziehen will. Es ist ein Mischgefühl, das mehr enthält, als der bloße Name besagt, und ich für mein Theil möchte behaupten, daß es ein wirklich schadenfrohes Wesen, eine Schadenfreude, die rein am Schaden als solchen, an der Schädigung Anderer — und nicht etwa an den mit derselben verknüpften Nebenbeziehungen — ihre Freude hat, überhaupt gar nicht gibt. Wenn uns der schadenfrohe Mensch, der es im Wesen ist, verächtlich erscheint, so ist es ja, weil uns der Schade dabei das Leiden des Individuums bedeutet, weil wir ihn (den Schaden) also als Leidensquelle ins Auge fassen. In der Existenz der Schadenfreude wird also die Möglichkeit, ja vielmehr die Thatsächlichkeit einer durch das Leiden Anderer vermittelten und ausschließlich auf dieses bezogenen Freude behauptet. Und diese eben bestreite ich.

Dieser Punkt ist wichtig genug, um ihm eine Untersuchung zuzuwenden. Versuchen wir daher die sogenannte Schadenfreude näher ins Auge zu fassen und festzustellen, welcher Art diese Nebenbeziehungen sind und ob eben sie nicht etwa die alleinige Ursache des mit der Schädigung Anderer verknüpften Freudegefühls sind. Gelingt es

diesen Nachweis zu führen, so ist damit eine sehr wesent=
liche Beziehung berichtigt.   Denn im Grunde liegt schon
in dem Begriff und der Bezeichnung: „Schadenfreude" eine
Blasphemie gegen das tiefe Dichterwort: „Freude, schöner
Götterfunken, Tochter aus Elysium."   Eine Tochter aus
Elysium und gleichzeitig sollte sie dem inferno entstam=
men, ein Götterfunke und gleichzeitig eine qualmende Pech=
fackel sein können?   Und das Menschenherz sollte ihrer
in beiderlei Gestalt froh zu werden im Stande sein?
Welche Widersprüche! Welches Wirrsal!

Was dieser Untersuchung zum Ausgangspunkt zu
dienen hat, ist, daß wir nicht von eigentlicher Schaden=
freude, wenigstens als Charakterzug sprechen, wenn
Jemand zuerst von einem anderen geschädigt (gekränkt,
beleidigt u. s. w.) worden ist und nun als Repressalie
den Schaden seines Schädigers wünscht oder sich aus
Anlaß desselben freut.   Denn es fällt hierbei ins Ge=
wicht, daß es sich in solchem Fall vor Allem um eine
Reaction des gestörten Gleichgewichts handelt, um eine
Wiederherstellung des Individuums vor sich selbst und
vor Anderen, um eine unwillkürliche Stoßwirkung, die
den empfangenen Anstoß nur fortpflanzt und dabei auf
den Ausgangspunkt, auf den Urheber der erlittenen Schä=
digung zurücklenkt.   Daß solche Gegenwirkung bei leiden=
schaftlichen Naturen sich im heftigsten Maße, vielleicht
außer allem Verhältniß (wie es wenigstens ruhigeren Na=
turen vorkommt) zu der ursprünglichen Ursache vollziehen
kann, ändert nichts an der Sachlage.   Auch der Rach=

süchtigste wird nach diesem Maaß zu messen sein. Maria
Stuart ruft, nachdem sie die Elisabeth tödtlich beleidigt
und verwundet, triumphirend aus:

Sie geht in Wuth. Sie trägt den Tod im Herzen,
O, wie mir wohl ist, Hanna! Endlich, endlich
Nach Jahren der Erniedrigung, der Leiden,
Ein Augenblick der Rache, des Triumphs.
Wie Bergeslasten fällt's von meinem Herzen,
Das Messer stieß ich in der Feindin Brust.

Der Hochgenuß an dem Leiden des Anderen ist hier
auf's schärfste und nachdrücklichste hervorgehoben. Trotzdem liegt aus dem oben entwickelten Grund keine Schadenfreude des Naturells vor. Maria haßt nur ihre Pei-
nigerin. Sie agirt nicht, sie reagirt.

Aber Haß kann auch ohne Reaction bestehen. Wenn
der Schlimme den Guten haßt und zwar aus vollem
Herzen, ohne daß dieser ihm etwas zu Leide gethan,
ohne daß er ihn geschädigt, wenn er ihn haßt nur
als seinen Gegensatz, nur „weil ihm der Kerl zuwider
ist", so kann von einer vorher erlittenen Kränkung,
die erwiedert wird, nicht wohl die Rede sein. Aber
Haß und Freude stehen überhaupt in einem contradic-
tatorischen Gegensatz, in einem Gegensatz absolut aus-
schließender Art, was leicht ersichtlich ist, wenn man berücksichtigt, daß Haß den Zorn des Ingrimms bedingt,
Freude aber nicht bestehen kann, wo Zorn besteht.
Eins vernichtet das Andere und versperrt ihm den Weg.
Sagt Einer vom Anderen: wie ich den X. hasse!, so sagt
er gleichzeitig: wie ich über ihn ergrimmt bin! Sollte

nun Freude irgend welcher Art in die Seele eintreten
können, so müßte der Ingrimm erst verschwunden d. h.
vernichtet sein.   Der Gegensatz, das Wegsperren ist hier
dynamisch, nicht etwa mechanisch so aufzufassen, daß
der Ingrimm des Zornes der Freude etwas Platz ein=
räumen und daneben doch noch sein Hausrecht behaupten
könnte[1]).   Was als die Schadenfreude in solchem Fall
gilt, ist also in Wahrheit nur eine Minderung des
Grimmes, den der Schlimme über den Guten empfindet,
eine Minderung, die ihm Erleichterung verschafft und sich
sogar in Frohlocken äußern kann, ohne daß gleichwohl
der Charakter des freudlosen Zustandes geändert wäre.
Denn nicht die Verminderung des Grimms, nur sein

---

1) Zu dieser psychologischen Entgegensetzung von Ingrimm
und Freude, so daß ein dynamischer Gegensatz des einen zum an=
deren behauptet wird, bildet ein physiologisches Seitenstück die von
Professor G. Jäger, dem „Entdecker der Seele", behauptete That=
sache, „daß bei antagonistischen Affecten antagonistisch sich ver=
haltende Duftstoffe" zu Grunde liegen. (Vgl. dessen: Entdeckung
der Seele.   Zweite Auflage. Leipzig 1880 — nebenbei bemerkt eine,
wie mir scheint, wenig glücklich gewählte Bezeichnung für eine Reihe
von Beobachtungen und Schlüssen, die gleichwohl höchst beziehungs=
reich und bedeutsam erscheinen.)   Das Frohlocken des Ingrimms,
die ingrimmige Freude verhält sich trotz der Aehnlichkeit in der
Form im Wesen nur etwa so zur eigentlichen Freude wie der
sogenannte „Angstschweiß" sich zum eigentlichen Schweiß verhält.
Der physiologische Befund ist hier ein wesentlicher abweichender —
im Angstschweiß findet eine Contraction der Capillaren statt, wovon
bei der normalen Schweißbildung gerade das Gegentheil der Fall
ist — wie dort der psychologische und ethische.   Nur daß dieser viel
schwerer nachweisbar zu machen ist.

Verschwinden würde der Freude Raum geben. Der Grimm
besteht aber, so lange der Haß, sein veranlassendes Motiv,
besteht und dauert, mit einem Wort so lange das ganze
Verhältniß besteht.

Wenn wir die gewöhnlich so genannten schadenfrohen
Gefühle analysiren, so treffen wir in den meisten Fällen
auf eins von zwei Grundmotiven. Wir betrachten zunächst
das erste. Nur in seltenen Fällen will es dem Menschen
erscheinen, daß Diesem oder Jenem, dem es gerade gut
ergeht, darin nur ein ihm gebührendes Lebensloos zu
Theil geworden ist. Viel häufiger wird ihm mit Recht
oder Unrecht die Sache so zu liegen scheinen, daß For-
tuna dem Glücksbegünstigten zu viel des Guten angethan. Hundertfältige Motive, deren Aufzählung wir unterlassen, da sie Jeder leicht selbst aus sich und Anderen
entnehmen kann, bewirken, daß gerade diese Anschauung
die allergewöhnlichste ist. Häufig wird sie durch das
Verhalten des Glücklichen verstärkt, häufig geht sie aus
einer Durchschnittsrechnung des Lebenslooses Anderer
oder des eigenen hervor, welche den Maßstab zur Beurtheilung des Gebührlichen an die Hand giebt.

In allen diesen Fällen tritt die natürliche Folge ein,
daß der Mensch sich an einer Schädigung des Begünstigten erfreut, weil sie für ihn eine Correctur des
Ungebührlichen darstellt. So verschleiert oder entstellt durch egoistische Zuthaten das Motiv auch erscheinen
mag, so wirkt hier doch immer das Moment der justitia
distributiva, der ausgleichenden Gerechtigkeit als

Grundursache. Nicht das Leiden ist es, was erfreut,
sondern, daß durch dasselbe etwas Gebührliches geschieht.
Selbstverständlich kann dies Gebührliche Andern wieder
sehr ungebührlich, sehr ungerecht erscheinen. Der Maßstab der Werthschätzung ist ja ein höchst veränderlicher.
Aber das Motiv bleibt dasselbe und selbst eine wohlwollende Natur kann unter Umständen, ohne jede Schadenfreude, dahin gelangen, an dem Schaden eines beleidi-
genden Glückpilzes Freude zu empfinden.

Neben dieses Grundmotiv, das in einer äußerst großen Anzahl von Fällen die sogenannte Schadenfreude
erzeugt, stellt sich ein zweites, nicht minder umfassendes,
das ich folgendermaßen charakterisiren möchte. Wenn
Jemand durch irgend eine besonders hervorragende Leistung oder durch die besonderen Umstände eines Anderen
eine Einbuße an eigenem Ansehen erfährt, wenn er dadurch (sei es in seinen eigenen, sei es in den Augen Anderer) weniger bedeutend, weniger klug, weniger scharf-
sinnig, weniger tapfer 2c. erscheint, was ihm nicht allein
einen persönlich unangenehmen Eindruck macht, sondern
eventuell sich auch mit weiteren ungünstigen Folgen verknüpfen kann, so ergiebt sich die natürliche Wirkung, daß
der so Betroffene die Schädigung des Anderen, wodurch
diese ihm unliebsame Folge wieder aufgehoben oder ge-
mindert wird, mit Behagen und Freude ansieht — es
ergiebt sich also Schadenfreude, wobei aber auch in diesem
Fall der Betreffende die Freude nicht sowohl an dem
Schaden, als vielmehr an der durch den Schaden be-

wirkten Erhebung und Wiederbefestigung seiner eigenen
in's Wanken gebrachten Bedeutung hat. Der Mensch
erfreut sich nicht an dem Schaden als solchen, sondern
an der durch die Schädigung erreichten Wirkung anderer
Art. Dieser wichtige Unterschied ist ungefähr ebenso zu=
treffend und unabweislich in diesem Fall als in einem
anderen, wo er nur drastischer in die Augen springt.
Wenn Jemand eine Freudennachricht erwartet, die end=
lich, endlich, nach langem Sehnen und Harren eintrifft,
so wird er den eintretenden Boten vielleicht ungestüm
umarmen und ihn behandeln als ob er die größte Freude
ausschließlich an ihm habe. Und doch ist der Bote ja
nur der an sich gleichgültige Vermittler und der wirkliche
Anlaß der Freude liegt in ganz anderen Beziehungen.

Aber zugegeben — wird mir eingewendet — daß
wir diese Abzüge, die allerdings den weitaus größten
Theil der Schadenfreude decken, zugestehen müssen, es
giebt doch recht eigentliche Gift= und Galle=Naturen,
die jedes Vergnügen Anderer zu stören suchen, denen
dasselbe stets Verdruß und Widerwillen erregt, die nur
dadurch zu bestehen scheinen, daß sie, soweit ihre Macht
reicht, Alles verderben und vergiften. Ohne Zweifel
giebt es deren, im Kleinen wie im Großen, aber wie ist
dieser Fall beschaffen? Wollen die Betreffenden aus der
gestörten Freude Anderer, also aus ihrem Schaden wirk=
lich Freude ziehen? Weit entfernt, sie hassen ja gerade
die Freude an Anderen, weil sie sich ihrer selbst aus
irgendwelchen Gründen unfähig fühlen, sie möchten sie

überall vertilgen und wie Unkraut ausrotten, sie ärgern
sich an ihrem Anblick oder an dem Anblick freudig be=
wegter Menschen. Und was sie mit Genugthuung erfüllt,
wenn es ihnen gelingt die Freude Anderer zu zerstören,
ist ja nur, daß sie sich von diesem Aerger zu befreien
im Stande sind. Aber diese Genugthuung in Folge der
Befreiung von eigenem Aerger ist doch nicht mit posi=
tiver Freude irgend welcher Art zu verwechseln. Die
Erhebung über den Nullpunkt, wo die Freude erst be=
ginnt, ist hier schon dadurch ausgeschlossen, daß der Be=
treffende überhaupt aller Freude feindlich gegenüber steht
und ihrer unfähig ist. Der Fall liegt hier ähnlich, wenn
auch nicht ganz gleichartig, wie oben, wo der Haß des
Schlimmen in Hinsicht des Guten betrachtet wurde.

Nur ein Blick im Vorbeigehen möge, um mit diesem
Thema abzuschließen, hier noch auf die Grausamkeit
geworfen werden. Ist dieselbe schließlich auch nur eine
potenzirte Schadenfreude, so geräth sie bei und durch
diese Potenzirung doch auf ein Gebiet, das unseren bis=
herigen Erwägungen fern liegt. Statt mit der Freude
haben wir es bei dem mysteriösen, allerdings an vielen
hervorragenden Beispielen hinlänglich erwiesenen Genuß
durch Grausamkeit mit rein sinnlichen Wollustgefühlen
zu thun und wie schwer es auch ist die Freude in einer
bestimmten, ihr Allgemeinstes wahrenden Gestalt zu um=
schreiben, so klafft doch hier die Differenz zu weit, um
in diesem Fall verkannt zu werden. Ist das moralische
Gefühl der Freude auch von einer gewissen Nervenerre=

gung begleitet, so geht sie doch nicht ganz in dieselbe auf, was bei den sinnlichen Wollustgefühlen der Fall zu sein scheint. Eine Analyse des in dieser Beziehung grade in Hinsicht der Grausamkeit sehr geheimnißvollen Vorganges gehört zum größten Theil der Physiologie und Pathologie an. Es käme, wie mir scheint, zunächst darauf an, das Mit=Leiden physiologisch zu betrachten, es lediglich als Nervenerregung in's Auge zu fassen und die Umstände und vielleicht ausnahmsweisen Bedingungen zu erläutern und zu bestimmen, unter denen eine Nervenerregung, die eigentlich Leid bewirken müßte, zu Genuß werden kann. Indessen schweifen wir damit weit über unser eigentliches Gebiet hinaus.

Was gewisse, besonders complicirte Fälle von Giftmischern anlangt, die anscheinend ohne ausreichendes äußeres Motiv ihr Handwerk betrieben haben und an dem Leidensanblick ihrer Opfer ein stilles Vergnügen fanden (wie z. B. bei dem berüchtigten Fall der Giftmörderin Gesche Gottfried in Lübeck), so dürfte eine genaue psychologische Analyse hierbei auf sehr viele Reizwirkungen stoßen, welche die Stelle eines direct durch das Leiden verursachten Genusses setzten. Hierher gehören namentlich der Reiz des Geheimnisses, worin eine jede solche That sich verbergen muß, der Reiz des damit verbundenen Wagnisses und der Ueberlistung und Täuschung Anderer. Dies sind sehr weit reichende Motive, die aber allerdings nicht ganz auf der Oberfläche liegen.

Unsere Untersuchung liefert also dies Ergebniß, daß

der Mensch Freude aus Uebelwollen nicht entnehmen
kann. Er kann sein Inneres freudenarm, freudenleer
machen, aber nie die Natur so weit verkehren, daß ihm
die Hölle zum Elysium wird. Es liegt darin gewisser=
maßen eine Rehabilitirung der menschlichen Natur,
die selbst im Verfall und in der Entartung ihr Grund=
gesetz nicht verleugnen kann: für Wohlsein auf Wohl=
wollen angewiesen zu sein. Gleichzeitig aber liegt in
diesem Nachweis auch eine Hauptstütze des Grundgedan=
kens aller eudämonistischen Ethik.

Da Wohlwollen also in einem geraden Verhältniß
zum Wohlsein steht, letzteres mit ihm steigt oder sinkt,
so müßte der Mensch, um zweckentsprechend sein Wohl=
befinden zu fördern, sein unterschiedslos auf Fortschritt
zielendes Streben sowohl auf Besserung nach Innen wie
nach Außen richten. Erst dann würde er sich, so zu
sagen, auf seinen wahren Vortheil verstehen. Und man
kann es also gewissermaßen als einen Rechnungsfehler,
ganz allgemein gesprochen, als eine Irrung, als einen
Erkenntnißmangel ansehen, wenn er anders verfährt, wenn
er den Fortschritt vorwiegend oder ausschließlich auf's
Aeußere richtet.

Aber ein solches irregehendes Streben würde doch
nicht mehr den Charakter besitzen, den wir ihm zuerkennen
müssen, um aus demselben die Gewißheit des Optimismus
ableiten zu können. An ihm muß vielmehr die sichere
Richtung der Magnetnadel nachgewiesen werden, die Stö=
rungen erleiden und Ablenkungen erfahren kann, aber

gegen jede Störung in beharrlicher Gegenwirkung reagiren
wird. Es kommt also darauf an, zu begreifen, warum
und inwiefern das Streben nothwendig sich selbst be=
richtigt, warum in ihm also die Irrung aufgehoben wird.

Dies liegt nun seinem allgemeinsten Grunde nach
in dem Verhältniß, in welchem überhaupt die Erkenntniß
zur Irrung steht.

Der Trieb zur Erkenntniß ist kein ausschließlich
höheren und begabteren Naturen eigener, wenn er häufig
auch erst in diesen so viel Kraft, Selbstständigkeit, Licht
und Wärme gewinnt, daß wir ihn erst dort als echt an=
erkennen. Namentlich der durch den Nutzen interessirten
Erkenntnißarbeit wird häufig „echte Wissenschaftlichkeit"
abgesprochen und in einem gewissen Sinn mit Recht, ob=
wohl sich ja andererseits unmöglich leugnen läßt, daß
das bloße Erkennen, das scharfsinnige Durchdringen der
Nebelhülle des Irrthums auch bei der interessirtesten, von
bloßen Nützlichkeitsmotiven abhängigen, Erkenntnißarbeit
in ausgezeichnetem Maße vorhanden sein kann. Was
man aber damit meint, sind ethische Beziehungen, die uns
an dieser Stelle nichts angehen — die leitende Richtung
nämlich auf Wahrheit im Ganzen, die nur vorhanden
sein kann, wenn Nebenrücksichten wegfallen.

Hier handelt es sich zunächst nur um den Nachweis,
daß der Wissensbetrieb oder der Trieb zur Erkenntniß,
(wobei das Maaß der Erkenntniß natürlich ganz dahin=
gestellt bleibt), nicht etwa ein aparter wissenschaftlicher,
sondern ein ganz allgemeiner sein muß, weil er aus einer

Grundbeziehung des Menschenwesens hervorgeht, so daß er
sich unmittelbar allem Streben anschließt.   Dies ist nun
insofern der Fall, der Erkenntnißtrieb ist deßhalb ganz
allgemein vorhanden und überall anzuerkennen, weil alles
Erkennen schließlich darauf hinausläuft, sich einer Sache
oder eines Verhältnisses zu vergewissern d. h. Sin=
nesschein zur Sinnesgewißheit zu erheben.   Der
Abfall von der Sinnesgewißheit erweist sich dem Men=
schen aber unmittelbar als schadenbringend, — man
braucht hierbei nur an die behütende und schützende Rolle
unserer Sinnesthätigkeiten zu denken und an die gefähr=
dete, aller Beschädigung ausgesetzte Lage desjenigen, wel=
chem der Schutz derselben entzogen ist — und dem
Schaden, der Beschädigung wünscht ein Jeder zu
entgehen. Hierdurch ist also der Erkenntnißtrieb, d. h. die
Tendenz sich nicht irren zu wollen an ein ganz allgemein=
gültiges Prinzip geknüpft. Sie ist umfassender, weitreichen=
der als die Möglichkeit der Irrung. Das Streben des
Menschen ist ein nothwendig sich selbst berichtigen=
des. Es läßt die Irrung zu, aber nur im Widerspruch
mit sich selbst, und zwar nicht in einem bloß formellen
Widerspruch, sondern in einem solchen, der es durch Selbst=
berichtigung praktisch negirt.   Hierdurch erhält das Stre=
ben sich in derjenigen idealen Integrität, die ihm als
Basis des Optimismus zukommt.

    Der hier verfolgte Gedankengang zielt, um auch dies
noch ausdrücklich hervorzuheben, nicht darauf ab, die
Frage zu erörtern, ob die Entwicklung des Menschenge=

schlechts auf Erden die Erreichung und Verwirklichung
eines höheren sittlichen Gehalts in Aussicht stelle, wahrscheinlich erscheinen lasse oder verbürge, was sich etwa als
Einwand dagegen, was sich als Grund dafür anführen
läßt. Hierüber denke ich einige einschlägige Gesichtspunkte
weiter unten zu erörtern. Hier handelt es sich zunächst
nur um den Nachweis, daß das Streben an sich, welches
immer auf Verbesserung abzielt, also der allgemeine
Inhalt alles Strebens gleichzeitig und in Wahrheit auch
das Streben nach Besserung ist und in diesem Sinn
sich bethätigt, wo die Organisationsstufe die Erkenntnißarbeit, die hier mitbestimmend eingreift, ermöglicht. Hieran
lassen wir uns an dieser Stelle genügen. Daß dem Streben nach einer vollkommeneren und sittlich höher gestellten
Daseinsform kosmisch, in der Entwicklung der Welt,
irgendwie entsprochen werden muß, selbst wenn ihm in
dem Gesammtcharacter der Menschheit, die wir jetzt nur
nach der Seite des Strebens und Erkennens betrachteten,
unüberwindliche Hindernisse entgegenstünden, bliebe für
unseren Standpunkt, der den Unsinn ausschließt und sich
als Sinn legitimirt, unter allen Umständen wahr, da
nur auf diese Weise der dem Streben resp. der Empfindung zuerkannten Bedeutung genügt werden kann. —

Fassen wir das Gesagte noch einmal zusammen! In
dem, was Alle wollen und erstreben, ist das enthalten,
was den Sinn ihres Seins ausmacht. Weil es ihrem
Sinn entspricht, spricht es auch den Sinn ihres Seins
aus. Alle wollen und erstreben, sei es im Ringen nach

positiver Gestaltung, sei es in Wunsch oder Abwehr:
Verbesserung, Vervollkommnung ihres Looses, eine Erhebung über die von ihnen zur Zeit behauptete Daseins=
stufe. Der Sinn ihres Seins liegt also in diesem
Streben, das selbst alle organischen Verrichtungen wieder-
spiegeln. Hat doch jede Bewegung, die ein Geschöpf
unternimmt — und schließlich lassen sich alle organischen
Verrichtungen auf Bewegungsformen zurück führen —
keinen anderen Zweck als den, eine vortheilhafte Verän=
derung herbeizuführen.

Die Verbesserung enthält aber auch gleichzeitig, wenn
auch unbewußt, die Besserung, den Fortschritt zu einer
höheren, in Wahrheit verklärten Daseinsstufe, denn
im Erkennen liegt ja mit der Erklärung auch die
Klärung.

Wie stellt sich nun das Verhältniß zum Weltproceß?
Habe ich ein Recht erworben das Angegebene als Sinn
des Seins von der Stelle auszusagen, wo ein in Bewußtseinsnähe wirkendes Streben sich vollzieht, also im
Menschen und anderen lebenden Geschöpfen, so ergiebt
sich daraus einerseits das Recht den Ausdruck auch im
kosmischen Sinne zu nehmen, ihn auf den Weltproceß
zu übertragen, andererseits die Bedeutung, in welcher dies
zu nehmen ist.

Liegt in allem Streben, wie wir uns vorhin klarge-
macht, der Inhalt des Empfindens, nur in veränderter
Form, ist Empfinden die Grundthatsache des seelischen
Lebens, die Grundthatsache des Lebensprocesses überhaupt,

der in ihr zum Ausdruck gelangt und sie bedingt, so ist
auch die fortschreitende lebendige Entwicklung als Inhalt
des Strebens, als Sinn des Seins, der Sinn des Welt=
processes d. h. die Wesensbeschaffenheit desselben,
der Schwerpunct in der Richtung seines Vollzugs,
seine nothwendige und daher auch gewisse Be=
wegungsform. Ich betrachte das Empfinden gewisser=
maßen als das erste Lallen des Geschöpfes, als das,
was also zum Ausdruck bringt, was an dem Geschöpf in
Form und Farbe noch nicht erschöpft ist, resp. durch
dieselben nicht hat zum Ausdruck gelangen können. Das
Streben ist mir dann die nächst höhere Stufe, ein
Lallen, das schon verständlicher wird, das Geschöpf
selbst aber gilt mir als Ausdruck, als Selbstmanifestation
eines in und am Stoff als realen Träger der Lebenser=
scheinung bestehenden organisatorischen Lebensprincips.
Der philosophisch klingende Ausdruck hierfür: „Welt=
Substanz“ hat den Vorzug der Kürze, führt aber sonst
leicht durch damit verbunden gedachte Nebenbestimmungen
in die Irre. Im Empfinden empfindet die Welt=Substanz
sich selbst, in ihm wird daher ihr Wesen d. h. das,
was sie mehr ist als wie bloßer Mechanismus offen=
bar. Diese nothwendige Bewegungsform eines unend=
lichen Fortschritts, wenn auch zunächst nur aus derjenigen
singulären Erscheinung des Lebensprocesses gefolgert, die
wir einigermaßen zu überblicken im Stande sind — aus
uns selbst und anderen lebenden Geschöpfen des Erdballs —
begreifen wir als eine einheitliche, wir sind überzeugt,

sie überall herrschend wiederfinden zu müssen, weil, so
weit des Menschen Forscherblick nur immer vordringen
konnte, ein Gesetz, eine Wirkungsweise, ein Geist das
All durchdringt, so daß es überall als All=Eins offen=
bar wird. Mit dem Gedanken eines unendlichen Fort=
schritts im All=Eins erfaßt uns daher nothwendig auch
der andere, daß das individuelle Vergehen resp. Absterben
eines Sterns, wie solches als die Möglichkeit einer fernen
Zukunft auch in Bezug auf unseren Planeten in's Auge
zu fassen ist, doch stets nur die Ablösung für eine nächst
höhere Daseinsstufe bedeuten könne und werde, so daß
der Fortschritt im Ganzen nie verloren geht.

Mit dieser Consequenz verlassen wir freilich die allem
sogenannten „Mysticismus" stets sehr abholde, populäre
Fahrstraße, auf welchem die Formel vom unendlichen
Fortschritt sich sonst ungestört und wohlgelitten zu be=
wegen pflegt. Im Allgemeinen sind hier zwei Auffassun=
gen beliebt, von denen namentlich die zweite eine etwas
nähere Prüfung verdient. Mit der ersten haben wir
wegen einer gewissen philosophischen Unzulänglichkeit im
Grunde nicht viel zu schaffen. Sie hält stramm „mit
klammernden Organen" an der Erde fest. Der Fortschritt,
zu dem auch sie sich bekennt, hat für sie nur Sinn, Be=
deutung und Faßlichkeit, wenn er das bestimmte Gepräge
der in der geschichtlichen Vergangenheit und Gegenwart
der Menschheit in's Leben getretenen Daseinsformen an
sich trägt. Am liebsten lehnt sie sich an die vorhandene

Umgebung an. Unwillkürlich schiebt sich ihrer Vorstellung
ein Bild des Fortschritts unter, der bessere Verkehrsan=
stalten, bessere Gesundheitspflege, eine gerechtere Verthei=
lung der Lasten, eine allgemeine Zunahme von Wissen,
Wohlstand und Humanität in der bürgerlichen Gesell=
schaft aufweist und damit abschließt. Was über diese
Grenzpfähle hinausliegt, wie z. B. ein Zustand ewigen
Friedens in der Menschheit wird schon mit Bedenken und
Kopfschütteln aufgenommen und soviel man auch, nament=
lich bei feierlichen Gelegenheiten von einem „unendlichen
Fortschritt" redet, der sich von einer Generation der
Menschheit zur anderen unverlierbar hindurch ziehe, so
wenig wagt man in Wahrheit die Endlichkeit des
Gegebenen zu verlassen. Nicht ganz mit Unrecht ist
daher dieser Cultus des Fortschritts in seiner Unzuläng=
lichkeit und Befangenheit in einigen Mißcredit gerathen.
Der Altardienst, der ihm besonders in einigen freien Ge=
meinden und deutsch=katholischen Vereinigungen noch ge=
widmet wird, versammelt nur wenige Bekenner, die keinen
sonderlichen Zuwachs versprechen.

Und doch war er ursprünglich mehr als ein bloßes
Utilitätsprincip, dem zu Liebe ja auch sonst in der
Gegenwart einem gemäßigten „rationellen" Fortschritt
gehuldigt wird, und selbst, was uns heute als Beschränkt=
heit erscheint, war nicht etwa die Zahmheit des Fort=
schritts=Philisters, sondern ging aus einem zwar ein=
seitigen, aber gerade in seiner Einseitigkeit energischen
Princip hervor. Sie erwuchs als natürliche Consequenz

aus der radicalen Bekämpfung der transcendentalen Rich=
tung im Christenthum. Hatte das Christenthum allen
wesentlichen Fortschritt in das bessere Jenseits verlegt,
so konnte sich die Position des Diesseits, die sich ihm
als Reaction, namentlich in und seit Feuerbach, entgegen=
stellte, kaum anders vollziehen als durch die Behauptung,
daß all' dieser vom Jenseits verlangte und in ihn ver=
legte Fortschritt in Wahrheit dem Diesseits gebühre und
schon von ihm geleistet werde. Daß man den „unend=
lichen" Fortschritt damit in eine unnatürliche Schranke
bannte, wurde für den Augenblick übersehen. Galt es
doch nur der Zurückweisung des himmlischen Jenseits in
der angegebenen religiösen Form als Inbegriff der Rea=
lisirung aller Wünsche und aller erhofften Vollkommen=
heiten. Recht characteristisch erkennt man diesen herrschen=
den Grundgedanken in der folgenden Stelle aus Feuer=
bachs: „Ergänzungen und Erläuterungen zum Wesen der
Religion. 1845." (Ges. W. Bd. I. p. 371.)

Bewohner nördlicher, kalter, unfreundlicher Gegenden
hoffen im Jenseits auf ein milderes Klima; Bewohner heißer
dürrer, wasserloser Länder dagegen hoffen im Jenseits auf
kühlende Schatten, Winde und Quellen. So hebt der Mensch
in der Vorstellung des Jenseits die örtlichen Schranken,
Unannehmlichkeiten und Beschwerlichkeiten seiner Existenz
auf. Weil aber der beschränkte Mensch, d. h. das Indivi=
duum an diesem Orte seinen localen Standpunkt für den
universalen, seinen Wohnort für die ganze Erde oder Welt
nimmt, so versetzt er in ein anderes Leben, in eine an=
dere Welt, was gleichwohl in diese Welt im Ganzen fällt.

So existirt das Jenseits der Kamtschadalen, wo es „weniger
Sturmwinde, Regen und Schnee, als auf Kamtschatka" giebt,
an genug Orten dieser Erde, die aber freilich jenseits Kamt=
schatka liegen; so findet selbst der stets heitre Himmel des
nordamerikanischen Jenseits und der ewige Tag, den so
viele, selbst cultivirte Völker in das Jenseits versetzen, schon
auf der Erde statt, wenn wir auch die a n d e r e Hälfte der
Erde, wenn wir die g a n z e Erde überhaupt ins Auge fassen;
so ist sogar die religiöse Idiosynkrasie und Antipathie der
alten Perser gegen alles Dunkle, ihre Hoffnung auf eine
Welt, wo die Körper der Menschen o h n e S c h a t t e n sein
werden, auch schon hier verwirklicht, indem bekanntlich die
Bewohner der heißen Zone zwischen den Wendekreisen, an
gewissen Tagen wenigstens, in senkrechter Stellung keinen
Schatten werfen und deswegen ausdrücklich Unschattigte
heißen. Aber wie der Mensch in eine andere Welt ver=
legt, was in diese Welt fällt, weil er einen Theil derselben
zur ganzen Welt macht, eben so versetzt der Mensch in ein
a n d e r e s Wesen, was in sein eigenes Wesen fällt, weil er
T h e i l e des Menschen zum g a n z e n Menschen, b e s t i m m t e
Arten des menschlichen Wesens zur Gattung desselben, be=
stimmte Menschen zur Menschheit selbst macht.

Noch immer klingt dieser angeschlagene Ton weiter,
nur daß die Glocke nicht mehr den vollen imponirenden
Klang hat, wie damals, wo sie Sturm läutete und be=
geisternd zündete. Dort, in dem alten Glauben, Abfall
vom Menschen zu einem Etwas, das mehr sein wollte und
gleichwohl nicht über ihn hinausreichte, das Versprechungen
gab ohne sie einlösen zu können und Vertröstungen, die
nur den Aufschwung zur Selbsthülfe lähmten — hier
Rückkehr zum Menschen und aufopfernde Hingabe für

eine Zukunft, die man als die größte erfassen konnte,
sobald man nur einen unbegrenzten Fortschritt in die
Menschheit hinein verlegte: das schienen klare Gegensätze.
Daß man dabei in die Gefahr gerieth der Menschheit
resp. unserem Planeten die Kraft eines unendlichen Fort=
schritts zuzusprechen, die er vielleicht nicht zu bewähren
im Stande war, die ihm wenigstens nicht ohne Vorbehalt
zugeschrieben werden durfte, daß man überhaupt die
Grundvorstellung des Fortschreitens um so mehr in ihr
Gegentheil verkehrte, je fester man sie aus Abneigung
gegen alles transcendente Wesen an das gegenwärtige,
handgreifliche begrenzte Diesseits anlehnte, das hätte da=
mals nicht allein für eine mattherzige, sondern beinahe
hochverrätherische Erwägung gegolten.

Die naturforschende, praktisch gestimmte Gegenwart
ist in ihren Erwägungen, wie es ihr wenigstens vorkommt,
viel objectiver und in ihrer Stimmung jedenfalls viel
nüchterner geworden. Dem Fortschritt huldigt man aus
praktischen Gründen, weil man sich materiell besser dabei
zu stehen glaubt. Dabei läßt man es bewenden. Ihn
auf den Weltprozeß anzuwenden, steht die mangelnde
wissenschaftliche Grundlage des Prinzips, aber auch noch
ein Anderes entgegen. Und dies Andere hängt zum Theil
wenigstens mit unserer Stellung zum Unendlichen zu=
sammen.

Ich habe mich über diese letztere Materie bereits
vorher ausführlicher verbreitet. Man pflegt wohl zu
sagen: das Unendliche läßt sich denken, aber nicht vor=

stellen. Und in der That wird damit eine bestimmte
und wesentliche Seite des Gedankens der Unendlichkeit
zu unserem Begriffs= und Anschauungsvermögen getroffen.
Versuche ich die Vorstellung des Weltalls zu fixiren, so
steht zunächst nichts dem entgegen, daß ich mir dasselbe
als eine in bestimmten Grenzen eingeschlossene Größe
vorstelle, wie dies in den ersten Anschauungen der Natur=
völker zu Tage tritt. Das Weltall ist so und nur so
vorstellbar. Kaum habe ich aber diese Operation be=
endet, so erwächst mir, dem mit dem „All" verbundenen
Gedankengehalt gegenüber, das positive Verlangen
meiner Vernunft die Grenze wieder aufzuheben, das
Ende zu verneinen. Denn mit der Grenze, mit einem
„begrenzten" Inhalt ist ja auch die Vorstellung eines
außerhalb der Grenze Gelegenen gesetzt, was wieder
mit dem „All", (das ich ja denken will) unvereinbar
ist. Das Ende, die Grenze wird daher von meinem Den=
ken verworfen. Das Unende oder die Unendlichkeit
(zeitlich: die Ewigkeit) bleibt in solchem Fall als ein po=
sitives Verlangen meiner Vernunft bestehen und hat als
solches, vermittelst dieses höheren Anspruchs unbean=
standet bei materialistischen wie bei idealistischen Denkern
ein Unterkommen gefunden.

„Die Erde hat, soweit wir es voraussehen können,
einen ewigen Bestand, unsere Leiber entstehen und ver=
gehen", sagt Fechner (Ueber die Seelenfrage pag. 189.
Ausführungen in Zend=Avesta I 138). Grade umgekehrt
ist die Auffassung bei Strauß, der über diesen Punkt

sich bereits in seiner Dogmatik und alsdann wiederholt
in seiner letzten Schrift sich so ausgelassen hat: „Da
wir unserer Erde ihr allmähliges Entstandensein geologisch
nachweisen können, so folgt mit metaphysischer Noth=
wendigkeit, daß sie auch vergehen wird, da ein Entstehendes,
das nicht wieder verginge, die Summe des Seins im
Universum vergrößern, mithin dessen Unendlichkeit auf=
heben würde." Dies Argument scheint mir nun allerdings
kein Argument zu sein, da schon die „Summe des Seins"
eine in Bezug auf das Universum als unendlich absolut
unzulässige Formel enthält. Feuerbach seinerseits sagt:
„Die Vorstellung, daß die Natur selbst, die Welt über=
haupt, das Universum einen wirklichen Anfang habe,
daß also einst keine Welt, kein Universum gewesen, ist
eine kleinliche Vorstellung, die nur da dem Menschen ein=
leuchtet, wo er eine kleinliche, beschränkte Vorstellung von
der Welt hat, — ist eine sinn= und bodenlose Einbildung
— die Einbildung, daß einst nichts Wirkliches gewesen
ist, denn der Inbegriff aller Realität, Wirklichkeit ist eben
die Welt oder Natur". (Ges. W. Band I. pag. 430).
„Sehen wir auf das Universum im Ganzen", sagt Strauß,
(der alte und der neue Glaube pag. 100) so hat es nie=
mals eine Zeit gegeben, wo es nicht war." Und an
einer andern Stelle (pag. 103) polemisirt er ausdrücklich
gegen Kant, dem die Welt zwar räumlich ohne Grenzen,
aber gleichwohl zeitlich nicht ohne Anfang, wenn auch
ohne Ende erschienen sei. Strauß bemerkt hierüber:
„Schon an dem Ausdruck: die Schöpfung, sehen wir,

woher seinem Denken diese Schranke kam. Er will seinen
Schöpfungsact nicht verlieren, und den kann er sich nur
als einen Anfang denken. Dies führt ihn auf die selt=
same Vorstellung, daß Gott an einem bestimmten Punkt,
im Raume, vermuthlich in dessen Mittelpunkt, den er sich
zugleich als den allgemeinen Schwerpunkt, als einen un=
geheuren Urklumpen denkt, die Ordnung und Belebung
des Chaos angefangen habe und damit nach der Peri=
pherie hin fortschreite. Nach außen zu sei noch immer
Chaos, das erst allmählich von jenem Mittelpunkt aus
geordnet werde; diese Theorie „von einer successiven Vol=
lendung der Schöpfung" gewähre dem menschlichen Geiste
das edelste Erstaunen. Wenn nur nicht die Widersprüche
wären: ein unendlicher Raum, der einen Mittelpunkt, eine
endlose Dauer, die aber einen Anfang hat"!¹)

Wenn wir aber auch den Begriff des Unendes (zeit=
lich oder räumlich) auf diese Weise in unsere Gedanken=
welt ohne Anstoß eingebürgert finden, so besteht er doch
nur als ein nicht zu bewältigender Widerspruch gegen
unsere Sinnlichkeit resp. unser sinnliches Anschauungs=
vermögen, welches damit gewissermaßen ein Mandat über=
kommt, dem es nicht gewachsen ist. Ein nicht zu bewäl=
tigender Widerspruch läßt aber nicht zur Ruhe kommen.
Und doch hat der Mensch das Bedürfniß den Ruhepunkt
wie überall, so auch im Denken nicht einzubüßen.

---

1) Diese Ausführung bezieht sich auf Kant's: Allgemeine Ge=
schichte und Theorie des Himmels vom Jahr 1755.

Es entsteht daher auch eine natürliche Neigung dies Verhältniß irgendwie wieder auszugleichen und mit Vorliebe wird deshalb im Bezug auf das Weltganze, bei dem wir nun einmal dem Unendlichen nicht aus dem Wege gehen können, eine Vorstellungsweise gepflegt, welche das unruhige „Nie" oder „Immer" des Unendes gewissermaßen zur Ruhe bannt.

Die Vorstellung eines unendlichen, aber inhaltlich sich gleichbleibenden Verlaufs ist uns weniger anstößig als die Vorstellung einer unendlichen Veränderung und Neubildung, das Bild einer unendlich kreisenden, d. h. im Großen und Ganzen immer wieder dieselbe Bahn beschreibenden Bewegung als Typus alles Werdenden scheint uns annehmbarer als das Bild einer unendlich aufsteigenden Linie, ein Perpetuum mobile, das beständig dieselbe Melodie wiederholt, dünkt uns für unsere Vorstellung faßlicher als eins, das unendlich neue Melodien zu Tage fördernd, gedacht werden soll.

In den ersteren Fällen gewinnen wir für unsere Vorstellung ein stätig beharrendes Element, welches die durch die Unendlichkeit erzeugte Unruhe einigermaßen ausgleicht. Es scheint uns für unsere Sinnlichkeit ein commensurableres Verhältniß hergestellt zu sein, obgleich das wahrhaft Incommensurable, die Unendlichkeit, bei dem Einen wie bei dem Anderen bestehen bleibt und der Weltproceß für mich als Sinnengeschöpf keineswegs „begreiflicher" wird, ob ich ihn mir als fortwährend aufsteigend oder als fortwährend eine Kreisbahn beschreibend vorstelle. Das „Immerwährend", dessen ich nicht Herr werden kann, habe ich hier wie dort.

In diesem hier angedeuteten Verhältniß liegt es theilweise wenigstens begründet, daß, wenn man über den Weltproceß speculirt, man sich häufig am liebsten einer Vorstellungsweise zuwendet, die ein ewiges Entstehen und Vergehen im Einzelnen mit gleichbleibendem Bestand des Ganzen uns vor Augen stellt. Eine fortwährende Verjüngung und Erneuerung und eben dadurch Erhaltung des Alls im inneren Gleichgewicht der Kräfte lehnt sich ferner an Naturerscheinungen und Auffassungen an, die uns geläufig sind, und endlich entsteht dadurch auch für unser Causalitätsbedürfniß eine scheinbar höhere Befriedigung. Denn wie in einem Kreise das Ende den Anfang berührt, so wird auch bei diesem fortwährenden Kreislauf alles Entstehens und Vergehens die letzte Ursache immer wieder zur ersten, so daß sich ein lückenloser Verlauf entfaltet, bei dem wir nach der letzten Ursache nicht fragen, weil sie gleichzeitig die erste ist und nach der ersten nicht, weil sie sich uns als die letzte enthüllt.

Ich sagte: es entsteht eine scheinbar höhere Befriedigung, weil in Wahrheit die Frage nach der letzten Ursache der vorhandenen Wirklichkeit ja auch dadurch nicht beantwortet wird. Sie ist nicht zu beantworten — außer etwa durch den alles vor sich niederwerfenden Kanonenschuß, die ultima ratio des ontologischen Beweises.

In diesem Sinn eines beständig sich selbst durch Absterben und Verjüngung erhaltenden Naturprocesses, hat

auch Strauß, woran ich schon oben erinnerte, die Frage:
„Wie begreifen wir die Welt?" beantwortet. Er vergleicht
(übrigens schon in seiner Dogmatik bei Gelegenheit der
christlichen Lehre vom Weltuntergang) „das All einem
jener südlichen Bäume, an denen zu derselben Zeit hier
eine Blüthe aufgeht, dort eine Frucht vom Zweige fällt".
„Nur wenn seine Theilgebilde in beständigem Wechsel
des Entstehens und Vergehens kreisen, ist es als Ganzes
sich selbst gleich und absolut. Wirklich ist schon unter
den Körpern unseres Sonnensystems eine Abstufung zwi=
schen größerer und geringerer Reife der Einzelnen un=
verkennbar."

Und er wiederholt und vervollständigt dieses Bild
in seiner letzten Schrift folgendermaßen: „Sehen wir aber
auf das Universum im Ganzen, so hat es niemals eine
Zeit gegeben, wo dasselbe nicht war, wo in demselben
kein Unterschied von Weltkörpern, kein Leben, keine Ver=
nunft gewesen wäre, sondern das alles, wenn es in einem
Theile des All noch nicht war, so war es in einem an=
deren Theile schon da, in einem dritten nicht mehr da;
es war hier im Werden, dort im vollen Bestande, an
einem dritten Orte im Vergehen begriffen: das Universum
ein unendlicher Inbegriff von Welten in allen Stadien
des Werdens und Vergehens, und eben in diesem ewigen
Kreislauf und Wechsel es selbst in ewig gleicher absoluter
Lebensfülle sich erhaltend."

Es läßt sich nicht verkennen, daß diese Vorstellung
etwas Bestechendes hat, daß sie sich unserer Phantasie

besonders leicht einschmeichelt. Außer den schon erwähn=
ten Momenten steht ihr auch noch das zur Seite, daß
sie auf den ersten Anblick ein freundliches Bild zu
gewähren scheint. Denn es gewährt ja ohne Zweifel
einen freundlichen Eindruck sich das Universum als einen
in ewiger Lebensfülle prangenden, Blüthe und Früchte
tragenden Baum vorstellen zu dürfen, „an dem hier eine
Blüthe aufgeht, dort eine Frucht vom Zweige fällt."
Aber wie diese Vorstellung hinsichtlich der Begreiflichkeit
nur scheinbar einen Vortheil gewährt, wie sie dem Cau=
salitäts=Bedürfniß unserer Natur nur scheinbar eine Be=
friedigung bietet, so ruht auch der freundliche Eindruck
mehr auf der Oberfläche, als daß er dem thatsächlichen
Verhältniß entspräche.

Bleiben wir bei unserer Erde stehen. Nehmen wir
also an, sie sei gegenwärtig eine solche sich erschließende
Blüthe am Baum des Lebens oder — um der Bilder=
sprache zu entsagen — sie stelle einen ansteigenden Ent=
wicklungsproceß in der gesammten Lebenserscheinung des
All's dar, der durch beinahe unabsehbare Zeiträume hin=
durch in der Menschheit einen immer vielgestaltigeren,
bewegteren, intellectuelleren, empfindungsreicheren Inhalt
aus seinem Schooß heraus erzeugt. Die ursprüngliche
Befruchtung dieses Schooßes ist unbekannt, der keimtrei=
bende Einfluß der Sonne hüllt sich in Dunkel und wird
nur als entscheidend eingreifende, unermeßlich wichtige
Thatsache anerkannt. Zu irgend einer Zeit geräth dieser
ansteigende Entwicklungsproceß ins Stocken. Der leben=

bige Strom staut sich, weil ihm die treibende Kraft ab=
handen kommt; er schlägt eine rückläufige Bewegung ein.

Was heißt das? Das würde auf die Menschheit
angewandt heißen, daß sie, im Besitz einer höchsten vor=
stellbaren Entwicklungsstufe, diesen Besitz allmählig zu=
sammenschwinden und sich abermals durch fast unüber=
sehbare Zeiträume hindurch dem sicheren, langsamen Ver=
fall unrettbar entgegenschreiten sähe.

Es gehört nicht viel Phantasie dazu, um dieses
Loos, das einem mit höchstentwickeltsten Geisteskräften aus=
gerüsteten Geschlecht auferlegt wäre, diese Tortur der
Verödung, erlitten in der bewußtesten Weise, verschärft
durch Voraussicht und Phantasie, furchtbar abschreckend
zu finden, so abschreckend, daß es der Vorstellung und dem
Bild einer „reifen Frucht, die vom Baume gleitet", nicht
im Entferntesten mehr entspricht.

Und nun übertrage man dies auf den Weltprozeß
und summire den Inhalt desselben in alle Ewigkeit dahin:
ein Gewebe immer wieder neu zu flechten, um es
immer wieder aufzulösen, glühende Tropfen in den Welten=
raum zu schleudern, um sie durch aeonenlange Entwicklung
zur Wohnstätte vernunftbegabter, von Schmerz und
Freude auf's Heftigste bewegter Wesen heranreifen zu
lassen und sie dann wieder als Schlacken, riesige Grab=
stätten untergegangener Geschlechter, auszuscheiden.

Gilt für den Pessimismus, der Alles schließlich mit
einem großen Leichentuch zudeckt, in Hinblick auf die
Daseinsarbeit so vieler Generationen das herbe Dichter=

wort: „So viel Arbeit um ein Leichentuch!"[1] so stellt
sich doch auch für diese Auffassung die Sache kaum viel
tröstlicher dar. Die immer wiederholte rückläufige Bewegung, welche hier dem Weltprozeß als Moment eingereiht ist, um die Entwicklungsarbeit des Ganzen gewissermaßen zu Athem kommen zu lassen und sie wieder auf
den Anfangspunkt zurück zu schrauben, prägt dem All

[1] Ein Seitenstück zu dem Schluß aller Weisheit, den der
Pessimismus aufstellt, eröffnet sich in einer gewissen Richtung specu-
lativer Naturforschung, welche kein Bedenken trägt, — trotz unserer
in die engsten Grenzen eingeschlossenen Einsicht in die Bedingungen
und die Bedeutung des geistigen Lebens — zunächst dieses selbst
und dann das ganze Universum in Rauch aufgehen zu lassen. So
gelangt z. B. Professor W. Wundt in seinen „Vorlesungen über
die Menschen- und Thierseele" (Leipzig 1863) zu folgendem, sehr
apodictisch hingestelltem Ergebniß: „Auch allem geistigen Leben und
Wirken ist damit ein sicherer Untergang geweissagt. Wie der
Einzelne stirbt, wie die Menschheit vergeht, so hat auch die
Welt ihre Zeit, wenn auch eine für uns unermeßliche Zeit . . .
Die undurchsichtigen Massen am Himmel, auf die einst John Her-
schel aufmerksam gemacht, deren Existenz man aber neuerdings wieder bezweifelt hat, sind vielleicht Theile des Weltalls, die ihren Le-
benslauf schon beendigt haben.
Vielen mag dieses Endresultat unserer Betrachtungen, das
selbst dem Universum einen sicheren Untergang weissagt, wenig
tröstlich erscheinen. Dennoch hat man keinen Grund, daraus eine
trübe Weltanschauung zu schöpfen (?). Auch hier sind Geburt und
Tod nur an das endliche Dasein gebunden, und sie verschwinden,
sobald das Denken die Grenzen dieses endlichen Daseins aufhebt,
wie sie es aufheben muß.
Die Fortschritte der Naturforschung haben uns ein sehr viel
erhabeneres Bild von der Welt gegeben. Es wäre ein seltsamer
Widerspruch, wenn sich deshalb die Forderungen des Denkens verkürzt fänden."

den erstarrenden Zug eines so zu sagen hoffnungslosen
Beginnens bei, der alle willenslos an ihm betheiligten
Geschöpfe zu einer Sisyphus-Arbeit verurtheilt erscheinen
ließe. Wenn sich dies Bild für uns als Erdenbewohner
weniger abschreckend darzustellen scheint oder vielmehr
wenn der abschreckende Inhalt desselben uns weniger in
die Augen fällt, so liegt das wohl nur darin, daß die
Menschen geneigt sind den Blick nicht allzuweit in die
fernste Zukunft zu richten. Dadurch haftet derselbe an
der aufsteigenden Entwicklung, deren wir uns noch für
Millionen von Jahren sicher fühlen, also an einer freundlichen Aussicht, während wir das dazu gehörende Gegenstück außer Acht lassen. Einmal in's Auge gefaßt aber
breitet er einen ungeheuren Schatten vor uns aus, der
alle lichte Aussicht verdunkelnd überzieht.

Nein, soll das Bild von dem Universum als ein
Blüthenbaum einmal gelten, so stehe er vor unserer
geistigen Anschauung wenigstens so da, daß ihm die Kraft
innewohne immer vollkommenere Blüthen zu treiben[1].

Im Uebrigen ist die Unzulänglichkeit unseres Begrei-

----

1) Auch aus Fichte ist hier eine Stelle anzuziehen, in der er
sagt: „Das Universum ist mir nicht mehr jener in sich selbst zurück-
laufende Zirkel, jenes unaufhörlich sich wiederholende Spiel, jenes
Ungeheuer, das sich selbst verschlingt, um sich wieder zu gebären,
wie es schon war, es ist vor meinem Blicke vergeistigt und trägt
das eigene Gepräge des Geistes: stetes Fortschreiten zum Vollkommenen in einer geraden Linie, die in die Unendlichkeit geht. (Anweisung zum seligen Leben. Sämmtl. Werke. Berlin 1845. V, 408.)

fens gerade groß genug, um auch an diesem Punkt den
Schleier des Geheimnisses zu erkennen und vor ihm Halt
zu machen, an dem alle Vernunft-Arbeit so leicht zur
Vernünftelei, alle geistreichste Speculation zum Fürwitz
wird. Nur das sei uns als Gewißheit des Optimismus
kein Geheimniß, daß kein Stillstand, kein Rückschritt,
daß lebendiger Fortschritt zu etwas Besserem in
der Daseinsarbeit des Alls, in seiner Selbstbestimmung
gelegen ist. In diesem Sinn enthalten auch Schiller's
Worte:

> Es ist kein leerer, schmeichelnder Wahn,
> Erzeugt im Gehirne des Thoren
> Im Herzen kündet es laut sich an:
> Zu was Besserem sind wir geboren.

mehr als bloße poetische Illusion, die nur lockend an
das Ohr anklingen darf, um dann mit einem Seufzer
der Resignation verabschiedet zu werden, man muß nur
das Herz, das große symbolische Triebwerk alles Strebens
als Pulsschlag des Seins erfassen und bedenken,
daß die Blutwelle nicht anders gehen kann als
der Pulsschlag geht.

***

Wer sich einmal an den Gedanken gewöhnt hat, den
Fortschritt, auf den er zuversichtlich baut, weil er ihn
als Sinn des Seins und damit als Weltvernunft
auffaßt, in das Ganze der kosmischen Beziehungen zu
verlegen, der kann nicht umhin auch die gesammte Kultur-
Entwicklung, die sich auf unserem Erdenstern vollzieht,

unter diesem Gesichtswinkel zu betrachten. Ob dieselbe
sich dermaleinst stauen und eventuell eine rückläufige
Bewegung einschlagen wird oder nicht, das sind Fragen,
die in solchen Zusammenhang angeschaut etwas von ihrer
prinzipiellen Schärfe verlieren. Ich sehe ganz davon ab,
daß diese Annahmen, so fest begründet sie unter gewissen
gegebenen naturwissenschaftlichen Voraussetzungen auch
sein dürften, doch eines gewissen hypothetischen Charakters
nicht zu entkleiden sind, da selbst die wissenschaftlich zu
Grunde liegende Theorie der hypothetischen Annahmen
nicht entbehren kann, die zwar zur Zeit als die plausibel-
sten, der Beobachtung der Thatsachen entsprechendsten
erscheinen mögen, bei neuen Beobachtungen, die in unseren
Gesichtskreis treten, aber Modificationen erleiden können.
Ich sehe ganz davon ab, zumal jede Hypothese, die den
Thatsachen am besten zu entsprechen scheint, zunächst doch
in ihrer wissenschaftlichen Rechtsbeständigkeit zu schützen
und anzuerkennen ist. Aber auch die einer anhaltend
fortschreitenden Entwicklung des Menschengeschlechts auf
den vor ihr beschrittenen Culturbahnen ungünstigste Annahme wirft für die Prinzipienfrage des Ganzen kein
entscheidendes Gewicht in die Wagschale.

Dennoch aber bleibt die Frage nach der Zukunft
des Menschengeschlechts in Bezug auf den sittlichen
Fortgang seiner Entwicklung für den Denker eine Frage
ersten Ranges und von einem äußerst gewichtigen, nicht
abzuweisenden Interesse. Für den Denker d. h. also
nicht wegen irgend welcher daran anzuknüpfender Bezie-

hungen praktischer Art, Beziehungen, die mit Nutzen,
mit Verhaltungsweisen und Lebensregeln einen Zusammen=
hang haben, sondern lediglich wegen des theoretischen In=
teresses an der Zukunftsperspective in Betreff eines Ob=
jekts, das durch seine sinnliche Nähe und Greifbarkeit —
um mich so auszudrücken — sich ganz besonders und
vorzugsweise für die Beobachtung qualificirt.

Wenn die Gewißheit eines aufsteigenden Prozesses
im Weltganzen ihre ideale Bedeutung und ihren wissen=
schaftlichen Werth für unsere ganze Auffassung und
Weltanschauung behauptet, so ist sie doch ungeeignet, in
einigermaßen exacter Weise berechnet zu werden. Wir
werden nothwendiger Weise von dieser Richtung abge=
drängt. Die Ahnung, die hypothetische Vermuthung setzt
sich an die Stelle einer logischen oder psychologischen
Construktion. Der kühnste Schritt in dieser Richtung ist
vielleicht in der Aufzeichnung enthalten, die ich der Güte
von Prof. Fechner verdanke und die ich eben wegen
ihres bedeutsamen Charakters in den Anmerkungen mit=
getheilt habe. So hoch wie dieser Gedankenflug in's
Wolkenreich der Uebersinnlichkeit sich versteigt, so bleibt
ihm doch immer noch ein Zusammenhang mit dem Funda=
ment der Naturbeobachtung gewahrt, der ihn scharf von der
Willkühr leerer, transcendenter Spekulation unterscheidet.
Aber trotzdem behalten wir, wie mir vorkommt, kaum so
viel Boden unter den Füßen als erforderlich ist, um eine
eigentliche Wahrscheinlichkeitsrechnung, die sich uns inner=
lich überzeugend aufdrängte, an= und aufstellen zu können.

Hierfür bleibt die Erde — unser Wohnhaus, unsere
Schaffensstätte — und ihr Schicksal, sowie der Mensch
und seine Beschaffenheit d. h. ich, du, wie wir leben und
weben, kurz was uns entweder sinnlich greifbar, an der
Individualität[1]) unseres Planeten haftend, umgiebt oder
noch näher, unmittelbar uns selbst als Bewußtseinsträger
ausmacht, das geeignetere Objekt. Und wenn die An=
nahme oder Nicht=Annahme eines sittlichen Fortschritts
in der Entwicklung der Menschheit auch andererseits in
meinem Sinn prinzipiell nichts entscheidet, so steht sie
doch wieder in so nahen Zusammenhang zu der ganzen
Frage, daß wir uns auch deshalb getrieben fühlen müssen,
ihr die höchste Aufmerksamkeit zuzuwenden.

Die Stellung der Menschheit im Universum ist,
woran ich schon vorher erinnerte, nach ihrem inneren
Werth nicht wohl zu taxiren. Je nach dem Zusammen=
hang des Gedankenganges und nach den jeweilig herrschen=
den Voraussetzungen ist ihr bald der höchste Rang, bald
eine Stufe von zweifelhafterem Werth angewiesen worden.
Aber eben weil die erstere Annahme, wenn auch erschüttert
doch nicht unbedingt aufgehoben erscheint, so ist auch die
Frage nach der sittlichen Erhebung eines so hervorragen=
den Faktors von dem weittragendsten Interesse. Es sind
also vor Allem diese beiden Momente, welche die Frage

---

1) Individualität nehme ich hier in dem Sinn der, glaub' ich,
von Virchow herstammenden Bestimmung: „Das Individuum ist
eine Gemeinschaft, in der alle Theile zu einem gleichartigen Zweck
zusammenwirken," was sich auch auf das Menschengeschlecht und
seine Beziehungen zur Erde anwenden läßt.

nach dem sittlichen Fortschritt der Menschheit — abgesehen von allen praktischen Conclusionen — für die theoretische Betrachtung so sehr in den Vordergrund stellen: einerseits, daß wir selbst die Menschheit bilden, daß es sich in der ganzen Frage um unser Selbst handelt und ihre Beantwortung demnach, wenigstens theilweise ein Act der Selbsterkenntniß zu sein scheint, daß man dadurch so zu sagen des Räthsels Lösung in der Hand zu haben vermeint, — andererseits die überragend wichtige Stellung, die der Menschheit möglicherweise im Weltgebäude zuzusprechen ist. Da diese Frage für Ja oder Nein offen gelassen werden muß, so kommt ihr der Zweifel zu Gute und es wird dies um so mehr der Fall sein, als ein sehr natürlicher Zug eines, man könnte sagen, Familien-Interesses uns ohnehin in diese Richtung drängt.

Dazu kommt wiederum, die wissenschaftliche Spannkraft verstärkend, die Größe des Objekts der Untersuchung. Was uns an der Erde und der Geschichte der Entwicklung ihrer Bewohner klein erscheinen kann, wenn wir, den Blick auf das Weltganze richtend, sie, den verschwindenden Punkt im grenzenlosen Getriebe, in's Auge fassen, das wächst doch wieder zu riesenhafter Größe empor, sobald wir, hiervon absehend, den Stern, an den uns ein unbekanntes Geschick geheftet, zu überblicken uns bemühen. Welche Räume, welche Zeiten, welche Schicksale, welche Verwandlungen — unübersehbar in der Vergangenheit, unübersehbarer in der Zukunft! Und diese Zukunft bilden w i r.

Den wirklich gedankenreichen Arbeitern auf dem
großen Gebiet der Culturgeschichte hat die nicht abzu=
weisende Frage nach dem Fortschritt der Menschheit daher
auch immer auf's Neue zu schaffen gemacht. In unserer
Zeit des Messens und Wägens, bei der Bevorzugung
einer Methode, welche sich darauf zu beschränken und
vorwiegend, den naturwissenschaftlichen Disciplinen folgend,
das Sinnfällige in's Auge zu fassen, die bunte Erschei=
nungswelt zu studieren beliebt, konnte es nicht fehlen,
daß auch die gelehrte Forschung sehr häufig auf diesen
Bahnen der Lösung des Problems sich zu nähern ver=
suchte. Dabei ist in der That viel an Einsicht, viel an
Uebersicht des Wissens, unendlich viel an einzelnen Be=
obachtungen und Daten, die hauptsächlich der Urgeschichte
zu Gute kommen, gewonnen worden und doch — sind
wir dem Ziele eigentlich nicht näher gerückt.

Liegt es am Ausgangspunkt der Untersuchung, liegt
es an der Methode, wir finden, daß gewiegte Kräfte bei
ganz entgegengesetzten Ergebnissen anlangen. Lange, der
verdienstvolle Verfasser der „Geschichte des Materialis=
mus," ist mit Buckle nicht einverstanden, der sich für
„einen natürlichen sittlichen Fortschritt" erklärt, den ein
so tüchtiger Denker wie Volger, auf die Ergebnisse
der Natur und Geschichte gestützt, wiederum leugnet.
Lange, der die Frage mit Recht als eine vorwiegend
anthropologische ansieht, richtet seinen Blick dabei vor
Allem auf die Moralstatistik, von der er wie von der
gesammten Statistik überhaupt wünscht, daß sie in den

Vordergrund der anthropologischen Studien treten möge, „denn die Moralstatistik" — meint er — „richtet den Blick nach außen auf die wirklich meßbaren Facta des Lebens, während die deutsche Philosophie, trotz ihrer Klarheit über die Nichtigkeit der alten Freiheitslehre, ihren Blick noch immer gern nach Innen, auf die That= sachen des Bewußtseins richtet. Nur mit dem ersteren Verfahren jedoch darf die Wissenschaft hoffen, allmählig Errungenschaften von dauerndem Werthe zu bekommen."

Man könnte diesem Ausspruch bedingungsweise zu= stimmen, jedenfalls hat man keinen Grund, den Werth statistischer Ergebnisse für anthropologische Forschungen gering zu schätzen. Nur darf man die Entscheidung der höchsten Sittlichkeitsfragen nicht auf ihre Schulter legen. In dieser Beziehung scheint mir, daß Lange nach einem ganz falschen Zielpunkt ablenkt und die deutsche Philo= sophie doch noch, wenigstens der Grundtendenz nach, weit eher den richtigen Curs steuert. Lange sagt in der Be= gründung seiner Ansicht u. A.

Freilich müssen dabei die Methoden noch ungleich feiner und namentlich die Schlußfolgerungen ungleich behutsamer werden, als sie durch Quètelet geworden sind, und man kann in dieser Hinsicht die Moralstatistik als einen der feinsten Prüfsteine vorurtheilsfreien Denkens betrachten. So gilt es z. B. noch immer als Axiom, daß die Zahl der verbrecherischen Handlungen, welche in einem Lande jährlich vorkommen, als ein Maßstab der Sittlichkeit zu betrachten sind. Nichts kann verkehrter sein, sobald man einen Begriff der Sittlichkeit im Auge hat, welcher sich

einigermaßen über das Prinzip kluger Vermeidung der
Strafen erhebt. Von vornherein schon müßte man minde=
stens, um eine der Sittlichkeit proportionale Zahl zu finden,
die Zahl der strafbaren Handlungen dividiren durch die
Zahl der Gelegenheiten oder Versuchungen zu strafbaren
Handlungen. Es ist ganz selbstverständlich, daß eine ge=
wisse Zahl von Wechselfälschungen in einem Bezirk mit
lebhaftem Wechselverkehr nicht dieselbe Bedeutung hat, wie
dieselbe Zahl in einem gleichgroßen Bezirk, dessen Wechsel=
verkehr um die Hälfte geringer ist. Die Criminalstatistik
summirt aber nur die absolute Zahl der Fälle, und wo
sie sich zu Verhältnißzahlen versteigt, nimmt sie höchstens
die Bevölkerungszahl als Maßstab und nicht die Zahl der
Handlungen und Geschäfte, aus welchem durch Mißbrauch
Verbrechen hervorgehen können.

Vorher rühmt Lange als Vorzug der Moralstatistik,
daß sie ihren Blick auf die wirklich meßbaren Facta
des Lebens reihte. Nur damit könne man hoffen, Er=
rungenschaften von dauerndem Werth zu bekommen. Er
glaubt darin einen Maßstab der Sittlichkeit zu besitzen,
der zuverlässiger sei als wenn man über die Thatsachen
des Bewußtseins philosophire. Nun ist aber die Sitt=
lichkeit doch immer, und vor Allem ein Thatbestand des
innern Lebens. Eben deshalb meint Lange, darf man
die Zahl der strafbaren Handlungen allein nicht berück=
sichtigen. Das gibt ein rein äußerliches Resultat. Etwas
ganz Anderes kommt aber zum Vorschein, wenn man jene
Zahl durch die Zahl der Versuchungen dividirt. „Mit
Versuchungen dividiren". Man höre und staune! Wie
gelassen sich so etwas hinschreibt, wenn man im Eifer der

Beweisführung den eigentlich haarsträubenden Inhalt
der Worte nicht gewahr wird. Ist denn die „Versuchung",
selbst rein äußerlich, also nur als „Gelegenheit" genom=
men auszuzählen, da doch jede beliebigste Combination
der Umstände die Gelegenheit ins Leben rufen kann, die
doch wahrlich etwas ganz anderes ist als „die Zahl der
Handlungen und Geschäfte"; in denen die Gelegenheiten
vorkommen können. Und nun erst die innere Versuchung,
die sich wieder mit tausend unsichtbaren Fäden aus der
zufälligen Gelegenheit in's Innere des Menschen hinein=
spinnt und dort eine Fangschlinge stellt, der oft erst spät,
scheinbar unvermittelt ein Opfer fällt? Sind das „die
wirklich meßbaren Facta des Lebens" und zwar der=
artig auszumessen und auszuzählen, daß man mit ihnen
multipliciren und dividiren kann? Vor diesen Verwirrun=
gen behüte uns doch der Himmel! Da ist mir eine Mo=
ralstatistik, die allerdings nur nach einem groben Maß=
stab eine sogenannte „Sittlichkeit" abschätzt, aber doch
wenigstens mit wirklichen Zahlengrößen operirt, doch noch
lieber als eine Methode, die im Glauben sich zu verfei=
nern, falsche Zahlengrößen einsetzt und daraus Trugschlüsse
zieht. Wohin gerathen wir, wenn das noch Psychologie
und Ethik vorstellen soll und ganz ohne diese, die sich
allerdings wesentlich auf die Thatsachen des Bewußtseins
angewiesen sehen, sind ja doch diese schwerwiegenden Un=
tersuchungen nicht zu führen.

Es ist ja an sich nichts dagegen zu erinnern, daß eine
Berücksichtigung der Zahl der in einem gewissen Bezirk

bestehenden Geschäfte bei Aufzählung z. B. von Wechsel=
fälschungen eine kleine Correctur darstellt, die ein ver=
bessertes Resultat und eine richtigere Schätzung von Et=
was ergiebt, was sich mit Sittlichkeit ohnehin nicht deckt,
aber doch in einer gewissen, namentlich für praktische
Zwecke, für Verwaltung und Gesetzgebung keineswegs
gleichgültigen, äußerlichen Beziehung zu derselben steht.
Nur darf man dem nicht eine Bedeutung beilegen, wie
Lange es thut. Man darf nicht statt: „Geschäfte“ „Ge=
legenheiten“, statt Gelegenheiten „Versuchungen“ setzen
und in Besitz des letzteren Ausdrucks, der hier doch gar
nicht hergehört, aber sehr irreführend ist, sich dann ge=
berden, als ob man mittelst solcher Verfeinerung nun
wirklich eine praktische Methode besitze, um die Sittlichkeit
festzustellen und auszumessen, während die Philosophie
nur so herum irrlichterlirere.

Kaum weniger hinderlich als diese Fehlgriffe erweist
sich die Liebhaberei, auf die man leider so häufig stößt,
ganz klare und selbstverständliche Sätze, denen im Grunde,
wenn man sie nur beim rechten Namen nennt, sehr leicht
beizukommen ist, mit hochtrabenden gelehrtklingenden Aus=
drücken zu behängen, aus ihnen ein System zu bereiten,
dasselbe als hochwichtig der Aufmerksamkeit zu empfehlen
und dadurch am letzten Ende doch nur Zeit und Kraft
unnütz zu zersplittern. Ich halte Lange, wenn es mir
auch scheint, daß er in der „Geschichte des Materialis=
mus“ zu viel und vielerlei bewältigen und berücksichtigen
wollte, wodurch er in manche Verworrenheit gerieth, trotz=

dem für einen sehr verdienstvollen, scharfsinnigen, redlich
bemühten Forscher, aber auch für diese erwähnte gefähr=
liche Liebhaberei liefert er ein frappantes Beispiel.

Man überlege sich einen Augenblick das verzweifelt
einfache Verhältniß, welches darin besteht, daß in einer
einförmig dahinlebenden Bevölkerung, die so dahin däm=
mert, daß man etwa von ihr sagen kann: sie thut nichts
Guts, sie thut nichts Schlechts die Zahl der verbreche=
rischen Handlungen geringer sein wird, als wo compli=
cirtere Lebensbeziehungen bestehen und höre nun, wie
sich dies Verhältniß bei Lange aufbauscht und aufbläht.

Für manche Arten von Vergehungen ist der passende
Nenner zur Herstellung einer richtigen Verhältnißzahl gar
nicht zu finden, und doch besteht eine Verschiedenheit der
ganzen moralischen Entwicklung zwischen den Bevölkerungs=
gruppen, die man vergleichen möchte, bei welcher gar nicht
daran zu denken ist, daß die auf den Kopf berechnete Ver=
hältnißzahl der Verbrechen in beiden Fällen dieselbe ethische
und psychologische Bedeutung hätte. Da dieser Punkt von
den Moralstatistikern noch nicht hinlänglich beachtet ist,
so gestatte ich mir, hier kurz auf die wichtige Erscheinung
der ethischen Evolution hinzuweisen, die ich zuerst in
meinen Vorlesungen über Moralstatistik an der Bonner
Universität (Winter 1857/58) entwickelt und seitdem stets
bestätigt gefunden habe, ohne zu einer Veröffentlichung Zeit
zu gewinnen. Vergleicht man nämlich den Zustand einer
einförmig dahinlebenden Hirtenbevölkerung, wie wir sie
etwa in mehreren Departements des innern Frankreich
finden, mit dem Zustand einer Bevölkerung, die von der
industriellen, literarischen, politischen Bewegung der Geister

ergriffen ist, bei der das tägliche Leben an sich schon eine
reichere Fülle von Vorstellungen erweckt, Handlungen und
Entscheidungen fordert, Zweifel spornt, und bei welcher noch
dazu für den Einzelnen, wie für die Gesammtheit der
Wechsel von Glück und Unglück größer ist und außergewöhn=
liche Krisen häufig werden, so sieht man leicht, daß bei
der letzteren Bevölkerung, wie schon eine Betrachtung der
Gesichter, der Gestalten, Trachten und Gewohnheiten zeigt,
eine ungleich größere Verschiedenheit zwischen den Indivi=
duen eintreten muß, und daß jedes einzelne Individuum
einem viel stärkeren Wechsel der Einflüsse aller Art ausge=
setzt ist. Da nun in ethischer Beziehung eine solche Evo=
lution eben so gut edle wie unedle Eigenschaften fördert
und ebensowohl außerordentliche Handlungen der Aufopfe=
rung einer uneigennützigen Nächstenliebe oder eines heroischen
Kampfes für das Gemeinwohl hervorruft, als sie anderer=
seits die Erscheinungen der Habsucht, des Egoismus und
maaßloser Leidenschaften erzeugt, so kann man einen ethi=
schen Schwerpunkt der Handlungen dieser Bevölkerung
fingiren, von welchem sich die einzelnen Acte bald nach der
guten, bald nach der schlimmen Seite hin, bald in der
Richtung irgend einer sittlich gleichgültigen Excentricität
entfernen. Bei einer Bevölkerung von geringerer Evolution
werden sich sämmtliche Handlungen näher um den Schwer=
punkt gruppiren, d. h. es werden excentrische und ausneh=
mend edle Handlungen verhältnißmäßig eben so selten sein,
als sehr schlechte; da nun das Gesetz sich um die große
Masse der Handlungen gar nicht kümmert und nur nach
gewissen Richtungen hin dem Egoismus und den Leiden=
schaften eine Schranke zieht, jenseit welcher die Verfolgung
um die Strafe beginnt, so ist es ganz natürlich, daß eine
Bevölkerung von höherem Evolutionsgrade bei gleichem

ethischen Schwerpunkt eine größere Zahl unsittlicher Handlungen hat, theils weil auf den Kopf überhaupt mehr einzelne erhebliche Willensakte kommen, theils aber auch weil
die größere Excentricität der Individuen sich sowohl im
guten wie im schlechten Sinne weiter von dem Mittelpunkt
entfernt, während nur ein Theil der Handlungen letzterer
Art zur Aufzeichnung kommen. Wie ein starker Wellenschlag auch bei niedrigem Wasserstand leichter über den
Uferdamm spritzt als ein schwacher bei höherem, so muß
es sich auch hier hinsichtlich der strafbaren Handlungen verhalten.

. Dieser letzte, bei Lange mit gesperrter Schrift beson-
ders hervorgehobene Satz sucht seine Meinung durch ein
Bild zu veranschaulichen, welches an sich schon ungenau
und incorrect ist. Denn keineswegs spritzt ja ein starker
Wellenschlag bei niedrigen Wasserstand jedesmal und als
Regel leichter über Bord als ein schwacher bei höherem
Wasserstand, sondern es kann auch gerade das umgekehrte
Verhältniß stattfinden. Das Ergebniß ist rein von der
Stärke des Wellenschlags und der Höhe des Wasserstan-
des abhängig. Für etwas, was sich als Norm und
Regel darstellen soll, ist dies Bild also so ungeeignet,
wie möglich. Aber auch der fingirte „ethische Schwerpunkt" ist eine interessante Formel, die geheimnißvoll
klingt, aber wenig bedeutet. Sie bedeutet eben nur Folgendes: wenn gute und böse Handlungen in zwei Bevöl-
kerungsgruppen mit einander verglichen, hier wie dort in
gleichem Verhältniß stehen, beide z. B. wie 5 zu 7, so
wird die 7 (angenommen als Verhältnißzahl der unsitt-

lichen Handlungen) in einer unter complicirten Verhältnissen lebenden Bevölkerung mehr unsittliche Handlungen
vorstellen, als dieselbe Ziffer bei einer einfachen Bevölkerung. Die Balance der 7 zu 5 bleibt ungestört, weil
auch die 5 wieder mehr erhebliche gute Handlungen bei
der einen wie bei der anderen Gruppe aufweist. Dadurch
reducirt sich aber der Kern der ganzen Weisheit auf die
schon gleich Anfangs von mir hervorgehobene höchst einfache Thatsache. Wenn man aber so leicht übersehbare
Verhältnisse, statt sie plan und einfach zu behandeln,
sämtlich in die Höhe schraubt und unvergleichlich tief-
sinnig ausstaffirt, so wird es natürlich immer unmöglicher
die Hauptpunkte von den Nebenpunkten zu sondern und
den ersteren die ihnen allein gebührende Stellung einzuräumen.

Die Aufgabe auf dem ungeheuren Arbeits-Gebiet der
menschlichen Cultur-Entwicklung einen sogenannten sittlichen Antheil auszuscheiden oder mit anderen Worten
die Aufgabe: festzustellen, ob denn innerhalb all dieser
Arbeit und Bewegung sich auch wirklich ein Antheil sittlichen Fortschritts befindet, oder ob das Menschengeschlecht,
sittlich genommen, trotz aller Verfeinerung, trotz aller
materiellen und intellectuellen Fortschritte u. s. w. nicht
doch im Grunde ziemlich unverändert dasselbe Gesicht aufweist, gehört wie leicht einzusehen, zu den aller verwickel-
testen und schwierigsten. Schon bei den auftauchenden
Vorfragen: was soll unter sittlichem Fortschritt verstanden

werden, wie verhält sich der intellectuelle Fortschritt, der
sich am unzweifelhaftesten nachweisen läßt und dessen
stätiges, mit der Alterszunahme unseres Planeten fort-
schreitendes Wachsthum am wenigsten bestritten werden
kann, zu dem sittlichen, begegnen wir sofort den ersten
eminenten Schwierigkeiten.

Es kann mir selbstverständlich nicht beikommen gewissermaßen im Vorbeigehen hier eine selbstständige Entwickelung vortragen zu wollen, nur an einigen Haupt-
punkten will ich versuchen theils Einwendungen zu erheben
theils die Richtung anzudeuten, von der nach meinem
Dafürhalten, bei der Untersuchung nicht abgewichen werden darf. Das ganze Thema bildet den bedeutungsvoll-
sten Vorwurf, den sich eine anthropologisch-psychologische
Ethik, nur stellen kann und ist also nur selbstständig
losgelöst von anderen Gedankenreihen, und in umfassender Weise abzuhandeln.

Nichts liegt in einem gewissen Sinne näher, ist daher
gebräuchlicher und, man kann sagen: populärer als bei
der Frage nach dem sittlichen Fortschritt der Menschheit
auf den Egoismus zurückzugreifen. Selbstsucht —
Gemeinsinn: Eigennutz — gemeinnützige Thätigkeit: Zu-
sammenscharren — Vertheilen und fruchtbringend Wirken:
Herzenskälte — Herzenswärme: Ungerechtigkeit — Gerechtigkeit: Despotismus — Freiheit: Alles, was wir lieben
und erstreben, oder andererseits zurückweisen und verwerfen,
scheint sich in großen Verhältnissen und Beziehungen an
diese eine Formel des Egoismus und seiner Ueberwin-

bung anknüpfen zu lassen. Dazu tritt die große welt=
geschichtliche und ethische Erscheinung des Christen=
thums, dessen innerste welterlösende Bedeutung, als
Religion der Liebe, im Gegensatze zu der vor ihm liegen=
den Menschheitsaera sich ebenfalls als Befreiung aus
den Banden des Egoismus deuten läßt und in diesem
Sinn mit Vorliebe den tiefsinnigsten Speculationen zum
Anhalt gedient hat. Und endlich wird auch in dem
Ringen der Gegenwart, in all' ihren friedlichen Bestre=
bungen kaum ein Ziel so unverrückt und zielbewußt im
Auge gehalten als die Erleichterung der Belasteten.
Wird nun bei den hierbei mitwirkenden, ganz verschieden
gestalteten ursächlichen Faktoren, die genaue Schätzung
des sittlichen Antheils d. h. (wenn wir einmal den
Egoismus als Maßstab anlegen) der rein auf das Wohl
der Anderen gerichteten uneigennützigen Triebe nie durch=
zuführen sein d. h. wird es immer zweifelhaft sein müssen,
ob diese Triebe oder nicht vielmehr Furcht der Besitzen=
den, kluge Berechnung, rationeller Egoismus, volkswirth=
schaftliche Einsicht u. s. w. oder auch Empfindsamkeit
und jene Art von Mitleid die, um mit Büchner zu
reden, einem „verfeinerten Egoismus" gleicht[1]), den Aus=
schlag geben, so scheint es auf der anderen Seite doch kaum
anfechtbar zu sein, daß den ersteren, den uneigennützigen
Trieben, gegenwärtig eine größere Rolle zufällt als früher.

Und so läßt sich, scheint es, ohne allzuviel Schwierig=

---

1) Büchner, die Stellung des Menschen in der Natur.
Leipzig 1870.

keit das Weltbild ungefähr so gestalten, daß es einen
sittlichen Fortschritt giebt, der zusammenfällt mit der Er=
hebung des Menschen resp. der Menschheit über den
natürlichen Egoismus.

Hierüber läßt sich nun außerordentlich viel hin und
her speculiren. Zieht man in diesen angenommenen sitt=
lichen Fortschritt noch die Idealbildung des Menschen
hinein, ohne auch dieses äußerst schwierige Thema genau
zu präcisiren und zu erschöpfen, spricht man von einer
durch die fortschreitende Cultur und Ordnung der Lebens=
verhältnisse nothwendig bedingten Zunahme der „Har=
monie unseres Weltbildes," die allmählig über die
wilden Störungen der Triebe und der heftigeren Empfin=
dung von Lust und Schmerz das Uebergewicht erlangen
müsse, von einer liebevollen Umfassung der gesammten
Erscheinungswelt und der natürlichen Neigung sich
diese harmonisch zu gestalten", so bewegt man sich meines
Erachtens in Allgemeinheiten, die sehr blendend sind und
geistvoll vorgetragen, sehr bestechend wirken können, aber
doch an allen Ecken und Enden der scharfen Formulirung
und Fragestellung entbehren, die für jede Untersuchung,
die nach Grund und Boden sucht, zunächst erfordert
wird. Ein „naturgemäßer, so zu sagen physischer Grund
für die allmählige Verdrängung des Egoismus durch
das Wohlgefallen an der harmonischen Ordnung der
Erscheinungswelt" klingt sehr schön, aber der Klang ist,
wie mir vorkommt, auch das Beste daran[1]).

1) Vgl. den letzten Abschnitt: Der ethische Materialismus und

Eine noch so stattliche und verheißend aussehende
Straße voll Prachtbauten kann als Sackgasse endigen, die
den Wanderer, der weiter will, schließlich umzukehren zwingt
und um nun nicht erst die ganze Straße der stattlichsten
Auseinandersetzungen durchwandern zu müssen, fange ich
lieber gleich bei der Sackgasse an. Oder giebt es eine
solche nicht? Ich sollte denken, ja, denn was ist eigent=
lich Egoismus, was ist ein Egoist? Drücke ich damit
eine so bekannte, bestimmt benannte Größe aus, daß ich
mir einbilden kann für Jeden dasselbe gesagt zu haben,
wie etwa 4 oder 5 für Jeden nur diese Zahl und keine
andere bedeuten? So scheint es allerdings und fast in
diesem Sinn wird auch dies Wort gebraucht. Wie ist
es aber in Wahrheit damit bestellt? Dem Standpunkt,
der die ganze Menschheit gleichberechtigt als eine
Familie umfaßt, erscheint der Standpunkt, der sich auf
die eine eigne Nation zurückzieht, als ein egoistischer —
dem, der diesen Standpunkt innehält, erscheint in gleichem
Lichte wieder der, der sich auf den Stamm, den Canton,
die Stadt beschränkt — diesem wieder der, der nur an
sein Geschlecht, denkt, an seine Familie und so weiter
bis wir schließlich bei dem anlangen, der ausschließlich
nur an sich denkt. Und umgekehrt in aufsteigender Linie
erscheint häufig der, dem sehr erweiterte Interessen am
Herzen liegen, dem Anderen, der mit Herz und Sinn in

die Religion in der Geschichte des Materialismus von A. Lange,
der bei allen sonstigen Vorzügen dem Systematisiren von Allgemein=
heiten fast zu viel Neigung und Geschick entgegenbrachte.

einem engeren Interessen-Kreis Fuß gefaßt hat und bei
diesem verharrt, sehr leicht als „Phantast". Wie oft ist
nicht dies, nicht gerade beschimpfende, aber auch nicht
auszeichnende Urtheil aus keinem anderen Grunde gefällt
worden, als weil der Verurtheilte aus dem Kreis bereits
herausgetreten war, der die, welche über ihn urtheilten,
noch umschlossen hielt.

„Nun gut", sagt man „eben in dieser Erweiterung
des Kreises liegt aber die Ueberwindung des Egoismus
und damit die Erhöhung der sittlichen Qualität. Wer
nur an sich denkt, ist der ärgste Egoist, eine Stufe höher
steht, wer daneben noch seiner Familie eingedenk ist, noch
höher veranschlagen wir die sittliche Qualität dessen, der
Stamm, Geschlecht, Nation und schließlich die ganze
Menschheit in seine Gedanken und Bestrebungen ein=
schließt". Ist dies wirklich eine richtige Rechnung? Oder
liegt das Verhältniß nicht vielmehr so, daß die egoistische
Qualität in demselben Augenblick schon durchbrochen ist,
wo der Mensch außer sich noch einen zweiten Gegen=
stand versorgt und berücksichtigt, und daß das Hinzutreten
eines dritten und vierten Gegenstandes u. s. w. keineswegs
einen Maßstab bildet, oder gleichbedeutend ist mit einer
ebenmäßigen Verminderung des egoistischen Wesens resp.
einer dem entsprechenden vermeinten Erhöhung der sitt=
lichen Qualität. „Es giebt aber doch Abstufungen im
egoistischen Verhalten, erhöhete und verminderte Grade
des egoistischen Wesens". Unzweifelhaft, nur decken sich
dieselben nicht mit der erweiterten Einbeziehung der

Objecte. Die Größenproportion der Menschheit zur Familie als Objekte der Sympathie des Einzelnen bedeutet nicht in umgekehrtem Verhältniß die Abnahme des Egoismus und es ist also auch nicht der Schluß gerechtfertigt: weil im Leben der Menschheit der Einzelne zunächst nur an seine Familie und seinen Stamm denkt und dieselben versorgt, dies Verhalten allmählig aber auf immer weitere Kreise anzuwenden lernt, ist er um eine dem entsprechende Größe dem Egoismus abgestorben oder doch auf dem Wege dies zu thun. Vielmehr findet nach meinem Dafür= halten hier durchaus keine direkte Beziehung, auf die sich das Verhältniß von Ursache und Wirkung anwenden ließe, statt.

Wenn wir für einen Egoisten keine andere sachge= mäße Definition haben als die eines Menschen, der aus= schließlich sich berücksichtigt, so steht dem Egoisten pur et simple allerdings derjenige am nächsten, der, wenn auch nicht ausschließlich, doch vorwiegend sich berück= sichtigt, dessen liebes Ich sich bei jeder Gelegenheit in den Vordergrund drängt, so daß er den Anderen nur gönnt, was er ihnen gönnen muß. Aber eben dies kann ebensowohl da stattfinden, wo die Culturbewegung bereits soweit vorgeschritten ist, daß die Berücksichtigung einer größeren Gemeinsamkeit, eines Staatswesens, eines Volkes, Seitens des Einzelnen nothwendig stattfinden muß, als da, wo ein primitiverer Zustand der Verhältnisse das Individuum auf sich selbst angewiesen und eingeschränkt hält. Oder man denke sich ein Staatswesen wie die

ehemalige Venetianische Republik und beantworte sich die
Frage, ob die Angehörigen derselben wohl weniger Egoisten
gewesen sein werden als irgend eine Bevölkerung, in der
der Staatsgedanke noch eine völlig untergeordnete Rolle
spielte, in der Jeder nur für einen engsten Interessen-
und Sympathie-Kreis sich bethätigte. Was hier so leicht
mit täuschendem Anschein blendet ist die im ersteren Fall
so viel reicher entwickelte und mehr in die Augen springende
Bethätigung des Menschen im öffentlichen Leben. Aber
man vergißt dabei, daß auch das gar keinen Maßstab bildet, um danach eine Minderung des Egoismus abzuschätzen. Man vergißt, daß derartiges Wesen
ganz ungehindert neben der egoistischen Grundqualität
bestehen kann. Denn es kommt nur auf Eins an, darauf aber auch unbedingt; zu verstehen, daß der Egoist
das ihn als solchen characterisirende Concentriren all'
seines Denkens und Thuns auf sein individuelles Interesse und seinen Vortheil, wie er denselben eben versteht,
auch indirekt dadurch bethätigen kann, daß er sein Interesse engeren oder größeren Kreisen (Familie, Gemeinde,
Staat, Nation) zuwendet, falls er in dieser Bethätigung nur immer und ausschließlich Sich, seine
eigene Steigerung und Bedeutung sucht, — was
das einzig entscheidende Merkmal ist. So kann der
ausgemachteste Egoist ein eifriger Familienvater, ein
thätiges Gemeindemitglied, ein seinen Leistungen nach
verdienstvoller Staatsmann sein. Lassen wir uns durch
den Schein getäuscht, verleiten, dies Verhältniß unrichtig

aufzufassen, so müssen wir es überhaupt aufgeben, die
egoistische Wesensqualität an der Wurzel und im Kern
ihres Grundgedankens zu packen. Wir haben dieselbe
dann auf die im Ganzen nur sehr kleine Anzahl von
Egoisten im engsten Sinn des Wortes, d. h. solche, die
keinen Schritt über ihr eignes nächstes direktes Interesse
hinausthun, einzuschränken [1]).

Erwägen wir einen Augenblick das folgende Verhält=
niß, welches als Vergleich dienen kann. Jemand berück=
sichtigt und sorgt, mit so viel oder so wenig Hingebung
als ihm eigen, für einen nächsten Angehörigen, da andere
Gleichberechtigte nicht vorhanden sind. Zu irgend einer
Zeit aber tauchen solche Gleichberechtigte, die verschollen
waren, wieder auf und empfangen nun ebenfalls das
ihnen zukommende Theil der Berücksichtigung. Das
Quantum derselben, über das verfügt wird, dehnt sich
also auf eine weitere Linie aus, die Zahl der Empfänger
ist eine vermehrte, die sittliche Qualität desjenigen,
der zu berücksichtigen hat, wird aber dadurch
nicht nothwendig berührt und kann ganz unverändert
dieselbe geblieben sein.

Im kleinsten Bilde angeschaut, spiegelt sich hierin
diejenige Beziehung in dem Entwicklungsprozeß der Mensch=
heit, die darin gelegen ist, daß sie allerdings, was ja
nicht geläugnet werden soll und was nach allen Anzeichen
zu schließen einem stätigen Gesetz des Fortschritts unter=

---

1) Vergl. hierüber auch des Verfassers: Das Leben ohne Gott
(Hannover, Rümpler 1875), Abschnitt: Zwischen zwei Welten.

liegt, mehr und mehr eine gewisse Familienähnlichkeit in
sich anerkennen lernt. Familie ist vielleicht etwas viel
gesagt, es bezeichnet vorläufig noch mehr die Richtung
als eine Thatsache, aber es ist doch insofern keine unrich=
tige Bezeichnung als ja auch innerhalb der Familie noch
die verschiedensten Abstufungen der Ansprüche möglich
sind und vorläufig nur eine gewisse Gleichartigkeit der
Berechtigung, der Stellung, des nicht mehr völlig abzu=
weisenden Anspruchs auf Berücksichtigung kraft der Ver=
wandtschaft zur anerkannten Thatsache geworden ist.

Worauf gründet sich diese Thatsache? Sie gleicht
gewissermaßen einem langsamen Augenaufmachen der
Menschheit. Wie unsäglich tief sah die kleine Zahl der
mit den höchsten Vorrechten ausgestatteten Vornehmen
früherer Zeiten die misera contribuens plebs unter sich,
wie gänzlich unsichtbar und unfaßbar war ihr die Aehn=
lichkeit ihres eignen Wesens mit derselben, wie undenkbar
die Zumuthung eines darauf gegründeten Anspruchs!
Und wie viel ist auch heute noch von all' diesem übrig!
Man denke, wie wenig die Menschen das sie umgebende
erschöpfende Elend Unzähliger auch nur zu sehen pflegen.
Aber war oder ist dieses Nichtsehen ein Beweis ihres
Egoismus? Gewiß nicht. Den Ebenbürtigen, denen,
deren Gleichberechtigung man begriff, deren Gleichartig=
keit man einsah, wurde und wird ja Berücksichtigung
gewährt.

Und eben deshalb liegt in dem Augenaufmachen auch
kein Moment einer Verminderung des Egoismus. Es

läßt sich sehr wohl denken, daß die ganze colossale um=
wälzende Arbeit der Cultur, in der wir noch mitten inne
stehen, der Arbeit, die nach ihrem Müheaufwand, nach
der revolutionären Umgestaltung aller Verhältnisse und
allmählig des ganzen Weltbildes von der ungeheuersten
Bedeutung ist und deren Kernpunkt zunächst doch nur
darin besteht, daß die Menschenähnlichkeit, der Fami=
lienzusammenhang eines Wesens mit dem anderen erkannt
wird, sich vollzieht, ohne daß in dem mehr oder minder
egoistischen Fühlen der Menschen zu einander eine wesent=
liche Veränderung vor sich ginge. Es kommt noch hinzu,
daß das Erkennen, das Augenaufmachen, um das es sich
in diesem Falle handelt, eigentlich ein gewaltsames d. h.
dadurch herbeigeführt ist, daß die Parias der Menschheit
sich allmählig ihrer Menschenähnlichkeit bewußt wurden
und sich die Anerkennung derselben (und der mit derselben
sofort gesetzten Forderungen rechtlichen Inhalts) von den
unwillig zögernden Bevorrechteten erzwangen und fortge=
setzt erzwingen.   Der Gedanke eines Familienzusammen=
hangs in der Menschheit wird überhaupt häufig über
Gebühr hoch taxirt und veranlaßt dadurch irrige sittliche
Vorstellungen.   Nicht zu leugnen ist ja, daß die Aner=
kennung des Familienstandes in der Menschheit zur Er=
langung einer höheren sittlichen Stufe nothwendig hin=
zugehört, nur erschöpft sie nicht den Begriff derselben und
wenn man: „Die Menschheit — eine Familie" als
Idealbild der Zukunft hinstellt, so denkt man sich still=
schweigend sehr Vieles dazu, was nicht nothwendigerweise

in den Begriff des Familienzusammenhangs hinein ge=
hört. Giebt es denn nicht Familien, die sich volle Be=
rücksichtigung ihrer gegenseitigen Zusammengehörigkeit er=
weisen, also gerade das thun, was sie als Familie
charakterisirt, und die gleichwohl Familien von Spitzbuben
sind und keinen höheren Grad sittlicher Cultur reprä=
sentiren?

Das Bemühen, den sittlichen Fortschritt im Leben
der Menschheit nach dem Maß der Ueberwindung des
Egoismus abzuschätzen beruht auf einem richtigen Grund=
gedanken, auf dem nämlich, daß aller sonstige Fortschritt
im geistigen Leben für die hier zur Entscheidung stehende
Frage nicht entscheidend in's Gewicht fallen kann, so
lange Herz und Wille außer Berechnung gelassen sind.
Man wünscht, so zu sagen, eine natürliche Züchtung
und Veredlung der Herzenstriebe behaupten zu
dürfen, wie man ein mit der Alterszunahme des Pla=
neten proportional zunehmendes natürliches intellektuelles
Wachsthum, gewissermaßen eine Vermehrung der Geistes=
masse behaupten kann. Beides zusammen ergäbe dann
die Sittlichkeit, die weder ohne geistigen Gehalt noch ohne
Kraft des Herzens gedacht werden kann. Es ist eine
richtige Erkenntniß, die gerade wegen der so gewöhnlichen
Verwechslung dieser Punkte in unserer Zeit, immer wie=
der als Ausgangspunkt hervorgehoben zu werden verdient,
daß all' der Glanz der zahllos in unserer Zeit auf
materiellen Gebieten gemachten Fortschritte, alle wichtigsten
Erfindungen und Entdeckungen, alle Erweiterung unserer

Intellektualsphäre, alles davon wieder zum größten Theil abhängige, zweckmäßige und einsichtige Verhalten auf Gebieten des öffentlichen Lebens, wo sonst durch Miß= verstand und Irrung so unendlich viel Unheil gestiftet worden ist, daß alle Bereicherung unseres Wissens, alle Verfeinerung unserer Nervendispositionen, alle Steigerung des Empfindungsvermögens in Richtungen, in denen der Mensch sich sonst weniger „empfindlich" verhielt [1]), daß all' dieser so genannte „Culturfortschritt" nicht unmittelbar einen „sittlichen" Fortschritt bedeutet, unabhängig von

---

[1]) Als überzeugendster Beweis einer gegen frühere Zeiten fort= geschrittenen inneren Sittlichung pflegt diejenige Milderung der Sitten zu gelten, die es uns unmöglich macht der Greuel der In= quisition, der unmenschlichen Gefangenenbehandlung, der auferlegten Todesmartern 2c. anders als mit Ekel und Abscheu zu gedenken resp. sie anzuwenden. Wie wenig aber auch diese Verfeinerung unseres Gefühls einen totalen sittlichen Fortschritt in sich schließt, kann die Erwägung lehren, daß dieser Abscheu auch von dem getheilt werden kann, der eine gewisse, zur Mitleidenschaft disponirende Nervenreiz= barkeit besitzt, wenn er auch im Uebrigen auf durchaus niedriger sittlicher Stufe steht. Auch ist daran zu erinnern, daß gerade diese Nervenreizbarkeit, der ohne Zweifel der allererheblichste Antheil an der uns so natürlichen unwillkürlichen Schauderempfindung bei der Vorstellung ausgesuchter Martern 2c. zukommt, sehr leicht in eine gegentheilige Wirkung umzuschlagen im Stande ist, in der sie selbst dem Abscheu wieder einen spezifischen Reiz der Aufregung, zu der sie in natürlicher Sympathiebeziehung steht, abzugewinnen vermag. Es unterliegt kaum einem Zweifel, daß wenn z. B. Hinrichtungen wieder öffentlich vollzogen würden, sie bald zu den gesuchtesten Schauspielen gehören würden. Man sieht daraus, wie gering der eigentlich ethische Antheil bei dieser Milderung und Verfeinerung unserer Sitten ist.

demselben bestehen, ja bei einem gleichzeitigen Rückgang desselben wenigstens zeitweise floriren kann. Damit soll selbstverständlich namentlich in Betracht des intellectuellen Wachsthums nicht die Bedeutung desselben für den sitt= lichen Fortschritt verkannt werden, aber wie es wahr bleibt, daß ein unendlich kluger und intellectuell über= legener Mensch ein unendlich schlechtes pflichtvergessenes Wollen, eine unendlich niedrige Gesinnung besitzen kann, so bleibt es auch wahr, daß zu allem Wissensfortschritt der Menschheit noch etwas Anderes hinzutreten muß, wenn derselbe für die Menschheit im Sinn einer sittlichen Erhöhung fruchtbar werden soll.

Der Bibelspruch, der für den Einzelnen in unanfecht= barer Gültigkeit besteht: „Wenn ich weissagen könnte und wüßte alle Geheimnisse und alle Erkenntniß und hätte allen Glauben, also daß ich Berge versetzte und hätte der Liebe nicht, so wäre ich nichts" hat dieselbe Bedeutung auch für die Menschheit, die ja, wenn auch in unendlich erweiterter Form, in ihrem sittlichen Bestand denselben Grundgesetzen unterthan bleibt wie der Einzelne. Aber wenn dies Moment anzuerkennen ist und in der That für die Anwendung des Egoismus als Maßstab in Bezug auf Sittlichkeit zu sprechen scheint, so geht doch andererseits gerade aus dem hier erörterten Sachverhalt das völlig Ungenügende dieser Formel hervor. Denn die Ueberwindung, die Befreiung vom Egoismus bedeutet gar nicht einmal unumgänglich die Liebe, das Mitgefühl. Wer ein Wesen außer sich liebt ist allerdings kein Egoist,

aber nicht jeder, der aus dem Egoismus heraustritt, tritt
dadurch in die Liebe ein. Auch der verdient nicht die
Bezeichnung eines Egoisten, der den Nächsten in ange=
messener Weise berücksichtigt, nicht weil ihn irgend ein
Impuls der Bruder= oder Menschenliebe dazu drängt,
sondern weil es seiner vorsichtig angelegten und Conflikten
abgeneigten Natur überhaupt entspricht sich angemessen
zu verhalten. Es braucht dies Verhalten nicht gerade
egoistische kluge Berechnung, sondern es kann eine Mischung
von Mäßigung, Ordnungssinn und selbst Rechtsgefühl
sein, aber unter Ausschluß einer Aktion des Herzens.
Und doch ist es gerade auf diese bei der Zugrundelegung
der egoistischen Motive als Sittlichkeitsmesser abgesehn.
Es ist also ersichtlich, daß selbst dieser nächste Zweck auf
diesem Wege nicht erreicht wird. Der Egoismus ist wohl
die Negation der Sittlichkeit (insofern er eben jedes
andere Motiv als das der Selbstberücksichtigung aus=
schließt) aber seine Verneinung ist noch nicht die
Position der Sittlichkeit. Wäre aber auch wirklich
der Gegensatz des Egoismus das Mitgefühl, die Theil=
nahme des Herzens, die Ueberwindung des Egoismus
also ein Erwerb, eine Ergänzung nach der Seite der
Herzensgüte zu betrachten, so wäre auch damit noch kein
voller Ausdruck für die Sittlichkeit gewonnen, die auch
bei dem theilnehmendsten Herzen unvollständig sein kann.

Die Annahme, die Menschheit halte in Bezug auf
die Triebfedern der Uneigennützigkeit, des Wohl=
wollens, der Gerechtigkeit und die ihnen entgegen=

wirkenden seelischen Momente — in Bezug auf das, was
man also Moralität zu nennen pflegt — ein gewisses
unveränderliches Maß inne, welches im Lauf der Cultur-
entwicklung nur von immer Mehreren angestrebt und
erreicht wird, während diese selbst (die Culturentwicklung)
uns vermehrtes Wissen und Können und eine Nervenver-
feinerung zu Eigen machen, die aber eine Mehrung der
Moralität nicht unmittelbar weder bewirken noch verbürgen — diese Annahme hat, man kann es nicht leugnen,
eine gewisse Wahrscheinlichkeit für sich, die weder durch
den Inhalt der bisherigen Geschichte der Menschheit im
Großen noch durch das, was etwa die unmittelbare
Gegenwart, die Zeitgeschichte dem unbefangenen Blick
lehrt, geschmälert wird, durch beide vielmehr eher eine
Bestätigung erfährt.

Die Formel, welche Buckle von dem Zusammenwirken eines veränderlichen Elements, des intellectuellen, und eines stationären, des moralischen für
den Fortschritt der Civilisation aufgestellt hat, eine Formel, nach welcher also das moralische Grundwesen und
damit auch Grundvermögen der Menschheit ungeändert
bliebe, ist mir vom Standpunkt der Culturbetrachtung
aus immer wenig anfechtbar erschienen. Die Gegenrechnung einer natürlich bedingten Abnahme des Egoismus
ist aus den erwähnten Gründen wenig zutreffend. Die
Ausnahme-Erscheinungen einer über das stationäre Maß
hinausreichenden sittlichen Kraft des Erkennens, Fühlens
und Wollens, wie sie gelegentlich bei Einzelnen zu Tage

tritt, scheinen mehr aus einer zufälligen Combination
besonders günstig wirkender Umstände hervorgegangen zu
sein als daß sie das Vorhandensein eines inneren gesetzmäßigen Vorganges belegten.

———

Wenn man nun aber gleichwohl nach einem solchen
gesetzmäßigen Vorgang sucht, wenn man den Gedanken
einer auch in sittlicher Beziehung emporstrebenden Entwicklung des Menschengeschlechts festhält und denselben
in eine logische Form innerer Nothwendigkeit fassen
möchte, so scheint es mir dafür keinen anderen Weg, als
den einer Trieblehre auf streng eudämonistischer
Grundlage zu geben. Ich behaupte hier nicht die Gang-
barkeit dieses Wegs, da eine solche Behauptung, um be-
weiskräftig zu erscheinen, gleichzeitig eine an dieser Stelle
nicht beizubringende Darlegung im Einzelnen in sich
schließen müßte, will aber, nachdem ich die Mangelhaftigkeit des bisher von mir betrachteten Gedankengangs hervorgehoben habe, wenigstens das, was mir als Vorzug
einer solchen Trieblehre für den beabsichtigten ethischen
Nachweis erscheint, zu präcisiren versuchen.

Der Triebkraft, welche das Ganze umspannt, läßt
sich in einem gewissen Sinn als Triebwerk, in und an
welchem diese Kraft sich bethätigt, durch welches sie wirkt,
der Mensch entgegensetzen.

Die Triebkraft, das primum-agens des Weltgebäudes,
entzieht sich ihrem Wesen nach unserer Erkenntniß. Gleichgültig ob wir sie Schöpfer, Kraft, Substanz, das Abso-

lute, Weltvernunft, das belebte Universum, oder wie sonst
nennen — wir haben damit doch immer nur Wortbe=
zeichnungen für ein unerfaßlich Geschehendes und Wir=
kendes. Dem Studium der Triebkraft, wenn ich so das
im Erkenntnißdrang unternommene Bemühen diesem Uner=
forschlichen nachzuspüren und es begrifflich zu umschreiben
nennen darf, verdanken wir jene großen philosophischen
speculativen Systeme, die zu den interessantesten Monu=
mentalbauten des menschlichen Geistes gehören, aber
allerdings der sicheren Anhaltepunkte und Erkenntniß=
momente nur in geringstem Maße theilhaftig sind und
sein können. Anders und besser steht es mit dem Studium
des Triebwerks. Hier treten wir aus Wolkenhöhen,
aus zerfließenden Luftschichten, die uns keine Fußfassung
gestatteten, wieder auf festen Boden, wir wissen wenigstens,
wo wir Anker zu werfen haben, wir kehren in uns
selbst ein.

Das Studium des Triebwerks ist das Studium der
Triebe und zwar, wie sich von selbst versteht, der
Grundtriebe oder, wie man sie auch im Gegensatz zu
vorübergehend uns so oder anders motivirenden Anwand=
lungen nennen kann, der psychologischen Grund=
motive des Menschen. Aber hier ist, ehe ich hierauf
einen Blick werfe, vor Allem der allgemeinen Bedeutung
des Triebwerks für das, was auf Erden überhaupt vor
sich geht, zu gedenken.

Für die Erkenntniß der Richtung, in welcher die
menschheitliche Entwicklung sich bewegt, ist das Triebwerk

einfach entscheidend. Was auch die Triebkraft sei,
sie wirkt mittelst des Triebwerks, sie vollzieht sich durch
die Triebe und in denselben und wohin es geht, das werden
uns also diese am ehesten verrathen, wie wenig sie uns
auch unmittelbar das Wesen der Triebkraft enthüllen
können. Nur wenn wir die hier nicht weiter zu disku-
tirende Annahme einer mit persönlichen Attributen ausgestatteten Triebkraft festhalten, welche die Herzen der
Menschen lenkt wie Wasserbäche (wobei denn von derjenigen Stabilität, die wir mit dem Begriff eines
Triebwerks verbinden, nicht weiter die Rede sein kann)
würde die behauptete Beziehung von Triebkraft und Triebwerk nicht aufrecht zu erhalten sein. Sonst aber läßt
dieselbe keine Anfechtung zu, sie ist vielmehr in ihrer Anwendung auf die menschheitliche Entwicklung in dem aus-
gedehntesten Umfang als Grundprinzip festzuhalten.

Was auch immer die Menschheit thue und treibe,
was immer sie geschaffen und gewirkt hat vom Anbeginn
ihres Daseinskampfes bis zur Gegenwart — gründend,
zerstörend, aufbauend, umstürzend, staatenbildend, reli-
gionenstiftend, Paradiese wie Höllen aus ihrem eigenen
Schooße erzeugend — sie konnte es nie gegen ihre Triebe,
sondern indem sie der ausschlaggebenden Gewalt derselben
nachgab, nie im Gegensatz, nur im Einklang mit ihren
Trieben verrichten. Das Triebwerk war und ist für die
Richtung entscheidend. Die Regel ist so bindend und streng,
daß nicht einmal ein Ausnahmefall, der für die ungenauen
Regeln sonst als Bestätigung gilt, hier unterzubringen ist.

Was man vom einzelnen Menschen, nicht immer ganz zutreffender Weise zu sagen pflegt, gilt daher im eigentlichsten Wortsinn von der Menschheit: sie ist ihres Glückes Schmied. Bei dem Einzelnen ist der Ausspruch oft ungerecht. Der Erfolg des verdienten Glücks kann sich ihm versagen, weil sein Wille an dem Willen der Anderen seinen vielleicht unüberwindlichen Gegensatz findet. Bei der Menschheit als Ganzes mit einem Gesammtwillen, ausgedrückt in den ihr Verhalten, ihre Entwicklung bestimmenden psychologischen Grundmotiven, fehlt dieser Gegensatz. Es fehlt auch der Gegensatz der Umstände und Verhältnisse, der dem Einzelnen als etwas Fremdartiges störend und verwirrend in den Weg treten kann, da die Menschheit diese Umstände und Verhältnisse vielmehr jeden Augenblick selbst erzeugt, dieselben also nicht als etwas ihr Gegensätzliches, als ihr Gegenüber aufzufassen sind. Die physikalische, tellurische Bedingtheit, in Gemäßheit welcher die Entwicklung der Menschheit sich vollzieht, von der also auch die Beschaffenheit ihrer Grundmotive wesentlich mitbedingt ist, kann aber nicht als etwas Aeußerliches, sondern vielmehr als ihrem Wesen und Bestand immanent angehörig betrachtet werden d. h. wenn von psychologischen Grundmotiven, von Trieben, von einem Triebwerk die Rede ist, so ist dabei die bedingende Beziehung, welcher der Lebensprozeß nach der Beschaffenheit der Zustände unseres Planeten überhaupt unterliegt, mit einbegriffen. Zu warnen ist nur davor, daß man diese tellurische Beschaffenheit

nicht nach ihren localen Differenzen und Gegensätzen
(klimatische Unterschiede und ihre Einflüsse u. s. w.) als
ebenso vielen Spaltungen sich vor Augen stellt, sondern
vielmehr deren einheitlichen Charakter als ein innerlich zusammenhängendes, sich ausgleichendes und bedingen-
des geschlossenes Ganze festhält, da sich nur so die Anwendung auf das Ganze der Menschheit, der sie als
physikalische Grundlage dient, machen läßt.

Erwägen wir nun, ehe wir weiter gehen, und die
etwaige Tragweite einer Bemessung des sittlichen Fortschritts in der Menschheit auf Grundlage der Triebe oder
des Triebwerks noch näher betrachten, noch einmal den
gänzlichen Mangel sonstiger Anhaltepunkte, die Licht über
das Dunkel unserer Zukunft verbreiten könnten. Das
eifrigste Studium der Culturgeschichte lehrt uns nichts
über die Zukunft der Menschheit. Sammeln und prüfen
und vergleichen wir so viele Daten, wie wir wollen, wir
beleuchten die Vergangenheit, wir begreifen die Gegenwart
aus den sie bedingenden Faktoren besser wie vorher, wir
ziehen daraus Lehren für unser Verhalten — das Zu-
kunftsbild der Menschheit aber ruht nach wie vor, von
einem heiligen Schleier umgeben in räthselhafter Verbor-
genheit. Man kann der Menschheit die Lebensfähigkeit
für eine fernste Zukunft absprechen, man kann nicht ihr
Lebensbild auch nur in den leisesten Umrissen zu zeichnen
wagen. An dieser Aufgabe scheitert alles Bemühen, der
kühnste und klügste Forscher steht ihr gleich machtlos
gegenüber wie der befangenste Laie.

Man kann diesen Punkt meines Erachtens nicht
scharf genug hervorheben. Dem Menschen fällt es be-
greiflicherweise sehr schwer aus dem gegebenen Culturzu-
stand, in dem seine ganze Existenz wurzelt, so weit her-
auszutreten, daß er ihn in der Vorstellung völlig fahren
zu lassen vermöchte. Er pflegt den langsamen Wechsel,
den jeder Tag bezeugt und der schon in der kurzen
Spanne eines Lebens sich zu großen Beträgen, die wir
nur selten überschlagen, aufsummirt, lediglich auf Einzelheiten zu beziehen, während es ihm als selbstverständliche
Gewißheit erscheint, daß das Ganze doch ungefähr seine
wesentlichen, ihm wohlbekannten Züge behalten müsse. Und
doch, was ist hieran selbstverständlich, was gewiß? Wahr
ist es ja, auf die revolutionäre Periode in der Bildung
der Erde, voll umstürzender Gewaltthaten, ist eine ruhigere,
ausgeglichenere, einer dauernden Erhaltung gleichmäßiger
Verhältnisse im Leben der Menschheit günstigere gefolgt.
Aber wie wenig hat das im Ganzen für eine Vermuthung
in Betreff einer auf Millionen Jahre hinausreichenden
Zukunft zu bedeuten! Ob die staatlichen, die gesellschaft-
lichen Formen des menschlichen Zusammenlebens, die politischen Faktoren, die wirthschaftlichen Bedingungen u. s. w.
später auch nur im Entferntesten denen, die wir aus
Vergangenheit und Gegenwart kennen, mit denen wir daher
zu rechnen pflegen, gleichen werden, darüber läßt sich aus
jenem Umstande gewiß nicht der leiseste Anhalt gewinnen.
Wer kann verkennen, um nur Eins zu erwähnen, daß die
ganze materielle Grundlage des Culturbildes, welches die

Gegenwart in immer charakteristischer ausgeprägten Zügen
darbietet, auf dem durch fortwährend gesteigerte Ausbeu=
tung der Bodenschätze riesig entwickelten industriellen Be=
trieb ruht, daß dies Culturbild ganz der Steinkohle,
einem schwindenden Besitz im Mutterschoß der Erde, dessen
Ersatz mindestens unsicher, angehört und wer wagte
wohl zu bestimmen, ob man dereinst nicht einmal ebenso
von einer Steinkohlenperiode des Menschengeschlechts
reden wird als man von einer Bronce= und Steinzeit
desselben spricht?

Nur Blendung und Verblendung ist es daher, die
mehr als die nächsten Schritte auf dem unbekannten Weg
der Menschheits=Entwicklung zu übersehen glaubt. Wenn
irgendwo so gilt hier für den denkenden Geist der Spruch:
sub specie aeterni. Der Blick in die Ewigkeit ist
es, der die kritiklose erträumte Sicherheit eines jeden
Scheinbesitzes von Gewißheit zerstört, der vor unserem
inneren Auge einen Vorhang aufrollt und eine unüber=
sehbare Bühne zeigt, auf dem kein Bild die sehnende
Schaulust befriedigt. Kein Bild nur — oder sollen wir
sagen, auch kein Licht? Deckt Dunkel die ganze Bühne?
Inmitten all' der Bestimmungslosigkeit, des Wechsels, der
unberechenbaren Veränderung steht ein Faktor, der be=
rechenbar bleibt und für den aller äußere Wechsel keinen
innersten Wechsel zu bedeuten scheint — der Mensch
in seinen Grundtrieben als Triebwerk. Hier ist
es, wo eine psychologische Anthropologie Ankergrund
suchen muß und wo sie ihn vielleicht bei richtiger Hand=

habung ihrer Werkzeuge finden kann. Ihren Ausgangs=
punkt aber hat sie von der Thatsache zu nehmen, daß
der Grundtrieb des Menschen der Glückseligkeits=
trieb ist.

Ich beschränke mich in dem Folgenden nun darauf,
an dieser Stelle, die keine weitere Ausführung und Nach=
weise gestattet, einige allgemeine Gesichtspunkte zu formu=
liren, für deren eingehende Erörterung ich vielleicht in
einer anderen selbstständigen Arbeit einmal Gelegenheit
finden werde. Aus diesem Grunde sehe ich hier auch
von jeder Würdigung der verwandten Ansichten anderer
Philosophen ab, es läge sonst sehr nahe, die Glückselig=
keits=Theorien der griechischen Philosophie zur Vergleichung
heranzuziehen oder um bei den Neueren stehen zu bleiben,
an Feuerbach anzuknüpfen, der in seiner Theogonie (Ges.
W. Bd. IX) vielfach auf den Glückseligkeitstrieb und
dessen Bedeutung in der Religion recurrirt und ebenso
in seiner letzten Schrift mehrfach gegen Kant und dessen
Satz, daß jeder seine eigne Glückseligkeit habe, zu Felde
gezogen ist[1]).

Um aus der vorausgesetzten Thatsache, daß der
Grundtrieb des Menschen ist, nach Glückseligkeit zu streben,
den Nachweis abzuleiten, daß ein sittlicher Fortschritt in
der Entwicklung der Menschheit stattfinde, muß die An=
nahme gelten, daß ein gemeinsamer (also dem Gattungs=

---

1) Vgl. Gott, Freiheit und Unsterblichkeit (Leipzig 1866). Z. B.
p. 74 u. a. O.

menschen im individuellen Menschen angehöriger) Orga=
nisationsmodus besteht, welcher bewirkt, daß Glückseligkeit
ein Erforderniß für den Menschen ist und er sie daher
sucht und welcher, sobald er dieselbe nach seiner sonstigen
(individuellen) Beschaffenheit nicht oder nur mehr oder
minder unvollkommen erreicht, eine Reaktion zur Folge
hat, die sich in der verschiedensten Weise und Stärke,
immer aber in ihrer, wenn auch oft erst ganz vermittelt
eintretenden und für die Gesammtheit fühlbar werdenden
Endwirkung als Verirrung, Entstellung, als Verneinung
des Gedeihens und Bestandes darstellt. Ich rechne dahin
ebenso gut den sich oft selbst unverständlichen Seufzer
der Langeweile und Uebersättigung derer, die Phantomen
des Glücks nachjagen als die zerstörende Wirkung heftig
entbrannter Triebe oder die Verdumpfung der Geistesbe=
schränktheit oder dem Druck sonstiger materiell ungünstiger
Verhältnisse und kann die ganze Ausdehnung dieses Ge=
bietes hier nur flüchtig andeuten.

Als eine vorgeschrittenere, höher entwickelte Sitt=
lichkeit haben wir diejenige geistige Beschaffenheit des
Menschen anzuerkennen, in welcher das auf dem Prinzip
des Gefallens und damit der Liebe ruhende Empfinden
des Schönen — die ästhetische Seite des Menschen —
und die pflichtbewußte Gewissenhaftigkeit — die
moralische Seite des Menschen — voll und fein ent=
wickelt sind. Dies ergiebt, unter gleichen materiellen Ver=
hältnissen, die größtmöglichste Summe von Wohlsein, von
Glückseligkeit.

Geist und Gesundheit in ihrem Verhältniß zur Sittlichkeit betrachte ich als Momente, welche dieselbe steigern
resp. im Fall der Abwesenheit aufheben, ohne daß sie
dieselbe ausmachen. Wie Fülle des Geistes Alles durchleuchtet und in höhere Beziehungen emporhebt, so erhöht
und vergeistigt sie auch die Sittlichkeit. Geistlosigkeit
ist keine Unsittlichkeit, aber sie kann den Nullpunkt der
Sittlichkeit ergeben. Und das gleiche Verhältniß gilt von
der Gesundheit.

Wir haben das Verhältniß nun also so aufgefaßt:
daß in jedem Menschen ein Glückseligkeit suchender In-
stinkt waltet, daß er dieselbe nur durch Sittlichkeit, also
nur auf eine Weise erreichen kann, daß er in der Glückseligkeit die Sittlichkeit sucht, und daß alle Abweichung
davon durch vermittelte Gegenwirkungen an der Verneinung ihres eigenen Bestandes arbeitet. Hier liegt so
zu sagen eine Minirarbeit des Glückseligkeits-Instinkts
vor, die sich in wenigen Worten nicht deutlich machen
läßt, die aber nur verwickelt, nicht undenkbar ist. Ich
will hier nur an eine wenig gewürdigte Erscheinung erinnern, das ist: die Culturarbeit des Ekels. Wenn in
Folge von individuellen Hemmungsbedingungen der in
der Sittlichkeit sein Genüge findende Glückseligkeitstrieb
nicht zur Geltung zu gelangen vermag und statt dessen
in Folge der auf dem Glückseligkeitstrieb lastenden Hem-
mung sittliche Mißbildungen entstehen, so kann dies
bei einem Theil der Bevölkerung zu einem gesteigerten
Gefühl des Ekels führen, der in revolutionärer Weise

sich gegen diese Mißbildungen wendet, sie erschüttert
und Raum für neues Leben und Gedeihen, für eine ver-
jüngte Zukunft schafft.   Die Minirarbeit des Glückseligkeits-Instinkts von der ich sprach, tritt hier in sehr
indirecter und entlegener Weise, aber doch nachweisbar
auf und man wird schwerlich einem der frappantesten
Züge in der Culturarbeit der Gegenwart, dem russischen
Nihilismus, seiner ethischen Bedeutung nach gerecht
werden, wenn man ihn nicht zum großen Theil unter
dem Gesichtspunkt des Ekels, bedingt durch den Glück-
seligkeits-Trieb der Gattung, stellt.

Der sittliche Fortschritt der Menschen, aufgefaßt in
der hier nur flüchtig angedeuteten Art und Weise, vollzieht sich nach einem inneren Wesensgesetz, nach der in-
stinktiv waltenden und gestaltenden Kraft des Glückseligkeitstriebes. Ihm zufolge gravitirt die Menschheit nach
der Seite der Sittlichkeit, man kann insofern von einem
sittlichen Gravitationsgesetz derselben sprechen. Mit
der Constatirung dieses Prinzips müssen wir es indessen
an dieser Stelle bewenden lassen.   Wollten wir noch in
eine Erörterung der hemmenden Momente eingehen, so
hätten wir zunächst zwischen denen zu unterscheiden, die
von der Natur gesetzt, mehr oder weniger stabil erscheinen, wie hemmende climatische Bedingungen, Boden-
und Racenverhältnisse und denen, welche die Menschheit
selbst erzeugt und also auch ändert, mit deren Umwandlung und den Erfordernissen des Glückseligkeitstriebes
als des Grundtriebes nothwendig sich anpassender Fort-

bildung sie in der That unablässig beschäftig ist. Da=
mit würde aber ein ausgedehnteres Spekulationsgebiet
betreten werden, als sich mit dem nächsten Zwecke dieser
Arbeit verträgt.

III

Die Preisgebung des Individuums im Weltprozeß.

Eine Beschaffenheit des Weltengangs, der Weltein=
richtung, die zur Folge hat, daß es dem Einzelnen, ganz
unabhängig von seinem Thun und Laffen und außer
allem urfächlichen Verhältniß zu demfelben, jeden Augen=
blick befchieden fein kann unter die Räder des Verhäng=
niffes zu gerathen und unerfetzlich gefchädigt oder zertre=
ten zu werden, ftellt fich als eine vollftändige Preisge=
bung des Individuums dar. Die Annahme einer
folchen in diefer Bedeutung ift ein Erzeugniß moderner
Anfchauungs= und Auffaffungsweife, und zwar tritt
meiftens noch eine aus Naturvorgängen und Beobachtun=
gen gefolgerte Verfchärfung hinzu, nämlich die Annahme,
daß diefes unverfchuldete Zertretenwerden, diefe prädefti=
nirte, vorzeitige oder gewaltfame Zerftörung ohne Erfatz
nicht allein jederzeit möglich fei, fondern daß fie einem
gewiffen Prozentfatz von Individuen von Rechts= oder
fagen wir von Nothwendigkeitswegen zufallen.

Die ganze Vorzeit, die vorchriftliche wie die chriftliche

Aera faßte diesen Gedanken nie so scharf, ließ die Thatsache nie in dieser abschreckenden Nacktheit, in dieser kate-
gorischen Fassung gelten. Sie beherbergte stets zwei
Momente in ihrer Gefühls= und Anschauungswelt, welche
die Preisgebung des Individuums, seinen schutzlosen
Nothstand wieder aufhoben oder wenigstens doch so
modificirten, daß die sittliche Bedeutung des ganzen Verhältnisses eine wesentlich andere Färbung erlangte. Diese
beiden Momente sind die Compensation und die Verschuldung resp. Versündigung, beide entweder für sich
allein bestehend oder zusammenwirkend.

Es leuchtet ein, daß beide Momente die Preisgebung
des Individuums d. h. natürlich nicht die unleugbare,
vor unseren Augen sich vollziehende Thatsache der
vernichtend in unseren Lebensbestand und Wohlergehen
eingreifenden Zufallsgewalt, aber doch die Bedeutung
derselben für unser sittliches Gefühl aufheben. Wer
lediglich empfängt, was ihm gebührt oder was er sich
selbst zugezogen hat oder wem andererseits ein sicherer
Ersatz für das, was ihm an Leid zugefügt wird, nicht
entgehen kann, der befindet sich, wenn ihm auch das
Schlimmste zustößt, in einer wesentlich anderen Lage, als
der, den das Unheil rein äußerlich, grund= und sinnlos
packt oder der, welcher mit demselben abrechnen muß, ohne
ihm eine Gegenrechnung, eine Schadloshaltung entgegen=
halten zu können. Und eben deshalb knüpft an den
Grundgedanken dieser beiden Momente, der in der Geschichte der Religionen und Spekulationen immer festge=

halten wird, wenn ihm auch im Lauf der Zeiten bald
diese, bald jene Auslegung und Formfassung zu Theil
wird, alles darauf Bezügliche immer wieder an und erst
mit dem vollständigen Verzicht auf dieselbe ist die Preis=
gebung des Individuums vollendet.

Die Annahme einer Compensation als eines Acts
der Ausgleichung, durch welchen für unverschuldetes Leid
Ersatz geschaffen wird, durch welchen dem Wunsch und
Verlangen, daß es den Guten gut, den Schlechten schlecht
ergehen möge in irgend einer definitiven und abschließen=
den Form entsprochen werde, — diese Annahme muß
ihre Realisirung nothwendigerweise in ein Jenseits ver=
legen, welches die Kraft und Eigenthümlichkeit besitzt,
Segen und Verderben austheilen zu können.   Nothwen=
digerweise in ein solches Jenseits, da das Diesseits augen=
scheinlich die Beschaffenheit nicht besitzt, um dem treiben=
den Grundverlangen entsprechen zu können, wie schon
der tägliche Verlauf der Tagesbegebenheiten lehrt.

Nirgends tritt diese so motivirte Erschaffung des
Jenseits und damit zusammenhängend die Gestaltung der
Unsterblichkeit so deutlich zu Tage als im Judenthum.
Gerade an dieser Stelle, aus deren Schooß sich schließ=
lich im Christenthum die Vorstellung der ausgleichenden
Vergeltung, der Schadloshaltung, eines über alles Ver=
stehen hinausreichenden Ersatzes für alles Erdenleid, einer
Freudenernte für Thränensaat ꝛc. im himmlischen Jenseits
kraft unserer unsterblichen Natur entwickelte, gerade an
dieser Stelle bestand bekanntlich die Vorstellung eines

derartig uns aufbehaltenen Looses nach unserem Scheiden
von der Erde ursprünglich nicht. Der ausgezeichnete
Talmudkenner Dr. Aug. Wünsche bemerkt in einem höchst
instructiven Aufsatz über „die Vorstellungen vom Zustande
nach dem Tode nach Apokryphen, Talmud und Kirchen-
vätern" hierüber u. A. Folgendes: „Der Siracide, das
erste und dritte Buch der Makkabäer, das Buch Judith,
Esther und die übrigen kleinen Schriften verhalten sich
gleichgiltig gegen die Lehre von der Unsterblichkeit, Auferstehung und Vergeltung. Gerade beim Siraciden ist
das völlige Stillschweigen besonders auffällig. Hätte ihn
eine hoffnungsreichere Vorstellung als die ältere vom
Todtenreiche, aus dem keine Rückkehr möglich ist und in
welchem die kraftlosen Schatten ein stummes und ödes
Dasein führen, belebt, so würde er sie sicherlich zur Begründung seiner sittlichen Vorschriften benutzt haben. So
aber bleibt nach deutlichen Aeußerungen des Verfassers
nichts vom Menschen übrig als sein Ruf. „Gieb und
nimm, sorge für deine Seele, denn in der Unterwelt hast
du keinen Genuß zu suchen." Noch deutlicher ist die
Aeußerung: „Denn der Mensch kann ja nicht alles, da
nicht unsterblich ist des Menschen Sohn." Auf ein
Leugnen des Fortlebens nach dem Tode geradezu deuten
die Worte: „Wer preiset Gott im Todtenreich außer den
Lebendigen, ja denen, die leben und ihn lobpreisen? Von
dem Leichnam, von dem, der nicht mehr ist, kommt
keine Lobpreisung, der Lebende, der Genesende preist
Gott."

Aehnliche Stellen finden sich auch in den Psalmen:
z. B. „Was ist nütze (Gewinn) an meinem Blute, wenn
ich todt bin (zum Grabe hinabsteige)? Wird dir auch
der Staub danken und deine Treue verkünden?"
(Ps. 30, 10) und (Jesaia 38, 18. 19): „Die Hölle (Todten=
Schattenreich) lobt dich nicht, so rühmt dich der Tod nicht,
und die in die Grube fahren (die Todten), warten nicht
auf deine Wahrheit, sondern allein, die da leben,
loben dich."

Ich bin daher auch nicht der Ansicht, daß Feuerbach,
der den Unsterblichkeitsglauben, wo er den Glauben an
einen Zustand höchster Vollkommenheit und Bedürfniß=
losigkeit darstellt, rein aus dem ursprünglichen Wunsch
des Menschen, die Unsterblichkeit als ein höchstes Gut zu
besitzen und damit zu einem göttergleichen, von jeglichem
Mangel freien Zustand sich aufzuschwingen, hervorgehen
ließ, mit dieser Annahme allzusehr den Nagel auf den
Kopf traf. Mindestens möchte ich die Behauptung in
dieser Art doch nur mit Einschränkung gelten lassen und
sie nicht als Grundphänomen für alle Fälle aufstellen.
Näher als das schon einigermaßen überschwängliche, des=
halb Schwung der Phantasie voraussetzende und nicht
jeder Geist= und Gemüthsbeschaffenheit angehörige Ver=
langen nach einer höchsten Seligkeit und göttergleichen
Mangellosigkeit liegt dem Menschen der einfache Wunsch,
daß es ihm gut ergehen möge. Dieser Wunsch bedingt
aber eben die Compensation, um das Leid, wenn es ein=
mal unvermeidlich ist, doch wenigstens wieder aufzuheben

und wenn man vom Regen des Unglücks durchnäßt wurde,
sich von der Sonne des Glücks wieder trocknen zu lassen.
Damit verknüpft sich aber auch nothwendig die Strafaus=
messung für die Schlechten.   Schlecht ist zunächst und
seiner ursprünglichen, regelrechten Bedeutung nach der=
jenige, der mir oder zu mir schlecht ist.   Wie kann es
mir aber gut ergehen, wenn es denen, die schlecht zu mir
sind, nicht wiederum schlecht ergeht, sie also in dem mir
feindlichen Thun und Trachten nicht gehemmt, nicht da=
von abgeschreckt werden.   Die Annahme einer Compensa=
tion fällt also, wie schon vorher bemerkt, mit dem Wunsch
zusammen, daß es dem Guten gut, dem Schlechten schlecht
ergehen soll und dies ist wiederum nur eine Consequenz,
eine logische Entfaltung des unvermeidlichen, zu Grunde
liegenden Verlangens, zu dem Jeder sich getrieben fühlt,
des Verlangens eigenen Wohlergehens.   Die Annahme
der Compensation bedingt aber die Annahme eines Jen=
seits in Gestalt von Himmel und Hölle, weil sich im
Diesseits die Compensation nicht oder nur selten vollzieht,
weil der Gerechte viel leiden muß, ohne Ersatz zu finden.

Daß die Lehre von der Auferstehung, die übrigens
nicht identisch ist mit der Fortexistenz der Seele nach dem
Tode, denn durch die Auferstehung werden Leib und
Seele wieder mit einander zur Personalunion vereinigt[1])
— im talmudischen Zeitalter sich bald derart befestigte
und ausbreitete, daß spätere Lehrer sagen konnten: es
giebt kein Gebot, welches nicht die Auferstehung und den

---

1) Wünsche a. a. O. p. 373.

Tag des Gerichts andeutet, damit wir wissen, weshalb
es dem Frevler gut und dem Gerechten schlecht ergeht[1]),
kann daher trotz der ursprünglich dem Jenseits entgegen=
stehenden nationalen Sinnesweise der Hebräer kein Wun=
der nehmen. Wenn es auch richtig ist, daß der Umschwung
der Ideen auf diesem Gebiet zunächst auf die Zeit des
Exils und den Verkehr mit Babylon und Persien zurück=
zuführen ist, so war andererseits der eigne Ideen= und
Phantasienreichthum im Judenthum doch ausreichend
üppig, um, nachdem einmal die Schranke durchbrochen
war, den Segen wie das Verderben des Jenseits in den
brennendsten Farben auszumalen.

Eine Compensationslehre, wie sie das Judenthum
und Christenthum in ihrem Schooße ausgebildet haben,
kannte die antike classische Welt nicht. Der Grieche, um
auf diesen noch einen Blick zu werfen, hatte einen zu
ausgebildeten Natursinn, d. h. er lebte von vornherein
in einer zu objectiven Verträglichkeit mit dem, was ihm
als naturgesetzliche Bestimmung entgegen zu treten schien,
um sich selbst dem Leid, das ihm widerfuhr, mit einer
inneren Auflehnung, mit einem Widerstreben, das nach
einem „besseren Jenseits“ verlangte und an dasselbe
glaubte, entgegen zu setzen. Zudem war ihm das dies=
seitige Leben seinem ganzen Inbegriff nach kein zweifel=
haftes, sondern ein sehr hohes Gut. Es erschien ihm
mit allen Reizen, mit Allem, was überhaupt begehrens=
werth war, geschmückt. Das wäre zwar an sich kein

---

1) Wünsche a. a. O. p. 369.

unbedingtes Hinderniß gewesen ein Jenseits zu erträumen, das er sich ja mit allen Attributen des höchst gesteigerten Lebensinhalts ausschmücken konnte, wie es andere Nationen auch thaten, aber in Verbindung mit seinem Natursinn, mit seinem, um den Ausdruck zu gebrauchen, „gesunden Realismus", dem Zug seines Wesens, der stets mehr geneigt war, die gezogenen Schranken anzuerkennen und zu achten, als sie zu überspringen und zu überfliegen, machte es die Erschaffung der Vorstellung eines Wiederauflebens zu Himmelswonnen zur Unmöglichkeit. Das Schattenreich war und blieb ihm der Gegensatz der Lebenskraft und des Genießens im Sonnenlicht. Wenn daher bei den Griechen nicht nur die Vorstellungen persönlicher Unsterblichkeit, sondern auch die persönlicher Bestrafung und Belohnung nach dem Tode hier und da vorkommen, so haben dieselben, wie Feuerbach in seiner „Theogonie" zutreffend hervorhebt, „bei ihnen doch nur die Bedeutung einer Phantasie, sie bezeichnen nicht ihr classisches Wesen, oder stehen wenigstens mit ihren übrigen charakteristischen Gesinnungen und Gedanken in Widerspruch. So schildert z. B. Pindar in der zweiten olympischen Ode das Leben der Guten nach dem Tode als ein seliges, thränenloses, von beständigem Sonnenlicht erleuchtetes Leben (V. 110 —136) aber derselbe Pindar sagt z. B. in der dritten pythischen Ode: „Man muß das Billige (das für Menschen Schickliche) von den Göttern erstreben (erbitten) mit sterblichem (seiner Sterblichkeit bewußten) Geiste, erkennend, was vor den Füßen liegt, was unser Loos.

Strebe nicht, liebe Seele, nach unsterblichem Leben (μή, φίλα ψυχά, βίον ἀθάνατον σπεῦδε), sondern erschöpfe das Werkzeug des Thunlichen" (die thunliche, praktische Möglichkeit, τάν δ' ἐμπράκτον ἄντλει μαχανάν) d. h. erstrebe nur, unternimm nur das, zu dessen Ausführung du die Mittel, die Macht hast."

Anders aber steht es mit dem zweiten Moment, welches die absolute Preisgebung des Individuums eben= falls in seiner sittlichen Bedeutung, von seinem Schwer= punkt verrückt, indem es dieselbe auf des Individuums eigne Schuldern legt: mit der Verschuldung oder Ver= sündigung. Die ganze sittlich=religiöse Anschauung der Griechen ist von der Gewißheit und Wirklichkeit einer solchen, von der thatsächlichen Gewalt und Bedeutung der durch sie bedingten Folgen durchzogen und durch= drungen. Sie hatte allerdings nicht die christliche Bedeu= tung, bei der sich im Wesentlichen Alles auf den Punkt der Gläubigkeit und der Zurückweisung des in Christo dargebotenen Heils zusammen drängte[1]), aber sie bestand

---

1) Im Wesentlichen, aber allerdings bei Weitem nicht allein und ausschließlich, denn schon das menschlich unzulängliche Verhal= ten zur Gottheit läßt sich als eine fortwährende Versündigung an= sehen und ist in der christlichen Kirche im Grunde fortwährend so betrachtet worden. „Wollen wir einmal unser Leben berechnen", heißt es an einer classisch=christlichen Stelle in Ph. Mornaeus de verit. Rel. christ. c. 16, den wie vielsten Theil davon widmen wir Gott? Der wie vielste Schritt gehört seinem Dienste? Der wie vielste Gedanke erhebt sich zu Gott? Die Gebete selbst was sind sie anders als fortgesetzte Vergehungen, da wir in der

doch schon in dem Grundgefühl des Griechen, daß der
Taumel der besinnungslosen Leidenschaftlichkeit an sich
schon eine Versündigung ausmache und das Verderben
auf den Menschen herabbeschwöre. Daher die Götter,
die, wenn auch von Wünschen und Verlangen bewegt,
doch im Allgemeinen als erhaben über den kurzsichtigen
Irrwahn der Leidenschaft gedacht wurden, ihre Lieblinge,
vor Allem also die Helden[1]), meistens durch rechtzeitiges
Eingreifen vor den Folgen leidenschaftlicher Verblendung
zu bewahren bemüht sind und ihnen Wünsche versagen,
deren Verwirklichung sie beflecken oder verderben müßte.
Diese Ergebung in das Besserwissen der Gottheit läßt
den Sokrates sogar die Götter nur im Allgemeinen um
das Gute bitten, weil sie am besten wissen, was gut ist,
was uns im Grundton beinahe christlich anmuthen könnte
(„Nicht mein, sondern dein Wille geschehe"), wenn diesen
Worten nicht die ausdrückliche Ergebung, auch den Kelch
des Leidens trinken zu wollen, innewohnte, was dem
griechischen Gedanken nicht entspricht.

Wenn das, was in den folgenden Versen des Theo=
gnis über das Wesen der Götter gesagt ist: „Flehe die
Götter an, bei den Göttern ist die Macht, Gewalt, Herr=
schaft (κράτος), ohne die Götter begegnet dem Menschen
weder Gutes noch Böses", oder an einer anderen Stelle:

Glut selbst kalt sind, mitten in der Andacht selbst in eitle Bilder
uns verlieren?

1) Denn natürlich retten die Götter zunächst die, welche sie
lieben: σώζουσι θ'οὺς φιλοῦσι (Euripid. Iphig. Aul 1611).

„Verstand, Erkenntniß, Einsicht (γνώμην), gaben die
Götter den Sterblichen als das Beste" oder, was Lias
sagt: „das Gute, was du thust, schreibe nicht dir zu,
sondern den Göttern" buchstäblich und in consequentester
Auslegung des Wortsinnes zu nehmen wären, d. h. wenn
sie den Kern der religiösen Auffassung der Griechen über
das Verhältniß des Einzelwesens zu den Göttern aus=
drückten, so würde das Moment der Versündigung, oder
Verschuldung, eigentlich ganz fehlen oder doch zu einer
gänzlich nebensächlichen Bedeutung herabgedrückt sein.
Der Mensch wäre im Thun und Lassen durch die über
ihm waltenden Mächte bestimmt. Das theologische Pas=
sivum erdrückte das anthropologische Activum. Aber die
antike Welt zog, trotzdem sie in solchen einzelnen Aus=
sprüchen gelegentlich den Göttern Alles zurechnet, die
eigene Zurechnungsfähigkeit doch nie in Zweifel: „Es ist
die Ansicht aller Sterblichen", sagt Cotta bei Cicero, „von
der Natur der Götter, daß man das Glück von den
Göttern erbitten, die Weisheit aber von sich selbst
nehmen müsse", und bei Homer ermahnt Peleus den
Achilleus mit den Worten: „Lieber Sohn, Siegesstärke
(κάρτος) wird dir Athene und Here geben, wenn's ihnen
gefällt, nur den Stolz des erhabenen Herzens bändige du
in der Brust, denn freundlicher Sinn ist besser" d. h. die
Tugend, die Kraft (sc. den Zorn zu bändigen) muß dein
sein, der Lohn der Tugend ist den Göttern vorbehalten.

Die Griechen unterschieden zwischen den Uebeln, die
ihnen im Naturlauf gelegen zu sein schienen, so daß sie

den Menschen theils treffen konnten, theils treffen mußten, ohne daß sich daran etwas ändern ließ und ohne
daß ihnen darin eine außerordentliche Erscheinung gelegen
zu sein schien (wie Hunger, Durst, Alter, Tod, Schmerzen,
Krankheiten), also zwischen einem gewissen, quantitativ allerdings nicht zu bestimmenden Schicksalsantheil von
Ungemach einerseits und anderen durch Verschuldung und
Versündigung selbst verursachten Uebeln andererseits, wie
Zeus bei Homer von den Menschen sagt: „aber sie selbst
auch, (im Unterschied von den Göttern,) schaffen durch
Unverstand (Uebermuth, Frevel) sich das Elend ὑπὲρ μόρον,
über ihren Schicksalsantheil, über Gebühr, über die un-
vermeidlichen, selbstverschuldeten Uebel hinaus[1]).   Diese
vermeidlichen, selbstverschuldeten Uebel umfaßten aber im
Alterthum da, wo schwere Frevel geschehen waren, gerade
den furchtbarsten Antheil alles Leidens, das Land und
Leute mit den schwersten Heimsuchungen, mit Krieg,
Pestilenz und Unglücksfällen aller Art verheerte bis
Sühne geschehen war und der Fluch seine Kraft verloren
hatte.

Auch das Bewußtsein des modernen Menschen unterscheidet hinsichtlich des Eindrucks, den es davon trägt
und der Bedeutung, die es damit verbindet, zwischen
solchen ihm unwillkommenen Lebensvorgängen, die ihm in
dem gemeinen Menschenloos mit seiner Unbeständigkeit und
Gebrechlichkeit gelegen zu sein scheinen, die aber ein gewisses mittleres, nach einer Durchschnittsrechnung des

---

1) Vgl. Feuerbach Theolponie p. 429.
Duboc, Der Optimismus.   16

Gewohnheitsmäßigen und der eignen Tragfähigkeit ab=
geschätztes Maß nicht überschreiten und außerordentlichen
Verschärfungen derselben. Und bei den letzteren unter=
scheidet es wieder zwischen solchen, die sich ihm als un=
mittelbare Thatfolge der Handlungsweise des Individuums
darstellen, namentlich wenn dasselbe dabei mit seinem
activen wollenden Selbst betheiligt ist, und solchen, bei
denen das nicht der Fall ist und gerade in den letzteren,
in den ungeahnt und ohne unser Zuthun hereinbrechenden
Schicksalsschlägen erblickt es die charakteristische Ausprägung
der Preisgebung des Individuums.   Es handelt sich hier
um Unterscheidungen nach der Stärke des Eindrucks,
nicht nach Begriffs= und Wesensbestimmungen,
daher die logische Richtigkeit derselben auch nur von den
Momenten, welche die Stärke des Eindrucks reguliren,
abhängig ist.   Wenn ein hartnäckiger Trinker an den
schrecklichen Folgen des delirium tremens zu Grunde
geht, so scheint uns hierin die Preisgebung des Indivi=
duums weniger grell hervorzutreten als wenn Jemand
durch verzeihliche Unvorsichtigkeit einen entsetzlichen Tod
findet und hierin wieder weniger als wenn das Schicksal
ihn ereilt, ohne daß ein ursächlicher Zusammenhang mit
seinem Thun und Lassen bestände.   Dem Trinker wird
die Betheiligung mit seinem activen wollenden Selbst an
den Folgen seines Thuns angerechnet, welches in demselben
Maaße den Charakter der schutzlosen Preisgebung verliert,
obgleich diese für den, der ohne den freien Willen rechnet,
schon in der Beschaffenheit des Seins liegen müßte. Daß

der Mensch dem Eindruck nach einen anderen Maßstab anlegt, ist aus der Rückwirkung der Selbstthätigkeit auf das Gefühl abzuleiten und zu erläutern, ein Thema, worauf an dieser Stelle nicht eingegangen werden kann.

Aber während der antike Mensch und ebenso das Christenthum in seiner classischen Zeit auch in solchen schwersten Heimsuchungen noch die rächende Hand der Gottheit erblicken konnte und dieselben auf diese Weise als Folge begangenen Frevels auf eigene Verschuldung zurück= zuführen vermochte[1]), ist der moderne Mensch, durchschnitt= lich wenigstens, aus diesem Vorstellungskreis heraus= getreten. Er ist ihm entwachsen. Wohl hält die kirchliche Gläubigkeit an demselben fest, wohl kann es auch heute noch vorkommen, daß eine ungeheure Feuersbrunst mit

---

1) Der Grieche nahm die Verschuldung auch noch in einem uneigentlichen Sinn d. h. er rechnete als Verschuldung auch das Thun einer grausen Frevelthat, die wie bei Oedipus, durch Schick= salsverkettung dem Schuldlosen aufgebürdet wird. Die That erregt dann nicht sowohl den Zorn als den Ekel, den höchsten Widerwillen der Gottheit. Immer aber neigte der Grieche dazu grauenvolles Geschick als die Folge grauenvollen Thuns aufzufassen, nicht die blinde Naturgewalt als letzten Faktor in Anspruch zu nehmen. Man vergleiche die bezügl. Stellen bei Oedipus z. B.

O mein Korinth! ehrwürdiges Haus
Vermeinter Ahnen! ich, der Sohn, den liebevoll
Ihr auferzogt, war ein verpestendes Geschwür,
Denn als verrucht und Sohn des Fluchs bin ich entlarvt.
Laßt Freunde, nur schnell von dannen mich ziehn
Und treibt mich hinaus, der euch Unheil bringt,
Der dem Fluche verfiel; von den Sterblichen den,
Der am meisten den Göttern verhaßt ist.

all' ihrer Verwüstung an Leib und Leben Unschuldiger
und Unbetheiligter von den Kanzeln als „Zuchtruthe des
Herrn" commentirt wird, wie dies bei dem großen Ham=
burger Brande in den 40er Jahren geschah oder daß eine
verheerende Epidemie als Geißel zur Buße und Sünden=
bekehrung, als ausdrücklich von der Gottheit verhängtes
und geschicktes Unheil statt als Folge sanitärer Vernach=
lässigung und verkehrter Maßregeln angesehen wird. Aber
es gilt dies doch nur vorübergehend unter dem Einfluß
ausnahmsweiser Erregung für die außerordentlichsten Fälle
und durchschnittlich steht das moderne Bewußtsein auf
einem Standpunkt sowohl der Gottheit wie der Natur=
ordnung gegenüber, auf dem es überall zunächst nach der
causalen Ordnung fragt und eine unmittelbare Zurück=
führung unheilvoller Vorgänge namentlich elementarer
Gewalten auf den durch begangenen Frevel verursachten
Zorn der Gottheit für unzulässig und undenkbar hält.

Auch die Annahme einer eigentlichen Compensation,
eines Ersatzes für diesseitiges Leid in einer jenseitigen
Freudenernte, eines doppelten Antheils dort für die halbe
Ration hier, hat sich auf engste Kreise zurückgezogen.
Selbst wo der Glaube einer über unsere Diesseitigkeit
hinaus sich individuell im Einzelwesen fortsetzenden Fort=
bildung und Entwicklung zu höherer Vollendung, fest=
gehalten wird, legt man mehr hierauf den Ton und zwar
in geistig=sittlicher Bedeutung als darauf, daß dem In=
dividuum, das hier auf Erden schlecht gefahren, ein greif=
barer Ersatz geleistet werde.   Diese Vorstellung hat sich

verflüchtigt oder wenigstens in eine unbestimmte Form
und Fassung ergossen, die kein kenntliches Gepräge mehr
aufweist und die übrigens genau der schwindenden Bestimmtheit der Vorstellungen über Strafort und Straf-
art der Unseligen und Paradieseswonnen entspricht, über
die jeder Gläubige früher den genauesten Bescheid zu
geben im Stande war. Wenn man heute manchmal von
Compensation in der Vertheilung der Lebensloose reden
hört, so versteht man meistens etwas ganz Anderes
darunter. Man verlegt dieselbe in das Diesseits und
behauptet eine relative Ausgleichung insofern als dem
größeren Volumen, um mich so auszudrücken, von
Glücksgütern, die dem Einzelnen zu Theil werden, die
geringere Empfänglichkeit gegenübersteht und zwar
nehmen Einige dabei eine so abgemessene Proportion an,
daß Eins mit dem anderen multiplicirt (das geringere
Volumen von Glücksgütern mit der höheren Empfänglichkeit und das größere Volumen mit der geringeren
Empfänglichkeit) stets dieselbe Summe von Glück und
Genuß ergebe. Eine einfache Wahrheit wird hier gänzlich übertrieben und verzerrt. Diese Wahrheit ist, daß
das äußere Lebensloos nach der Empfindung des Trägers
des Lebensloofes zu beurtheilen ist und daß seine anscheinende Härte, für die bei dem Betreffenden oft nur
eine geringe Empfänglichkeit vorhanden ist, nicht so bemessen werden darf, wie sich dieselbe einem unter ganz
anderen Voraussetzungen empfindenden Menschen darstellt.

Wenn Strauß in den Soirées de Grandval Diderot
so raisonniren läßt:

Uebrigens muß ich auch hier wieder meine Ueberzeu=
gung aussprechen, daß wir in der Beurtheilung des Men=
schenlooses allzusehr am äußeren Scheine hängen bleiben.
Da höre und sehe ich, seit ich wieder auf dem Schlosse
wohne, jeden Tag die Arbeiter unter meinem Fenster.
Kaum graut der Morgen, so stellen sie sich ein mit dem
Spaten in der Hand, schaffen den Boden um und rollen den
Schubkarren. Zu Mittag essen sie ein Stück schwarzes
Brot und stillen ihren Durst am fließenden Bach, dann
genießen sie eine Stunde Schlaf auf der Erde, bald bege=
ben sie sich von Neuem an die Arbeit. Sie sind heiter,
sie singen, sie machen unter sich plumpe Späße, die sie
belustigen, sie lachen. Am Abend gehen sie heim; da finden
sie um einen rauchigen Heerd ihre nackten Kinder, ein
schmutziges Weib und ein Lager von getrocknetem Laub:
— und glauben Sie mir, mein Freunde, ihr Loos ist
weder schlechter noch besser als das unserige. Der Haus=
herr und sein Portier — in Absicht auf Glückseligkeit kön=
nen sie auf gleicher Stufe stehen, ja nach Umständen
der Diener über dem Herrn.

so ist gegen dies Raisonnement gewiß nichts zu er=
innern, weil das einschränkende „nach Umständen“ vor=
behalten und das Ganze nur hypothetisch ausgedrückt ist.
Wenn aber der Philosoph v. Kirchmann in einer Be=
trachtung über „moderne Cultur“ u. A. zu folgenden
Sätzen gelangt:

Was das Wohl und Glück anlangt, so sind ganz offen=
bar die Mittel dazu in heutiger Zeit außerordentlich ver=
mehrt worden; selbst die niedrigsten Klassen sind in Woh=

nung, Nahrung, Kleidung und anderen Bedürfnissen außerordentlich viel besser als in früheren Jahrhunderten gestellt. Ebenso ist der geistige Besitz gestiegen; die Wissenschaften haben wunderbare Fortschritte gemacht und das
Wissen ist in viel höherem Maße durch alle Klassen verbreitet. Darauf stützt sich auch das Urtheil für den Fortschritt unserer Zeit, was man überall hören kann; man
übersieht nur, daß dieser Besitz blos ein Factor zum Glücke
ist, welcher unwirksam bleibt, wenn nicht noch ein zweiter
hinzutritt, nämlich die Empfänglichkeit dafür. Ein satter
Mensch hat auch von dem feinsten Diner keinen Genuß;
der Eskimo sehnt sich mitten in den Genüssen von Paris
nach seinen Thrantöpfen zurück. Indem so zwei Factoren
zur Hervorbringung des Genusses und Glückes gehören,
zeigt die Beobachtung, daß hier zwei sehr merkwürdige Gesetze bestehen. Das eine lautet dahin, daß mit dem Steigen der Güter die Empfänglichkeit dafür sinkt. Ein ver-
wöhnter Mensch ist deshalb so schwer zufrieden zu stellen.
Wer alle Tage zu Gesellschaften eingeladen wird, den lassen
diese Einladungen bald sehr gleichgiltig. Ein Offizier mit
zehn Orden empfindet bei dem elften nicht den zehnten
Theil der Freude, welche der erste ihm machte. Wer alltäglich das Theater besucht, lacht und weint nicht mehr
über die ihm vorgeführten Scenen; zerstreut, gelangweilt,
schweifen seine Blicke mehr nach dem Publikum und nach
den Frauen in den Logen. Für einen Virtuosen giebt es
nichts Schrecklicheres als der Besuch von Concerten. Ein
Gelehrter findet bei seinen späteren Werken nie mehr das
Entzücken, welches die Correcturbogen seiner ersten Schrift
ihm gewähren. Das zweite Gesetz lautet: Mit dem Steigen der Güter steigt die Empfänglichkeit für die Ursachen
des Schmerzes. Der Sybarit im Alterthum konnte nicht

schlafen, weil ein Rosenblatt auf seinem Lager ihn drückte.
Einem Gourmand schmeckt die feinste Pastete nicht, wenn
der Koch eine Kleinigkeit in der Zubereitung versehen hat.
Eine vom Publikum verwöhnte Sängerin wird durch das
einmalige Ausbleiben des Beifalls so alterirt, daß sie dem
Publikum Sottisen sagt.

Indem das Glück so das Product aus zwei Factoren
ist, wo der eine in demselben Verhältniß fällt, in welchem
der andere steigt, ergiebt sich das merkwürdige Resultat,
daß bei einigermaßen dauernden Verhältnissen die Menge
der Glücksgüter auf die Größe des Glücks keinen Einfluß
hat. Ich habe diese Einrichtung bei einer andern Gelegen=
heit den Communismus der Natur genannt; und in
Wahrheit bleiben gegen seine Wirksamkeit die Utopien der
heutigen Socialisten und Communisten ein Kinderspiel. Es
wäre auch schwer mit der Güte Gottes oder mit der Hegel=
schen Vernünftigkeit der Welt vereinbar (sic!), wenn alle
jene Millionen Menschen, welche die Jahrtausende vor uns
in dürftigeren Verhältnissen gelebt haben, ohne ihr Ver=
schulden viel ärmer an Glück gewesen wären, als wir.
Wenn uns dies dennoch so scheint, so liegt es nur darin,
daß wir mit unserer Gewöhnung an reichere Glücksgüter
allerdings deren Mangel, wie er in früheren Zeiten bestand,
sehr schmerzlich empfinden würden; allein dies betrifft nicht
die Menschen jener Zeiten, deren genügsamere Empfäng=
lichkeit diesen Mangel an Gütern reichlich ersetzte.

So hätte ich dagegen, wenn ich mich hier auf an=
thropologische und psychologische Auseinandersetzungen
gerade über dies eudämonistische Capitel einlassen könnte,
sehr viel zu erinnern. Ich will mich aber an dieser Stelle,
um von dem Zusammenhange meines Gedankenganges

nicht allzuweit abzuschweifen, auf die einzige Bemerkung
beschränken, daß alle derartigen Behauptungen wie sie
Herr v. Kirchmann hier formulirt hat, ohne Maaß
und Verhältniß genau abzugrenzen (worauf es
aber gerade ankommt) eben durch diesen Mangel stets nur
einseitig oder halb wahr sind, d. h. das Gegentheil läßt
sich ebensogut behaupten und ist ebenso wahr. Wenn es
als ein „Gesetz" aufgestellt wird, „daß mit dem Steigen
der Güter — ein an sich schon höchst unbestimmt gelasse-
ner Ausdruck — die Empfänglichkeit dafür sinkt", so ist
dabei übersehen, daß es gerade so gut eines gewissen
Steigens der Güter erst bedarf, um die Empfänglichkeit
für dieselben zu vertiefen, ihren Werth uns bewußt werden
zu lassen, ihre Eigenthümlichkeiten schätzen zu lernen und
aus ihnen erhöhten Genuß zu ziehen. Die von Kirchmann angeführten Beispiele sind nicht zu widerlegen, aber
sie beweisen nichts. Sie sind alle auf Uebersättigung ge-
gründet, während der Punkt der Sättigung oder vielmehr
die Wegstrecke bis zu diesem Punkt, die ein Steigen der Güter
sehr gut verträgt, resp. bedingt gar nicht in's Auge gefaßt wird. Die Gewöhnung durch Wiederholung wird
von ihm ganz einseitig als Abstumpfung betrachtet, während sie in unzähligen Fällen doch ebenso gut als Erhöhung des Reizes wirkt und eine gesteigerte Empfänglichkeit hervorruft. Ich liebe die Wiese, diesen Wald,
durch den ich täglich meine Schritte lenke, seiner Stille,
seiner Schönheit wegen, und ich liebe ihn nur um so
mehr, je öfter ich diesen Weg wandere. Ebenso unwich-

tig in seiner vagen Allgemeinheit ist das zweite Gesetz:
mit dem Steigen der Güter steigt die Empfänglichkeit für
die Ursachen des Schmerzes. Das angeführte Beispiel:
der Sybarit im Alterthum konnte nicht schlafen, weil ein
Rosenblatt auf seinem Lager ihn drückte, müßte, um die
Behauptung auf die es ankommt, belegen zu können, die
Thatsache zur Voraussetzung haben, daß jedes „Steigen
der Güter" Sybaritismus hervorrufe, was es doch erst
dann thut, wenn ein gewisses Maaß überschritten wird,
während vorher ganz im Gegentheil ein „Steigen der
Güter" durch Erschaffung und Erhöhung eines gesunden
normalen Lebensinhalts und Herstellung der dazu nöthigen Bedingungen „der Empfänglichkeit für die Ursachen
des Schmerzes" sowohl im seelischen wie im physischen
Sinn gerade entgegenwirken kann.

Das Merkwürdigste an diesen „zwei sehr merkwür-
digen Gesetzen" scheint mir daher nur das zu sein, daß
ein Philosoph sie dafür hält und die auf der Hand
liegenden Einschränkungen und Unrichtigkeiten gar nicht
gewahr wird. Wenn solche halbwahren Thatsachen
mit einfacher Beiseitsetzung der entscheidenden Hauptpunkte in eine Schablone gepreßt und als „Communismus der Natur, gegen welche die Utopien der heutigen
Socialisten Kinderspiel" seien, vorgetragen werden, so kann
man das nur aufrichtig bedauern. Auf diese Weise nährt
man nicht nur theoretisch die Verwirrung der Meinungen,
sondern stärkt auch praktisch die Trägheit und den Egoismus. Denn wie leicht kann man nicht zu der Schluß-

folgerung gelangen, daß das Steigen der Güter keine
Steigerung der Leistungen für die Glücksberaubten als
Pflicht bedingt, wenn es als ausgemacht gelten soll, daß
die scheinbar vom Glück Begünstigten, die Begüterten, im
Grunde gar keine Steigerung des Glücks erleben und
daß am letzten Ende sich Alles ausgleicht.

———

Kehren wir aber zu unserer ursprünglichen Betrach=
tung zurück. Wir haben den modernen Menschen in's
Auge gefaßt, der im Unterschied und theilweisen Gegen=
satz zu früheren Zeiten, mit dem Leid in dieser Welt abzu=
rechnen hat, ohne daß er den thatsächlichen Bestand des=
selben in seiner ethischen Bedeutung dadurch mildern
könnte, daß er an einen jenseitigen Ersatz, also an eine
Wiederaufhebung des Leides und eigentliche Schadloshal=
tung des Individuums glaubt oder daß er die ihm auf=
fälligsten Uebel, diejenigen, die außerhalb des regelmäßigen
Naturlaufs auftretend wie Acte einer feindlichen Willkür
auf ihn eindringen, als im Zusammenhang mit eigener
Verschuldung gelegen und als Folgen des rächenden Zorns
der Gottheit auffaßt. Indem diese mildernden Momente
wegfallen, bleibt die Thatsache der Preisgebung des In=
dividuums im Weltprozeß in einer unverhüllten Nacktheit
bestehen, die dem modernen Bewußtsein als eigenthümlich
angehört, die wie ein eisiger Hauch, der in lindes Früh=
lingswetter hineinfährt, eine geträumte schönheitsvolle
Harmonie des Weltbildes antastet und den Bestand jeder
religiösen Erhebung ernsthaft innerlichst bedroht. Und

hier liegt es in der Aufgabe dieser Schrift und des von
mir bisher durchgeführten Gedankenganges diese Bedrohung möglichst in ihrer ganzen Tragweite und Bedeutung
zu erkennen und ihre Widerlegung zu versuchen, um den
Bestand der religiösen Erhebung zu schützen.

Wenn ich dabei von Vornherein vielleicht dem Einwurf begegnen sollte, daß ich auf diese Weise das religiöse Empfinden gewissermaßen anzuraisonniren versuche, so halte ich das für gar keinen Ein- und am allerwenigsten für einen Vorwurf, den ich abzuwehren brauche.
Warum denn auch nicht? Hat uns das Raisonnement
das Gefühl genommen, indem es die Quellen derselben,
wenn nicht ausgetrocknet, doch verschüttet hat, so kann es
dem Raisonnement ja auch obliegen, den Schutt wieder
wegzuräumen und zu zeigen, daß die Quelle noch fließt,
daß sie vielleicht nur an einer andern Stelle zu Tage
tritt oder daß man sich etwas tiefer hinabbeugen muß,
um aus ihr zu schöpfen. Es giebt ein spöttisches Wort,
dessen Sarkasmus manche Geister nicht gut verwinden
können: „Die Deutschen quälen sich ab Atheisten zu sein,
bringen es aber nicht fertig." Mich hat dasselbe nie erschreckt und ich meine, Niemand auf unserer Seite sollte
sich dadurch beirren lassen. Ich habe es wenigstens
immer für eine Ehre gehalten mein Credo von demjenigen
Atheismus zu unterscheiden, der fäusteballend und fluchend
oder mit souverainer Verachtung und Ekel oder mit er-
habenem Gelangweiltsein durch alle Himmelweiten schweift.
Ich habe immer geglaubt, daß der wahre deutsche Tiefsinn

zu gut sei für dies Prometheusspielen, dem mehr die Ge=
dankenlosigkeit als der Stolz des göttergleichen Kraftbe=
wußtseins zur Grundlage dient und sehe es als einen
nationalen Vorzug an, daß gerade diese Strömung sowohl
in Feuerbach als in Strauß bei uns auf eine kräftige
Gegenströmung gestoßen ist.

Aber wenn dem so ist, so glaube ich doch allen ernst=
haft gemeinten und gedachten Einwürfen gerade im Gegen=
satz zur leeren Renommage um so mehr die eingehendste
Aufmerksamkeit zollen zu sollen, namentlich denjenigen,
die nicht als Reflex eines bloßen Stimmungseindrucks
angesehen werden dürfen, worüber in dem vorigen Ab=
schnitt zur Genüge gehandelt worden ist.

Wenn mir daher Jemand sagt: „Ich sehe von allen
Stimmungseinflüssen vollständig ab und berufe mich nicht
auf subjective Geschmacks=Liebhabereien, ich versuche mich
dem objectiven Thatbestand gegenüber rein erkennend zu
verhalten und aus der Erkenntnißquelle auch für mein
Empfinden einen durststillenden Trunk zu schöpfen, ich
finde die pessimistische Weltanschauung hohl, ihre angeb=
lichen Beweise voller Widersprüche und Kindereien, ich
gebe den Optimismus im Sinn einer fortschreitenden Ent=
wicklung zu höherem Sein als kosmisches Gesetz, garan=
tirt durch den Inhalt des in aller Creatur thätigen
Strebens, des Wiederhalls des Empfindens zu, aber dies
letztere verfehlt doch mich religiös zu stimmen, mir ein
feierliches Ergriffensein der Erhebung zu verschaffen, weil
des Menschen zubeschiedenes Theil, seine preisgegebene,

schutzlose Stellung im Weltprozeß, mir zu abschreckend
erscheint, um solchen Eindruck in mir zu Stande kommen
zu lassen. Nur wenn ich sie vergesse — und glücklicher=
weise thun die meisten Menschen das in beinahe jedem
Augenblick ihres Lebens — scheint der häßliche, entstellende
Zug sinnloser Gewaltthat dem Weltbild, wie es sich we=
nigstens für uns Erdenbewohner darstellt, wenn wir un=
ser eignes Geschick als Maßstab anlegen, zu entfliehen.
Daß der Mensch, dem reinsten Zufall der individuellen
Entstehung preisgegeben, in die Welt hineingeschleudert
wird, davon will ich nichts sagen, weil schließlich mit
jeder Menschwerdung auch Liebe zum Leben gesetzt wird,
die uns zu den höchsten Höhen emporhebt, und die, auch
im Fall der äußersten Noth, sich noch gegen den Unter=
gang wehrt; auch davon will ich nichts sagen, daß das
Genie im Leben der Regel nach dem Wahn und der Be=
schränktheit erliegt, um erst in dem befruchtenden Samen=
staub seines Geistes wieder aufzuerstehen, denn auch der
Genius darf nur nach seines eignen Wesens Maaß ge=
messen werden und kann im Kampf und Untergang, mit
prophetischem Blick die ferne Zukunft messend, noch glück=
licher sein, als die über ihn triumphirende Gemeinheit.
Aber daß über Alle immer das Damoklesschwert der
Preisgebung hängt, daß bald hier, bald da entsetzliche
Verwüstung, der keine Voraussicht begegnen kann, aus
dem dunkeln Schooß der Naturgewalten über den Men=
schen hereinbricht oder vom sinnlosen Zufall verhängt,
ihn zerfleischt und zerschmettert, das nimmt, wenn ich,

Vorspiegelungen verschmähend, es mir lebhaft vor Augen
stelle, mir jede Möglichkeit einer religiösen Feierstunde in
dem Sinn, wie ich sie allein verstehen und begreifen kann,
und wie sie für jeden Menschen einzig Werth und Be=
deutung hat" — wenn Jemand so zu mir spricht, so scheint
mir seine Einrede ausreichend wichtig und sie trifft ge=
nugsam die intimsten Beziehungen, die in dieser ganzen
Materie zur Entscheidung stehen, um meinerseits eine
Antwort zu verdienen.

Die Schwierigkeit, diesem Einwand wirksam zu be=
gegnen, haftet an verschiedenen Momenten, die wir einzeln
zu prüfen und zu beleuchten haben werden, um uns über
ihre Bedeutung für das religiöse Empfinden klar zu wer=
den und ein hinderliches Motiv auf dem Wege der Er=
kenntniß womöglich zum Wanken zu bringen und zunächst
also wenigstens aus der Erkenntnißsphäre wegzuräumen.
Dort seines Halts beraubt, wird es die Gemüthsseite,
das Empfindungsleben auch allmählig von dem erkälten=
den Schatten der Verdüsterung, den es um sich breitet,
frei geben.

Daß dies hinderliche Motiv sehr tief eingreift, ist
von vornherein zuzugeben. Wer sich auf gewisse ab=
schreckende Züge in dem Weltzusammenhang oder —
drücken wir uns bescheiden aus — in dem Stück Welt=
bild, das unser Planet enthüllt, beruft, Züge, die nicht
wegzuradiren sind, die der nüchterne Blick immer erkennt,
über die nur die Selbstverblendung achtlos wegzugleiten ver=
mag, wer an die Schmerzensschreie appellirt, die durch alle

Jubelchöre hindurch mit grellem Mißton dringen, der beruft sich genau auf dasjenige Moment, welches mit dem religiösen Empfinden in der hier festgehaltenen Bedeutung allerdings rein unverträglich ist. Es bedarf nicht der pessimistischen Berechnung, die, indem sie ethische Imponderabilien zu wägen unternimmt, zu lächerlichen und absurden Resultaten gelangt, es bedarf nicht der Aufzählung der Schmerzensschreie aller Kreaturen, um mit erdrückenden Summen den Eudämonismus siegreich zu zerschmettern — wie eine Geistererscheinung, die lautlos durch den Saal gleitet, eine fröhliche Festversammlung in Entsetzen auseinander stieben läßt, wie eine Dissonanz die Wirkung des Zusammenklangs harmonisch geordneter Tonmassen vernichtet, so bedarf es nur eines Schmerzensschreis, der vernehmbar in unser inneres Bewußtsein hineinklingt, um das religiöse Empfinden zu vernichten. Soll dies erhalten bleiben, so darf, daran giebt es kein Deuteln, aus dem Ganzen uns Beleidigendes und Abstoßendes nicht entgegentreten. An dieser Stelle liegt, wie Viele behaupten werden, der wunde Punkt aller derer, die von materialistischen oder verwandten Gesichtspunkten ausgehen, (es kommt auf eine genaue Unterscheidung derselben an dieser Stelle nichts an) ein religiöses Empfinden nicht preisgeben wollen, die sich von der Nothwendigkeit des Verzichts nicht überzeugen lassen, an dieser Stelle liegt auch die Entscheidung.

Halten wir noch einmal Umschau! Was war Zweck und Ziel der bisherigen Auseinandersetzungen? Ich wollte nachweisen, daß der Mensch, indem er seinen Blick auf das Weltganze richtet, indem er sinnend und anschauend sich in das Weltgetriebe versenkt, das ihn in den uner= meßlichen Verhältnissen der Leben schaffenden und sich selbst im Lebensprozeß gestaltenden Gewalten umbraust — daß er da einem Etwas gegenübertritt, das geeignet ist, ihn mit gebundener Scheu und feierlicher Samm= lung zu erfüllen. Ich wollte nachweisen, daß die Poten= zen für diesen religiösen Eindruck objectiv vorhanden sind und daß das etwaige Fehlschlagen und Ausbleiben desselben subjectiver Unzulänglichkeit beizumessen ist, also dem Standpunkt an sich nicht zuzurechnen ist, daß kein Moment aufzuweisen ist, welches einen so beschaffenen Eindruck vernichten oder aufheben müßte.

Betrachten wir die Bedingung dieses Eindrucks näher, so findet sich, daß dieselbe hauptsächlich in der Gewal= tigkeit des der Seele zugeführten Stoffs im Weltbilde zu setzen ist, wenn oder sofern derselbe rein in dieser Eigenschaft und Bedeutung, frei von jedem Moment, das uns beleidigend oder abstoßend afficiren könnte, auf uns wirkt. Daher der Eingangs von mir, um diese ästhetisch=religiöse Wirkung zu kennzeichnen, wiederholt gebrauchte Ausdruck: „hehres Geheimniß", indem das „hehr" sich mit der Unberührtheit von Allem, was belei= digend, widerwärtig und herabziehend erscheinen könnte, deckt, während das „Geheimniß" die Gewaltigkeit reprä=

sentirt. Dabei erinnere ich daran, um den jeglichem Mysti=
cismus abholden Gemüthern keinen gerechtfertigten An=
stoß zu bereiten, daß „Geheimniß" an dieser Stelle bei
mir nicht in einem solchen Sinn gebraucht wird, daß sich
dahinter aller denkbarste und undenkbarste Unrath ver=
stecken könnte, nicht als Coulissenwand oder Versenkung,
aus der jede beliebige romantische Scharteke emportauchen
könnte, nicht in dem Sinne eines Freibriefs dem, was
wir wirklich erkannt und begriffen zu haben glauben,
etwas entgegenstellen zu dürfen, was das Erkannte wie=
der Preis giebt, aber doch in dem stark betonten Sinn
der Unzulänglichkeit dieses Begreifens. „Was wir wissen,
ist gar wenig" sagte Laplace, auf dem Todtenbett, ge=
nügender und wohl auch treffender als b'Alembert in
dem verwandten Ausspruch: „Die Natur des Menschen,
sein gegenwärtiges und künftiges Dasein, sind Geheimnisse,
gleich undurchdringlich für die größten Genies, wie für
die übrigen Sterblichen".

Ich sagte: das Geheimniß repräsentire die Gewaltig=
keit und eben in dieser Bedeutung wird es von mir hier
herangezogen. Denn das ist das erste und für den Men=
schen fühlbarste Kennzeichen der Gewaltigkeit, daß es
Etwas bezeichnet, was der Mensch nicht umspannen
kann. Eben das gilt aber von dem Geheimniß in seiner
reinen Form d. h. wo es nicht vorübergehend oder in
einer bloß localen Bedeutung dadurch verursacht wird,
daß sich der Zusammenhang des Geschehenden dem Blick
des Beobachters zufällig oder durch künstliche Veranstal=

tung entzieht, sondern wo es sich in universaler Bedeu=
tung seinem We s e n entweder a b s o l u t — worüber uns
kein absprechendes, endgültiges Urtheil zusteht — oder
jedenfalls, wie es (das Wesen) dermalen beschaffen ist
versagt.

Wenn das Bewußtsein, daß wir mitten in einem
solchen Geheimniß, das nicht blos unseren Scharfsinn,
unsere Gelehrsamkeit, unser Wissen, sondern unser Wesen
überschreitet, das uns als ein Gewaltiges umspannt, weil
wir es eben selbst nicht umspannen können, dem w i r
mehr angehören, als daß wir von ihm in gleicher Bedeu=
tung sagen könnten, daß es uns angehört, — wenn dies
Bewußtsein erschüttert oder verdunkelt ist, so ist eben da=
durch auch die mächtige Strömung abgeleitet, die aus
diesem Verhältniß sich für Gemüth und Fantasie ergeben
müßte und die alles religiöse Wesen kennzeichnet.

Ich habe die Wirkung dieser Strömung eben als
„gebundene Scheu" bezeichnet. Es ist der Schauder, der
dem Menschen, um mich so auszudrücken, in's Gebein
fährt[1] wenn er sein Antlitz dem Unermeßlichen zuwendet,
das sich selbst seinem Ahnen versagt und das eben da=
durch ein Verhältniß darstellt, das auch in das trägste
Blut Feuerfunken zu verwerfen vermag, mögen diese nun

.1) Doch im Erstarren such' ich nicht mein Heil,
Das Schaudern ist der Menschheit bestes Theil;
Wie auch die Welt ihm das Gefühl vertheure,
Ergriffen, fühlt er tief das Ungeheure.
(Faust II. Theil, I. Akt.)

zünden oder wieder verlöschen. Wenn ich hier den Ausdruck: „das Unermeßliche" gebrauche, so verstehe ich darunter immer nur, was übrigens schon aus dem Vorhergehenden genügend verständlich sein dürfte, den Weltbe-
stand als einen von uns nicht zu ermessenden Zusammenhang des Wirkens und Schaffens, in das wir als
Theilwesen eingereiht sind.

Wenn diese in dem Geheimniß des Weltendaseins
repräsentirte Gewaltigkeit aber gleichzeitig hehr erscheinen
soll, wenn sie als religiös nur bestehen kann, indem sie
hehr und also frei von allem Erschreckenden und Abstoßenden erscheint, so muß sie vor Allem aus den Banden
erlöst werden, welche die pessimistische Weltanschauung um
sie legt. Der Inhalt des Weltengeheimnisses darf uns
nicht auf eine endlose Leidenskette, auf eine „Daseins-
fratze", hinauszulaufen oder auf Selbstvernichtung, auf
Erlösung durch Verneinung des Willens zum Leben 2c.
abzuzielen scheinen, weil in Allem diesem das abschreckende
Gespenst der Sinnlosigkeit des Seins vor uns auftaucht
und mit kalter Todtenhand in unser innerstes Empfinden hineingreift. Die weitere Entwicklung, die ich vorzunehmen hatte, führte daher nothwendig zu einer Beleuchtung der pessimistischen Weltanschauung von Seiten
ihrer Sinnlosigkeit und zu einer versuchsweisen Begründung ihres strikten theoretischen Gegenstücks, des
Optimismus.

Aber freilich, wenn der Optimismus auch der Zukunft eine Leuchte anzündet, wenn er dem Schrecken einer

sinnlosen Daseinsarbeit die Ueberzeugung einer sinnvollen
Erhebung über und Befreiung aus Noth und Elend
gegenübergestellt, — diese selbst als Thatsachen der Ver=
gangenheit und Gegenwart, einer beständig von der Zu=
kunft zehrenden Gegenwart, muß er ja bestehen lassen.
Je ferner der Optimismus sich von einer falschen ideali=
stischen Schönfärberei hält, desto weniger wird er sie zu
leugnen unternehmen, je weniger eine realistisch=nüchterne
Auffassung sich etwa mit einer Compensationstheorie zu
befreunden vermag, wie die vorher nach der Auffassung
des Herrn von Kirchmann entwickelte, desto weniger bleibt
ihr in dieser Richtung irgend ein Ausweg, der das That=
sächliche in Zweifel ziehen könnte.   Der nackte Bestand
einer ungeheuren Leidenssumme, eines unermeßlichen mate=
riellen und sittlichen Elends in der Menschheit, wofür „die
Preisgebung des Individuums" nur die besonders scharf
zugespitzte Formel darstellt, bildet abermals den unge=
heuren Stein des Anstoßes, auf den wir auch auf dem
von uns beschrittenen Wege stoßen. Wir haben nicht nach
der Vereinbarkeit mit der Güte Gottes oder der Hegel'=
schen Weltvernunft zu fragen, wohl aber nach der Mög=
lichkeit einer religiösen Erhebung in unserem Sinn An=
gesichts dieser Thatsachen, Angesichts ihres schneidenden
Weh's, ihres abstoßenden Schreckens, ihrer Gewalt, unser
Empfinden zu verwunden und zu zerstören.

Werfen wir noch einen kurzen Blick auf die Schwie=

rigkeit mit dem menschlichen Elend oder der Preisgebung
des Individuums im Weltprozeß innerhalb des Gottes=
begriffs fertig zu werden. Außerhalb desselben ist diese
Schwierigkeit eher vermindert als vermehrt. Die logische
Unvereinbarkeit des bestehenden Elends in der Welt mit
der Güte oder der Allmacht Gottes ist in ihrer unwider=
leglichen Gewalt am schärfsten und leidenschaftslosesten
von Hume in dem Dilemma formulirt worden: „Will
Gott das Uebel hindern und vermag er es nicht, so ist
er ohnmächtig, vermag er es aber und will es nicht, so
ist er übelwollend. Besitzt er aber beides, den Willen
und die Macht, woher dann die Uebel?", woran sich dann
die weitere Ausführung anschließt: „Laßt uns denn ge=
stehen, da die Güte Gottes vorläufig durchaus nicht
zweifellos ist, sondern erst aus den Erscheinungen in der
Welt erschlossen werden müßte, daß keine Gründe zu
solchem Schlusse vorhanden sind, so lange es noch so
viele Uebel in der Welt giebt und so lange diesen Uebeln,
wenigstens nach dem, was ein menschlicher Verstand beur=
theilen kann, so leicht hätte abgeholfen werden können.
Die richtige Folgerung vielmehr ist, daß die ursprüngliche
Quelle aller Dinge ebenso wenig Vorliebe für das Gute
gegenüber dem Uebel als für Hitze gegenüber der Kälte
oder für das Trockene gegenüber dem Feuchten oder für
das Leichte gegenüber dem Schweren bezeugt. Das
Ganze ergiebt für uns nichts anderes als den Begriff
einer blinden Natur, welche durch den Einfluß eines be=
lebenden Grundtriebes befruchtet wurde und nun ohne

Rücksicht und mütterliche Fürsorge ihre unreifen Mißge-
burten aus ihrem Schooße schüttet"[1]).

Bitterer und heftiger haben die französischen Auf-
klärer gelegentlich dasselbe Thema variirt. Ihre oft citir-
ten Aussprüche können wir als hinlänglich bekannt auf
sich beruhen lassen. Stärker wie aller leidenschaftliche
Pathos der Gegner wirkt es aber auf mich, wenn ich
einen überzeugten, geistvollen und gedankenreichen Theisten
als letztem Rettungsanker danach greifen sehe, Gott die
Allmacht abzusprechen. Wenn Fechner, dem die Spinn-
gewebe theologischer Dialektik nicht genügten, um darin
seinen Glaubensbestand sicher zu betten und zu bergen,
dazu überging in dieser Position Stellung zu nehmen und
Schutz zu suchen — welcher stärkere Beweis könnte geliefert
werden, als dieser, daß die ganze Position unhaltbar ist.

Die Kritik des theologischen und die Begründung
des eignen Standpunktes in dieser Materie von Seiten
Fechners ist zu interessant und zu charakteristisch für den
ganzen Gegenstand, um nicht hier in einigen Sätzen aus
seiner Schrift: „Ueber die Seelenfrage" noch passend eine
Stelle zu finden. Es heißt dort:

Wäre es wahr, daß Gott die Sünde, das moralische
Uebel, zuließ, um der Freiheit der Geschöpfe willen, woher,
warum das unsagbare Uebel, was ohne Freiheit die freien Geschöpfe trifft? — Das ist zur Strafe ihrer Sünden da. — Aber
straft auch ein Mensch um dessentwillen, was er zuläßt? Hat
er auch ewige Höllen für zeitliche Sünden? Läßt er auch

---

[1] Essays and Treatises on several subjects.

die Kinder die Strafe der Schuld der Eltern tragen? Ver=
hängt er auch Verheerungen ohne Unterschied über Gerechte
und Ungerechte? Wenn man mit menschlichen Motiven er=
klären will, so sollte man das Höchste, Edelste und Beste,
was es im Menschen giebt, bei Gott zum Anhalt nehmen;
und wenn man nicht damit erklären will, weil Gott über
alle menschliche Motive erhaben sei, so sollte man ihn über=
haupt nicht lieben, strafen und rächen lassen, wie den Men=
schen, nicht gar seine Erhabenheit über die Menschlichkeit
benutzen, ihm Unmenschlichkeiten beizulegen, in denen der
menschliche Thrann ein willkommenes Muster findet.

Und die Leiden der Thiere, die nicht sündigen können,
sind auch diese um der Sünde willen da, oder wozu sind
sie sonst doch da? — Das gehört zu den unerforschlichen
Geheimnissen Gottes. — So wird zuletzt die ganze Erklärung
ein unerforschliches Geheimniß, ist nur ein Irrlicht, das
seinen Weg durch das Geständniß abschließt, uns in einem
Dunkel, aus dem kein Ausweg, umhergeführt zu haben.

Nach all' dem ziehe ich eben so wegen ihrer einfachen
Klarheit als Tröstlichkeit, als natürlichen Folge aus unse=
rem Princip, die andere Ansicht vor, daß der allgemeine
Grund des Uebels, so weit solches in der Welt besteht, unab=
hängig zwar nicht von Gott, aber von seinem Willen be=
steht, sein Wille vielmehr nur die Tendenz hat, es immer
mehr zu bessern und zum Mittel des Bessern selbst zu
machen, nicht anders als der rechte Menschenwille, nur in dem
anders, was der Begriff des Höchsten Anderes aus ihm macht,
das ist, daß er in dieser Hinsicht eine Alles überreichende und
schließlich Alles besiegende Macht hat; nicht im Augenblicke,
nicht über jedes Uebel einzeln, vielmehr, unendlich wie er ist,
erst in der Unendlichkeit des Raumes und der Zeit am
ganzen Zusammenhange dessen, was darin ist, sich erfüllt.

Unstreitig heißt das, etwas von der Allmacht, zwar nicht Gottes, denn Alles, was geschieht, geschieht immer nur durch Gott, in Gott, aber etwas von der Allmacht seines höchsten Willens opfern. Aber es heißt nur, soviel opfern, daß uns möglich wird, wahrhaftes Vertrauen auf seinen Willen in jeder höchsten und letzten Instanz — für jede niedere giebt's auch niedere Willen und niedere Kräfte in Gott — zu behalten. Wer das Uebel, sei es durch Gottes freien Willen oder freie Zulassung entstehen, bestehen läßt, damit nichts seinem Willen entzogen sei, der sieht in seinem Willen eben damit etwas, was das Uebel will oder willig zuläßt. Wer das Uebel unabhängig von Gottes Willen in Gott ent=stehen, bestehen läßt, der kann diesen Willen, wie den des rechten Menschen, als rein dem Uebel entgegen wirkend halten und sich mit vollem Vertrauen darauf stützen, daß, wenn schon der rechte menschliche Wille so viel vermag, das Uebel im kleinen Kreise dessen, was von ihm abhängt, zum Bessern zu kehren, — sofort gelingt es freilich nicht, — der gött=liche Wille, über Alles reichend, endlich Alles in dieser Hinsicht vermögen wird, und, mag er auch eine Ewigkeit dazu brauchen, das unendliche Uebel einer unendlichen Welt zu bessern und zu heilen, doch für jedes endliche Uebel endlicher Wesen auch endliche Mittel der Besserung und Heilung in der unendlichen Fülle seiner endlichen Mittel finden wird.

Je beredter diese Auseinandersetzung ist, desto mehr, finde ich, gefährdet sie die eigne Sache, d. h. die Sache des Theismus überhaupt. Daß es keinen andern Aus=weg als diesen aus unhaltbaren Widersprüchen giebt, wird von Fechner überzeugend dargethan, nur daß mit dem Ausweg auch das, was durch ihn erreicht werden soll,

geopfert wird. An Stelle des logischen Widerspruchs,
der gehoben wird, tritt der psychologische oder anthropo=
logische, denn Schwächlichkeit, Unvermögen ist, däucht
mir, gerade der Zug, den das menschliche Bewußtsein in
dem Angesicht der Gottheit am allerwenigsten vertragen
kann. Der Mensch ergänzt in dem Gottesbewußtsein in
erster Linie das Gefühl seiner eigenen Schwäche, seines
Unvermögens, und dann erst das Gefühl etwaigen Mangels
an gutem Willen. Der Gott der helfen kann, aber zu
helfen zögert — aus Gründen, die sein souveraines
Majestätsgeheimniß sind — ist, menschlich betrachtet, im=
mer noch möglicher als der Gott, der helfen möchte,
aber nicht helfen kann, wenigstens nicht dann und dort
helfen kann, wo die Hülfe allein Nutzen und Werth hat,
denn die, welche sich erst in einer Unendlichkeit der Zeit
und des Raums vollzieht (wie Fechner die Sache darstellt)
hat für das endliche Wesen, welches zeitlich zu Grunde
geht, ja keine Bedeutung.

Außerhalb des Gottesbegriffs und im Verfolg
unseres Gedankengangs betrachtet, bietet das menschliche
Elend nun nicht mehr das Problem des Gegensatzes zu
den der Gottheit beigelegten Eigenschaften, sondern das
Problem des Gegensatzes seines abschreckenden Eindrucks
zum religiösen Empfinden, insofern dasselbe auf dem
hehren Charakter des Weltprocesses basirt ist und bei
Erschütterung dieses Grundwesens nicht bestehen kann.
Schwärmerei und Verzückung können sich ja unbedenklich
auch über dies Hinderniß hinwegsetzen, aber es handelt

sich hier nicht um diese, sondern um eine Selbstrechtfer-
tigung, um einen ernsthaften Versuch ein Grundrecht
des religiösen Empfindens vor der Vernunft zu begründen. Kann letzteres auch nicht im Hauskleid alltäglich-
ster Gefühle bestehen, gebührt ihm das Feiertagsgewand
eines hohen festlichen Schwunges, so ist hier zunächst doch
erst das Recht ein solches Gewand anzulegen, gegenüber
den erhobenen abweisenden Einsprüchen zu erhärten.

Es liegt sehr nahe und ist dem Grundgedanken des
Optimismus auch offenbar am verwandtesten den Mißton
(des Elends, des Frevels, der Noth u. s. w.), in eine höhere
Harmonie aufzulösen und verklingen zu lassen. Princi-
piell ist dagegen nichts zu erinnern, die Betrachtungs-
weise entspricht der von uns gemachten theoretischen
Voraussetzung, sie deckt sich mit der zu Grunde liegenden
Annahme unserer Weltanschauung. Aber garantirt sie
den Erfolg auf unser Empfinden, beseitigt sie den Widerspruch derart, daß er in der That gegenstandslos wird? Ich
erinnere hier an ein älteres Gedicht Friedrich Rückerts,
welches denselben Gegenstand mit dem, dem Dichter eignen
ergreifenden Schwung der Empfindung und der Sprache
behandelt. Es ist die

Erhebung.

„Ich stand auf Bergen hoch,
Und übersah die Erde,
Die so gedrückt vom Joch,
Geschlagen so vom Schwerte.

Ich sah den blut'gen Greul,
   Der lag auf ihren Tiefen,
Und hörte das Geheul
   Der Stimmen, welche riefen.

Ich sprach, o wär ich doch
   All' dieser Noth entrücket!
Da ward vom Berg auf hoch
   Ich in die Luft gezücket.

Aufschwebt' ich durch die Luft,
   Und hört' und sah noch immer.
Zuletzt verschwamm in Duft
   Das Blut und das Gewimmer.

Und als ich niedersah
   Aus allerhöchster Ferne,
Da sah ich schimmern da
   Den schönsten aller Sterne.

Was dort im hellen Licht
   Ist das für eine Sphäre?
Da ward mir der Bericht,
   Daß es die Erde wäre.

Der Engel sprach zu mir:
   Es ist dir hier verschwunden,
Was einzeln drunten dir
   Den wirren Blick umwunden.

Du hast die Höh' erreicht,
   Wo dir erscheint das Ganze;
Und deine Erde weicht
   Hier keinem Stern an Glanze.

Die Erd', in ihrem Kerne
   Von Wunden so durchwühlet,

Sieh', wie vorm Blick des Herrn
Sie sich genesen fühlet.

Der Ruf des Wehs verschwimmt;
Thu' auf dein Ohr und höre,
Wie hell ihr Loblied stimmt
In ihrer Schwestern Chöre.

So spricht der Künstler und Poet, der, abgestoßen
und gemartert von den Schreckensbildern, die ihn umgeben,
sich befreit wissen will und nun die Kraft seiner Phantasie
wie ein mächtiges Flügelpaar ausbreitet, um sich zu an=
deren Regionen hinüber zu schwingen und anderer, erlö=
sender Eindrücke theilhaftig zu werden! Ob aber das
Vollbringen dem Wollen entspricht? Ob dem Menschen
soweit er nicht Künstler, und der Befriedigung eines künst=
lerischen Bedürfnisses hingegeben ist, dabei Genüge geleistet
wird? Ob dieser nicht die ihm gemachte Zumuthung, weil
er ihr nicht entsprechen könne, abweisen wird? Wenn ein
solcher mir entgegnet: „mir wendet sich beim Anblick all'
der bluttriefenden Gräuel und Frevel, welche die Ent=
wicklung der Menschheit aufweist und von denen der
Dichter ja selbst in den ersten Zeilen spricht, das Herz
im Leibe um. Uebersättigt vom Weh ist alle spätere
Glorie, aller harmonische Sphärenklang für mich verlo=
ren, ich habe die Empfänglichkeit des Eindrucks nicht und
kann sie mir nicht geben" — was soll ich ihm erwiedern?
Kann ich mich etwa darauf berufen, daß das ein subjec=
tiver Mangel, eine übertriebene Weichmüthigkeit sei, da
er mit anscheinend eben so gutem Recht mir seinerseits

Unempfindlichkeit und Hartherzigkeit, also ebenfalls sub=
jective Mängel vorwerfen kann.

Wie man auch über die physische oder metaphysische
Nothwendigkeit des Weltübels[1]) denken mag, der Welt=
proceß als Ganzes betrachtet, der das Weltübel in
sich überwindet und von sich abstreift, stellt bei dieser
festgehaltenen Grundannahme des Optimismus doch nichts
anders dar als ein Herausarbeiten des Lichts aus dem
Dunkel, der Ordnung aus dem Chaos, als ein Ueber=
winden von Noth und Knechtschaftsbanden, um zur Frei=
heit, zum Wohlsein zu erstehen. Es ist ein Lichtge=
staltungsproceß, an dem Alle betheiligt sind, aus
dem Keiner, mag er seine Stellung wählen, (soweit von
Wahl die Rede sein kann) wie er will ausweichen kann, nur
daß der Betheiligungstheil des Einzelnen activ oder passiv sich
gestalten kann. Das Geschick der Menschheit stellt sich unter
dem Bild eines Menschen dar, der unter Ungemach und
Drangsal aller Art, für dessen Ueberwindung aber seine Kraft
ausreicht, dem entgegenarbeitet, — Licht, Freiheit, Schön=
heit, — dem alle seine Pulse entgegen schlagen. Und in
diesem Geschick eines siegreichen Kämpfens und Ueberwin=
dens liegt jedenfalls an sich nichts, was den Character
des Hehren aufzuheben vermöchte.

---

1) Unter diesen Sammelausdruck faßt man am besten alles
das zusammen, was sich als Unheil in seinen verschiedenen Formen
und Bedeutungen unseren Blicken darstellt und was sich in der
„Preisgebung des Individuums“ in Bezug auf den Menschen am
schärfsten ausprägt.

Aber ein Anderes ist es dies wissen und ein Anderes es fühlen, ein Anderes die Thatsache als solche anerkennen, ein Anderes sie innerlich beglückt empfinden. Bleiben wir in dem gebrauchten Bilde, so wird der Mensch, der einem heißbegehrten Ziel siegesgewiß entgegenarbeitet zwar im Stande sein, sein Loos — trotz Ungemachs aller Art, mit dem er zu ringen hat — als ein preisenswerthes, hehres im Bewußtsein festzuhalten, aber es wird ihm nicht immer gelingen, der abschreckenden Gewalt des ihn bedrängenden Ungemachs soweit Herr zu werden, daß von diesem Bewußtsein aus die Gefühlssphäre ergriffen und zu dem Frieden und der Freudigkeit, die der reine Reflex des Hehren sind, gestimmt wird. Und ebenso nun auf dem hier betrachteten Gebiet. An die Stelle des Ungemachs des Einzelnen tritt hier das Erdenleid und die Mühsal, die der Lichtgestaltungsproceß im Weltendasein bedingt. Wie dort so kann der Einzelne auch hier auf dem vorerwähnten Standpunkt das Wohl der Menschheit, resp. sein Geschick als ein preisenswerthes und hehres im Bewußtsein festhalten, aber die Erhebung des von diesem Eindruck ausgefüllten Gemüths wird sich ihm gleichwohl versagen. Die Wucht des Abschreckenden von der ästhetischen Seite erfaßt, und im schmerzlich verwundeten Gemüth festgehalten schiebt sich wie eine schwarze Wolkenbank zwischen die leuchtende Sonne des Bewußtseins und die empfängliche Aufnahme des Gemüths.

Die religiöse Erhebung ist für ihre Tiefe und Fülle natürlich auf die Kraft und Frische jedes Einzelnen an-

gewiesen, aber der Aufschwung selbst kann, soweit ihn das
Bewußtsein zu vermitteln hat, nur auf eine Weise,
nur so genommen werden, daß das Individuum sich ganz
dem Gedanken hingiebt und von ihm ergriffen wird, daß
Alles was um ihn herum vorgeht, ein Lichtgestaltungs=
proceß, ein Sonnenaufgang des Geistes ist, daß
er an demselben Theil hat, daß in ihm sein Leben und
Schaffen aufgeht, wie das Leben und Schaffen des
Weltganzen in ihm beschlossen ist. Zaubervoll ergreifend
in seiner geheimnißvollen Größe und Majestät wirkt
schon das Emportauchen des Sonnenballs über die
Horizontlinie der dämmernden Erde auf den Menschen,
um wie viel erhabener und ergreifender muß uns der
Sonnenaufgang des Geistes, die Erhebung zum Licht im
Weltproceß des Seins erscheinen, wenn wir diese Vor=
stellung energisch im Geist ergreifen und uns von ihr
tragen lassen. Energisch ergreifen — mit einem matten,
zweifelnden Blinzeln des Geistesauges, des Gedankens,
ist es freilich nicht gethan. Aber ebensowenig ist eine
Ueberanstrengung der Phantasie oder einer erhitzten Ein=
bildungskraft vonnöthen. Denn es handelt sich eben nicht
um „Einbildungen", sondern um eine Vorstellung, deren
Berechtigung und Wahrheit in Bezug auf den Gedanken=
gehalt in uns feststehen muß, weil wir sie einsehen und
begreifen und die lebendig in uns zu wirken vermag, so=
bald die Kraft des Vorstellungsvermögens ihr den Ge=
fühlsodem einhaucht. Wenn wir erwägen, wie uns An=
gesichts des irdischen Sonnenaufgangs auf Augenblicke

wenigstens, die dumpfe Schwere persönlichen Wehgefühls
verläßt, wie wir „im Anschauen verloren" dastehen, unbe=
wußt unserer Umgebung — ist es da eine übertriebene
Zumuthung diesen seelischen Vorgang in noch erhöhetem
Maße — soweit erhöht, wie die innerste Bedeutung des
geistigen Lichtwerdens den irdischen Sonnenaufgang über=
trifft — auf das religiöse Gebiet zu übertragen? Das
heißt aber nichts Anderes als daß der Mensch, indem er
religiös dem hehren Weltengeheimniß gegenüber tritt, sich
von der Individualität, der eigenen sowohl wie der
fremden und allem, was ihr eigen oder wodurch sie auf
ihn einwirkt, abwendet und loslöst.

Jedes Individuum ist gerade als Individuum ein
für sich bestehendes, sich nicht als Theil, sondern als et=
was Ganzes, als Totalität fühlendes Etwas. Indem
nun der Mensch sein Leben, seinen Schicksalsgang, seine
Bedeutung im Zusammenhang mit der Bedeutung des
Weltprocesses und zwar im Sinn des Optimismus be=
trachtet, indem er sich vor Allem als Theil des Ganzen
weiß, als Moment in einem kosmischen Prozeß fühlt, der
ihn hält und zum Licht emporhebt, gestaltet sich der Vor=
gang in ihm, den ich soeben bezeichnet habe: er wendet
sich von der Individualität ab, die sich von ihm loslöst
oder — man kann auch die umgekehrte Bezeichnung an=
wenden — die Individualität löst sich von ihm ab.

Erst hier nun, nachdem wir diesen Weg zurückgelegt,
übersehen wir, wie mir scheint klarer, wie wir die Gefahr,
durch die Wirkung des Erdenleids auf unser Empfinden

Duboc. Der Optimismus.　　　　　18

den hehren Charakter des Weltgeheimnisses und damit
die Religiosität, das ästhetisch=religiöse Empfinden, ein=
zubüßen, eben durch den Optimismus siegreich überwin=
den. Wir übersehen, wie der Wissensbesitz zum Gefühls=
besitz wird. Der Gedanke, die Gewißheit des Optimismus
trägt dasjenige Moment in sich, welches uns die Indi=
vidualität und ihre Beziehungen zu uns entrückt, damit
aber auch Alles fern hält, was auf dem Wege des Mit=
gefühls, der Mitleidenschaft, der vermittelten Antheilnahme
uns widrig und abstoßend berühren könnte. Denn der
Träger, das Object aller dieser Wirkungen ist ja immer
die Individualität. Ja selbst das eigene Leid und Weh
wird bis auf ein gewisses, allerdings durch die sinnliche
Natur des Menschen eng begrenztes Maß, hiervon be=
freiend mitbetroffen. Und zwar, was nie zu vergessen,
was hierbei vielmehr als wesentlichster Punkt im Auge
zu behalten, liegt in dieser Abwendung, dieser Loslösung
von der Individualität und damit auch von ihrem
Schmerz keine Wirkung einer einseitigen Abtödtung vor,
wie sie selbst der in seine Specialität vertiefte und welt=
entrückte Gelehrte oder Denker darstellt, sondern sie er=
giebt sich uns, indem wir in der Weltanschauung das
All' umschlungen halten, uns ihm mit weltoffenem Gemüth
und Geist gegenüberstellen und uns in dasselbe versenken.

Hiermit halte ich den gebotenen Nachweis in seinem
wesentlichen Punkt für erschöpft. Es kam, wie gesagt,
darauf an, über das bloße Begreifen des Weltübels
als Moment eines Entwicklungsprocesses im Sinne des

Optimismus hinaus, (wodurch ihm theoretisch ebenfalls
schon die Stellung einer in Harmonie verklingenden
Dissonanz angewiesen, ihm aber gleichwohl der Stachel
unser Gemüth zu verwunden nicht genommen ward,) in
diesem Be= und Ergreifen diejenige Seite aufzuweisen,
welche eine unmittelbare Brücke zu der ästhetischen Ge=
fühlsseite im Menschen schlägt.   Diese Brücke besteht,
weil ein natürliches Recht und Veranlassung, eine natür=
liche Folge besteht, die von dem leitenden Gedanken des
Optimismus bewegt zu einer Loslösung aus der Sphäre
der Individualität und damit alles dessen, worin sich das
Weltübel darstellt, hinüber leitet.   Können wir diese
Brücke nun auch nur dann beschreiten, trägt sie uns
nur dann, wenn äußere und innere Umstände dies er=
möglichen, so wissen wir doch, daß sie (die Brücke) da
ist. Wir haben von ihr Besitz genommen. Sie besteht
mit der Rechtsbeständigkeit der theoretisch sicher gestellten
Grundanschauung.

Hierzu noch eine Bemerkung. Der Mensch ist ein
Sinnengeschöpf, einer auf ihn sinnlich einwirkenden Welt
angehörig und nach Allem, was er zu leisten vermag, in
sinnlich gegebene Grenzen eingeschlossen. So ist denn
auch sein religiös=ästhetisches Empfinden von denjenigen
Voraussetzungen abhängig, die demselben in seiner sinn=
lichen Natur die entsprechende Grundlage gewähren, d. h.
er kann und wird der pathologischen Wirkung einer
Störung durch Schmerz und Widerwärtigkeit in Bezug

auf sein religiös-ästhetisches Empfinden erliegen resp. an
demselben Abbruch erleiden, sobald dasselbe ein gewisses,
ihm individuell angehöriges Maaß überschreitet. Ein
heftiger Zahnschmerz, um ein triviales Beispiel zu gebrauchen, läßt sich nicht auf dem Wege des Loslösens von
der Individualität abstreifen. Das Leid dagegen, das
uns indirect angeht, das auf dem Wege der geistigen
Vermittlung auf uns einwirkt, dem unsere Nerven gewissermaßen nur als Fahrstraße dienen, während sie selbst nicht
die unmittelbar, in ihrer Substanz ergriffenen oder mit
den leidenden Theilen organisch verbundenen Objecte der
Leidens-Einwirkung sind, das Leid, das wir insofern von
dem pathologischen im engeren Sinn unterscheiden —
Kummer, Leid, das schon in der Ferne liegend, noch durch
die Erinnerung wirkt u. s. w. — dieses Leid unterliegt
wenigstens nicht, wie dies in der pathologischen Wirkung
der Fall ist, einem gewissermaßen als mechanisch zu be-
zeichnenden Hemmniß, wenn es sich darum handelt durch
Loslösung von der Individualität in's Nichtsein versenkt
zu werden. In demselben oder einem ähnlichen Verhältniß zu unserem Empfinden steht nun das übrige Leid,
das uns oder unseren nächsten Kreis nicht mehr direct
betrifft, wohl aber, unseren Mitgeschöpfen angehörig, das
Erdenrund unschön entstellt, nur daß das pathologische
Moment hier noch mehr zurück-, das ästhetische Moment noch mehr in den Vordergrund tritt. Das, was
ich eben als mechanisches Hemmniß bezeichnete, verschwindet ganz, dafür kann ein anderes Hinderniß sich geltend

machen, welches nicht ungewürdigt bleiben darf. Dies
Hemmniß giebt sich als ein positives Widerstreben,
das Weltleid, die Daseinsnoth aus dem Auge zu verlieren
und leitet sich eben aus dem Umstand ab, daß das Leid
nun nicht mehr mich und mein Wohlergehen, sondern das
der Anderen angeht. „Ich kann gegen mich hart sein"
— so etwa ist das Raisonnement auf diesem Stand=
punkt — „und meine eigene schmerzliche Verwundung
zur Noth nicht achten, wenn ich ein großes Ziel vor
Augen sehe, kann ich es aber auch gegen die Anderen,
wenn ich mich unbetroffen und wohl geborgen weiß?"
Dies ist die natürliche Regung eines gesunden Empfin=
dens, die aber gleichwohl in ihrem Widerstreben sich über
das Erdenleid überhaupt empor zu schwingen und von
seiner belastenden Wirkung im Bewußtsein des Optimis=
mus zu genesen, aus einer mißverständlichen, das theore=
tische und practische Verhalten verwechselnden Auffassung
hervorgeht. Ihr ist wiederum das Verhältniß des Ein=
zelnen zum Ganzen der Menschheit entgegenzuhalten.
Fühle ich mich zur Trauer gestimmt, verletzt mich an
unzähligen Stellen, wohin ich blicke, ein grenzenloses
Lebensleid, dem ich rathlos gegenüber stehe oder dem
ich durch mein Thun nur wenig Abhülfe gewähren kann,
so ist es doch immer die Menschheit im Ganzen, zu deren
Schicksal auch dies gehört und wie ich mich Eins mit der
Menschheit fühle und untrennbar zu ihr gehöre, so fühle
ich mich auch Eins und untrennbar mit diesem Leid ver=
bunden. Er wird mein Schmerz, mein Leid — nicht

im pathologischen Sinn, als welches es der Praxis zu=
fällt, und das ich durch praktisches Gegenwirken zu be=
kämpfen suche, aber im ästhetischen Sinne — und wie
ich kein Bedenken trug mein individuelles Leid gering zu
achten, gegen mich hart zu sein, so brauche ich auch kein
Widerstreben zu empfinden, ebenso mit diesem Leid abzu=
rechnen und mich von ihm loszulösen, weil es eben als
dem Ganzen angehörig, dem auch ich angehöre, mein
Leid ist, meine Wesenheit betrifft.

Fassen wir das Gesagte und seine Meinung noch
einmal kurz zusammen! Was uns als Weltübel, als
Weltleid entgegentritt, was als solches in der Preisge=
bung des Individuums unser Gefühl am schwersten ver=
wundet, hat einerlei Nothwendigkeit mit der Nothwendig=
keit des Werdens überhaupt. Gleichviel ob wir dem=
selben einen metaphysischen oder nur physischen Hintergrund
leihen, die Existenznothwendigkeit des Werdens
— das gilt für beide Standpunkte — bedingt ein Heraus=
schälen aus niedersten Anfängen, ein Erheben, dem ein
Versinken, ein Anziehen, dem ein Abstoßen anderer Theile,
kurz ein Prozeß, dem zahllose Opfer fallen, zur Seite
geht. Welche Unsumme von Leid vermag nicht Einsicht
zu bewältigen, welche Unsumme von Weltleid ist also
allein dadurch gesetzt, daß Einsicht erst werden muß, daß
sie aus instinctiven Regungen dunkler Triebe sich erst
zur Helligkeit durcharbeiten, aus dem geringsten Bestand
im Laufe von Generationen zu einer Summe anschwellen
muß, durch welche den nächsten Generationen Weltleid,

soweit es hiervon abhängig war, erspart werden kann.
Dies Beispiel in einer einzelnen Richtung des Seins kann
für alle gelten. Insgesammt zusammengefaßt, constatiren
sie den Satz, daß die Nothwendigkeit des Weltleids nicht
über die Nothwendigkeit des Werdens hinausreicht, son=
dern mit demselben zusammenfällt. In diese Einheit wird
auch der dunkle Antheil des Weltleids hineinzurechnen
sein, welcher vom Menschen und seiner Beschaffenheit un=
abhängig demselben von übermächtigen zerstörenden Natur=
vorgängen angethan wird. Denn auch hier tritt uns in
den größten Umrissen ein kosmischer Evolutionsprozeß
entgegen, der ein Werden zur Gesittung, für die sich der
Schooß der Naturgewalten gewissermaßen einrichtet und
abklärt, darzustellen scheint. Wenigstens steht dieser
hypothetischen Annahme wohl kein absolutes Hinderniß
entgegen. Diese Existenznothwendigkeit des Werdens und
mit ihm das Welt= oder, genauer gesagt, Erdenleid als
einbedungene Consequenz acceptire ich nun zunächst inner=
lich ohne jeglichen inneren Protest, der mir den hehren
und erhabenen Charakter des Seins, das auf solcher
Nothwendigkeit auferbaut ist, aufheben könnte. Vom
Standpunkt der Menschheit aus, die ja nach der opti=
mistischen Grundvoraussetzung sich an einem Prozeß mit=
betheiligt weiß oder ihn selbst darstellt, der das Weltleid
überwindet, acceptire ich ihn in demselben menschlich un=
verschrobenen Sinn, mit dem ein Künstler, der eine Sta=
tue aus dem Marmorblock herausmeißelt, die unvermeid=
lichen Hammerschläge und den Staub, der ihn belästigt,

acceptirt, ohne seine Aufgabe dadurch entwürdigt, sein
schaffendes Thun durch dieselben so entstellt zu finden, daß
es ihm in Hinblick auf die Gewißheit des Ziels nicht
mehr erhebend erschiene.

Ich unterscheide und sondere streng die pathologische
und ästhetische Wirkung des Weltleids. Von dem ein=
mal gewonnenen Standpunkt aus bedeutet mir die patho=
logische Wirkung, d. h. die, welche mich materiell afficirt[1]),
nichts weiter als eine mechanische Störung, vergleichbar
einem während des Gottesdienst's vorüberrasselnden Wagen,
welcher für mein Gehör die heilige Handlung unterbricht,
während ich weiß, daß sie fortdauert. So steht
das Weltleid seinem pathologischen Wirkungsbereich nach
zu dem an dem hehren Character des Seins festhalten=
den Bewußtseinsinhalt. Das Gefühl desselben kann durch
die pathologische Wirkung je nach ihrer Stärke mehr
oder minder oder auch ganz aufgehoben werden, aber
diese Aufhebung ist sachlich bedeutungslos. Sie kann
unüberwindlich sein, aber die Zumuthung, mit ihr fertig
zu werden, wäre auch ebenso irrationell und verkehrt, wie
etwa die Zumuthung während eines heftigen Schmerzan=
falls eine Aussicht, ein Landschaftsbild schön zu finden.

Die pathologische Wirkung hebt die Perception des
Bewußtseinsinhalts allerdings auf, d. h. sie verdunkelt
und trübt während ihrer Dauer die Aussicht in das

---

1) Dies kann natürlich auch ebenso gut durch Seelenkummer
u. dgl. bewirkt werden. Keineswegs habe ich dabei ausschließlich
materielles, körperliches Leiden im Auge.

Weltbild. Aber diesem wohnt, so zu sagen, eine nur relative, faktische, keine prinzipiell entscheidende Bedeutung bei, indem die materielle Schmerzberührung keinen constanten und allgemeinen Faktor darstellt, der immerwäh= rend und für Alle Gültigkeit hätte. Vielmehr wirkt dieselbe theils nur zeitweise, theils nur individuell. Die Perception des Bewußtseinsinhalts in der Gefühlssphäre, die Verge= wisserung desselben im Gefühl, so daß es ein gefühltes Erlebtes und mehr wie ein bloßes Wissen wird, ist dadurch also nur beeinträchtigt, nicht vernichtet. Gehe ich aber über die pathologische, materielle Wirkung des Leids hinaus, verlasse ich dies Gebiet und halte ich statt dessen mir bloß die Thatsache gegenwärtig, daß Leid und Schmerz in jeder Steigerung mich jederzeit treffen kann oder daß es, wenn es mich auch freiläßt, doch Andere trifft und also jederzeit vorhanden ist, auch für mich, wenn nicht materiell, doch ideell, so habe ich allerdings mit einer rein ästhetischen Wirkung zu thun, welche die Perception des Bewußtseinsinhalts im Gefühl dem An= schein nach nun nicht mehr bloß relativ, sondern absolut aufzuheben im Stande ist. Denn der Thatbestand, auf den sie sich stützt, ist constant und allgemein. Die That= sache, daß mich und Andere jederzeit Leid treffen kann, oder daß es bald hier, bald dort Andere trifft, ist immer vorhanden, namentlich an der ersten ist nichts abzuhan= deln. Hier kann sich anscheinend nur der salviren, der die Augen schließt und darüber wegsieht. Damit wäre aber eingeräumt, daß man sehend nicht den hehren

Charakter des Weltbestandes für das Gefühl aufrecht er=
halten könnte. Diesem zu begegnen, und das Gefühl zu
retten, wird aber möglich, wenn der Mensch in der reli=
giösen Erhebung den Aufschwung nimmt, sich nur als
Theil in dem kosmischen Erringen und Wirken licht=
vollen Heils zu fühlen und diese Theilhaberschaft als
seine Wesenheit zu wissen. Von der Stelle des Ueber=
wundenen, des zu Ueberwindenden — dem schmerzvollen
Weltleid — stellt die religiöse Erhebung den Menschen
weg an die Stelle des Ueberwinders, des Siegers. Daß
das leicht ist, daß eine religiöse Erhebung in diesem
Sinn mühelos sei, daß sie nicht vielmehr eine vertiefte
Seelen= und Geisteskraft bedingt und ohne den Ernst
und das Vermögen zu derselben in Nichts zerfällt, läugne
ich natürlich nicht. Aber ich behaupte ihre Möglichkeit
und daß sie mit dem ganzen Sinn der bisherigen Aus=
führungen zusammenfällt. Und wenn eine gröbere Auf=
fassung darin einen mystischen Zug erblickt, so wird sie
vielleicht wenigstens zugestehen, daß derselbe einer ratio=
nellen Unterlage nicht ganz entbehrt.

Der Praxis, dem Thun, der Bethätigung gehört die
Individualität und Alles, was von ihr ausgeht, an, der
religiösen Erhebung resp. dem religiösen Bewußtsein, das
sich von der religiösen Erhebung nur darin unterscheidet,
daß sich in letzterer das Bewußtsein zur lebendigen Ge=
fühlswärme erhebt, gehört das Freiwerden von der Indi=
vidualität an. Wie es auch mit deines Geistes und
Leibes Leben, mit der Gesammtheit dessen, was dein

Schicksal ausmacht, hier bestellt sei, ob sich unglücklich
oder glücklich deine Loose fügten, ob du dir wohlgeboren
im traulichen Erdenwohnhaus oder wie im reichen Palast,
hoch und kraftvoll erhoben, oder abgeschnitten von des
Lebens besten Genüssen wie in der Zelle des Gefangenen
erscheinst, — die Mauern deiner Umgebung, seien sie nun
geschmückt oder kahl und traurig, weichen zurück und
verschwinden, die wohlbekannten Erdenstimmen verklingen
fern und ferner, wie du in den Ocean des Allseins hin-
abtauchst. Was dich zu umfangen strebt, ist ein seliges
Dahinfluthen im Strome des Alls. Aufgenommen, nicht
verschlungen von ihm, erquickt von dem Wellenschlag der
lebendigen Kraft, die dich in ihre ewigen Mutterarme genommen, nicht erstarrt von dem Gedanken der sich selbst
verzehrenden Vernichtung; ruhig im Anschauen des der
uralten Nacht purpurn entsteigenden Sonnenlichts, nicht
erschreckt und abgestoßen von Schattenbildern aus dem
Reiche der Verwesung.

Ein Loslösen, ein Freiwerden von der Individualität
würde auf dem in einem früheren Abschnitt von mir
charakterisirten Standpunkt Feuerbachs gewissermaßen einen
Widerspruch in sich selbst, eine philosophische Unzuläsig-
keit ergeben. Die festgehaltene, unaufhebbare Totalität
des Individualbegriffs, welche es verschmäht oder es
übersieht in dem Individuum irgend welche wesentlichen
Unterschiede anzuerkennen, führt dazu, daß die Loslösung
von der Individualität sich unmittelbar mit dem Tode
und, wenn solcher durch einen freiwilligen Act eintritt,

also unmittelbar mit einem Selbstmord zu decken scheint.
Die gewaltsame Wegräumung aus dem Leben, die Unter=
drückung des durch Athmung 2c. vermittelten Lebenspro=
zesses würde in der Argumentationsweise Feuerbachs sich
als die ehrliche, unsophistisirte, offenkundige Loslösung
von der Individualität, als den eigentlichen Kernpunkt
derselben darstellen, so daß die Umgehung dieses Kern=
punktes sich gewissermaßen als eine Unterschlagung, eine
Preisgebung des zu Grunde liegenden Sinns charakteri=
sirte. Diesem Einwand zu begegnen, erinnere ich noch
einmal daran, daß ich das Individuum hier von der
Seite seines Wesens in Betracht ziehe, derzufolge sich
dasselbe als Totalität, als etwas für sich Bestehendes,
Selbstständiges erfaßt, eine Seite, die also mehr oder
minder ihre Betonung verliert, (so daß der Ausdruck: ich
löse mich von der Individualität ab oder dieselbe löst sich
von mir ab, wohl gerechtfertigt erscheint) sobald das
Individuum dazu übergeht sich als Theil statt als
Ganzes zu erfassen und sich insofern in seiner Selbst=
ständigkeit zu verlieren. Im religiösen Bewußtsein voll=
zieht sich dieser Act allerdings mit einer gewissen selbst=
ständigen Freiheit, so daß das Loslösen von der Indivi=
dualität auch eine Verzichtleistung ausspricht. Und diese
Verzichtleistung knüpft wieder an den tieferen Sinn an,
der von der Individuation nicht zu trennen ist, daß in
ihr ein Wesentliches und ein Zufälliges sich die
Hände reichen und daß der Mensch, indem er sich von
der Individualität abwendet, um sich im Weltenschooß,

in dem Lichte, das erstehen soll, ihm dienend wiederzu=
finden, sein Zufälliges fahren läßt, um seine Wesenheit
festzuhalten.

Das stärkste, ausgeprägteste Verlieren der Individu=
alität ist nun allerdings das Verlieren des Bewußtseins,
das sich allem Anschein nach definitiv im Tode vollzieht.
Insofern kann man sagen, daß zwischen dem hier gemein=
ten Loslösen von der Individualität und dem Sterben
eine gewisse innere Beziehung besteht, und daß die
religiöse Erhebung nach ihrer hier betrachteten Seite eine
Vorübung auf den Tod darstellt. Hierüber folgen
am Schluß dieses Abschnittes noch einige Bemerkungen.

—————

Wenn der Mensch sich nur bethätigen kann, indem
er zu Allem, was ihn als Individuum angeht, in prak=
tische Lebensbeziehungen tritt, indem er die von den an=
deren Individuen ausgehenden Regungen wie ebenso viele
Ausstrahlungen in seinem individuellen Focus sammelt
und in und mit ihnen oder wider sie, angezogen oder
abgestoßen, in Sympathie oder Antipathie, wirkt, während
das religiöse Bewußtsein sich von den Beziehungen zur
Individualität abwendet, so ergiebt sich zwischen beiden
Sphären ein unverkennbarer, nicht zu leugnender Gegen=
satz, der auf den ersten Blick vielleicht am meisten an=
stößig auffallen wird. Liegt es nicht nahe hierbei an den
kaum überwundenen Gegensatz mönchischer, einsiedlerischer,
dem Leben abgestorbener, rein beschaulicher Strebungen
zum voll pulsirenden Leben zu denken und in der Los=

lösung von der Individualität eine auf Umwegen bewirkte,
aber schließlich auf dasselbe Ziel hinauslaufende Abtöd=
tungs= und Kasteiungs=Tendenz zu erblicken? Liegt es
nicht nahe hierin Gefahren zu wittern und vor ihnen zu
warnen, Beeinträchtigungen des „gesunden Realismus" der
Gegenwart zu sehen, die, wenn sie solchen Anforderun=
gen Gehör geben wollte, durch religiöse Wiegenlieder ein=
gelullt, der alten Traumwelt wieder in die Arme sinken
würde?

Das Erste, was hierauf zu erwiedern sein dürfte, ist,
daß der Gegensatz zwischen beiden Sphären, den wir zu=
gegeben haben, in keinem Sinne, in keiner Weise ein
feindlicher Gegensatz ist. Hierin liegt vor Allem der
fundamentale Unterschied von einer früheren Zeit, von
den einseitigen religiösen Extravaganzen einer Vergangen=
heit, die in ihrer ganzen Vorstellungswelt in den ent=
scheidendsten Punkten den Gegensatz zu der unsrigen in
sich trug. Alles, was den mönchischen, einsiedlerischen
beschaulichen Neigungen jenes gefährliche Uebergewicht
verschaffte, das in dem faulen glorreichen Leben zu Ehren
Gottes seine wiederwärtigste Ausartung erlebte, während
es in der ränkevollen Herrschsucht des von den gemein=
samen Aufgaben der Menschheit sich absondernden Jesui=
tismus noch immer sein gefährlichstes Gift verspritzt, alles
das knüpft an Voraussetzungen an, die indem sie Heiligkeit
und Unheiligkeit, Gott und die Welt, das was diesem und
das was dieser gehört, wie Licht und Schatten sonderten,
unversöhnliche, feindliche Gegensätze erschufen. Zwei Welten,

die sich nicht mit einander ausgleichen, die nicht neben
einander bestehen, die nicht in einander aufzugehen ver=
mochten — was konnten sie Anderes darstellen als die
Zerrissenheit einer dem Bewußtsein entschwundenen Ein=
heit und den aufreibenden Fluch dieser Zerrissenheit?
Wie fern dies Alles unserem Standpunkt liegt, dem die
Heiligkeit, der hehre Charakter der ganzen Welterscheinung
zur unverrückbaren Grundlage dient, braucht nach allem
Gesagten wohl kaum noch hervorgehoben zu werden. Da=
mit entfällt aber auch die Berechtigung irgend einen Ver=
gleich, eine Analogie=Beziehung mit Erscheinungen einer
Vergangenheit heranzuziehen, die ihre besondere Gestal=
tung aus einem feindlichen Gegensatz herleiten, der für
uns nicht allein wesenlos, sondern geradezu unwahr ge=
worden ist. Aber abgesehen von diesem Punkt läßt sich
auch noch auf direktere Weise zeigen, daß weit entfernt
eine Abwendung von den Beziehungen zur Individualität,
eine Gleichgültigkeit gegen die Bethätigung an ihren In=
teressen und Schicksalen herbeizuführen, die Religiosität
in dem festgehaltenen Sinn gerade diese zur unmittel=
baren Voraussetzung hat, ebenso wie der Feiertag die
Arbeitswoche, der Sonntag den Werkeltag zur Vor=
aussetzung hat. Doch wird dieser Punkt nicht an dieser
Stelle, sondern in dem nächsten Abschnitt, wo die ethischen
Beziehungen des Optimismus eine eingehendere Berück=
sichtigung finden sollen, eine passende Erörterung finden.

Sehr eigenthümlich stellt sich das Verhältniß der
Liebe, namentlich der eigentlichen Liebe von Geschlecht

zu Geschlecht, wenn sie ihr Wesen erschöpft und in dem
in meiner „Psychologie der Liebe" dargestellten Sinn
den normalen Typus darstellt, zum religiösen Bewußtsein
dar. Eine stärkere, mit allen Fibern des Geistes, des
Gemüths und der Sinne erfaßte Concentration auf ein
Diesseitiges tritt nie und nirgends in des Menschen
Leben ein als es sich in diesem inhaltsvollsten Erlebniß
vollzieht. Was bedeuten dem Liebenden alle Sternenwelten, der Zusammenhang mit dem Weltganzen, der
geheimnißvoll erhabene Charakter seines Daseins als
Theil des großen Seins — sie verschwinden gegenüber
einem Blick, einem Händedruck, einer Erinnerung an den
Gegenstand des höchsten Wunschverlangens. Der Schatten
der geliebten Gestalt bannt ihn, daß sein Blick nur sie
gewahr wird, der Ton, der von ihr erklingt, füllt die
Himmelsweiten und tönt wie Sphärenklang, Tod und
Leben verlieren ihren Sinn und ihre gewohnte Bedeutung,
weil es nur einen Tod, Trennung, nur ein Leben, Vereinigung, für den Liebenden giebt.

> O Welt, ein einzig Glück ist dein,
> Das lebend, sterbend, selig macht:
> Verlodern!

heißt es in dem „Zwiegespräch": „Kerze und Falter" von
P. Heyse. Bei einer so starken Concentration auf ein
Diesseitiges verliert das religiöse Bewußtsein, so zu sagen,
seine materielle Unterlage, der Gegenstand desselben
geht verloren. Liegt der Himmel in den Augen der oder
des Geliebten, so ist der Aufblick zum Himmel über mir

der Anfang aller Sammlung zum religiösen Bewußtsein, indem ich mich von dem Gesammtzusammenhange der Dinge im Gemüth ergreifen lasse, unmöglich geworden.

Insofern könnte man hier beinahe von Irreligiosität sprechen. Aber das Eigenthümliche und Charakteristische ist, daß während die eigentliche Irreligiosität, in activer oder passiver Form, während der Weltsinn dem Jenseits ein Diesseits entgegensetzt, die Liebe dem Jenseits ein Jenseits gegenüberstellt. Dort tritt dem Bewußtsein von Beziehungen, die über die individuelle Sphäre des Erdenbewohners weit hinausreichen und dem Ergreifen dieser Thatsache des Bewußtseins in der Stille des Gemüths das Nichtwissenwollen oder Nichtwissenkönnen dieser Beziehungen, das gänzliche Auf- und Untergehen aller Seelenbethätigung in diesseitige Gegenständlichkeiten gegenüber, die, wenn sie nicht immer meß- und wägbar sind und als solche auch nicht angesehen werden, doch nur die Objekte entweder einer profanen Enthüllung der Wißbegier oder des künstlerischen Genießens darstellen. Hier leben alle charakteristischen Symptome des religiösen Bewußtseins, der religiösen Empfindung wieder auf: die Himmelsferne, die Unfaßbarkeit im Gemüth, die gebundene Scheu vor einem hehren Geheimniß, die Hingabe, die Theilung des eignen, vorher ungetheilten Ich. Wie ganz in diesem Sinn religiös sind die Rückert'schen Zeilen im „Liebesfrühling“:

> Du meine Welt, in der ich lebe
> Mein Himmel Du, darein ich schwebe.

O du mein Grab, in das hinab
Ich ewig meinen Kummer gab!
Du bist die Ruh, du bist der Frieden,
Du bist der Himmel mir beschieden.

Und so nah an der Grenze steht auch hier, wo die Versenkung in die Individualität das ausgesprochene Geheimniß des ganzen erhöheten Seelenzustandes ist, das Loslösen von der Individualität dem inneren Empfinden, daß der höchste Aufschwung der Liebeswonne in das heiße Sehnen ausklingen kann: möchte in diesem Augenblick mein Leben enden!

So verliert die Liebe wohl den Himmel da droben, um ihn auf Erden in einer verklärten Idealwelt aufzubauen, aber sie bleibt Himmelsbewohnerin und sie richtet ihr Herz dahin wieder empor — sursum corda! — wenn sie ihren Traum ausgeträumt hat.

Wer Wissenschaft und Kunst besitzt,
Braucht keine Religion,
Wer jene beiden nicht besitzt,
Der habe Religion.

lautet einer der philosophischen Dichter-Aussprüche Goethe's zu dem die von Schiller an Goethe gelegentlich gerichtete Bemerkung, daß eine gesunde und in sich einheitliche Natur kein Bedürfniß nach den eitelen Trostgründen empfinde, die aus dem Glauben geschöpft würden, vielleicht den richtigsten Commentar in Bezug auf Sinn und Bedeutung bilden. Wir wollen uns hier aber nicht auf das problematische und sehr deutungsfähige Gebiet der

Goethe'schen Religionsanschauung einlassen und dem citir=
ten Spruch als Beitrag zu demselben seine Stelle anzu=
weisen versuchen, sondern die Anwendung betrachten, die
von demselben in Bezug auf das religiöse Empfinden in
dem hier festgehaltenen Sinn gemacht werden kann und
sehr häufig gemacht wird. Wie stellt sich der Ersatz, den
die Kunst dem zu leisten vermag, der ihren Wirkungsein=
flüssen jede gewünschte Empfänglichkeit entgegenbringt, zu
der behaupteten Einbuße, die dadurch eintritt, daß der
Mensch von dem Bewußtsein eines Jenseitigen überhaupt
absieht?   Ist der Ersatz nicht ein vollständiger oder
woran mangelt es ihm?   Ich habe schon im ersten Ab=
schnitt diese Frage aufgeworfen und sie dort mehr in
ihrer Durchschnittswirkung betrachtet. Ich sprach dort
von einer Verarmung an poetischem Lebensgehalt, welche
als die nothwendige Folge des gedachten Verhältnisses
eintrete, von dem Ersatz den Jugend, Liebe, Natur und
Kunst gewähren könnten, von den Einschränkungen, denen
diese Quellen der Poesie wieder in ihrer durchschnittlichen
Wirkung unterlägen, indem sie theils ihrer Natur nach
vergänglicher, theils weniger allgemein zugänglich seien
als die Gemüthserhebung, die sich aus der geistigen Be=
rührung mit einem hohen Geheimniß in das Menschen=
dasein ergieße.

Aber machen wir hier noch eine Unterscheidung und
gehen wir, statt das Durchschnittsverhältniß der Menge
zu Grunde zu legen, vielmehr von einer besonders günstigen
äußeren und inneren Lage des Einzelnen aus.   Die

poetische Erhebung aus Kunst= und Naturgenuß theilt
nicht die Vergänglichkeit, die Jugend und Schönheit so
sehr beschränken, sie kann im Leben des Individuums,
das über günstige Bedingungen äußerlich und innerlich
verfügt, sich dauernd durch lange Zeitabschnitte behaupten.
Sie verdient also schon insofern unter einem anderen
Gesichtswinkel der Beurtheilung betrachtet zu werden. In
der und durch die Kunst werden in der That uns ähn=
liche Eindrücke, ähnliche Gefühlserregungen, ähnliche
Stimmungen vermittelt, wie wir sie bisher im Zusammen=
hang mit dem religiösen Bewußtsein, der religiösen Erhe=
bung betrachtet haben.   Aber Eins trennt doch mit einer
Himmelsweite der Entfernung beide Gebiete oder beide
Wirkungen als psychologische Momente von einander,
Eins, das ich dem Unterschied vergleichen möchte, der
dann ent= und besteht, wenn Jemand die Liebe erlebt
statt sie in poetischer oder künstlerischer Gestaltung, kurz
im Spiegelbilde durchzukosten.   Ob ich selbst liebe und
aus eigenstem Herzensgrunde juble oder weine, ob ich
beides mit und in der Seele eines Anderen thue, ist bei
aller Aehnlichkeit in der Wirkung und der inneren Be=
wegung doch weit und im tiefsten Wesen von einander
unterschieden.   An einem Anderen und an mir selbst
etwas erfahren ist zweierlei und ebenso ist es zweierlei,
ob ich das Erhabene in der Kunst fühle und zu ihm ein
Verhältniß gewinne oder ob ich es in dem Verhältniß
unseres Seins anerkenne.   Das Letztere sind doch wir
selbst.   In dem erhabenen Gefühl des Seins, dem wir

angehören, das wir selbst mit ausmachen, haben wir
unsere eigene Erhabenheit, dort haben wir die Erhaben=
heit des Gegenstandes oder die Erhabenheit schlechtweg.
Hier sind wir menschlich, dort künstlerisch ergriffen.
Und die Rückbeziehung dieses specifischen Wesenunter=
schieds auf das ethische Gebiet ist nicht allein sehr leicht
zu begreifen, sondern auch sehr leicht und sehr regelmäßig
zu beobachten. Daß die Kunst verfeinert und mildert
läßt sich vielleicht noch in einem gewissen eingeschränkten
Sinn behaupten[1]), aber daß eine sogar recht intime Be=
ziehung zu dem poetischen Gehalt einer Kunstleistung,
eines Kunstwerks bestehen kann, ohne den Charakter des
Menschen irgendwie zu adeln, ohne sein Leben in einem
höheren Sinn poetisch zu verklären d. h. zu reinigen, zu
läutern, das ist ebenfalls eine alltäglich zu machende Er=
fahrung. Wie groß sind also hier die Unterschiede, wie
wenig leistet Eins für das Andere Ersatz. Wer sich aus
dem Aufblick zu einem Jenseitigen, das ihn allseitig über=
ragend umgiebt, durchdringen zu lassen vermag, wer dem
erhabenen und ehrfurchtstimmenden Einfluß, der aus diesem
Geheimniß quillt, die Frische der Empfänglichkeit bewahrt
hat, dem werden sowohl die kleinen, engen Nöthe, wie die
kleinen engen Herrlichkeiten dieses Lebens nicht ganz so
bedeutungsschwer erscheinen, wie sie es manchen Anderen
sind. Er wird der Gesinnung absterben, die, wie Herwegh

---

1) Die richtige Grenze bezeichnet am ehesten noch der alte
Spruch: didicisse fideliter artes emollit mores nec sinit esse
feros.

einst dem Fürsten Pückler-Muskau zurief: „noch vor
Gottes Sternen auf ihre Sternchen weist." Und dieser
Punkt ist nicht gleichgültig. Denn aus diesem Empfinden,
wenn es sich im Menschen sammelt und vertieft, quillt
diejenige wahre Vornehmheit des Geschmacks und der
Gesinnung, die der Gegenwart so sehr fehlt, und deren
schärfster Gegensatz die Gemeinheit bildet, an der wir
solchen Ueberfluß besitzen.

Uebrigens will ich an dieser Stelle und gegenüber
dem Goethe'schen Ausspruch: Wer Wissenschaft und Kunst
besitzt u. s. w. doch auch noch daran erinnern, daß der
Künstler die Kunst in einem anderen Sinne besitzt, als
jeder Andere, daß daher in seinem Munde ein solcher
Ausspruch leicht eine andere Bedeutung gewinnt als er
für die Allgemeinheit hat. Denn gerade das persönliche
Moment, dessen Abwesenheit ich vorher als spezifische
Differenz zwischen der Erhabenheit im Weltprozeß, die
ich selbst mit ausmache von der, die ich im Kunstwerk
ergreife, betonte, ist für den Künstler in seinem Verhältniß zur Kunst insofern weniger unbedingt ausgeschlossen
als er in der Kunst schaffend dasteht, so daß er sich
selbst in ihr und sie sich in ihm darstellt. Dies fällt in's
Gewicht, wenn es auch nur die künstlerische Seite seines
Wesens angeht, aber selbst in dieser eingeschränkten Bedeutung hat es eben doch nur für den Künstler Geltung.

Die poetische Erhebung durch Naturgenuß, durch
Freude an der Naturerscheinung ist von äußeren Bedingungen noch unabhängiger wie der Kunstgenuß, sie ist in

Bezug auf Geistescultur allgemeiner zugänglich, unver-
gänglicher und auch dem Ueberbürdeten in Feierstunden
immer noch erreichbar. Aber sie ist auch in ihrem Wesen
so Eins mit einer Grundharmonie des Gemüths in Bezug
auf die Welterscheinung, daß nur das gedankenlose Treiben
grade derer, die am meisten des Gedankens mächtig zu
sein glauben, es erklärt, wie beide Accorde gelegentlich so
auseinander klingen können d. h. wie Menschen in einem
Athem vor der Naturschönheit ihre Knie beugen und die
Weltschönheit in Grund und Boden kritisiren können.
Gerade der feinste Naturgenuß, derjenige, der über dem
an Farben und Formen und Tönen haftenden rein sinnlichen Wohlgenuß schwebt, wird zur Unmöglichkeit, wenn
der Mensch mit dem Weltprozeß nicht in irgend einer
Weise Friede und Freundschaft geschlossen hat.   Sind
denn nur Wald und Wiesen, Gebirg und Ströme „Natur“?
Wenn es im Walde uns umrauscht, dringt das Rauschen
nicht aus der Höhe und Ferne, gewissermaßen vom Himmel
auf uns nieder und wenn wir dem Winde lauschen, lauschen
wir nicht einer Stimme des Weltalls?[1] Können wir ihm
oder einer anderen Naturstimme in irgend erhebender, befreiter
Seelenstimmung sympathievoll horchen, wenn das Ganze

---

1) Auf das uns aufgebürdete und stets entgegengehaltene
Grundverhältniß: u n s e r e Belebung der „seelenlosen“ Natur, indem
das Rauschen sich erst in und durch uns vollzieht, kommt hier gar
nichts an, da auch dieser Vollzug in uns, der den unlösbaren
Knoten von Subjekt und Objekt schlingt, wieder i n n e r h a l b der
A c t i o n des Weltalls f ä l l t und der belebten Selbstthätigkeit
desselben angehört.

uns ein abscheulicher Mißaccord dünkt? Kann es in
einer Weltenfratze etwas Anderes als Grimassen
geben? Und müßte nicht jede einzelne Manifestation des
Weltengeistes, also jeder einzelne Natureindruck, uns so
erscheinen, wenn uns das Ganze oder der uns zunächst
angehende Theil als die bekannte „langweilige Lehmkugel"
erscheint? Wahrlich als eine der unleidlichsten Folgen
dieser ganzen verzerrten Weisheit ist es sicher zu ver-
zeichnen, daß so viele gelernt haben, sich über die Lüge,
die in allen diesen Beziehungen sie belastet, mit Seelen-
ruhe hinwegzusetzen.

An einer Stelle seiner Schrift: die Tagesansicht
gegenüber der Nachtansicht (Leipzig 1879) wirft sich
Fechner die Frage auf: braucht es für die Befriedigung
des Herzens einer Weltansicht und wenn nicht, wozu
braucht es überhaupt einer? In überaus tiefempfundener
und feiner Weise knüpft er diese Frage und ihre Beantwortung an die Erfahrung seines Lebens an und führt
dies in folgender Weise aus:

„Es war in Saßnitz am Meere, daß ich in den schönen Buchenwald gehen wollte, der von Saßnitz über die
Waldhalle nach Stubbenkammer führt. Sie, die ein langes
Leben mit mir gegangen, blieb, müde von den Gängen der
vergangenen Tage und Jahre zurück, und sagte: „ich lasse
dich nicht gern allein gehen; du könntest dich verirren; ach,
und wie wird es, wenn ich dich, in vielleicht nicht langer
Zeit, ganz allein gehen lassen muß." „Wer weiß es,"
sagte ich, „ob du mich oder ich Dich; aber laß uns nicht
daran denken!" Doch dachte ich daran, als ich allein in

den Wald ging; dachte der unendlichen Liebe und Treue,
die mich durch so lange Jahre geleitet hat. Die Buchen
strebten himmelan, der blaue Himmel wölbte sich darüber,
die Sonne warf ihre blitzenden Scheine hinein und vom
Meere her ging ein Rauschen durch den Wald. Es war
wie ein großer Accord, aus Himmel, Erde und Meer, der
innerlich mit anklingen und in Gedanken der Tagesansicht
ausklingen wollte. Aber die Gedanken des Herzens wehr-
ten sich dagegen; ich dachte: kann deine Tagesansicht mit
allen ihren hohen, weiten, lichten Ansichten und Aussichten,
auch nur dein eignes Herz in diesem Augenblicke befrie-
digen, und wozu dann ihre Ansichten und Aussichten, wenn
sie das nicht kann, für niemand kann, es niemals kann?
Sich eins mit einem andern Herzen fühlen, das ist die
Befriedigung des Herzens; dazu braucht es überhaupt keine
Weltansicht, und das kann sein trotz jeder Weltansicht; wie
überall Platz für zwei Hütten aneinander ist, mag es in
der Welt ringsum aussehen, wie es will. — Aber alsbald
erhob sich über dieser Stimme eine andere Stimme. Darf
denn das Herz im Menschen allein seine Befriedigung wollen, besteht er doch nicht bloß aus seinem Herzen; und hat die
Tagesansicht mit ihrem Blick in's Weite, Hohe, Lichte nicht
auch dem Herzen eine Befriedigung zu bieten? Nicht eine
solche gar, die über die nächste, die es für den Augenblick
verlangt und vermißt, hinausreicht. Ueber der Befriedigung, sich eins mit einem anderen Menschenherzen zu
wissen, das unsere Leiden und Freuden zu den seinen hat,
schwebt, nicht streitend damit, sondern schützend und schir-
mend, die Befriedigung, sich eins mit einem Wesen zu
wissen, das die Leiden und Freuden aller seiner Geschöpfe,
damit auch die zweier einander treuen Herzen, zu den seinen hat; und ist das nicht der Gott der Tagesansicht?

Zwei Herzen aber, die jetzt eins sind, möchten es immer sein; und fürchtest du, daß der Tod die Bande, die jetzt eins an das andere knüpfen, zerbrechen wird, so ist es die Furcht der Nachtansicht; der Tod in der Tagesansicht sprengt vielmehr die Bande, die jetzt beide noch von einander trennen.

Und geht uns nicht die Welt selbst ringsum mehr zu Herzen und ist mehr nach unserem Herzen, wenn die Sonne ihren Glanz, der Himmel sein Blau, das Meer sein Rauschen uns treulich mit vertraut, die Buche, ehe die Axt sie fällt, um uns zu wärmen, erst aufwärts strebt, um selber Licht und Wärme zu genießen, als wenn uns Alles das aus der Welt nur anlügt, wie die Nachtansicht es lügt. Zur Wahrheit, die der Geist verlangt, verlangt das Herz nach Schönheit; kann es aber eine schönere Welt geben, als worin die Schönheit selber zur Wahrheit wird. Und wird sie es auch nach der Tagesansicht nur ganz in Gott, für Gott, der Alles sieht und hört, so hat doch, wer in seinem Sinne hört und sieht, sein Theil daran.

Mit diesen Gedanken gab sich das Herz zufrieden, und wird sich jedes Herz zufrieden geben können, was die Gedanken der Tagesansicht zu den seinen macht.“

Meinem von vornherein festgehaltenen und entwickelten Standpunkt gemäß liegt mir die Frage, die sich Fechner stellte, überhaupt nicht unmittelbar vor. Das religiöse Wesen gilt mir, was ich übrigens nicht als spezifische Differenz geltend mache, als der Widerschein im, der Widerhall aus dem Gemüth (dieses im umfassenden Sinn als Sinnlichkeit gegenüber der Intellectualseite genommen) von gewissen großen Thatsachen des Bewußtseins. Insofern hat es eine das unmittelbare Herzensbedürfniß von vornherein überragende Bedeutung und nicht, was es als Nothbehelf dem Bedrängten leistet, woran das christliche Bewußtsein anzuknüpfen gar nicht umhin kann — „Gott ist ein unaussprechlicher Seufzer im Grunde der Seelen gelegen“, wie es bei Sebastian Frank heißt — sondern was es dem unbekümmerten, aufrechten Gemüth bedeutet, was es ihm verkündet, verheißt, wie es in ihm wirkt, ist mir das Erhebliche. Aber trotzdem darf auch an jener Seite nicht ganz stumm vorübergegangen werden. Liegt es doch so nahe Natur und Kunst, die wir eben in ihrer poetischen Wirkung auf des Menschen Wesen erwogen, wie als Quellen der Poesie so auch als Quellen der Tröstung, die durch sie dem gebeugten Herzen zu Theil wird, zu veranschlagen, und werden wir doch auf diese Weise von selbst dahin geleitet das hierfür in der religiösen Sphäre liegende Moment der gleichen Wirkung in's Auge zu fassen.

„Das Herz bricht oder erstarrt“ lautet die Alternative, die nach einem düsteren Ausspruch dem Menschen gestellt ist. Sie trifft nicht den, der, wie Fechner den Fall stellt, an der Seite der treuen, geistesverwandten Gefährtin eines langen Lebens im beklommenen Herzen die Scheidungsstunde erwägt und die Herbigkeit derselben wehmüthig, aber gefaßt — wie wäre es anders möglich — zu überwinden strebt, noch vermag sie ihre ganze Schärfe gegen den zu richten, der, innerlich vielleicht weniger beglückt, das, was ihm dort entging, in einer erfolgreichen, männlichen, Kraft und Selbstgefühl stärkenden, sich und

Anderen nutzbringenden Thätigkeit nach Außen zu ersetzen
vermag. Aber sie kann den treffen, dem diese Heilung
durch Umstände versagt bleibt, während die ästhetische
Kraft des Herzens und der Liebe ebenfalls der Verödung
anheimfiel. Es giebt ein ästhetisches Verbluten, eine
ästhetische Anämie, die zu den schwersten und aussichts=
losesten Verwundungen des Seelenlebens gehört. Wer
sie erfuhr, wer in einsamen Stunden, ohne sich Raths
zu wissen gegen sie anrang, wen die Stimmung entsagender
Trauer nicht mehr verläßt, die trotz anscheinenden Gleich=
muths nur wie ein Eisblock über einer immer im Innern
quellenden Thränenfluth lagert, wem Natur und Kunst=
genuß wenig mehr bedeuten, weil die sympathische Be=
ziehung des Geistes zu beiden sich bei ihm den Weg
durch die Sympathie des Herzens sucht und nicht findet —
der steht vor dem: das Herz bricht oder erstarrt.

> Und farblos wie ein Wüstengraus
> Dehnt sich vor ihm das Leben aus.

Wer auf diese Weise den letzten Sonnenstrahl der
Poesie aus seiner nächsten Umgebung entweichen sah, der
wäre, der ist ohne jeden Entsatz geschädigt, wenn ihn
innerlich nicht eine rettende Hand ergreift und ihm eine
andere Aussicht, einen anderen Zusammenhang der Dinge,
an dem er auch Theil hat, ein anderes Land gleichsam,
das kein Wüstengraus deckt, zeigt. Und eben da tritt der
religiöse Optimismus in seine vollen Rechte ein. Die
Poesie des großen und erhabenen Weltengeheimnisses, die
er uns rettet, ist es allein, die hier Ersatz zu gewähren,

die gerade in solcher Bedrängniß des Herzens demselben
noch Linderung zu bieten, aus dieser Tiefe mit einem
Schwung der Erhebung uns über uns selbst empor zu
Licht und Leben zu tragen vermag. Und wer in ihm eine
Zufluchtsstätte gesucht und gefunden hat, wird es erfahren, daß es auch für die, welche so auf Erden arm geworden sind, noch ein Himmelreich giebt.

Vom Tode.

Welche Vorstellung man auch mit dem Aufhören
des menschlichen Lebensprozesses im Tode verbinden mag
— und es ist ja wohl zuzugeben, daß bei dem Aufhören
jeder positiven, exacten Vergewisserung hier ein sehr wei-
tes Speculationsgebiet übrig bleibt — für einen Punkt
scheint immer die größte Wahrscheinlichkeit zu sprechen
und er ist daher eigentlich nur zu beseitigen, wenn einer
unbefangenen, das Wahrscheinliche, Vermuthliche zu Grunde
legenden Veranschlagung auf diesem Gebiet überhaupt
jede Berechtigung bestritten wird: dieser Punkt ist, daß
der mechanische Todesprozeß das individualisirte
Bewußtsein beseitigt.

Alle theoretische Speculation in dieser Materie ist
ja mehr oder weniger unzugänglich. Neben dem Entstehen und dem einfachen Verlöschen der in materiell-
geistiger Einheit im Menschen verbundenen Lebenserscheinung und der Perspective einer unabsehbaren Erneuerung

dieses Processes im Dasein der Menschheit, so weit und
so lange deren Daseinsbedingungen die Erneuerung er-
möglichen, mag daher auch noch eine mehr spiritualistische
Formel betrachtet werden.   Eine solche ist z. B. die Annahme der Sammlung jedes individuellen als unzerstör-
bar angenommenen Geisteshauchs in eine größere Einheit,
mit der sie nach dem Tode zusammenwachsend und wirkend gedacht wird.   Aber auch für diese Formel bleibt
dieselbe Voraussetzung bestehen.   Das heißt, auch für
diese ist dieselbe Unwahrscheinlichkeit als ein Ungedanke
nicht fortzubringen, daß dem individuellen als unzerstör-
bar angenommenen Geisteshauch auch als Bewußtseinsträger, als selbstbewußt, ein Fortbestand ermöglicht sein solle.   Daß die Milliarden embryonaler
Geistesformen, die in dem großen auf Erden glühenden
Lebensfeuer wie Funken aufblitzen, um im nächsten Augenblick in ihrem individuellen Bestand wieder zu verlöschen,
daß andere Milliarden, die einer niedersten Culturstufe
angehörig, lebenslang in einem schattenhaften Bewußtsein,
wesentlich nur in der Sphäre des Instincts, dahin däm-
mern, mit einem Ich-Bewußtsein in den vorausgesetzten Focus einer Geistmasse sollten gesammelt werden
können, ist, wie mir scheint, das Letzte, was von irgend
einer inneren Wahrscheinlichkeit gestützt ist.   Dabei gebe
ich nicht einer platt nüchternen Erwägung Gehör, die das
wie einen hochragenden Wald uns umgebende Geheimniß
vor lauter Bäumen, an denen es naturwissenschaftlich
herumstudirt, gar nicht sieht, aber ich suche allerdings

eine Gedankenbahn einzuhalten, auf der ich das Maaß
des Zulässigen nach dem Maaß des Wahrscheinlichen ab=
schätze, so daß mir das Wahrscheinlichste auch für das
Denkbarste gilt.

Mit der Drangabe des Ichbewußtseins schwindet
aber die Unsterblichkeit in der Bedeutung, in welcher der
Mensch im Sinn der Religion menschlich dabei interessirt
ist. Was bei jener anderen Auffassung bleiben könnte
wäre etwa die Unzerstörbarkeit. Aber practisch ist
diese Differenz gleich Null. Ob ich verlösche oder als
Schwingung oder als geistige Potenz oder wie man es
sonst bezeichnen mag, fortdauere, kommt, wenn ich mich nicht
als solche weiß und fühle, auf Eins heraus. Alles dreht
sich um den einen Punkt des Ich=Bewußtseins und dieser
eine Punkt — versagt.

Täuschen wir uns nicht über die ethische Tragweite
dieses Verhältnisses im Menschenleben! Der Ausruf:
„Tod, wo ist dein Stachel 2c." gehört der classischen Zeit
des Christenthums an. Schon für das Afterchristenthum,
dessen inneres Wesen Feuerbach so oft in unübertroffen
hingeworfenen Umrissen gezeichnet hat, hatte er keine tie=
fere Bedeutung mehr, geschweige denn für die vollständig
verweltlichte Gegenwart. Und doch liegt in ihm, in präg=
nanter Kürze ausgedrückt, das Ideal derjenigen Sinnes=
weise, die in Frieden mit ihrer Bestimmung lebt, in
Frieden mit derselben ihrem Ende entgegensieht. Zwar
nicht dem Sinn nach, den die überschwängliche Erwar=
tung des gläubigen Christen in diesen Ausruf hineinlegte,

aber doch dem Wortlaut nach, der nichts als die Ueber=
windung des Todesstachels ausdrückt, ist und muß das
Ideal jeder höheren ethischen Cultur das gleiche sein.
Wie steht es aber in Wirklichkeit mit der Realisirung
dieses gerechtfertigten Anspruches? Was der Beobachter
sieht und erlebt, ja sieht und erlebt auch in seinem eigenen
Herzen, ist kaum mehr als daß der Mensch an dem To=
desgedanken, solange das Leben eben dauert, vorbeihuscht,
um dem Tod, der ihm ein Schreckgespenst ist und bleibt,
möglichst bewußtlos in die Arme zu fallen. Der
Leichtsinnige, der Lebemann durchmißt im Laufschritt die
Rennbahn der Sinnenlust, der Vergnügungen immer
wieder, immer auf's Neue, bis die Kräfte ermatten. Der
Tüchtige verschmäht diesen niederen Tummelplatz, er sucht
in einer würdigeren, geistigen oder doch gemeinnützigen
Zielen zugewendeten Thätigkeit sein Maaß an Kraft
dahinzugeben; der practische, nüchterne Egoist, zu wenig
extravagant für das Erste, zu selbstsüchtig für das zweite
Auskunftmittel, läuft die Spießruthen einer vielleicht auf=
reibenden, ja von ihm selbst endlich als Spießruthen em=
pfundenen Erwerbsthätigkeit bis zum letzten Athemzug,
bis zum letzten Gedanken — wenn aus keinem anderen
Grund, zu keinem anderen Zweck doch wenigstens zu dem,
damit das Erwerbsinteresse dem Todesgedanken den Weg
versperre. Alle drei Menschen=Kategorien, so ganz ver=
schieden in ihrem ethischen Werth, so durchweg getrennt
in ihrem inneren Wesen, ihren Triebfedern und Motiven
— in Bezug auf Tod und Sterben ist der Grundgedanke,

der Alle belebt, so ziemlich ein und derselbe: nicht sehen, nicht hören oder, wie der so oft gehörte charakteristische wohlmeinende Rath lautet: „daran darf man nicht denken". Das festgehaltene Ziel bleibt: nur auf den Moment als einen Art Rettungshafen hinsteuern, wo die Krafterschöpfung eine natürliche Anästhesie gegen den Todesstachel in erwünschte Aussicht stellt. Kann man es so einrichten, daß man diesen Rettungshafen erst an dem Schluß des bis an sein natürliches Ende verlaufenden Lebensprozesses erreicht, so hat man nach allgemein gültiger Annahme in „menschlich=schönster" Weise den Tod überwunden resp. sich mit der bitteren Möglichkeit desselben bestmöglich abgefunden. Wer sich daran nicht genügen läßt, dem wird der Rath gegeben sich beim Unsterblichkeitsglauben Tröstung zu suchen und zu ihm zurückzukehren.

Ist aber dies „der Weisheit letzter Schluß," so ist er jedenfalls, wie ich vorhin hervorhob, von dem kraftvollen Jubelruf des Christen, der in der Fülle des Lebens den Tod vor sich hinstellen und ohne Erblassen fragen konnte: wo ist dein Stachel? sehr weit entfernt. Die Entfernung ist eine durch den ganzen Inhalt der Glaubensvorstellungen bedingte, aber es frägt sich, ob sie so weit sein muß, so weit, daß gar keine Aehnlichkeit in der Haltung und Gemüthslage der einen und anderen Auffassung mehr besteht, so weit, daß der einen der gestählte Gradeausblick, der anderen ein scheues Uebersehen oder die Unempfindlichkeit der Narkose zukommt — denn nur

auf Narkose laufen doch alle jene Verhaltungsweisen, die
ich soeben besprochen, hinaus. Und der von tieferen
Naturen empfundene Widerwille vor solchen Narkosen,
wo es sich um den Lebensernst handelt, ist nur zu berechtigt. Ihn empfinden wir, wie wenig wir mit dem
ganzen Inhalt übereinstimmen, als echt selbst in dem lei-
denschaftlichen Schmerzensschrei, den J. Paul Herder in
das Grab nachrief mit den Worten: „Gäb' es keine Unsterblichkeit, ist alles hiesige Leben nur eine Abenddäm-
merung vor der Nacht, keine Morgendämmerung, wird
der hohe Geist auch dem Körper nachgesandt an Sarg-
stricken in die Gruft, o so weiß ich nicht, warum wir es
nicht am Grabe großer Menschen so wie die wilden und
alten Völker machen, blos aus Verzweiflung wie diese
aus Hoffnung, daß wir uns ihnen, wie sie sich ihren
Fürsten gradezu in die Gruft nachwerfen, damit man nur
auf einmal das unsinnige, gewaltsame Herz erstickt, das
durchaus für etwas Göttliches, Ewiges schlagen will."

Die außerordentliche Schwierigkeit, daß der Mensch
sich außerhalb des Unsterblichkeitsglaubens anders verhält, als wir es soeben betrachtet haben, ist bereits an
einer anderen Stelle von mir in seiner psychologischen
Bedingtheit erörtert werden. Ich wiederhole hier einige
Sätze, die den dort aufgestellten Gesichtspunkt ausführen
und erläutern, da derselbe Gesichtspunkt auch hier nicht
umgangen werden kann. „Als lebenerfülltes Wesen"
— wurde dort (Leben ohne Gott. Hannover. Rümpler.
1875, p. 40 u. ff.) von mir ausgeführt — „steht der

Mensch dem Tode, dem Gegensatz des Lebens, mit einem
lebenslänglichen Schauder gegenüber, der nichts anderes
ausdrückt, als eben diesen Gegensatz, nichts anderes als
das schmerzerfüllte Widerstreben des sich fortwährend
bejahenden, mit jedem Athemzug um seine Erhaltung be-
müheten Lebens, vor dem Verneint-, vor dem Vernichtet-
werden, den eigentlichen horror vacui eines in Zeit und
Raum gesetzten und denselben erfüllenden Wesens vor
dem raum- und zeitlosen Nichts. Der Mensch belehrt
sich nun zwar durch den Augenschein — soweit man sich
über einen solchen Vorgang durch das, was wir an anderen Menschen sehen, überhaupt belehren kann, — daß
das Sterben nach wirklicher, zur Vollendung gebrachter
Erschöpfung des vorhandenen Lebensfonds mit Zunahme
der Jahre, nicht mehr als ein Einschlafen bedeutet und
daß auf diese letzten Momente der Schauder der nicht
vernichtet-sein-wollenden Lebenskraft immer unanwend-
barer wird, bis er zuletzt alle Anwendbarkeit verliert und
völlig sinnlos wird, — der Mensch belehrt sich darüber
und muß bei einigem Nachdenken diese Thatsache gelten
lassen, aber einerseits bildet das auch nur einigermaßen
normale Lebensende leider die seltenste Ausnahme und
die meisten Menschen machen sich gar keine Rechnung
darauf, diesen Ausnahmen beigesellt werden zu können,
andererseits ist das unmittelbare Lebensgefühl der noch
unerschöpften Kraft ein so starkes und so wenig zu besei-
tigendes, daß der Mensch der Standpunkt der erschöpften
Lebenskraft, der bis auf den geringsten Rest bereits ver-

brauchten und vernichteten Widerstandslust gar nicht ein-
zunehmen vermag, obgleich es sich in Wahrheit doch erst
für diese um den so sehr gefürchteten Schlußakt handelt,
der gerade für diese nichts Schaudererweckendes mehr hat,
weil er eben an ihr nichts mehr zu vernichten vorfindet.
Der Mensch in der noch ungebrochenen Kraft vermag
aber, wie gesagt, sich auf diesen Standpunkt gar nicht so
zu versetzen, daß er ihn wirklich empfinden und dadurch
den Schauder vor dem Tode auch im Empfinden in sich
überwinden könnte, sein Empfinden bleibt vielmehr an die
Lebensstufe und Lebensqualität, die ihm eigen, gebunden."
Der wahre Sachverhalt, der festzuhalten ist, liegt also
darin, „daß der Schauder vor dem Tode nur in dem
Gegensatz der sich bejahenden Lebenskraft zu ihrer Verneinung gelegen ist, daß die normale Beendigung des
Lebens durch den Tod factisch diesen Gegensatz aber gar
nicht zur Grundlage hat, daß der Schauder des Menschen
vor dem Sterben sich also gar nicht auf das normale
Factum bezieht, sondern lediglich auf unsere Vorstellung
desselben. Wir unterliegen einer optischen Täuschung, die aber
für uns unvermeidlich ist, ebenso wie sich der unmittelbar
mit ihr verbundenen Gefühlserregung (dem antipathischen
Schauder vor dem Tode) nicht entkommen läßt."

Schauder gegen Schauder! Ich habe schon damals
auf eine Gegenwirkung hingewiesen, die ich jetzt noch nach-
drücklicher hervorheben will. Gauß hat einmal folgenden
Ausspruch gethan: „Es giebt in dieser Welt einen Genuß
des Verstandes, der in der Wissenschaft sich befriedigt und

einen Genuß des Herzens, der hauptsächlich darin besteht, daß die Menschen einander die Mühsale und die Beschwerden des Lebens sich erleichtern. Ist das aber die Aufgabe des höchsten Wesens, auf gesonderten Kugeln Geschöpfe zu erschaffen, und sie, um ihnen solchen Genuß zu bereiten, 80 oder 90 Jahre existiren zu lassen, so wäre das ein erbärmlicher Plan. Ob die Seele 80 Jahre oder 80 Millionen Jahre lebt, wenn sie einmal untergehen soll, so ist dieser Zeitraum doch nur eine Galgenfrist. Endlich würde es vorbei sein müssen. Man wird daher zu der Ansicht gedrängt, für die ohne eine streng wissenschaftliche Begründung so vieles Andere spricht, daß neben dieser materiellen Welt noch eine andere zweite, rein geistige Weltordnung existirt, mit eben soviel Mannigfaltigkeiten als diejenige, in welcher wir leben — — ihrer sollen wir theilhaftig werden." Nun werden gerade darin, gerade in der Ansicht, daß Alles, Alles außer der Ewigkeit, in der es kein Vorbeisein giebt, „nur eine Galgenfrist" ist, die Meisten mit Gauß übereinstimmen. Aber trotz dieser allgemeinen Uebereinstimmung, trotzdem, daß Gauß's Name, auch einzeln genommen, schwer wiegt, ist es doch ganz unzweifelhaft, daß die ununterbrochene ewige Fortdauer, die Vorstellung des Niemals-Aufhörens, positiv genommen, von so zermalmendem Gewicht ist, daß sie dem Menschen völlig unerträglich ist. Dabei sehe ich von Altersplagen natürlich völlig ab, ich meine nicht etwa das Schreckbild einer perpetuirlichen Fortdauer von Gebrechlichkeiten, sondern ich rede nur von

der nackten Thatsache der Fortdauer ohne Ende, die in
der Vorstellung fixirt und rein für sich betrachtet, einen
unüberwindlichen Schauder erweckt. Freilich nur dann,
wenn man sie nicht blos negativ als Gegensatz der
Verneinung des Lebensprocesses (wobei man von der
Dauer absieht) — als solche erscheint sie vielmehr höchst
verführerisch — sondern positiv betrachtet. Der Schau=
der wird nur deshalb bei der religiösen Vorstellung der
Ewigkeit oder der ewigen Fortdauer nicht empfunden,
weil dieselbe, um dem religiösen Herzensbedürfniß zu ge=
nügen, nur negativ, nur als angsterlösender Gegensatz
der Lebensvernichtung, nicht positiv, ihrer unbegrenzten
Dauer entsprechend, vorgestellt wird. Gleichwohl hat sich
eine Anwandlung des damit verknüpften Schauders in
der Sage vom ewigen Juden erhalten.

Wer jemals die Qual einer anhaltenden Schlaflosig=
keit kennen gelernt hat, von der ein ausgezeichneter Irren=
arzt, der frühere Vorstand der Charité, Professor Ideler,
sagt[1]: „wer seine Rechnung mit jedem Tage abschließt,
nimmt nur die Erinnerung an die Leiden desselben in
den folgenden mit sich, aber während schlafloser Nächte
bringt der Stachel des Schmerzes in das innerste Lebens=
mark ein, um dasselbe mit seinem Gifte zu durchdringen
und dadurch die Kraft in ihrem Ursprunge zu brechen.
Oft ist weiter nichts erforderlich, um den Wahnsinn zum
Ausbruch zu bringen, in welchem die verzweifelnde Seele
mit allen Martern der Raserei oder Schwermuth bis zur

---

1) Die allgemeine Diätetik. 2. Aufl. Halle 1848. S. 173.

völligsten Erschöpfung sich abquält" — der weiß vielleicht
am ehesten durch einen gewissermaßen sinnlichen Vorge=
schmack zu würdigen, was das centnerschwere Wort be=
deutet, mit dem wir auf dem religiösen Wunschgebiet so
federleicht spielen: nie mehr das Bewußtsein ablegen,
nie mehr sich selbst entfliehen können. Die Schlafpausen,
die den Menschen während seines Lebens auf Erden, seine
gewöhnlichen Verrichtungen unterbrechend, vom Bewußt=
sein ablösen, um es ihm immer wieder neu zu schenken,
sind nur für eine gewisse beschränkte Zeitdauer als wirk=
liche und wirksame Ablösung anzusehen. Der Gedanke:
das Bewußtsein immer wieder aufnehmen zu müssen,
ihm nie, nie vollends entfliehen zu können, das ange=
schmiedete Zwangsverhältniß dieser Kette ohne Ende wird
in seiner Schreckhaftigkeit für die Vorstellung durch die
Unterbrechung der Schlafpausen nicht aufgehoben und
vernichtet; denn dieselben führen eben nur eine Unter=
brechung herbei, müssen aber das Immer des Bewußt=
seins — denn dasselbe ist ja immer wieder da, um nie
definitiv abgelöst zu werden — bestehen lassen. Diese
Vorstellung, in ihrer ganzen Stärke ergriffen und inner=
lich verarbeitet, ist geeignet den Menschen mit dem gleichen
Entsetzen zu erfüllen, zu welchem die Schlaflosigkeit ihn
sinnlich verurtheilt.

So steht Schauder gegen Schauder. Und ist es
auch unmöglich den einen durch den andren, den ersten
durch den zweiten völlig zu überwinden, so ist es doch
ebenso unmöglich, durchdrungen von dem zweiten, die

Sehnsucht nach etwas mit Schauder Verknüpftem, nach
etwas Schauderhaftem also — der ewigen Fortdauer —
nicht in sich ersterben zu fühlen. So weit reicht inner=
halb der Individualsphäre die Neutralisation des Schau=
ders durch den Schauder.

Ueber beide hinweg aber führt der Weg der posi=
tiven Erhebung über die Individualsphäre und deshalb
bezeichnete ich vorher die religiöse Erhebung, soweit sie
eine Loslösung von der Individualität, ein Abstreifen
derselben bedingt, um sich nur als Theil des Weltenda=
seins zu fühlen, als eine Vorübung auf den Tod.
Denn indem wir uns mit Allem, was wir haben und
sind, ganz in ihn, in diesen lebendigen Strom ewig dahin=
fluthenden Lebens versenken, haben wir wieder das
„ewige Leben". Wir fühlen uns unverloren, fortwirkend,
dem Schaffensborn der Ewigkeit zugehörig und empfinden
das Schwinden des Bewußtseins im Tode nur als
Aequivalent des Schlafes. Nicht mehr die furchterweckende,
die erquickliche Seite des Todes tritt uns nah. Und
diesem Gedanken hingegeben vermögen wir noch fern dem
Grabe, noch unermüdeten Lebens voll, dem Sterbensact
ruhig in's Auge zu sehen und ihm vertraut zu werden,
denn er bedeutet seiner Wesenheit nach nichts mehr als
was Herwegh mit dem schönen Dichterwort bezeichnete:

> Ich möchte hingehen wie das Abendroth
> Und wie der Tag mit seinen letzten Gluthen,
> — O leichter, sanfter, ungefühlter Tod —
> Mich in den Schooß des Ewigen verbluten.

Die zufällige Form des Todes, die ja eine sehr erschwerte, aber auch dem Naturlauf entsprechend, eine schmerzlose sein kann, müssen wir über uns ergehen lassen, wenn die Stunde gekommen ist. Beängstigendes kann in diesem Moment, wenn wir es in Gedanken betrachten, nichts liegen, eben weil seine Beschaffenheit, seine Form ungewiß ist, der Mensch müßte sonst ja über jede nächste Minute seines Lebens, deren Inhalt auch unbestimmt ist, zagen. Aber mit der Wesenheit des Todes können wir Frieden abschließen, und dadurch in unser Leben eine Harmonie hineintragen, die, ein klarer Widerschein der Harmonie des Weltbildes, nur von dem Gedanken= und Gefühllosen nicht begriffen und nicht schmerzlich entbehrt wird. Und aus dieser Harmonie erklingt auch uns mit ruhiger Zuversicht der Ruf: Tod, wo ist dein Stachel?

IV.

Der Optimismus und das Gewissen.

Während in dem vorhergehenden Abschnitt mehr die
ästhetischen Beziehungen des Optimismus von mir in's
Auge gefaßt wurden, wird sich die Betrachtung auf den
nachfolgenden Seiten vorwiegend der ethischen Seite zu=
wenden. Sie untersucht Stellung und Tragweite des
religiösen Optimismus in Bezug auf eine praktisch=
sittliche Bethätigung im Leben.

Im Mittelpunkt aller ethischen Spekulation, von
welcher Seite man sich auch demselben nähert, treffen
wir stets auf jenen räthselhaften Compaß im Menschen,
auf die nach Wesen und Ursprung gleich schwer zu er=
forschende Kraft des Gewissens. Eine eingehende Be=
handlung dieser Materie gehört der Ethik an und kann
nur in einer solchen versucht werden. Aber gleichwohl
läßt sich auch hier ein Stück Theorie des Gewissens nicht
umgehen, da wir sonst Gefahr laufen würden, Folgerun=
gen aus unbewiesenen und selbst ihrem Sinn und ihrer
Bedeutung nach vor zweifelhaften Auslegungen keines=

wegs geschützten Vordersätzen zu ziehen. Ist doch der
Widerstreit der Meinungen, die Verschiedenartigkeit in der
Beurtheilung des Grundwesens an dieser Stelle so groß,
daß noch Kuno Fischer vor einigen Jahren auf den
Gedanken verfallen und sogar den Versuch wagen konnte
die Willensfreiheit des Menschen, „die Willenserneu=
erung von Grund aus" auf das Gewissen zu gründen [1]).

Dieser Gedanke war ein sehr unglücklicher und mußte
nothwendig dazu führen an Stelle einer Realerklärung
bloße Worte zu setzen. Kuno Fischer behauptete: der
natürliche Charakter, der unsere Handlungen und deren
Motive bestimmt, sei selbst unsere eigenste Willensthat,
eine That der Freiheit, die auch anders hätte ausfallen
können" und demnach könne er auch eine völlige Um=
wandlung aus sich selbst heraus erzeugen. „Die frag=
liche Veränderung" heißt es bei ihm, „ist keine solche, bei
der man im Grunde derselbe bleibt, sie ist nicht Charakter=
züchtung oder Veredlung nach Analogie der Race . . .
Diejenige Gesinnungsänderung, die einzig und allein
That und Zeugniß der Freiheit ist, geschieht nicht an
der Oberfläche, sondern an der Wurzel, nicht auf der
Außenseite, sondern im innersten Grunde des Charakters,
sie ändert die von der Selbstsucht getriebene Willensrich=
tung, sie ist eine Umwandlung."

Aber wie soll das vor sich gehen? Diese berechtigte
Frage kommt leider bei Fischer zu kurz. Sie erhält eine

---

1) In: „über das Problem der menschlichen Freiheit", Rede
gehalten von K. Fischer. 1875. Heidelberg, Mohr.

Antwort, die keine ist, da sie eben nur eine Behauptung auf die andere pfropft, eine schwungvolle Versicherung der anderen als sicheren Gewährsmann mit auf den Weg giebt. Es ist ungefähr, als ob ein Banquerutteur für den anderen gutsagt. Für den Gläubiger, der zu seinem Gelde kommen möchte, sieht dabei wenig heraus. „An der tiefen Quelle, woraus der Wille entspringt" — sagt Fischer — „an diesem Punkt, nur hier steht die Freiheit und führt das Steuer und lenkt den Willen." Ist das nun etwa eine sachliche . Erläuterung oder Ableitung? Oder ist eine solche vielleicht in dem nachfolgenden Satz enthalten: „Wer nicht bis zu dieser Tiefe in sich ein= kehren und seinen natürlichen Charakter von hier aus bemeistern kann, der hat nicht den Gebrauch seiner Frei= heit, der ist nicht frei, sondern unterworfen dem Trieb= werk seiner Interessen und dadurch in der Gewalt des Weltlaufs, worin jede Begebenheit und jede Handlung eine nothwendige Folge ist aller vorhergehenden"?

Die Unzulänglichkeit dieser und ähnlicher Ausfüh= rungen liegt auf der Hand und sie wurde s. Z. Fischer in der „Zeitschrift für Völkerpsychologie" mit einigem Humor zu Gemüthe geführt[1]). Nur ließ der dort in einer sehr berechtigten Polemik sich ergehende Verfasser sich verleiten, an einer Stelle und in einer Beziehung Fischer zu opponiren, wo dieser offenbar das größte Recht für sich anrufen konnte. Fischer unterscheidet sachgemäß

---

1) Vgl. den Aufsatz: Kuno Fischer und das Gewissen. Zwei Excurse eines Mediciners. Von Dr. med. P. Unna 1876.

zwischen den Vorwürfen, die in unserem eigenen Inneren
aufsteigen und eignet dem Gewissen die Fälle zu, in denen
wir uns sagen: wie schlecht. Sein Gegner verwischt
diese Grenze wieder und bemerkt ausdrücklich: „auch die
Fälle, in welchen durch unsere That blos unser Egois=
mus geschädigt ist und wir uns nicht sagen: wie schlecht,
sondern wie dumm, haben doch mit den echten Fällen
von Gewissensbissen eine unleugbare Verwandt=
schaft."

Es ist schwer zu begreifen, wie der Verfasser diese
Behauptung aufstellen konnte, ohne zu bemerken, daß er
damit das ganze Problem, welches in der Gewissensfrage,
psychologisch betrachtet, enthalten ist, aufhob. Eine be=
gangene Dummheit schädigt uns irgendwo und irgend=
wie, indem sie von uns erstrebte Zwecke beeinträchtigt
oder vereitelt, denn nur nach dem Maaß einer schlechten
Anpassung von Mittel zum Zweck sprechen wir überhaupt
von Dummheit. Daß uns aber eine Schädigung ver=
drießlich ist und wir deshalb, unter der Voraussetzung,
wir hätten anders handeln können, einen Vorwurf an
unsere Adresse richten, ist selbstverständlich und bildet
kein Problem. Dagegen erwächst uns aus einer schlechten
Handlung nicht nothwendig eine Schädigung durch Ver=
eitelung oder Beeinträchtigung unserer Zwecke. Im Gegen=
theil, dieselbe wird zumeist begangen behufs Realisirung
derselben. Das Verhältniß ist also gerade das umgekehrte
und das Problem, welches dort nicht bestand, besteht hier
und nur hier. Die „unleugbare Verwandtschaft", die der

Verfasser zwischen den Vorwürfen über begangene Dumm=
heit und „den echten Fällen von Gewissensbissen" bemerkt
haben wollte, besteht eben nur darin, daß in beiden
Fällen „Bisse" vorkommen, von denen aber die ersteren
absolut keine Gewissensbisse sind. Das heißt, es besteht
eine Aehnlichkeit in der Form bei spezifischer Verschieden=
heit im Wesen.

Rechtlichkeit, Rechtschaffenheit, Rechtthun, kurz der
Gegensatz von „unrecht" und in diesem Sinn der Gegen=
satz von „schlecht" bilden daher die Domaine des Ge=
wissens, welches der Compaß des Rechts genannt zu
werden verdient. Diese Begriffsschattirung, dieses Vor=
wiegen der Rechtsbeziehung bei Allem, was das Gewissen
vor sein Forum zieht, ist durchaus bindend und aus=
schließlich zu nehmen. Es wird sich dies weiterhin aus
der psychologischen Ableitung des Gewissens deutlicher
ergeben, ist aber schon hier in Erinnerung zu bringen.
Wenn ich z. B. grausam handelte und mir hernach
daraus ein Gewissen mache, so gründet die von dieser
Stelle ausgehende Mahnung und Zurechtweisung sich
wesentlich nur darauf, daß ich dem Anderen ein Unrecht
zufügte, während die speziell dem grausamen Charakter
meiner unrechten Handlung anhaftende Kränkung meines
Inneren (soweit solche eintritt) mein mitleidiges Herz
angeht. Diese Unterscheidung ist einigermaßen difficiler
Natur, aber durchaus unerläßlich. Sie entzieht sich auf
den ersten Blick der Wahrnehmung, da die von zwei
verschiedenen Stellen, dem Gewissen und dem mitleidigen

Herzen, ausgehenden peinlichen Anstöße in ihrer Einwir=
kung auf das Individuum in Eins zusammenfließen, also
auch nur einheitlich empfunden werden. Ohne diese Unter=
scheidung, ohne die consequent durchzuführende Beschrän=
kung des Gewissens auf die Rechtssphäre verfehlen wir
aber die Ursprungsstelle seiner Entstehung im Menschen
und sein ganzer Inhalt verläuft alsdann ohne leitenden
Faden in's Bestimmungslose.

Diese Ursprungsstelle ist von einigen Theoretikern
in einen besonderen „Rechtssinn", in eine besondre
„Rechtsvernunft" verlegt worden, eine Ableitung, die ab=
strakt genommen, unfruchtbar wird und nichts erklärt,
die aber gleichwohl schwerlich so lebhaft angefochten zu
werden verdient, wie es L. Feuerbach in dem Abschnitt:
„das Gewissen und das Recht" in seiner „Theogonie"
gethan hat.

Feuerbach bestreitet dort, daß das Gewissen eine
besondere „Anlage" sei. Es sei überhaupt „nichts An=
geborenes, sondern etwas Angebildetes, oft selbst mit
vieler Mühe Eingebläutes". Gleichwohl giebt er zu, daß
der Mensch „ein eingeborenes Maß des Rechten und
Unrechten in sich habe, aber: nur in dem allen Wesen,
folglich auch dem Menschen eingefleischten, in ihm nur
zu Verstand und Bewußtsein gekommenen Grundtrieb der
Selbstliebe; denn nur in seinem Egoismus habe der
Mensch ein Kriterium, ein Unterscheidungsmaß zwischen
Recht und Unrecht, Dürfen und Nichtdürfen!

Es heißt dann weiter:

Selbst der Dieb will nicht, daß ihm sein Eigenthum
gestohlen, selbst der Mörder nicht, daß ihm sein Leben ge=
nommen werde.   Dieser Wille selbst des Verbrechers, daß
sein Leben und sein Eigenthum heilig sei, vom Andern
nicht verletzt werde, im Gegensatz zu seinem eignen Thun
und Verfahren gegen den Anderen, ist der innere Grund
des Gewissens, des Bewußtseins von Recht und Unrecht.
Sagt mir mein Egoismus, daß der Andere mir Unrecht
thut, wenn er das Meinige nimmt, so sagt mir auch der=
selbe zugleich vermittelst meines Verstandes — wenn auch
vielleicht nicht im Voraus, sondern erst in Folge empfind=
licher, körperlicher Demonstrationen — daß ich auch dem
Anderen Unrecht thue, wenn ich ihm das Seinige nehme.
Einseitig, d. h. für mich anerkenne ich ja unbedenklich die
Unverletzlichkeit des Rechts, des Eigenthums; welch' ein
fühlbarer Zwiespalt, welch' ein empörender Widerspruch,
nicht auf Seiten des Andern dieselbe anzuerkennen! Und
sagt mir denn nicht schon selbst die kurzsichtigste Klugheit,
daß ich den Andern anerkennen und respectiren muß, wenn
ich selbst anerkannt und respectirt sein will?

Zudem — ein wesentliches Zudem — ist der Andere,
den ich als einen mir Gleichberechtigten anerkenne, kein
Gleichgültiger, kein Mensch überhaupt, wie ihn der Rechts=
philosoph in seinem Kopfe hat, sondern mein Nächster, ein
Blutsverwandter, ein Stammgenosse, ein Mensch von mei=
ner Farbe; denn die Schranken des Landes, des Volks,
des Stamms, der Farbe sind ursprünglich auch die Schran=
ken des Gewissens, des Bewußtseins von Recht und Un=
recht; gegen den Fremden ist ja Alles erlaubt. So stützt
sich selbst das Gewissen auf die Wahrheit des Sensualismus,
leider! nur zu oft und zu lange selbst in seiner beschränk=
testen, rohesten Gestalt. Wesen, mit welchen der Mensch

die Geschlechts=, die Blutsgemeinschaft verschmäht, verweigert er auch die Rechtsgemeinschaft. Gleiches Blut, gleiches Gut — gleiches Gesicht, gleiches Gericht — so lauten die ersten sensualistischen Rechtsprincipien. Wenn der Mensch sich ein Gewissen daraus macht, Thiere mit grausamer Willkür zu behandeln, wenn er ihnen selbst Rechte einräumt, so kommt auch dieses nur daher, daß er mit ihnen als fühlenden Wesen Mitgefühl hat, daß ihre Schmerzen ihn selbst schmerzen, daß er sie folglich wenigstens als entfernte Blutsverwandte von sich ansieht. Gehen doch die Indianerweiber in ihrer Zärtlichkeit gegen Thiere sogar soweit, daß sie junge Hunde, Rehe, Affen, u. s. w. zugleich mit ihren eignen Kindern an die Brust legen und säugen. Das Recht ist daher nichts Andres, als der auf das Band der Blutsverwandtschaft, der physischen Gattungs= oder Geschlechtsgleichheit gegründete, nicht ein= sondern zwei= oder gegenseitige Egoismus — die durch die Anerkennung der Selbstliebe Anderer sich selbst Anerkennung, Geltung verschaffende und sichernde Selbstliebe des Menschen.

Das Recht aus einer besonderen Kraft, einem von dem Grundtriebe des Menschen unterschiedenen „Rechtssinn", oder einer besondern „Rechtsvernunft" ableiten, das Recht vom Egoismus und „Utilismus" absondern, zu einem Ding an sich machen, heißt die Hecke, die ich zum Schutze um den Lustgarten meines Rechts ziehe „aus einem besonderen Heckensinn" ableiten, heißt die Hecke aus einem Ding für den Garten zu einem Ding für sich selbst, zum Selbstzweck machen.

Wir werden später sehen, wie viel wir von diesen Ausführungen gelten lassen können, an welcher Stelle die richtige Sonderung wesentlicher Momente verfehlt

erscheint und wie dadurch eine unrichtige Auffassung eine
scheinbare Begründung erhält. Vorläufig haben wir einen
anderen Punkt von erheblicher Tragweite ins Auge zu
fassen und ihn in eine bestimmte Stellung für unsere
Beurtheilung zu rücken.

Die Theorie des Gewissens als eines mächtig auf
den Menschen einwirkenden Motivs gehört insofern zur
Trieblehre d. h. sie bildet einen zugehörigen Theil zur
Untersuchung der Art und Weise, nach welcher der Mensch
sich getrieben fühlt etwas zu thun. Ganz allgemein
genommen sind hier mehrere große Wirkungsweisen zu
unterscheiden, die mit deutlichen Lettern verzeichnet, mit
klarer Namensunterschrift versehen, an den Menschen her=
antreten. In jedem Verhalten desselben läßt er sich leiten
entweder durch Furcht vor Strafe oder üblen Folgen,
oder durch Einsicht in den Nutzen, die Zweckmäßigkeit
seines Thuns, oder durch irgend ein Motiv des Gefal=
lens, der Freude an dem, was er thut.

Diese Motive können einzeln, sie können auch ver=
bunden im Menschen auftreten, in welchem letzteren Fall
sie sich gegenseitig durchdringen resp. modificiren. Bei der
theoretischen Erörterung der Prinzipien thut man
immer am besten, die Motive gesondert in's Auge zu
fassen. Ihre Combination gestaltet das Uebersichtsbild
nur verwickelter und complicirter, ohne wesentlich neue
Momente zu schaffen, da es sich doch immer nur um
eine Verschlingung derselben leitenden Fäden handelt.

Wäre nun damit das Thun des Menschen ursächlich

erschöpft, so würde er in jedem einzelnen Fall die bekannte Stimme anzugeben im Stande sein, die ihn zu dieser oder jener Thätigkeit aufriefe. Er würde in jedem einzelnen Fall sagen können: das thue ich, weil es mir Freude macht, das, weil ich es als nützlich ansehe, das weil mich, wenn ich es unterlasse, unangenehme Folgen treffen könnten. Es gäbe keine Lücke in diesem Ring. Immer handelte der Mensch sich selbst verständlich, denn, entweder er thäte, was er mag, woran er Freude und Gefallen empfände, oder er thäte auch was er nicht mag, aber nur weil er es nicht unterlassen könnte, ohne sich direkt oder indirekt zu schädigen. Der versäumte Nutzen ist als indirekte Schädigung zu betrachten. Immer würde er ablehnen zu handeln, wenn nicht eine von diesen Aufforderungen an ihn gelangte.

Aber es steht nicht so plan um den Menschen. Unter die bekannten Stimmen mischt sich eine unbekannte, zunächst unverständliche. Ein sonderbarer Zweifel überfällt uns. Weshalb sollte ich dies thun, fragen wir uns, weshalb jenes unterlassen? Ich sehe keinen Nutzen davon ab, Schaden kann mir nicht daraus erwachsen, Freude habe ich nicht daran. Warum also? „Thu' es doch", spricht es in uns, „du thust Recht daran". Recht? Was heißt dies räthselhafte Wort und wer bist du, der mir das sagt? „Wer ich bin? Dein Gewissen."

Was ist nun das Gewissen? „Nichts Angeborenes," sagt Feuerbach, „sondern etwas Angebildetes, oft selbst Eingebläutes," also jedenfalls Etwas, was uns von Außen

mit mehr oder weniger Umständen beigebracht und auf=
erlegt wird. Aber wenn dies Angebildete etwas anderes
sein soll als bloße mechanische Dressur, bloßes Nachbeten
von etwas Vorgebeteten, so muß zu ihm hinzutreten, in
ihm enthalten sein: die Anerkennung des Individuums
dem der Gewissensinhalt angebildet wird und diese Aner=
kennung kann sich nur vollziehn auf Grund einer An=
knüpfung an ein inneres Gesetz des Menschen. Dieser
kann die Anerkennung nur aussprechen in Gemäßheit
dieses seines Gesetzes. In der Anerkennung liegt selbst
eine Gesetzesvollstreckung, nur eine theoretische. Ist das
Anbilden also mehr als bloße mechanische Dressur, als
welche ihm jede innere bindende Gewalt und geistige Be=
deutung für den Menschen abgehen würde, erhebt es sich
durch die Anerkennung zur eignen That des Indivi=
duums, so muß in ihm auch das „Angeborene" und da=
mit das ursprüngliche Verhältniß wieder zum Vorschein
kommen, da es sich die Anerkennung nur erwirbt, indem
es sich auf das angeborene (sc. Gesetz) stützt.

Was geht denn nun in dem Anbilden vor sich? Ein
Theil der uns angebildeten Pflichten, ein Theil dessen,
was uns als rechtlich=obliegend eingeprägt wird, wird
uns unter dem Gesichtspunkt der Zweckmäßigkeit,
der Anpassung an die Zwecke des Lebens, der angemes=
senen Nützlichkeit erläutert und motivirt. Dies hat mit
dem Gewissen und seinem dunklen Appell nichts zu thun.
Das Motiv des Nutzens, der Zweckmäßigkeit ist, wie
schon vorhin bemerkt, dem Menschen stets verständlich

und er ist, im Prinzip wenigstens, immer bereit ihm zu
entsprechen, da es sich dabei immer um einen ihm ein=
leuchtenden Zweck, nämlich die Steigerung und Siche=
rung des eigenen Wohlbefindens, der das zweck=
mäßige Thun zu entsprechen hat, handelt. Daß die
Steigerung und Sicherung des eigenen Wohlbefindens
je nach Individualität und Culturstufe einen sehr ver=
schiedenartigen Inhalt umschließt, hat hier natürlich außer
Betracht zu bleiben, da es an der Stellung des Menschen
zu dem Prinzip nichts ändert. Immer wird das zweck=
mäßige Thun als zweckmäßig danach bemessen, daß es
dem letzten Zweck, dem Wohlbefinden, Genüge leistet.

Ein anderer Theil des uns zugemutheten pflicht=
mäßigen und also als rechtlich begründet hingestellten
Verhaltens, wird mit dem Hinweis auf die Gefühlssphäre
erläutert und motivirt. Für Eltern und Personen, die
in einem Pietätsverhältniß zu uns stehen, für das Vater=
land, den Staat u. s. w. sollten wir — so wird uns zu=
gemuthet — eine gewisse Gefühlswärme der Anhänglich=
keit, des Wohlgefallens besitzen, die sich dann ihrem In=
halt entsprechend in Handlungen und unserem ganzen
Verhalten ausprägen muß. Allein Anhänglichkeit, Wohl=
gefallen oder allgemein gesprochen, alle Gefühle der
Zärtlichkeit unterliegen keinem Soll, sie pariren keiner
Ordre, sie versagen sich unter Umständen gänzlich oder
ziehen sich capriciös auf den engsten Kreis zurück, kurz
an diesem Punkt schwindet der feste Boden der allgemein=
gültigen Gesetzmäßigkeit und es würde kein Ersatz zu

schaffen sein, wenn wir nicht eben hier an die „Anlage“
des Gewissens rührten. Die Verhaltungsweisen, die uns
zugemuthet werden (in Bezug auf Eltern, Vaterland ꝛc.)
können wir möglicherweise als unmittelbaren Ausfluß der
Gefühlssphäre nicht leisten, wenn sich die betreffenden
Gefühle uns versagen, aber damit sind wir ihnen gleich=
wohl nicht enthoben, da diese letzteren, die Gefühle, als
gebührender Tribut in Anspruch genommen und uns
abverlangt werden. Dieser Anspruch eines gebührenden
Tributs stützt sich auf die besondere Beschaffenheit des
Verhältnisses, dem er entsprechen soll. Er appellirt also
an unsere Einsicht, denn die Beschaffenheit ist ja einzu=
sehen, und wir können demnach begreifen, daß wir eigent=
lich empfinden müßten, wie wir nicht empfinden, und
daß wir so handeln müssen, als ob wir empfänden, wie
wir nicht empfinden. Diese Einsicht, daß wir so handeln
müßten, wird aber das Handeln selbst zur Folge haben,
wenn sich mit dem Unterlassen desselben ein überwiegendes
Uebel für uns verknüpft, und daß dem so ist, dafür sorgt
eben das Gewissen oder es versucht wenigstens (durch
Mahnungen und Gewissensbisse) dafür zu sorgen.

Ich sagte: indem Etwas als gebührender Tribut von
unserem Bewußtsein in Anspruch genommen wird, rühren
wir an das Gewissen und ich lege dabei allen Nachdruck,
alle Betonung auf das Moment des Gebührenden. Gehen
wir auf das ursprünglichste Verhältniß des Menschen zu
seiner Umgebung zurück, welches aber eben weil es das
ursprünglichste, grundgesetzliche ist, auch das bleibende ist,

so haben wir an seinen Willen als Ausgangspunkt
alles Uebrigen anzuknüpfen. „Ich will dies haben —
ich kann es haben (denn ich habe die Kraft es mir
zu verschaffen) — mir gebührt es." Das Moment des
Gebührenden fällt ursprünglich rein zusammen mit dem
Gefühl, dem Bewußtsein der eignen Kraft, zunächst der
physischen, dann derjenigen, die im Aufbau complicirterer
Verhältnisse und Culturformen als Aequivalent an ihre
Stelle tritt: Besitz, Stellung, Würde, geistige Bedeutung u. s. w.
Immer aber stellt das Gebührende sich dar als die Folge
eines bestimmten Beschaffenseins, deren einfachste, ursprünglichste Form eben die Kraft ist. Ohne dies Beschaffensein
würde die Vorstellung eines mir Gebührenden nicht zu
Stande kommen, mit demselben tritt sie nothwendig als
ursprünglichster Rechtstitel in's Leben. „Ich lege meine
Hand darauf — es ist mein, wenn ich es halten kann"—
oder mit gleicher Folgerichtigkeit — „wenn ich es halten
kann — ist es mein d. h. es gebührt mir."

So weit die ursprünglichste Ableitung des Mein
und damit des mir Gebührenden, der Codex des einfachsten Naturrechts, welches zunächst nur sich in's Auge
faßt. Hieran knüpft sich das Weitere. „Wer das, worauf sich mein Wille richtet, und was ich haben kann,
also das mir Gebührende mir weigert, ist schlecht. Ich
verwerfe ihn und suche ihn zu vernichten." Dies Verhältniß wird nun auf das Du übertragen und wird damit rückbezüglich. Das Du hat ebenfalls ein Beschaffensein, das ihm einen Anspruch begründet. Ich erfahre

und erlebe, daß es seine Hand gleichfalls auf Etwas legt
und es halten kann d. h. daß es sich ein „Sein", ein ihm
Gebührendes verschafft.   Wer ihm dies Gebührende wei=
gert ist schlecht. Weigere ich es ihm, so bin ich schlecht
und zu vernichten. Dieser Schlußfolgerung ist nur durch
einen Gewaltstreich auszuweichen und hiermit ist die
Grundlage des Gewissens, die Ableitung des inneren Zu=
rufs: wie schlecht! bei Verletzung eines dem Anderen ge=
bührenden Antheils gewonnen.

Ehe ich mich in dem Folgenden einer Untersuchung
über Macht und Umfang des Gewissens zuwende, mache
ich an dieser Stelle Feuerbach gegenüber, den ich vorhin
citirt habe, darauf aufmerksam, daß diese Anerkennung
des Dein, des einem Anderen Gebührenden, und damit
zusammenfallend die Erfassung des eigenen Selbst als
schlecht bei verweigerter Anerkennung ein rein theoreti=
scher Vernunftact ist. Derselbe nimmt, wie vorstehend
gezeigt, allerdings von dem Wollen seinen Ausgang und
steht insofern mit dem Glückseligkeits=, dem Selbsterhal=
tungs=Trieb u. s. w. in einer Abstammungs=Beziehung,
aber in sich selbst, an der entscheidenden Stelle, enthält
er nichts als logischen Zwang. Und diesen logischen
Zwang mag man nun Rechtssinn oder Rechtsver=
nunft nennen, — wenn man den richtigen Begriff mit
dem Worte verbindet, so wird schließlich nicht viel dagegen
zu erinnern sein. Er ist aber nach dieser Auffassung ein
durchaus uninteressirter Act, rein sachlich, nicht per=
sönlich und dies Verhältniß wird bei Feuerbach so wenig

als das charakteristische Moment hervorgehoben, daß er
ganz im Gegentheil das Recht „die durch die Anerken=
nung der Selbstliebe Anderer sich selbst Anerkennung,
Geltung verschaffende und sichernde Selbstliebe des Men=
schen" nennt. Das Moment des inneren Widerspruchs,
welches rein als solches das Zwangsverhältniß des Ge=
wissens begründet und grade in seiner Unberührtheit das
Phänomen einer Erhebung über den engeren Inhalt der
Selbstliebe darstellt, kommt bei Feuerbach wohl auch ein=
mal zur Betonung, aber nur nebenbei. Er hebt aller=
dings hervor: „Einseitig d. h. für mich anerkenne ich ja
unbedenklich die Unverletzlichkeit des Rechts, des Eigen=
thums, welch' ein fühlbarer Zwiespalt, welch' ein
empörender Widerspruch nicht auch auf Seiten des
Anderen dieselbe anzuerkennen." Allein unmittelbar da=
neben stellt er das ganz wesensverschiedene Prinzip der
interessirten Klugheit. — „Und sagt mir denn nicht schon
selbst die kurzsichtigste Klugheit, daß ich den Anderen
anerkennen und respectiren muß, wenn ich selbst anerkannt
und respectirt sein will." Er vermengt also wiederum
das „wie dumm!" und das „wie schlecht!" und nun
scheint ihm beides den Ursprung des Gewissenrechts ab=
zugeben, als ob dem nicht schon die gänzliche Verschieden=
artigkeit der Prinzipien entgegenstünde. Duo si faciunt
idem non est idem.

Ueber die Macht des Gewissens haben zwei deutsche
Philosophen sehr verschieden oder vielmehr ganz entgegen=
gesetzt geurtheilt. Kant stellt das Gewissen als eine

furchtbare Macht dar, die dem Menſchen überall hin,
„wie ſein Schatten“, folge. Schopenhauer weiſt auf
die Schwäche der Stimme des Gewiſſens hin. Kant
hatte das Gewiſſen einem inneren Gerichtshof in
folgender Weiſe verglichen:

Ein jeder Pflichtbegriff enthält objektive Nöthigung
durch's Geſetz (als einen moraliſchen, unſere Freiheit ein-
ſchränkenden Imperativ) und gehört dem praktiſchen Ver-
ſtande zu, der die Regel giebt; die innere Zurechnung aber
einer That, als eines unter dem Geſetz ſtehenden Falles
(in meritum aut demeritum) gehört zur Urtheilskraft (judi-
cium), welche, als das ſubjektive Prinzip der Zurechnung
der Handlung, ob ſie als That (unter einem Geſetz ſtehende
Handlung) geſchehen ſei oder nicht, rechtskräftig urtheilt;
worauf dann der Schluß der Vernunft (die Sentenz), d. i.
die Verknüpfung der rechtlichen Wirkung mit der Handlung
(die Verurtheilung oder Losſprechung) folgt: welches Alles
vor Gericht (coram judicio) als einer dem Geſetz Effekt
verſchaffenden moraliſchen Perſon, Gerichtshof (forum) genannt, geſchicht. — Das Bewußtſein eines innern Gerichts-
hofes im Menſchen („vor welchem ſich ſeine Gedanken
einander verklagen oder entſchuldigen“) iſt das Gewiſſen.“

Schopenhauer tadelt nicht allein und das wohl mit
Recht, daß hier dem Gewiſſen eine Form der Selbſtver-
urtheilung als weſentlich beigelegt werde, die ebenſogut
bei jeder anderen Selbſtprüfung und Anklage, die von
gar keinen ethiſchen Geſichtspunkten ausgeht, Platz greift,
ſondern will auch von einer gewaltigen Macht des Gewiſſens nichts wiſſen. „Es wird uns da“, ſagt er, „im
Innern des Gemüths ein vollſtändiger Gerichtshof vor-

geführt, mit Prozeß, Richter, Ankläger, Vertheidiger, Ur=
theilsspruch. Verhielte sich nun wirklich der innere Vor=
gang so, wie Kant ihn darstellt, so müßte man sich
wundern, daß noch irgend ein Mensch, ich will nicht
sagen so schlecht, aber so dumm sein könnte, gegen das
Gewissen zu handeln. Denn eine solche übernatürliche
Anstalt ganz eigener Art in unserem eigenen Selbstbe=
wußtsein, ein solches vermummtes Vehmgericht im ge=
heimnißvollen Dunkel unseres Innern, müßte Jedem ein
Grausen einjagen, das ihn wahrlich abhielte, kurze, flüch=
tige Vortheile zu ergreifen, gegen das Verbot und unter
den Drohungen übernatürlicher, sich so deutlich und so
nahe ankündigender, furchtbarer Mächte. — In der
Wirklichkeit hingegen sehen wir umgekehrt die Wirksam=
keit des Gewissens allgemein für so schwach gelten, daß
alle Völker darauf bedacht gewesen sind, ihr durch posi=
tive Religion zu Hülfe zu kommen oder gar sie dadurch
völlig zu ersetzen." Frauenstädt, der Schüler und
Verehrer Schopenhauers, versuchte in seiner Schrift:
„Das sittliche Leben, Ethische Studien" (Leipzig 1866)
diesen Widerspruch auszugleichen. Die Ausgleichung ge=
räth aber etwas komisch, nämlich so, daß er beiden Par=
teien Recht gab, und diesen Richterspruch dann mit der
Bemerkung erläuterte: „Die Sache ist nämlich diese. Das
Gewissen ist eine furchtbare Macht, wenn es nämlich
wach und rege ist, es ist eine schwache Macht, wenn es
schläft". Die verzweifelte Richtigkeit dieser Bemerkung,
die nur leider nichts entscheidet, läßt sich am besten illu=

ſtriren, wenn man ſie auf irgend eine Naturgewalt z. B.
den Wind überträgt, der auch eine furchtbare Macht hat,
wenn er ſtürmt, aber nur eine ſchwache, wenn er ſchläft.

Näher könnte eine andere Auslegung den Kern=
punkt treffen, nämlich daß hier nicht zwiſchen Gewiſſens=
biß und Gewiſſensmahnung gehörig unterſchieden wor=
den ſei. Wenn man ganz allgemein von Gewiſſen, von
der Macht des Gewiſſens u. ſ. w. ſpricht, kann man Eins
und das Andere meinen und doch iſt beides ſehr weſent=
lich von einander verſchieden. Der Gewiſſensbiß bezieht
ſich auf die vollbrachte oder die unterlaſſene That,
die Gewiſſensmahnung auf die erſt zu vollbringende.
Dem erſteren wächſt unter Umſtänden eine furchtbare
Gewalt zu, die aber hauptſächlich durch den Eindruck
eingetretener unheilvoller Folgen bedingt ſein kann. In
ſolchem Fall ſpiegelt daher die Stärke des Gewiſſensbiſſes
die Reaction des begangenen Unrechts auf des Menſchen
Innere nicht mehr rein ab, ſie hat eine Verſtärkung von
anderer Seite erhalten. Ein quantitativ und qualitativ
auf gleicher Stufe ſtehendes Unrecht kann je nach den
eingetretenen, vom Zufall mehr oder minder abhängigen
Folgen, je nach dem Eindruck derſelben auf Phantaſie
und Gemüth eine ganz verſchiedene ſtarke Selbſtanklage
zu Folge haben, während dieſelbe doch nur einerlei
Stärke haben dürfte, wenn ſich in dem Gewiſſensbiß
nichts als die Stimme des Gewiſſens d. h. der Reaction
gegen die Abweichung von dem Rechtsbewußtſein aus=
ſpräche. Trotzdem gilt der Gewiſſensbiß in populärer

Auffassung gerade als die schärfste Manifestation des
Gewissens. Seine häufig erschütternde Gewalt weist ihm
diese Rolle zu. Dem großen Eindruck seines rächenden
Auftretens gegenüber verschwinden die Bruchtheile, die
an der Rechnung fehlen. Auch ist ja nicht zu übersehen,
daß der reine Antheil des Gewissens immer ein sehr be-
deutender bleibt und in der Wirkung nur verschärft wird.
Man sollte nun denken, Schopenhauer, wenn er von der
Schwäche des Gewissens spricht, hätte mehr an die Gewissensmahnung und Kant, der die furchtbare Macht desselben hervorhebt, mehr an den Gewissensbiß gedacht, aber
sonderbarer Weise ignorirte gerade Schopenhauer die
Mahnung als etwas Irrelevantes. Er meinte, daß das
Gewissen eigentlich erst n a ch der That spreche. V o r der
That könne es höchstens indirekt sprechen, nämlich mittelst
der Reflexion, welche ihm die Erinnerung früherer Fälle
vorhalte, wo ähnliche Thaten hinterher die Mißbilligung
des Gewissens erfahren hätten. Alles dies, obgleich es
in seiner bekanntlich preisgekrönten Abhandlung über die
Grundprobleme der Ethik vorkommt, ist so schief wie
irgend möglich. Hat der Mensch auf Grund des oben-
geschilderten Prozesses sich ein Rechtsbewußtsein, eine Anerkennung des dem Dritten gebührenden Antheils, eine
Selbstverurtheilung für die Weigerung dieser Anerkennung,
sobald er sich zu derselben (der Weigerung) aufgelegt
fühlen sollte, erworben, so ist er damit auch in den Besitz
der warnenden und mahnenden ebensogut wie strafenden
Stimme des Gewissens getreten, das den eintretenden

oder mit seinem Eintritt drohenden Fall ebensogut wie den schon eingetretenen zu wägen und im Voraus zu richten weiß. Wozu bedürfte es da erst der mittelst Reflexion aufgefrischten Erinnerung früherer Fälle?

Ganz im Einklang mit der verkrüppelten Competenz, die dem Gewissen bei Schopenhauer zugewiesen ist, steht alsdann noch die Behauptung, daß dasselbe nur durch Thaten, nicht durch Gedanken und Wünsche belastet werde. Zur Begründung dieses Satzes wird durch Schopenhauer angeführt: „In jedem, auch dem besten Menschen steigen, auf äußeren Anlaß, erregten Affekt, oder aus innerer Verstimmung, unreine, niedrige, boshafte Gedanken und Wünsche auf: für diese aber ist er moralisch nicht verantwortlich und dürfen sie sein Gewissen nicht belasten, denn sie zeigen nur an, was der Mensch überhaupt, nicht aber was er, der sie denkt, zu thun fähig wäre. Denn andere Motive, die nur nicht augenblicklich und mit jenen zugleich in's Bewußtsein treten, stehen ihnen, bei ihm, entgegen; so daß sie nie zur That werden können: daher sie der überstimmten Minorität einer beschließenden Versammlung gleichen. An den Thaten allein lernt ein Jeder sich selbst sowie die Anderen empirisch kennen, und nur sie belasten das Gewissen, denn sie allein sind nicht problematisch, wie die Gedanken, sondern, im Gegensatz hievon, gewiß, stehen unveränderlich da, werden nicht blos gedacht, sondern gewußt."

Kann man, möchte ich fragen, nun wohl gröbere und unzutreffendere Distinctionen vornehmen? Als ob nicht

Gedanke und Wunsch schon die seelische That wären,
als ob nicht in dem gährenden Wunsch, in dem brüten-
den Gedanken häufig schon der fertige Ehebruch, die
Mordthat lägen, die oft nur des äußerlichsten Anstoßes
der Umstände bedürfen, um aus Wahn und Plan zur
That zu werden. Und daran sollte das Gewissen schweigend vorübergehen dürfen? Welche Tiefe der ethischen
Erwägung! Wenn Schopenhauer den Motiven, die zu
unrechten Handlungen anreizen, diejenigen gegenüberstellt,
die davon abhalten und diese alsdann, wenn sie die stärkeren sind, mit der Majorität einer beschließenden Versammlung, welche die Minorität überstimme, vergleicht, so
beweist er, wie sehr häufig, mittelst eines Bildes, welches
absolut nicht zutrifft. Denn in einer beschließenden Versammlung sind allerdings alle Stimmen gleichberechtigt
und gleichwerthig, wir können zählen, bei Motiven können wir aber nicht zählen, sondern müssen wägen und
wenn etwa Zaghaftigkeit oder Trägheit von der That
abhalten, zu der uns Gier und Gelüste anreizen, so entsteht dadurch kein Uebergewicht auf der moralischen Seite
und also auch keine Entlastung des Gewissens.

Die Macht des Gewissens, um darauf zurückzukommen, ist übrigens, auch wenn wir von jeder Verschärfung
absehen, die in den Umständen liegen kann und die ihr
dann — genau genommen ohne Berechtigung — zugerechnet wird, trotzdem unzweifelhaft eine sehr große, oder
mit anderen Worten: die innere Stimme, welche uns
auffordert etwas zu thun, nicht weil es uns gefällt, son-

dern nur weil es uns dem Andern gegenüber „in der Ordnung" zu sein scheint, weiß sich sehr vernehmlich zu machen.

Und desgleichen ist die Selbst-Anklage wegen einer
unterlassenen Handlung, die zu thun uns rechtlich dem
Anderen gegenüber zukam, das Wehgefühl wegen einer
vollbrachten Handlung, die den Anderen schädigte, von
einer inneren Energie, die nicht immer geräuschvoll zu
Tage tritt, um so regelmäßiger aber durch eine unausge-
setzte bohrende Thätigkeit eine zähe, siegreiche Ausdauer
bekundet. Wie lange dieser Widerstand manchmal fort-
geführt werden kann, um hundertmal abgewiesen, verlacht,
verloren, vergessen, immer wieder zur ungelegenen Stunde
sich zu erheben, ist bekannt genug.

Die merkwürdige Thatsache, daß Niemand dieser Gewalt ganz entgeht, daß es sich bei uns frappirender
Gewissenslosigkeit (wobei übrigens nie zu vergessen, daß
dieselbe nicht vom Standpunkt des Kritikers, sondern
des als gewissenlos Bezichtigten aufzufassen ist)
immer nur um Stundung der Zahlung handelt, die zu irgend
einer Zeit und in irgend einer Form, wenn auch vielleicht nur
in der Form eines der Auflehnung gegen ein moralisches
Gesetz entsprechenden steigenden moralischen Verfalls, bei-
getrieben wird, weist unter allen Umständen auf ein un-
verrückbares Grundverhältniß im Menschenwesen hin. Und
dies Grundverhältniß haben wir in dem Einheitsver-
hältniß der menschlichen Organisation, die eben nur
als Einheit überhaupt Bestand hat, zu erblicken.
Jede, in Wort und Wunsch oder That, durch Unterlassung

oder positive Handlung begangene Ungebühr dauert, sobald
sie von uns anerkannt und dadurch zur Gewissenlosig=
keit geworden ist, als Widerspruch in uns fort und erregt
eben durch diese Dauer ein steigendes Unbehagen, da sie
als Widerspruch ein fortwährendes Attentat auf unsere
Einheit und damit auf unseren Bestand ausübt.

Bei der Frage nach dem Umfang des Gewissens
sind verschiedene wichtige Punkte in's Auge zu fassen,
die einer genauen Erwägung bedürfen. Zunächst ist vor
einer Verwechslung zu warnen, die leicht durch die ge=
wählten Bezeichnungen: „Recht, Rechtssphäre, Compaß
des Rechts, das Gebührende" veranlaßt werden kann.
Wir sind gewohnt, den Begriff des Rechts durch die
Wage zu symbolisiren, die genau Jedem sein Antheil zu=
wiegt, ihm keinen Gran weniger, aber auch nicht mehr
zuwendet, als er verdient. In diesem Sinne darf das
Recht=Thun, das Recht also nicht als die Sphäre des
Gewissens, als sein eigentlicher innerster Kern bezeichnet
werden, sondern nur in dem Sinn, daß es daran festhält,
daß Niemanden sein gebührender Antheil verkürzt werde.
Seine Mahnung resp. Warnung: Thue Recht! heißt also:
verkürze Niemanden das Gute, das ihm Erwünschte,
das ihm zukommt, ohne daß es das Drüberhinaus, den
Ueberschuß ausschließt. Es ist nicht der Hüter eines ab=
strakten Prinzips des Gebührenden, wobei von dem In=
halt desselben abgesehen würde.

Dies liegt in der Entwicklung des Gewissens aus
seiner ursprünglichen Regung, wie vorher dargelegt, klar

ausgesprochen. Der Anerkennung des gebührenden D e i n,
der Selbstverurtheilung als schlecht bei verweigerter Anerkennung geht der analoge Prozeß in Bezug auf das
gebührende M e i n vorher. Eins deckt sich mit dem Anderen, in das Dein wird dieselbe Beziehung hineingelegt,
die das Mein, von dem ausgegangen wird, für das Individuum hat. Diese ist aber die des Erwünschten, Guten.
Denn das gebührende Mein ist ja ursprünglich nichts
als ein Besitz, den ich ergreife, weil ich ihn haben will
und den ich als mir zukommend ansehe, weil ich mir die
Kraft zutraue, ihn zu behaupten. Ich will aber natürlich nur das mir Erwünschte haben. So ist also daran
festzuhalten, daß das Gewissen nur gegen eine Verkürzung, gegen eine Benachtheiligung des Anderen protestirt,
während sein Rechtssinn von einer über das Gebührende
hinaus reichenden Zuwendung nicht berührt wird.

Aber erfolgt die S c h ä t z u n g des Gebührlichen nicht
nach rein subjektivem Gutdünken und Ermessen? Oder
jedenfalls nach dem irrationellsten Walten des Zufalls,
der hier Kraft, Macht, Ansehn anhäuft, dort zerstört und
vernichtet, hier emporhebt, dort fallen läßt und so der
Rechtssphäre des Gewissens eine immer wechselnde, aber
immer gleich unberechenbare und launenhafte Unterlage
unterbreitet? Gerade bei der Maßbestimmung des Gebührlichen, auf die doch schließlich Alles ankommt, vermißt
man, scheint es, die bindende Regel, der sie unterstellt
werden könnte, und so sehen wir denn auch in der That
die Sache praktisch sich so gestalten, daß täglich und

überall auf Erden dem Menschen die ungeheuerlichsten
Ungebührlichkeiten genau so lange zugemuthet werden, bis
er sich selbst ihrer mit Erfolg erwehren kann. Dieser
Einwurf erhält anscheinend eine noch vermehrte Bedeutung eben durch die Zurückführung der Gewissensregung
in der vorhin entwickelten Weise auf die Kraft als Maß
des Gebührlichen. Denn dadurch erscheint das Gebührliche und damit die ganze Aktion des Gewissens gewissermaßen auf das Niveau des Faustrechts heruntergedrückt
und es macht im Prinzip kaum einen Unterschied, wenn
auch an Stelle der ursprünglich gemeinten rohen physischen Kraft später Aequivalente derselben wie Besitz,
Stellung, Geburt u. s. w. treten.

Bei diesem wesentlichen Einwurf wird Eins übersehen,
nämlich daß das Moment des Gebührlichen in der Auffassung der Menschen allerdings durch den Eigenbesitz
der Kraft ursprünglich vermittelt erscheint, aber doch nur,
wie ich hinzufügte, insofern die Kraft ein Beschaffensein
darstellt und als solche erfaßt wird. „Weil ich so (beschaffen) bin, daß ich das, was ich haben will, haben
kann, kommt es mir zu". Es ist hier also von vornherein ein sinnvolles Verhältniß d. h. die Anpassung
und Begründung einer Behauptung aus einem Thatbestand heraus, dessen Qualität ich berücksichtige,
zu Grunde gelegt. Dies sinnvolle Verhältniß ist aber
mehr als bloßes Faustrecht. In diesem hat nur die
Faust Recht, in jenem der Sinn. Im Faustrecht ist das
Festhalten quand même die Grundtendenz und die Faust

nur das Mittel, die Berufung auf's Schwert nur eine
Drohung. In der Behauptung des Mein als eines
Gebührlichen ist die Berufung auf die Kraft soviel wie
Beweis und Logik. Das in der Faust im gröbsten Styl
symbolisirte Habenwollen wird in ein ganz anderes
Prinzip, in das Habendürfen, aufgelöst, der Faust die
Vernunft, der Sinn entgegen gesetzt. Damit ist nun
aber vom ersten Anbeginn an eine weitreichende, von
Innen heraus arbeitende Umgestaltung eingeleitet.

Dieselbe vollzieht sich nach den Momenten, welche
das Bewußtsein, die Auffassung des Menschen von dem,
was sein wesentliches Beschaffensein ausmacht, bedingen.
Die simple physische Kraft wird durch Aequivalente, die
einen immer bereicherten, beziehungsvolleren Inhalt in
sich aufnehmen, abgelöst und so völlig verdrängt, daß sie
als genügende Grundlage eines darauf zu gründenden
Anspruches nicht mehr anerkannt wird, was aber nichts
Anderes heißt als: dem Menschen erscheint die Kraft,
die Stärke, die er besitzt, hinfort nicht mehr als seine
einzig beobachtenswerthe, wesentliche Beschaffenheit.

Vor allen Dingen aber ist ein Moment für die Aende=
rung in der Richtung der Gewissensarbeit entscheidend. Mit
dem Zurücktreten der physischen Kraft in der Erscheinung des
Menschen wie im Bewußtsein desselben als vorwiegender
Hauptsache tritt die Thierähnlichkeit in den Hinter=
grund, denn es ist vor Allem der Besitz dieser, wenn sie
überragend und unbändig auftritt, die nach dieser
Seite hin unsere Gemeinsamkeit bezeugt und eine Bluts=

verwandschaft aufrecht hält. Mit dem Zurücktreten der
Thierähnlichkeit tritt aber ihre Gegenseite, die Verschiedenheit vom Thier, d. h. die Menschlichkeit in den Vordergrund. So ist das Resultat einer langen, unzählige
Stadien durchlaufenden Culturarbeit, die aber im Prinzip
schon in dem ersten Stadium angedeutet ist und sich schon
von dort aus übersehen läßt, daß der Mensch die rohe Kraft,
die ihm zuerst als seine wesentlichste Beschaffenheit erschien, gegen die Menschbeschaffenheit, die ihm nun als
das Wesentlichere erscheint, vertauscht. Damit hat sich
aber für die ganze Gewissensarbeit, für die Abschätzung
des Gebührlichen, eine fundamentale Aenderung vollzogen,
ohne daß ihr prinzipielles Losungswort aufgegeben wäre.
Wir übersehen dieselbe mit einem Blick, wenn wir die
beiden Sätze, die beide von einer bestimmten Beschaffenheit des Individuums ausgehen: „mir gebührt das, weil
ich die Kraft habe" und „mir gebührt das, weil
ich Mensch bin", einander gegenüberstellen und nun
in Gedanken die Forderungen, die Kämpfe an uns vor-
überziehen lassen, die von dieser einen veränderten Stelle
aus einen ununterbrochenen Gährungsprozeß in der
Entwicklung des Menschengeschlechts unterhalten.

Aber den effektiven Ertrag der Gewissensleistung
übersehen wir nur halb, wenn wir nur die mächtige sich
vollziehende Veränderung in's Auge fassen, welche die
Auffassung des Menschen von seiner wesentlichen Beschaffenheit betrifft, und welche dann zur Grundlage seiner
Beanspruchung dessen wird, was ihm resp. dem Anderen

gebührt, wenn wir uns also vergegenwärtigen, welche
umwälzende Erweiterung derselben Grundlage darin
gelegen ist, wenn der Wunsch sich zuerst nur auf seine
Kraftbeschaffenheit und dann auf seine Menschbeschaffen=
heit stützt. Hand in Hand damit geht die Veränderung
des Wollens und damit auch wieder des auf Grund
der Aktion der Gewissensmahnung selbstbegriffenen und
anerkannten Sollens. „Ich will das haben — mir
gebührt das — wer es mir verweigert ist schlecht" —
der Vordersatz des Gewissens — und: „ich muß das
jenem leisten — ihm gebührt es — wenn ich es ihm
weigere, bin ich schlecht" — sein Nachsatz und insofern
das Gewissen in engerem Sinne: dieser Satz kann in
seiner ursprünglichen rohen Meinung einen nur auf das
Allernächste, Sinnfälligste, Unentbehrlichste, (Nahrung,
Wärme 2c.) gerichteten Sinn haben, wenn eben das Wol=
len noch keinen weiteren Kreis beschreibt. Er kann und
wird aber bei Veränderung, Erhebung und Verfeinerung
der Gemüthsbeschaffenheit resp. des Wollens auch seinen
Sinn immer mehr erweitern und ihn dadurch immer
reichhaltiger und humaner gestalten. Er kann in sich be=
greifen, die Nachsicht, Milde und Geduld dem Irren=
den, Hülfe und Schutz dem Schwachen gegenüber. Daß
ich diese Leistungen als Gebührendes resp. als Gewissens=
leistungen ansehe, wird immer nur davon abhängen, ob
sich das in dem Vordersatz des Gewissens enthaltene
Wollen darauf richtet, was allerdings so lange das
Kraftbewußtsein die ausschließliche Betonung hat, nur

erst in geringem Maße der Fall sein kann, mit Verschie-
bung dieser Betonung aber eine naturgemäße Zunahme
erfährt. Der Schutz des Schwachen bedeutet aber mehr
als die augenblickliche Unterstützung. Er enthält auch
die Aufforderung des Gewissens: zerstöre das den
Schwachen bedrohliche Unheil, das von Anderen ausgeht,
— und lenkt hier, immer die schmale Straße uninteressirter
Gewissensleistung wandelnd, in die breite Bahn ein, die
gewöhnlich nur auf opportunistischer Grundlage oder auf
Grund besonderer ethischer Veranlagung zugänglich erscheint.

Wir sehen also, wie weit der Gewissenszuruf: wie
schlecht! tragen kann. Wir haben alle im weiteren Sinn
interessirten Motive ausgeschieden. Zu diesen mußten
wir außer Nutzen und Furcht vor Strafe auch alle Motive des Gefallens, der Zärtlichkeit rc. rechnen, da dabei
immer noch das Herz, die Sinnlichkeit des Individuums
mit ihrem unmittelbaren Zug und Interesse, ihrem Gern-
thun betheiligt ist. Und doch haben wir noch eine
Leistungskraft übrig behalten, die einem rein theoretischen
Vernunftzwang gehorchend (resp. den mit der Mißachtung
derselben verknüpften üblen Folgen weichend), uns bewegen
kann nützlich, hülfreich, schonend, duldsam rc. — alles
vom Standpunkt der Gerechtigkeit resp. als Gewissensleistung — zu sein. Ein zu solcher Feinheit durchgebil-
detes Gewissen läßt den Menschen auch in den verwickelten ethischen Lagen und Fällen, denjenigen, um die es
sich eigentlich allein handelt, weil nur sie die Probe auf
das Exempel enthalten, nicht im Stich.

Die Durchschnitts-Bravheit, die auf Grund solcher
Maxime wie „Leben und Lebenlassen" und „wie du mir,
so ich dir", auf Grund eines behaglichen Wohlgefühls
der Stimmung, die dann auch der Umgebung zu Gute
kommt, auf Grund der Freude am eigenen und daher
auch an Anderer Nutzen sich mit Personen und Verhält=
nissen leidlich auseinandersetzt, gehört natürlich nicht hier=
her. In solchen Fällen liegen überall keine Gewissens=
leistungen [1]). Wenn aber, um einen ganz einfachen, am
leichtesten übersichtlichen Fall aus der Privatsphäre zu
nehmen, Jemand, der in einer Umgebung lebt, an der er

[1) Grade der Spruch: „wie du mir, so ich dir" beleuchtet
charakteristisch den Unterschied, denn nach der Moral des Gewissens,
wie sie hier entwickelt ist, müßte es vielmehr heißen: wie ich mir,
so ich dir. In dem Spruch: wie du mir u. s. w. liegt eine prak=
tische Lebensmaxime, die aber auf nichts Weiterem basirt ist, als
auf der Annahme, daß Menschen durchschnittlich am besten mit
einander auskommen werden, wenn sie sich überzeugt haben, daß sie
das Gute oder Schlimme, was ihnen von Anderen widerfährt,
meistens ihrem eignen Verhalten zuzuschreiben haben. Es liegt
eine stille Verwarnung in dem unterdrückten Vordersatz, der etwa
zu lauten hätte: Nun hüte dich bei dem, was du thust, denn „wie
du mir, so ich dir". Dies verläßt also nicht das Gebiet der nie=
deren, der Sicherheits= oder Polizei=Moral. Es ist ein ausgesprochener
Appell an das Motiv der Zweckmäßigkeit, an den obersten Grund=
satz der Selbstliebe sich keinen Schaden zu thun und danach sein
Verhalten einzurichten. Es trifft genau mit dem interessirten Motiv
zusammen, das Feuerbach dem Gewissen zurechnete: „die durch die
Anerkennung der Selbstliebe Anderer sich selbst Anerkennung ver=
schaffende und sichernde Selbstliebe des Menschen", während ich in
dem Gewissen einen freiwilligen, uninteressirten Act der Zubilligung
des Gebührlichen erblicke.

keine Freude hat, dieser in seinem ganzen Verhalten nichts
von dem abzieht, was er als ihr gebührend begreift, wenn
er zu dem Behuf sich ethisch so zu controliren vermag,
daß er alle hinderlichen Momente, — Verdrossenheit,
Gleichgültigkeit, Rancüne, Widerwille, Ungeduld — zu
zügeln versucht, wenn er die ihm unsympathische Per=
sönlichkeit seiner Umgebung gewissermaßen in ein über
Sympathie und Antipathie hinausgerücktes Rechts=
subjekt verwandelt, so arbeitet er an einer Gewissens=
leistung ersten Ranges. Und wie beschränkt der Kreis
ist, in dem sich hier diese Arbeit darstellt, so ist doch auch
in den größten Verhältnissen und Anforderungen, der
erweiterte Kreis nur die Wiederholung des engen, im
Umfange verschieden, im Prinzip derselbe.

Die praktische Bedeutung der Gewissensleistung liegt
in ihrer Unentbehrlichkeit. Wie weit man auch mit
der Begründung dessen, was wir thun sollten, also eines
Pflichtenbereichs, auf herzliche oder auf Opportuni=
täts=Motive zurückgreifen mag, es langt immer nicht zu.
Gut, von Herzen gut, was also mit einem Gefallen an
der Subjektivität haftet und aus ihm hervorgeht, können
wir nur einem verhältnißmäßig kleinen Kreise von Men=
schen sein und soweit also dieses Motiv ein bestimmtes
gutes Verhalten erzeugen sollte, könnte es sich auch nur
in einem eng bemessenen Kreise äußern. Rufen wir aber
Opportunitäts=Motive zu Hülfe d. h. versuchen wir gut
in allen Fällen zu sein, auch da, wo dadurch weder
unmittelbarer Nutzen noch Schaden für den Thäter ent=

steht, versuchen wir das Gutsein auf Alle auszudehnen,
auch auf die, welche uns unlieb oder gleichgültig
sind, lediglich deshalb, weil dies am zweckmäßigsten
sei, weil dabei der Nutzen der Gesammtheit und dadurch
auch wieder des Einzelnen, also auch des zu motivirenden
Subjekts am besten bestehe, so bleiben auch da klaffende
Lücken übrig. Das Opportunitäts=Motiv kann sich nie mit
seinem eigenen Zweckmäßigkeits= und Nutzensprinzip so=
weit in Widerspruch bringen, daß es um des problema=
tischen Nutzens willen, der ihm aus der Gesammtheit
zufließen kann, der ihm aber auch schon deßhalb entgehen
kann, weil ja die Dauer seines eigenen Bestandes unsicher
ist, auf einen näher liegenden, direkt zu habenden Vortheil
verzichtet oder sich sonst in Ungelegenheiten bringt. Es
wird sich also in allen diesen Fällen dem Gutsein ver=
sagen. Soweit die „Solidarität der Interessen“ in jedem
einzelnen Fall ein handgreifliches und unmittelbares Re=
sultat verspricht, soweit wirkt das Opportunitäts=Motiv,
darüber hinaus nicht. Das heißt, der opportunistisch
handelnde Mensch entschließt sich zu einem Verhalten, bei
dem ein direkter Vortheil für ihn gar keine Rolle spielt,
bei dem er also, wie man sagt, uninteressirt ist, wenn er
durch sein Verhalten gleichwohl klar und unzweifelhaft
seinen indirekten Vortheil zu erreichen glaubt. Er kann
sich aber auf keine Rechnung einlassen, die in dieser Be=
ziehung für ihn, individuell genommen, problematisch er=
scheint. Alle diese Fälle bleiben ungedeckt und noch mehr
diejenigen, in denen es überhaupt für den Nutzen der

Geſammtheit gleichgültig erſcheint, ob der Menſch ſich ſo
oder anders verhält, alle dieſe Fälle alſo, in denen nur
eine Beziehung von Du zu Du obwaltet. Hier träte der
Banquerutt ein, wenn die Gewiſſensleiſtung nicht das
Defizit deckte.

Freilich eine Quelle des Verhaltens, eine Quelle
vornehmſter Lauterkeit giebt es noch, die hier nicht in
Rechnung gezogen iſt. Wo ſie ſich ergießt, bricht ſie
einem Seelenzuſtand Bahn, der auch ohne Gewiſſens=
leiſtung nie vor dem Banquerutt ſteht, weil er das De=
fizit aus einem anderen Vermögen deckt. Wenn Jemand
„edel, hülfreich und gut" iſt — in allen Fällen, auch
in denen, die des unmittelbaren Herzenszugs zu den be=
treffenden Perſonen entbehren, ohne jegliches opportuni=
ſtiſche Motiv, ohne einer Gewiſſensmahnung zu bedürfen
und zu gehorchen, ſo handelt er Kraft einer Beſchaffen=
heit ſeiner Gemüthslage, die wir im Deutſchen nicht allzu
genau mit dem Ausdruck „Herzensgüte" zu bezeichnen
pflegen. Ich ſage nicht allzu genau, weil dieſer Ausdruck
nur eine Richtung der Gemüthslage bezeichnet, während
die andere ſich als Empfindung des Schönen ausſpricht.
Der etwas in Miscredit gekommene Ausdruck „ſchöne
Seele" iſt daher inſofern zutreffender.

Es iſt ja richtig, an Stelle des, wie ſchlecht! welches
die Gewiſſensleiſtung zum Motto hat, kann die Lücke
ausfüllend, die entſteht, wenn wir die opportuniſtiſchen
Motive und die der Herzensneigung angehörigen für das
Handeln ſtreichen, noch Eins treten, der innere Zuruf

wie häßlich! Er steht auf eigenen Füßen, er bildet ein
mächtiges Motiv des Verhaltens. Naturen, die ihm
folgen, vermögen das Gutsein zu üben, milde, schonend,
hülfreich, langmüthig, opferbereit zu sein und zwar, ohne
sich weiter Rechenschaft zu geben, innerlich nur dadurch
angetrieben, daß sie ein gegentheiliges Verhalten als
Gegensatz ihres Wesens, als „häßlich" empfinden. Sie
handeln gut aus der Schönheit ihrer Natur heraus.

Allein zweierlei ist bei einem Vergleich dieser Leistung
mit der Gewissensleistung nicht zu vergessen. Bei letzterer
stehen wir vor einer einfachsten Grundthatsache des Be=
wußtseins, vor dem Gesetz, das auf zwei Pfeilern ruht,
die ebenso das ganze Seelenleben tragen: dem Wollen
und dem Zwang der Vernunft resp. dem einheitlichen
Verhältniß der menschlichen Organisation. Bei dem
ersteren, der Action der Herzensgüte, die alles Unrechte,
gleichgültig, wen es betrifft, als unschön von sich
abstößt, die ohne Ansehn der Person aus Herzens=
bedürfniß gut ist, stehen wir vor einem Phänomen, das
ebenso die Ausnahme darstellt wie jenes die Regel, ebenso
auf selten vereinigten, schwer zu vereinigenden Ausnahme=
bedingungen ruht wie jenes auf dem festen, ausnahmlosen
Seelenboden. So sehr ist dies der Fall, daß es kaum
übertrieben erscheint, wenn Schopenhauer die Herzensgüte
jeder Vergleichung entrückt und über sie sagt: „Denn wie
Fackeln und Feuerwerk vor der Sonne blaß und unschein=
bar werden, so wird Geist, ja Genie und ebenfalls die
Schönheit überstrahlt und verdunkelt von der Schönheit

des Herzens. Wo diese in hohem Grade hervortritt, kann
sie den Mangel jener Eigenschaften so sehr ersetzen, daß man
solche vermißt zu haben, sich schämt. Sogar der be-
schränkteste Verstand wie auch die groteske Häßlichkeit
werden, sobald die ungemeine Güte des Herzens sich
in ihrer Begleitung kund gethan, gleichsam verklärt, um-
strahlt von einer Schönheit höherer Art, indem jetzt aus
ihnen eine Weisheit spricht, vor der jede andere verstummen
muß. Denn die Güte des Herzens ist eine transcendente
Eigenschaft, gehört einer über dies Leben hinausreichenden
Ordnung der Dinge an und ist mit jeder anderen Vollkommenheit incommensurabel. Wo sie in hohem Grade
vorhanden ist, macht sie das Herz so groß, daß es die
Welt umfaßt, so daß jetzt Alles in ihm, nichts mehr
außerhalb liegt, da sie ja alle Wesen mit dem eigenen
identificirt . . . Was ist dagegen Witz und Genie?"

Dies ist der eine zu berücksichtigende Punkt. Der
andere betrifft die Apriorität des Gewissens. Wenn wir
den Empfindungszwang mit dem Gewissenszwang vergleichen d. h. die sittliche Beschaffenheit desjenigen, den
das Gefühl „wie häßlich" vom Unrechten abhält, mit der
sittlichen Beschaffenheit des Anderen, der nur der inneren
Stimme „wie schlecht!" Folge leistet und wenn es uns
dabei vorkommt, als ob der Empfindungszwang ü b e r
dem Gewissen stehe und seiner nicht bedürfe, so haben wir
uns daran zu erinnern, daß dem Gewissen eine Apriorität,
eine grundlegende Bedeutung zukommt, die auch für das
Empfinden der schönen Seele ihre Gültigkeit behält. „Wie

häßlich!" in Bezug auf das Unrechte ist nur der kurze
Schlußaccord einer längeren Tonreihe, die eigentlich heißt:
„wie schlecht, und also wie häßlich!" Die fundamentale
Thatsache des Gewissens bleibt auch hier unentbehrlich
bestehen.

Ich habe in dem Vorhergehenden die Gewissensleistung mehrfach als uninteressirt bezeichnet. Damit sollte,
wie aus den bereits gemachten Erläuterungen hinlänglich
klar sein dürfte, ein Motiv des Thuns ausgezeichnet
werden, an dem keine Faser von Opportunismus (Nutzen
oder Schaden) oder Freude und Gefallen an dem Gegenstand ihres Thuns haftet. Durch diese letztere Bestimmung wird die Gewissensleistung zu etwas Freudlosem
in Bezug auf den Gegenstand ihres Thuns. Ihr erwächst
keine Befriedigung, die daraus hervorginge, daß sie diesen
mit irgend persönlicher Antheilnahme in ihr Herz geschlossen
hätte. Dies Motiv war von vornherein ausgeschlossen.
Der Träger der Gewissensleistung ist für seine Befriedigung, die ihm nach unserer eudämonistischen Grundanschauung nicht entgehen darf, rein auf die Gewissensleistung
selbst angewiesen. Er kann die Befriedigung nicht aus einer
Beziehung des Gegenstandes, sondern nur aus dem Thun
schöpfen.

Freilich thut auch das Mädchen, welches ihre kranke
Mutter geduldig pflegt, das Krankenzimmer kaum je verläßt und darüber Jugendfreuden verabsäumt, etwas an
sich betrachtet Freudloses, aber dies an sich wird wieder
aufgehoben oder modificirt durch das zärtliche Gefühl,

dem ihre Handlung entspringt. Ueber diese fällt aus der
Empfindung ihres Herzens heraus ein Strahl der Freude,
wenn auch einer mit Wehmuth gemischten. Falls sie
wirklich aus Zärtlichkeit handelt und so lange sie dies
thut, ist das uninteressirte Motiv daher nur scheinbar, nur
insofern vorhanden, als alle andere Interessen, die sich
ebenfalls geltend machen, dabei zu kurz kommen. Doch
aber wird das Hauptinteresse ihres Herzens befriedigt.
Erst dann könnte von einem uninteressirten Motiv in
meinem Sinn und also von einer Gewissensleistung die
Rede sein, wenn die Zärtlichkeit als treibendes Motiv in
dem Mädchen erlahmte und dasselbe nun gleichwohl der
Mutter die Pflege als etwas ihr Gebührendes leistete.
Allerdings spricht man im Leben von einer gewissenhaften
und zärtlichen Pflege. In solcher Anwendung unter=
scheidet man die Motive nicht mehr genau, sondern faßt
mehr die äußere Form in's Auge und gewissenhaft be=
deutet alsdann nicht viel mehr als wie „sorgfältig", da
Mangel an Gewissenhaftigkeit sich auch äußerlich durch
Mangel an Sorgfalt charakterisirt.

Aber zeigt nicht gerade das hier gebrauchte Beispiel,
daß die von mir entwickelte psychologische Ableitung der
Gewissensleistung, ihre Entstehungsgeschichte und dem=
gemäß ihr eigentliches Wesen, wie ich es zu begrenzen
versucht habe, doch mehr einer vielleicht nur vorgefaßten
Theorie als der Wirklichkeit entspricht, mehr in Abstrac=
tionen als wie im Leben wurzelt? Der aufgestellten
Theorie Schritt für Schritt folgend müßte also das Mäd=

chen, an ihr eignes Wollen anknüpfend, sich gewissermaßen im
Voraus auf den Standpunkt der Mutter zu versetzen haben,
sie müßte die Verpflegung Seitens des Kindes als etwas
ihr Gebührliches, die Weigerung derselben als schlecht erfassen, dann die Sache rückbezüglich auf sich anwenden
und damit einem theoretischen Zwang der Ueberzeugung
weichend, bei der Gewissensleistung als der Leistung von
etwas rechtlich Gebührlichem anlangen.   Daß der Aufbau
der Gewissensleistung in dem Individuum sich in dieser
Weise in jedem einzelnen concreten Fall gestalten müsse
und daß Alles, was außerhalb dieser Marschroute liegt,
nicht zum Gewissen gerechnet werden dürfe, ist nun in
der That nicht meine Meinung.   Ich habe nur zeigen
wollen, wie das grundgesetzliche Verhältniß beschaffen ist,
aus dem der Mensch überhaupt zu dem Wesen der Gewissensleistung, zu dem Thun eines Rechtsgebührlichen,
das nur auf diesem einzigen Titel ruht, ursprünglich
gelangt, wie diese ursprüngliche Kraft im Leben der Menschheit weiter wirkt und wie jede Neubildung des Rechtsgebührlichen, jede Erweiterung der Gewissensleistung also
in der Cultur-Entwicklung Kraft dieses Grundgesetzes als
untergährig treibenden Factors sich vollzieht.

Für das Individuum, dem ein Gewissensinhalt durch
Anbildung zuwächst, habe ich nur behauptet, dieselbe
müsse jedenfalls mehr als wie bloße mechanische Dressur,
mehr als bloßes Nachbeten von etwas Vorgebetetem enthalten.   Zu ihr müsse hinzutreten die Anerkennung
des Individuums, nur durch diese werde es zur eignen

That desselben, indem es sich dann wieder auf das an=
geborene Gesetz stütze. Es war das im Gegensatz zu
Feuerbach gesagt, der dem Gewissen das Angeborene streitig
gemacht und den Modus des „Einbläuens“ als zulässigen
und möglichen Ursprung der Gewissenhaftigkeit betont
hatte. Aber indem ich demgegenüber das eigne Thun, die
Anerkennung des Individuums hervorhob, verlegte ich die=
selbe nicht ausschließlich in die intellectuelle Sphäre
b. h. ich stellte nicht die Behauptung auf, daß derjenige
intellectuelle Prozeß, das Erleben eines theoretischen Ver=
nunftzwangs, welcher in der mehrfach entwickelten Weise
mir den Ursprung des Gewissens darstellt und sein Weiter=
wirken bei einer Neubildung der Gewissenssphäre, resp.
des Rechtsgebührlichen bedingt, nothwendig auch in dem
Individuum sich ebenso wiederholen müsse, dem ein Ge=
wissensinhalt angebildet wird oder welches sich desselben
durch Anerkennung bemächtigt. Thatsächlich schiebt sich
hier zwischen die bloße mechanische Dressur, die unter
dem geforderten Niveau bleibt und den intellectuellen
Prozeß, welcher das Gewissen schafft, eine moralische
Sphäre der Anerkennung ein, aus der der Gewissensinhalt
sich für das Individuum mit seiner ganzen bindenden
Gewalt und seinem sittlichen Gehalt der Verantwortlich=
keit ergiebt. Wir haben für diese Art der Aneignung,
welche gewissermaßen direct, die verstandesmäßige Zer=
legung und Bewältigung übergreifend, in das Innere ein=
geht, das zarte und beziehungsreiche Wort: gläubig. Mit
anderen Worten: ein Gewissensverhältniß ergiebt sich nur

da, da aber auch immer, wo ein Schuldverhältniß als
vorhanden anerkannt wird und dies Verhältniß kann für
das Individuum entstehen und entsteht in den meisten
Fällen der Anbildung — also auch namentlich, wo es sich
um Pflichten Pietäts-Personen oder Verhältnissen gegen=
über handelt — dadurch, daß es dasselbe gläubig an= und
in sich aufnimmt. Immer aber handelt es sich dabei um
Gebühr und Ungebühr, um den Gegensatz von Gut und
Schlecht. Die Idealbildung, die hier häufig in breitester
Weise herangezogen, ja gelegentlich sehr mit Unrecht als
ausschließlicher Ursprung des Gewissens behandelt wird,
steuert allerdings ihren Antheil, aber trotz der engsten
Verflechtung erwächst daraus keine organische Einheit.
Der Unterschied erhellt vielleicht am klarsten bei dem
Gewissensbiß, bei demjenigen Moment also, welches das
Wesen desjenigen, was in der Arbeit des Gewissens vor
sich geht, am schärfsten, am empfindlichsten ausspricht.
Nehmen wir den Fall ganz präcis. Wer nach Lage und
Verhältniß der auf ihn wirkenden Eindrücke und den Be=
stimmungen seines eignen Wesens sich ein gewisses Ideal=
bild (Schönheitsbild) für die verschiedenen Verhältnisse
des Lebens und das Verhalten in demselben entworfen
hat und nach diesem sein Verhalten zu regeln sucht, wie
dies der Prozeß der Idealbildung ja nothwendig mit
sich bringt, dem tritt vor allen Dingen die Häßlichkeit
in seinem Thun vor Augen, sobald er Unrecht thut, denn
das Unrecht hat für ihn ja nur die Bedeutung des Ab=
falls vom Ideal resp. vom Schönheitsbild, da die ganze

Sphäre des Rechtsgebührlichen in die Sphäre des Ideals .
aufgegangen ist. Dies Erfassen der eigenen Häßlichkeit, den das Individuum in dem Abfall vom Ideal
erlebt, kann ihm lebhaften Schmerz, Trauer, Unwillen über
sich selbst, Unbehagen bereiten, und alles das ist dem Gewissensbiß in der Wirkung sehr nahe verwandt — ohne
dasselbe zu sein. Denn das Unrechtthun als Schlechtig-
keit, als Ungebühr erfaßt und zugegeben läßt den Thäter
sich selbst als unwürdig, als verächtlich erscheinen und
es schmerzt anders — darin ist eben die spezifische Differenz des Gewissensbisses gelegen und deshalb kann er
auf dem Boden der Idealbildung, rein für sich betrachtet,
nicht erwachsen — sich selbst verächtlich als sich bloß
häßlich zu erscheinen. Nur wenn wir dazu gelangen, dem
Idealbild innerlich Treue zu geloben, wenn wir also in
dies Verhältniß wieder die Beziehung von etwas Gebührlichem hineintragen, und nun der Abfall vom Ideal nicht
sowohl als Häßlichkeit, als Entstellung, sondern als Unrecht erscheint oder Eins sich mit dem Anderen verbindet,
verwächst die Idealbildung organisch mit der Gewissensleistung, weil und soweit sie dann eben das Moment des
Gebührlichen in sich aufgenommen hat. Und thatsächlich
ist dies allerdings insofern ein ganz normaler und regelmäßiger Verlauf, weil es die Natur des Ideals in seiner
Bedeutung für des Menschen Innern mit sich bringt, daß
demselben Treue gelobt wird[1]).

1) Wie hängt denn aber in solchem Fall das Gebührliche mit
dem eigenen Wollen des Menschen als seiner Ursprungsstelle in

In einer anderen Richtung ist aber der Idealbildung ein großes Gewicht für die Rechtssphäre des Gewissens zuzugestehen und zwar wurzelt diese in der folgenden Beziehung. Wer, der Stimme des Gewissens gehorchend, dasjenige thut, was dieses ihm als recht bezeichnet, entgeht dadurch den Strafmitteln des Gewissens, die (im Gewissensbiß) nichts Anderes ausdrücken als die peinliche Scheu, das Zurückschrecken vor einem Attentat auf unseren eigenen Bestand. Denn, wie entwickelt wurde, enthält die bewußte Begehung eines Ungebührlichen (die Gewissenlosigkeit), indem sie sich mit einem theoretischen Vernunftzwang in Opposition setzt, also als Widerspruch in uns besteht, ein Attentat auf die Einheit unserer Natur und damit auf unseren ganzen Bestand, da und weil die menschliche Organisation eben nur in der Einheit und als Einheit überhaupt ihren Bestand hat. Diese Vermeidung eines Attentats macht im letzten Grund einzig und allein die Zufriedenheit des Gewissenhaften, den Lohn der Recht-

---

der Weise, wie es vorher betrachtet wurde, zusammen? Bei der Idealbildung spaltet der Mensch sich gewissermaßen in zwei Naturen; er setzt sich — ideal angeschaut — sich selbst, wie er gewöhnlich beschaffen ist, entgegen. Ich, als ideales Ich, will, daß mir Treue gehalten wird, damit das Idealwesen realisirt wird, ich nehme diese Treue als etwas meiner Stellung (als Ideal) Gebührendes in Anspruch, wer es mir weigert, ist schlecht, — und folglich: weigere ich (das Ich der gewöhnlichen Beschaffenheit) es mir (dem idealen Ich), d. h. werde ich meinem Ideal untreu, so bin ich schlecht. Man sieht, daß auch hier der Vorder- und der Nachsatz sich ganz in derselben Weise logisch aufbauen und zusammenhängen, wie in den früher betrachteten Fällen.

schaffenheit aus, wenn man diese strikte nur an sich be=
trachtet und von Folgen, die sich damit verknüpfen können,
(Anerkennung anderer Menschen, Freude an eingetretenen
günstigen Folgen u. s. w.) absieht, wie man dies muß,
da solche Folgen ebensogut fehlen können und jedenfalls
der Gewissensleistung an sich nicht zuzurechnen sind.
Für diese bleibt, da jedes interessirte Motiv des Thuns,
jede auf den Gegenstand gerichtete Triebbefriedigung, an
dem Gegenstand haftende Freude ausgeschlossen ist, nichts
als die gewissermaßen negative Zufriedenheit des Be=
wußtseins sich nicht durch ein Attentat auf sich selbst ver=
gangen und geschädigt, vielmehr den eigenen Bestand ge=
wahrt zu haben. Aber diese nur negative Zufriedenheit
enthält eben deßhalb kein bedeutsames positives Moment
des Wohlseins, sie steht in einem Indifferenzpunkt. Die
bloße Erfüllung des Gesetzes, die nur als solche in's Be=
wußtsein tritt, bringt es nicht weiter. Und wenn die
Leistung des Gebührlichen, die Gewissenspflicht, Einbuße
an anderweitigem Wohlsein auferlegt, so stellt sich das
Verhältniß ungefähr so wie Göthe es in den Verszeilen
ausgedrückt hat:

> So still und sinnig,
> Es fehlt dir was, gesteh' es frei.
> Zufrieden bin ich,
> Aber mir ist nicht wohl dabei.

Aber dies der Gewissensleistung und damit der Mo=
ralität ungünstige Verhältniß wird durch die Idealbildung
verrückt und zu Gunsten der Moralität verändert. Das

Schöne, d. h. was das Individuum für schön hält, erfreut
und erwärmt es, es erhöht sein Wohlsein. Diese Be=
ziehung ist unabtrennbar von ihm, weil aus derselben
das (im Sinn des Individuums) Schöne überhaupt erst
erwächst. Erscheint nun auf Grund der Idealbildung das
Rechtsgebührliche als schön, das Unrechte als häßlich, so
ist demnach für die Gewissensleistung ein anderes Ver=
hältniß hergestellt, das Thun des Rechts bedeutet nun
auch noch eine Herstellung des Schönen und damit
eine positive Erhöhung meines Wohlseins. Es tritt gerade
dasjenige Moment in Rechnung, welches vorher fehlte und
je nach seiner Intensität kann demselben eine außerordent=
liche Bedeutung, kann ihm die Kraft beiwohnen, nicht
allein eine gleichgültige und freudlose Pflichtleistung zu
verschönern, sie wohlthuend empfinden zu lassen, sondern
selbst die unter Umständen mit der Pflichtleistung ver=
knüpfte Einbuße an Freude und Wohlsein aufzuwiegen
und voll zu ersetzen.

Und hier knüpft nun wieder der Optimismus an,
der eben dies Verhältniß, nur unendlich vertieft und durch
seine in das Weltbereich hineinreichende Beziehung bereichert,
zur Geltung bringt. Ihm kommt in der ganzen Ge=
wissensfrage gerade die Bedeutung zu, daß er die blos
negative Zufriedenheit zur positiven, zum Wohlsein er=
hebt, indem er über die Einseitigkeit des Vernunftprinzips,
auf dem sonst die Befriedigung ausschließlich ruhen müßte
und doch nicht könnte, durch die Gefühlsseite an einen
totaleren Inbegriff der Menschlichkeit appellirt. Denn

eine Bedeutung kommt ja allem Gutsein [1]), allem Rechtthun zu, die, daß wir dadurch dem Weltübel Abbruch
thun, daß wir an unserem Theil ihm steuern, einem Unheil wehren, einen Mißton aufheben. Und dies gilt im
Kleinsten wie im Größten, ja im Kleinsten oft viel
schärfer und reiner wie im anscheinend Größten. Unendlich nah und immerwährend vorhanden ist in diesem
Sinn die Gelegenheit das Weltbild hehr zu gestalten,
einen Zug der Verzerrung und sei dieser nur ich selber
in meiner schlechten Eigenwilligkeit an ihm zu tilgen, um
den Preis zu ringen, von dem Rückert sagt:

> Dem Manne zoll' ich Preis,
> Der das im engsten Kreis
> Weiß zu verwirklichen,
> Was ich zu träumen weiß.

Und wem liegt der kräftigste Anreiz dazu näher als
dem Optimisten, dem die Selbstvernichtung des Daseins
oder die nothdürftige Armenspital-Existenz, bei der eine
Noth der anderen in ewigem Wechsel kreisend die Hand
bietet, die Sinnlosigkeit, der Aufgang zum Licht den Sinn
des Weltprozesses bedeutet? Wer vermag auch das un-
interessirteste Gutsein mit mehr Schwung, das an sich
Freudlose mit mehr Freude, selbst das Widerstrebendste

---

1) Es wird keiner Erinnerung mehr bedürfen, daß Gutsein
hier nicht etwa in dem eingeschränkten Sinn von Mildthätigkeit,
Wohlthun zu nehmen ist, sondern in dem Sinn der in uns wirkenden Erkenntniß des Rechten, dessen Compaß das Gewissen ist.

mit größerer Hingebung zu leisten als der, welcher im philosophischen Optimismus begriffen und in der religiösen Erhebung gelernt hat, sich als Individuum zu verlieren, um sich da inhaltsvoller und wesentlicher wieder zu finden, wo aus dem ungestalteten Chaos sich lichtvolle Ordnung gestaltet. Denn das Leben eines solchen Menschen ist in Wahrheit symbolisirt in dem Ausruf: „Mehr Licht!" und es giebt für ihn kein absolut gleichgültiges Thun, weil ein jedes diesen Sieg des Lichts verwirklichen helfen kann.

Gerade was den opportunistischen Motiven, denen in der Sphäre öffentlichen Wirkens dieselbe ausschlag=gebende Bedeutung zukommt, wie den Motiven der Neigung und des Wohlgefallens in der Sphäre pri=vaten Verhaltens, als Unzulänglichkeit anhaftet, daß sie immer nur unter gewissen Einschränkungen und nicht für alle Fälle anwendbar sind, gerade dies fällt hier weg. Denn ohne Einschränkung trifft es zu, daß jede Gutthat, jede Rechtschaffenheit ein Etwas am Welt=übel tilgt. Auch für eine wahrhaft hingebende öffentliche gemeinnützige Wirksamkeit, in welcher Richtung es immer sei, liegen hier daher die stärksten Anreize oder die vor=handenen werden in der wirksamsten und tiefinnerlichsten Weise durch sie vermehrt.

Dabei ist darauf hinzuweisen, daß der ganze hier eingenommene Standpunkt gewisse lähmende Gegenwirkun=gen ausschließt, die mit den neueren naturwissenschaftlichen Anschauungen zusammenhängend sich dem Wollen auch

der Bessergesinnten häufig als Bleigewicht anhängen. Das
Eine ist die unmittelbare Uebertragung gewisser Erscheinun=
gen im Thierleben auf das sittliche Leben der Menschheit.
Ueber dieses Aftergebilde eines krankhaften „Realismus"
hat schon G. Weiß sich einmal treffend geäußert, indem
er in einem in der „Wage" 1878 veröffentlichten Aufsatz,
über „Häckels neueste Streitschrift" u. A. sagte: „Es ist
durchaus richtig, der Socialismus ist der volle Widerpart
des Darwinismus, sobald dieser, gegen seine Natur und
Aufgabe und gegen den Sinn seines Schöpfers, von dem
physischen auf das ethische Gebiet übertragen wird, wie
das neuerdings wiederholt versucht wird. Denn von alle
dem, was das Leben des Menschen veredelt und die
menschliche Gesellschaft verklärt, von der Selbstlosigkeit
und Rücksicht des Einzelnen gegen seine Mitgenossen, von
der Sorge der Gemeinschaft, die Verschiedenheit der Natur=
anlagen auszugleichen und dem Schwächern eine Solida=
rität mit dem Stärkeren zu sichern; von alledem ist im
Bereiche des Darwin'schen Gesetzes nur das baare Gegen=
theil zu merken. Führe Hr. Häckel uns nicht seine Ameisen=
colonieen· in's Gefecht, so lange nur die Beobachtung,
nicht das Experiment von ihnen zu reden weiß, sind sie
nur heuristisch zu verwerthen. Mag das Menschengeschlecht
in den früheren Stadien seiner Entwicklung — jenseits
oder auch diesseits Lemuriens — dem Bann des Kampfes
um das Dasein in dessen ganzem thierischen Wesen unter=
worfen gewesen sein: heute ist die stetig vorschreitende
Emancipation von der Lebensregel der Bestie

die Aufgabe und Bedingung seines Gedeihens.
Arger Unfug ist mit solchem angeblichen Realismus, der
in der Geschichte der Menschheit nur die eines Rudels
Wölfe sehen möchte, getrieben worden, der Freund des
Herrn Häckel, Herr v. Hellwald, mit seiner „Culturge=
schichte" ist ein abschreckendes Beispiel dafür. Wo das
geistige Leben des Einzelnen, wo das sittliche Leben einer
Gemeinschaft beginnt, da muß zugleich naturnothwendig
die Verneinung des Darwin'schen Lebensgesetzes beginnen,
die bewußte Ueberwindung der aus ihm stammenden, von
der Primatenzeit her uns noch im Blute steckenden eigen=
süchtigen Triebe. Im Zugeständniß der Schwierigkeiten
dieser Aufgabe sind wir deshalb auch durchaus mißtrauisch
gegen die phantasievolle Hoffnung des Jenenser Professors,
aus den „sozialen Instinkten" der Thierwelt eine auch
für uns mundgerechte Ethik herausdestilliren zu können.
Ehre und Achtung dem Darwinismus, so lange er nur
dem Berufe folgt, Interpret des thierischen Daseins zu
werden; Kampf gegen ihn, sobald er es versucht, sich als
brauchbare Grundlage einer Sittenlehre für das Menschen=
geschlecht zu empfehlen, d. h. es wieder zu „bestialisiren!"

Das Andere betrifft die Vorstellung, der man eben=
falls so häufig begegnet, daß „naturgesetzlich" resp. in
Folge von ökonomischen Lebensbedingungen ein gewisser
Prozentsatz der Menschheit nun einmal dazu bestimmt sei
von dem anderen erdrückt zu werden und mehr oder
weniger kümmerlich unterzugehen, daß nur mit diesem
Blutopfer der Entwicklungsgang der Cultur im Großen

und Ganzen zu erkaufen sei. Die Consequenz dieser An=
schauung läßt sich eigentlich gar nicht anders ziehen, als
wie sie f. z. der Historiker Leo zog, als er mit Genug=
thuung die Beseitigung des „scrophulösen Gesindels" durch
einen frischen, fröhlichen Krieg begrüßte. Vor solcher Con=
sequenz bekreuzigen sich freilich die Meisten, aber trotzdem
ist die Folge nicht gut zu umgehen, daß man mit dieser
Grundvorstellung den Impuls, überall zu retten, wo nach
Rettung verlangt wird, etwas von der Energie und dem
Glauben, die ihm nöthig sind, entzieht. Wie im Einzelnen
so ist auch im Großen und Ganzen der Gedanke: es hilft
ja doch nichts! lähmend.

Es ist daher von Wichtigkeit, sich darüber klar zu
werden, daß man hier fälschlich „Naturgesetz" meint, was
doch nur eine von einem zeitweiligen Zustand abstrahirte
Regel ist. Des Menschen Erkennen ist außer Stande
aus den Vorgängen, welche die bisherige Entwicklung des
Menschengeschlechts begleiten, eine bindende Regel für
alle Zeiten, was man also ein „Naturgesetz" nennen
könnte, abzuleiten, da er selbst ein Hauptfaktor ist, der
das Schicksal der Menschheit, ihren Gang und Wandel
aus sich selbst heraus erzeugt. So wenig der Mensch
das Gesetz, unter dem er — weil in allem Thun ursäch=
lich vorausbedingt — unzweifelhaft steht, je so begreifen
kann, daß er im Stande wäre zu sagen: diese so be=
schaffene That werde ich als Folge der mein Wollen be=
stimmenden Bedingungen thun müssen und dadurch wird
mein Schicksal sich in dieser Art und Weise gestalten,

und wie eben dies Nichtkönnen seine **Freiheit** — nicht den
bloßen trügerischen Schein derselben, sondern etwas, was
mehr als dies ist — ausmacht, so wenig kann er vor=
ausbestimmend sagen: diese Existenzbedingung, daß ein
gewisser Prozentsatz der Menschen immer den anderen
erdrückt, ist von dem Loos der Menschheit unzertrennlich.
Er schafft diese Existenzbedingung und so lange er dies
thut, so lange besteht sie allerdings als ein von dem
Schicksal der Menschheit unzertrennliches Moment.   Die
Entscheidung darüber, ob dies wirklich unzertrennlich ist,
hängt aber doch wesentlich von dem Thun und Verhalten
der Menschen ab und eben über dies kann er nichts aus=
sagen.   Eben hier beginnt seine „Freiheit"; das worüber
es keine **Erfahrung giebt,** weshalb auch der Zusatz
für die Begründung jenes angeblichen Naturgesetzes: „wie
uns alle Erfahrung lehrt" oder die wissenschaftliche Zu=
rückführung auf herrschende nationalökonomische Gesetze
(die immer nur einen Zeitwerth beanspruchen können)
nichts verschlägt. Denn der Mensch kann wohl das Vor=
handensein eines Gesetzes, das ihn in seinem Thun durch
ein reines Mischungsverhältniß bedingt, als Thatsache
anerkennen, das Gesetz, resp. das Mischungsverhältniß
selbst aber nicht **erkennen** und deshalb auch keine Folge=
rungen aus demselben ableiten.

———

Es liegt nahe, hier noch einen Blick auf den Pessi=
mismus zurückzuwerfen.   Auch er hat mit dem Freud=

losen und zwar in der umfassendsten Bedeutung zu
thun. Während wir nur der Gewissensleistung als solcher,
streng für sich genommen, einen spezifisch freudlosen
Charakter des Thuns und auch da nur freudlos in Be=
zug auf den Gegenstand zuschreiben, während wir darauf
fußen, daß das gewissenhafte Thun, also das Thun eines
an sich Freudlosen, schon dadurch eine Compensation (und
damit für den festgehaltenen eudämonistischen Standpunkt
auch eine Erklärung und Rechtfertigung) erfährt, daß der
Thäter auf diese Weise einem Widerspruch auf seine Ein=
heit und folglich auf seinen Bestand entgeht, daß er sich
conservirt, während wir außerdem die nahe Beziehung
der Idealbildung zur Gewissensleistung in der vorher
erörterten Weise als ursächliches Moment einer positiven
Beglückung in Rechnung ziehen, steht das für den Pessi=
mismus alles. ganz anders. Nicht ein Einzelnes, die
Gewissensleistung bedeutet ihm etwas eingeschränkt Freud=
loses, sondern das Ganze, das Dasein, ist ihm etwas
uneingeschränkt Freudloses. Dies Endergebniß bleibt in
all den logischen, psychologischen und anthropologischen
Widersprüchen, in denen die pessimistische Theorie einmal
fest steckt, als der einzige sichere Punkt bestehen.

Was diese Widersprüche betrifft, so hat der jüngste
namhafte Vertreter des Pessimismus in einer seiner
Studien [1]) die Kühnheit gehabt, folgende beiden Sätze, die
ich der besseren Uebersicht wegen neben einander stelle,
unmittelbar auf einander folgen zu lassen:

1) In dem Aufsatz: Ist der Pessimismus schädlich?

Wenn man den Menschen immer predigt, daß sie zu schwach sind das Gute um seiner selbst willen und ohne schielenden Seitenblick auf den Lohn der eigenen Glückseligkeit zu thun, so ist es in der That kein Wunder, wenn die in solchen Lehren Auferzogenen erschrecken und vor Schwäche zittern, wenn sie aufgefordert werden der Idee zu dienen ohne jede Hoffnung auf dadurch zu erreichende Glückseligkeit. Würde man der Jugend von Anfang an den Pessimismus predigen, wie man es jetzt mit dem Optimismus thut, so würde sie sich ganz unvermerkt in den uneigennützigen Dienst der Idee eingewöhnen und jene lähmende Furcht vor der eigenen Kraftlosigkeit gar nicht kennen lernen.

Diese Forderung, troß der Unerreichbarkeit eigenen Glücks, tapfer weiter zu kämpfen und zu streben, wäre in der That unerfüllbar, wenn der Kampf wirklich ein ergebnißloser und zweckloser wäre. Aber dem ist nicht so. Vielmehr hat der Kampf ein zwiefaches Ergebniß, ein subjektives und objektives. Subjektiv führt derselbe dazu, von allen möglichen Lebenslagen die relativ erträglichste zu erreichen und die innere Geistesanlage zur Festhaltung und Vertiefung dieses Zustandes immer vollkommner auszubilden, objektiv führt derselbe dazu, den Entwicklungsprozeß der Menschheit zu befördern und seinem Ziele näher zu führen. Wäre nicht die relativ erträglichste Lebenslage als subjektiver Gewinn des Kampfes in Aussicht, so wäre es dem Individuum allzu sehr erschwert den Kampf aufzunehmen und durchzuführen, da dann die anderen, relativ erträglicheren Lebenslagen ihn von dem Dienste des Idealismus abzuziehen suchen würden.

Hier kommt also als Produkt der pessimistischen
Theorie, die schon der Jugend gepredigt werden soll, ein
Mensch heraus, der auf der einen Seite das Gute rein
um seiner selbst willen zu thun sich berühmt und jeglichen
„Lohn" verschmäht, auf der anderen Seite aber einen
„Gewinn" einstreicht, der nicht vor Schwäche zittert,
wenn er aufgefordert wird der Idee zu dienen ohne jede
Hoffnung, von dem aber zugegeben wird, daß ohne Aus=
sicht auf Gewinn der Kampf ihm allzusehr erschwert sein
würde, ein Mensch, der „den uneigennützigen Dienst der
Idee" mit Todesverachtung betreibt, der von der niederen
Rotte der Eudämonisten sich in lauter „männlicher Ent=
sagungsfähigkeit, reiner Begeisterung und uneigennütziger
Hingebung" — wie es in den folgenden Sätzen heißt —
strahlend abhebt, der aber der Versuchung unterliegt, so=
bald ihn „andere erträglichere Lebenslagen vom Dienst
des Idealismus abziehen", kurz ein Mensch, dessen Linke
in der That nicht weiß, was seine Rechte thut, der die
Verneinung seiner eignen Position, die Position seiner
eignen Verneinung ist, der Fleisch und Blut gewordene
Widerspruch, ein Mensch, wie ihn nur die pessimistische
Theorie kennt, bewundert und als Ideal aufstellt. Die
Unterscheidung zwischen Glückseligkeit und relativ erträg=
lichster Lebenslage verschlägt hier gar nichts, denn sie
macht für das Streben, insofern sich daraus ein absoluter
Gegensatz gegen den Eudämonismus ergeben soll, keinen
Unterschied. Hat sich Jemand überzeugt, daß er das
höchste Maaß seiner Wünsche — das würde etwa Glück=

seligkeit bedeuten — nicht erreichen kann und begnügt er
sich daher mit einer relativ erträglichsten Lebenslage, so
ist er zwar genügsamer geworden, aber in keinen Gegen=
satz zum Eudämonismus gerathen, er ist in keinem Sinn
entsagungsfähiger, uneigennütziger und hingebender gewor=
den, als er bei der Anerkennung eines als Ziel ihm vor=
schwebenden Glückszustandes auch sein könnte. Alles das
beruht auf hohler Renommage. Wer der erträglichsten
Lebenslage nachstrebt, nimmt was er eben kriegen kann.
Da er das thut, so erwächst ihm kein Verdienst der
Uneigennützigkeit im Streben, denn daß er nicht mehr
und nichts Besseres kriegt, geht nicht aus seinem Streben
hervor, sondern wird ihm von der Natur der Umstände
auferlegt. Aber lassen wir dies heillose Wirrsal auf sich
beruhen und halten wir uns daran, daß der Verzicht auf
jegliches Glück (als unerreichbar), wenn er auch die „er=
träglichste Lebenslage" einbringt, doch immerhin dadurch
charakterisirt sein muß, daß er bei dem absolut Freudlosen
anlangt, da das Sein, als Uebel erfaßt, die Freude d. h.
die Beziehung des eignen Selbst zu dem Inhalt des
Seins als einem dem Uebel Entgegengesetzten ausschließt.
Sehen wir zu, was weiter daraus wird und ob dieser
Weg zu einem gesunden Ende führen kann.

Einen der ödesten Abschnitte, den die deutsche Philo=
sophie kennt, enthält meines Erachtens die pessimistische
Metaphysik der Geschlechts=Liebe, sowohl die Schopen=
hauer'sche wie die Hartmann'sche, die, wie ich an einer
anderen Stelle nachgewiesen zu haben glaube, wesentlich

ergänzend in einander eingreifen. (Vergl. meine Psychologie der Liebe, Rümpler 1874, erste Auflage p. 185.
In der zweiten Auflage ist die bezügliche Anmerkung mit
Rücksicht auf den gemischten Leserkreis eines solchen
Buches fortgeblieben.) In dem Theil jener Geschlechts=
Metaphysik, welcher das Conto des Herrn v. Hartmann
belastet, hat derselbe folgende tiefsinnige und für den
Pessimismus immer denk= und erinnerungswerthe Aus=
führung, die nicht unter den Scheffel gestellt zu werden
verdient, an's Licht gefördert: „Wer einmal das Illuso-
rische des Liebesglücks nach der Vereinigung und damit
auch desjenigen vor der Vereinigung, wer den in aller
Liebe die Lust überwiegenden Schmerz verstanden hat, für
den und in dem hat die Erscheinung der Liebe nichts
Gesundes mehr, weil sich sein Bewußtsein gegen die
Oktrohirung von Mitteln zu Zwecken wehrt, die nicht
seine Zwecke sind, die Lust der Liebe ist ihm untergraben,
nur ihr Schmerz bleibt ihm unverkürzt bestehen. Aber
wenn ein solcher sich auch nicht völlig wird des Triebes
erwehren können, so wird dies doch das Bestreben seiner
Vernunft sein und es wird ihm wenigstens das gelingen,
im bestimmten Fall den Grad der Liebe, in welchen er
als Unbefangener gerathen wäre, zu erniedrigen und da=
mit auch den Grad des Schmerzes und das Maß des
Ueberschusses von Schmerz gegen Lust zu ermäßigen, in
welchen er sonst verfallen wäre. Er wird sich aber zu=
gleich dessen bewußt sein, daß er sich wider seinen bewußten
Willen in eine Leidenschaft verwickelt findet, die ihm mehr

Schmerz als Lust verursacht und mit dieser Erkennt=
niß ist vom Standpunkt des Individuums der
Stab über die Liebe gebrochen."

Und ferner sagt Herr v. H.: „Es könnte keinem
Zweifel unterliegen, daß die Vernunft zur gänzlichen Ent=
haltung von der Liebe anrathen müßte, wenn nur nicht
die Qual des nicht zu vernichtenden Triebes, welcher nach
Erfüllung seiner Leere lechzt, ein noch größeres Uebel
wäre als ein maßvolles Befassen mit der Liebe.
Wenn die Liebe einmal als Uebel anerkannt ist und doch
als das kleinere von zwei Uebeln gewählt werden muß,
so lange der Trieb besteht, so fordert die Vernunft mit
Nothwendigkeit ein Drittes, nämlich Ausrottung des
Triebes d. h. Verschneidung, wenn durch sie eine Aus=
rottung des Triebes erreicht wird".

Lassen wir die Prämissen dieser Ausführung, über
die ich mich in jener erwähnten Anmerkung ausführlicher
verbreitet habe, hier auf sich beruhen. Die Liebe gewährt
also in Wahrheit, d. h. für den, der sich nicht täuschen
läßt — und die Aufgabe der Erkenntniß ist es ja zu
enttäuschen — kein Glück und keine Freude, insofern in
ihr der Schmerz die Lust überwiegt, sie starrt uns als
etwas Freudloses an und man würde sich ihrer vernünf=
tigerweise gänzlich zu enthalten haben, wenn nur nicht
ein „nach Erfüllung seiner Leere lechzender Trieb" be=
stände, dem zu Liebe „ein maßvolles Befassen mit der
Liebe" sich als das geringere von zwei Uebeln empfiehlt
— so lange wenigstens als die Ausrottung des Trie=

bes, die ausdrücklich als ein Vernunftpostulat hervorge=
hoben wird, nicht besteht. Diese letzte unsinnigste Consequenz
lassen wir auf sich beruhen. Herr v. Hartmann wird,
was diesen Punkt anlangt, wohl selbst im Stillen revo=
cirt haben, da „die fortschreitende Entwicklung der Mensch=
heit, an welcher der sittliche Kampf des Einzelnen be=
schleunigend und befördernd mitwirkt" — das festgehaltene
„objektive Ergebniß" eines Verhaltens im Sinne des
Pessimismus — doch unmöglich mit einer Ausrottung
des Triebes, an den die Fortexistenz der Menschheit ge=
knüpft ist, bestehen kann [1]). Aber auch schon vorher ist
die Sackgasse fertig. Der Trieb lechzt also nach Erfüllung
seiner Leere, es wird ihm aber nur ein „maßvolles Be=
fassen mit der Liebe" zugestanden. Wird der Trieb sich
mit dieser zugewogenen schmalen Gefangenen=Ration be=
gnügen? Entspricht es einem Zustand lechzenden Ver=
schmachtens gutwillig an dem ihm gebotenen Trunk zu
nippen? Wird der Lechzende, von Widerwillen ergriffen,
einem solchen Bettelkram nicht den Rücken wenden?

---

1) Umgekehrt sollte vielmehr eben diese „sittliche Pflicht jedes
Einzelnen an der fortschreitenden Entwicklung der Menschheit be=
schleunigend und befördernd mitzuwirken" sich als ideelle Hebelkraft
empfehlen dem ohnehin auf den uneigennützigen Dienst der Idee
angewiesenen Pessimisten die Liebe zu erleichtern, falls das Motiv
des Triebes dafür ungenügend befunden werden sollte. Giebt es
doch auch hierfür gewissermaßen ein klassisches Vorbild in jenem
griechischen Philosophen, der wie Cicero erwähnt, seine auch im
Brautgemach zu bewährende selbstvergessene Hingebung in den
Dienst der Idee in die Worte: τεκνοποιῶμεν kleidete, was freilich
Cicero den Schmerzensschrei spurce (pfui! schmutzig) erpreßt.

Wird Ekel nicht das Verlangen ersticken? „Lieber nichts, als ein Etwas, das doch nur ein Nichts ist", — das wird dem echten Liebesbegehr, dem Verlangen, das auf der Unendlichkeit seines Gefühls ruht und statt eines geknebelten „maßvollen Befassens" nur das Unmaß kennt, welches dieser Unendlichkeit entspricht, immer außer allem Zweifel stehen.

Soviel für die Liebe. Was sich der Pessimismus dabei ausrechnet, scheitert an dem psychologischen Grund= gesetz ihres Wesens, wird, an diesem gemessen, zur leeren, absurden Phrase. Steht es mit dem Leben anders? Die Situation ist bei der pessimistischen Auffassung ganz analog und verträgt einen Vergleich. Setzen wir in die oben citirte Gedankenausführung des Herrn v. Hartmann statt „Liebe" „Leben" oder „Dasein", so bleibt der Satz im Sinne der pessimistischen Theorie genau ebenso wahr. Auch in dem „weltlichen Dasein" im Großen und Ganzen überwiegt ja die Unlust, der Schmerz, das Sein ist ein Uebel; für den, der dies begriffen, hat die Lebenserschei= nung „nichts Gesundes mehr", die Vernunft müßte an= rathen dem Leben zu entsagen, wenn nur der „Trieb" (Nahrungs= und Selbsterhaltungs=Trieb) nicht wäre, der nicht locker läßt und wenn nicht der Gedanke, „den Ent= wickelungsprozeß der Menschheit zu befördern", in ähn= licher Weise aufrecht erhielte und als ideeller Hebel wirkte wie bei jenem vorerwähnten Philosophen der erhabene Gedanke der Propagation als einer vom Trieb unab= hängigen sittlichen Verpflichtung.

Die Beziehungen sind also in beiden Sphären, ob
wir die Liebes= oder Lebenssphäre betrachten, ganz die
gleichen und so ist auch das Resultat, wenn wir das
Endergebniß in Bezug auf den Menschen ziehen, dasselbe.
Ist das Sein ein Uebel, so stecke ich als Seiender also
in der Atmosphäre eines beständigen Uebels, in einer
üblen Atmosphäre. Wie sollte mir anders als übel zu
Muthe sein und wer kann ein fortwährendes Uebelsein
aushalten? Hat mir die Lebenserscheinung nichts Gesun=
des mehr, so bin ich als lebend also mit einer beständigen
unheilbaren Krankheit behaftet, — man hat die Wahl zwischen
den hartnäckigsten Formen — das Leben haftet am In=
dividuum etwa wie ein Ausschlag. Wäre es am besten
und meiner Einsicht am entsprechendsten dem Leben zu
entsagen, wenn nur der Trieb nicht wäre, so lebe ich also
an der Kette eines von meiner Vernunft verworfenen und
geächteten Triebes. Das Ende dieser Rechnung ist der
Ekel, ebenso wie er es unter den gleichen Voraussetzun=
gen für den Liebestrieb war. Und davor kann ja auch
der „Dienst der Idee“: zu leben, und „den Entwicklungs=
prozeß der Menschheit seinem Ziele näher zu führen“,
nicht behüten, da diese Entwicklung doch nur als ein
Fortschritt der Einsicht in die Unseligkeit des Daseins
gedacht ist, durch den es zur Vernichtung der Menschheit
und der Welt und dadurch zur Erlösung aus dem Elend
kommen soll, wodurch also die Idee unmittelbar an den
Lebensekel appellirt, unmittelbar von ihm sich nährt und
ohne denselben gar nicht bestehen kann. Welche Bedeu=

tung diesem Moment in Bezug auf das Freudlose in
Wahrheit zukommt, das hat Bahnsen, dessen Pessimis=
mus keine Spiegelfechterei zuließ, sehr gut begriffen. Er
strich aus der Grundstimmung heraus und deßhalb mit
Recht jeden trügerischen Freudenschimmer, den Wissenschaft
und Kunst noch um sich breiten sollten, denn die Wissen=
schaft, nur Unvernunft und Widerspruch in der Welt
findend, könne mit dieser Entdeckung dem logischen Geist
nur noch Qual bereiten, wie jeder Unsinn demselben
widerlich und peinlich ist, weil er mit seiner Natur in
Conflikt tritt.   Und in einer Welt, der selbst die Harmonie
fehlt, kann jede Darstellung derselben in den Schöpfungen
der Kunst nur das lügnerische Schemen einer taumelnden
Phantasie, nur ein Spiel der Trunkenheit des Geistes,
nur eine Hallucination sein, welche dem nach nüchterner
Objektivität verlangenden Bewußtsein des Philosophen
widerstrebt und wofür schließlich in einem Gemüth,
welchem der Weltwiderspruch selbst einwohnen
müßte, auch keine Empfänglichkeit sein könnte [1]).

Also Ekel! Soweit auf diesem Boden die Sittlich=

_____

1) Es macht für unseren Standpunkt wenig Unterschied und
vermindert nicht die Bahnsen gezollte Anerkennung, daß er im
Sinne Schopenhauers die „Welterlösung durch Weltvernichtung“
nicht acceptirt und sich ihm der Weltprozeß also noch etwas alogi=
scher als nach Herrn v. Hartmann gestaltet. Es handelt sich dabei
ja nur um einen gradweisen Unterschied. Der Weltprozeß bleibt
als Zerrbild bestehen, ob der Wille zu endloser Qual ewig an sich
selbst zerre oder damit einmal — vielleicht nur zu einer Ruhe=
pause — zu Ruhe komme und in beiden bleiben die oben gezogenen
Consequenzen zu Recht bestehen.

keit im Menschen gedeihen kann, soweit hat der Pessimis=
mus Anspruch darauf, sich als die geeignetste Pflanz=
stätte derselben zu empfehlen. Soweit auf dieser Grund=
lage die Frage: ist der Pessimismus schädlich? mit Nein
beantwortet werden kann, soweit mag er sie verneinen,
und sich und uns dabei vorreden, daß der Pessimismus
„demnach die nöthigen psychologischen und logischen Vor=
bedingungen zur Ermöglichung einer opferwilligen Hin=
gabe der Persönlichkeit an den providentiellen Weltlauf,
d. h. an den Prozeß der fortschreitenden Verwirklichung
des religiös=ethischen Idealismus vereinigt, ebenso wie er
allein die Basis ist, auf welcher dieser Idealismus rein
und lauter gedeihen kann." Wir erblicken in dieser Art
von Idealismus mit seinen Grundwidersprüchen gegen
die psychologische Wahrheit im Menschen ein Seitenstück
schlimmster Art zu demjenigen hinter uns liegenden philo=
sophischen Idealismus, der das Sein aus dem Denken
herausspann und sich dabei in's Leere überschlug. Und
jeder Versuch, die Sittlichkeit außerhalb des Beglücktseins,
(welches uns aber auf das Sein und nicht auf das Nicht=
sein zurückführt — „am Sein erhalte Dich beglückt" sagt
Goethe —) zu begründen, liefert das gleiche Ergebniß. In
dem freudlosen Zustand vollendet sich deßhalb ein so totaler
Ruin, weil er die Liebe im weitesten Sinne tilgt — nur
was wir lieben macht uns ja Freude — und es giebt,
kann man sagen, nichts Sinnloseres als die Lieblosigkeit,
d. h. Freudlosigkeit. Hast du die Liebe oder Freude ver=
loren, so starrt dir überall das große Warum entgegen.

Warum, wozu Alles, was mich umgiebt? was soll es
mir? was soll ich ihm? Welt und Geschöpf, Leben und
Arbeiten, Werden und Vergehen — nichts hat einen
eigentlichen Sinn mehr und alles Grübeln bewahrt dich
nicht vor dem Sturz in eine bodenlose Tiefe. Nur die
Liebe rettet dir den Zusammenhang des Ganzen und
dich innerhalb dieses Zusammenhangs.

————

Der zweite Theil des Goetheschen Faust gehört nicht
eben zu den populären Dichtungswerken unserer Nation
und hat keine Aussicht es je zu werden. Aber eine Stelle
gegen den Schluß desselben ist gewissermaßen populär.
Ein in unserer Zeit weitverbreitetes Gefühl findet in ihm
einen beredten Ausdruck. Wenn Faust von dem Menschen
sagt:

> „Er stehe fest und sehe hier sich um!
> Dem Tüchtigen ist diese Welt nicht stumm.
> Was braucht er in die Ewigkeit zu schweifen!
> Was er erkennt, läßt sich ergreifen.
> Er wandle so den Erdentag entlang;
> Wenn Geister spuken, geh' er seinen Gang.
> Im Weiterschreiten find' er Qual und Glück,
> Er, unbefriedigt jeden Augenblick!"

so klingt das fast wie ein Programm des Standpunktes
der „Diesseitigkeit", den zu beleuchten und zu bekämpfen
einen wesentlichen Theil der Aufgabe ausmacht, die ich
mir beim Beginn dieses Werkes vorgesetzt hatte. In diesem Sinne des Programms einer bestimmten dominiren-
den Richtung ist diese Stelle zu einer Art Lieblingscitat

geworden. Man pflegt dabei die unmittelbar vorhergehenden Zeilen wegzulassen, die so lauten:

„Nach drüben ist die Aussicht uns verrannt,
Thor, wer dorthin die Augen blinzelnd richtet,
Sich über Wolken seines Gleichen dichtet!"

und diese vorgenommene Beschneidung ist wieder charakteristisch für das Gefühl derjenigen, die so abgekürzt
citiren. Keineswegs sind es die ausdrücklichen prinzipiellen Geister der Verneinung. Ihre Zahl ist ohnehin nicht
allzugroß, und opportunistische Motive lassen es, seit
Bestrebungen des Unglaubens und des Sozialismus so
vielfach verbündet auftreten, den mittleren und höheren
Schichten der Gesellschaft dringlich wünschenswerth erscheinen, das Thema dieser Farbe bekennenden Zeilen
auf sich beruhen zu lassen. Man denkt nicht gern daran,
und spricht noch weniger gern darüber. Aber darin sind
doch Alle einig, mögen sie so oder anders zu dem
Hauptthema stehen, daß der Mensch, wie er sein soll,
hier, „im Positiven", wurzeln müsse und zwar so positiv, daß jeder Schritt darüber hinaus ihm als gewissermaßen landstreicherisch verdacht wird.

Was braucht er in die Ewigkeit zu schweifen!
Er stehe fest und sehe hier sich um.

Hic Rhodus, hic salta. Was nun das Landstreicher-
thum oder die Verführung zu einem solchen, zu einem
müssigen Abschweifen von der eigentlichen, nützlich schaffenden Lebensarbeit betrifft, so war in dem Vorstehenden
schon im Voraus der Nachweis geliefert, wie wenig diese

Beschuldigung gerade hier zutrifft. Denn stärker kann
Niemand bei einer praktischen Bethätigung für die höch=
sten Lebensziele interessirt sein, als der, der sich, sein
innerstes Empfinden und Wollen nur realisiren kann, in=
dem er das Weltbild hehr gestaltet. Allseitiger im Prin=
zip und deßhalb fester in der Wurzel als die Mahnung:
Thue das Gute um Gottes Willen, oder um des Guten
Willen, oder um des Menschen Willen ist die Mahnung:
Thue das Gute um Deinetwillen.

Nicht scharf genug kann hier noch einmal, worauf
ich schon vorher hingewiesen, hervorgehoben werden, daß
in dieser religiösen Auffassung kein irgendwie feindlicher
Gegensatz zu der Sphäre des Individuums und die in
ihr sich aufbauenden Zwecke und Strebungen besteht.
Mit den stärksten legitimen Banden der Sinnlichkeit,
der Sympathie, des Bedarfs, wissen wir uns in jeder
Phase des Lebenszusammenhangs an dasselbe gebunden.
Wohl müssen wir in der religiösen Erhebung das Indi=
viduum fahren lassen, und uns selbst als solche verlieren,
wenn unserer sinnlichen Natur der Schmerzensschrei ver=
klingen und das erhabene Weltengeheimniß, das wir im
Bewußtsein erfaßt haben, uns auch in der Gefühlssphäre
als Harmonie zu Gute kommen soll. Aber nur dann
vermögen wir das, wenn unsere Lebensarbeit in diesem
Sinn gerichtet ist. Das Hehre besteht nur, indem es
wird, es besteht aber auch nur für den, durch den es
wird und es wird nur, indem es aus der Hand der
Menschheit hervorgeht. Indem der optimistische Stand=

punkt bei der Noth, dem Weltübel als Entstellung des
Weltbildes anlangt, erzeugt er aus sich selbst, aus seinem
ethisch-ästhetischen Grundgedanken heraus, das, was zu
allen Zeiten die beste Seite aller Religion gewesen ist,
ihre umfassende Erlösungsarbeit.

Anhang.

Die Mittheilung von Professor Fechner, auf die ich im Text des Buches schon einmal kurz verwiesen habe, entstammt einem brieflichen Austausch aus Anlaß einer von mir an den Genannten während der Abfassung meiner Schrift gerichteten Anfrage. Die ausführliche Antwort, welche Professor Fechner an mich zu richten die Güte hatte, erscheint mir so werthvoll und interessant, daß ich sie als Anhang dieser Schrift zu veröffentlichen kein Bedenken trage, obgleich nicht allein unsere Standpunkte wesentlich von einander abweichen, sondern auch unsere Betrachtungsweisen auf ganz verschiedenen Bahnen sich bewegen. Die seinige umfaßt ein psychophysisches, die meinige ein ethisch=spekulatives Gebiet, beide allerdings im Rahmen einer optimistischen Weltansicht. Für den aufmerksamen Leser meiner Schrift bedarf es keiner weiteren Erläuterung, daß die Annahme, die Professor Fechner bekämpft, als ob statt einer aufsteigenden Entwicklung im Weltganzen Rückgang, auslaufend in Mono-

tonie, drohen könne, bei mir ohnehin als den Sinn des
Weltprozesses aufhebend zurückgewiesen ist, so daß inso=
fern eine von ihm vorausgesetzte Differenz im Prinzip
an diesem Punkt zwischen uns überhaupt nicht bestand.
Es kommt darauf aber hier nichts an. Statt einer
Widerlegung ergiebt sich auf diese Weise eine Ergänzung,
die eben wegen der ganz verschiedenen Ausgangspunkte
mir von hohem Interesse war. Der Brief lautet unter
Fortlassung des Eingangs wie folgt: „..... Daß ich
mich über die Frage, der Sie jetzt Ihr Interesse schenken
und wofür Sie das meinige in Anspruch nehmen, schon
irgendwie geäußert hätte, kann ich mich nicht erinnern,
habe ich sie doch bisher nur ganz obenhin bedacht; auch
kann man kaum anders, da jedes tiefere Bedenken in
Hypothesen führt, die man wohl im Sinne seiner Welt=
ansicht stellen und sich zurecht legen kann, ohne aber die
Weltansicht damit beweisen oder durch die Weltansicht
selbst etwas beweisen zu können. Versuche ich doch, in
Folge Ihrer Anregung, mir bestimmtere Gedanken über
die Frage zu machen, so weiß ich nur etwa auf Folgen=
des zu kommen, was ich Ihnen vorlege, ohne irgend
welches objektive Gewicht darauf zu legen, ja wollte ich
es selbst, so würden Andere es nicht thun. Dabei kann
ich freilich nicht umhin, vom physischen aufs psychophy=
sische und hiermit psychische Gebiet überzugreifen; und
Sie hätten wohl lieber die Beschränkung auf das erste.
Aber das giebt mir keine Weltansicht; und nur in Unter=
ordnung unter eine solche vermöchte ich überhaupt Ihrer

Frage Bedeutung und Interesse abzugewinnen und mich
darüber zu äußern. Doch brauchen Sie blos auf die
physischen Verhältnisse, die im Folgenden zur Sprache
kommen, zu reflektiren.

Daß die Erde und selbst die Sonne einmal Schlacken
werden müssen, scheint freilich nach jetzt geltenden Prin=
zipien unabweislich, ja der ganzen Welt ein unerwünsch=
ter Zustand bevorzustehen; und da sich nur im Zusam=
menhange des Ganzen vom Endzustande des Einzelnen
sprechen läßt, gehe ich zunächst mit der Betrachtung über
Ihre Spezialfrage hinaus.

Nach heutigen Prinzipien der mechanischen Physik
setzen sich die größeren mechanischen Bewegungen in der
Welt mehr und mehr in feinste Schwingungsbewegungen
der Theilchen um, die man als Wärmeschwingungen faßt[1].
Die gesammten Wärmeschwingungen aber gleichen sich
immer mehr zu einer gleichförmigen Temperatur im Welt=
raum aus. Also werden auch Erde und Sonne nicht
nur immer mehr erkalten, indem sich ihre Temperatur
immer mehr mit der des umgebenden Weltraums auszu=
gleichen strebt, sondern auch ihre großen Bewegungen
schließlich aufhören, und alle Bewegungen, die des Wäg=
baren und Unwägbaren, schließlich auf kleine Erzitterun=
gen reduzirt sein[2].

1) Auch das Umgekehrte kann geschehen, aber der erste Umsatz
behält im Ganzen das Uebergewicht und bestimmt den definitiven
Erfolg.

2) Mindestens ist es am wahrscheinlichsten, daß Beides Wäg=
bares und Unwägbares, bei den Wärmeschwingungen betheiligt sei,

Stellen wir nun Zweifel dahin, die sich etwa noch
an der Zulänglichkeit der betreffenden Prinzipien hegen
lassen — eine Widerlegung liegt bis jetzt nicht vor —
so scheint in der That die Aussicht auf den Endzustand
der Welt, der uns dadurch vor Augen gestellt wird, trost=
los genug [1]). Denn läuft auch der Endzustand damit
nicht auf einen eigentlichen Stillstand hinaus, was ist es
viel besseres, wenn sich kein Körpertheilchen über das
andere hinaus vom Platze rühren kann und Alles schließ=
lich in einen Zustand . von Monotonie verläuft. Statt
von einer aufsteigenden wird sich nur von einer bergab=
gehenden Entwickelung sprechen lassen.

Doch gemach! So sieht die Sache freilich oberfläch=
lich und von Außen aus, ich finde aber in Physik und
Mechanik kein Hinderniß, sie mir so zurecht zu legen.

Todter wird die Welt wenigstens nicht auf vori=
gem Wege. Die lebendige Kraft großer Bewegungen setzt
sich eben nur in die lebendige Kraft feinerer Bewegungen
um, ohne im Ganzen dabei Verlust zu erleiden [2]); so liegt

---

sicher und klar darüber ist man freilich nicht. In letzter Instanz
beruht der Unterschied zwischen Wägbarem und Unwägbarem wahr=
scheinlich überhaupt vielmehr im Aggregatzustand als in der Natur
der Theilchen. Wenigstens sehen Viele, wenn nicht die Meisten,
jetzt im Wägbaren nur kompakten Aether, in den Aethertheilchen
so zu sagen nur losen Körperstaub.

1) Anstatt von einem wirklichen Endzustande möchte wohl
überhaupt nur von asymptotischer Annäherung an einen solchen zu
sprechen sein, was doch für uns ziemlich auf dasselbe herauskommt.

2) Lebendige Kraft eines Theilchens ist im Sinne des Physi=
kers das Produkt (streng genommen halbe Produkt) aus seiner

es im großen Prinzip der Erhaltung der Kraft. Wenn
ich nun daran denke, daß unsre geistigen Phänomene nicht
an unsere groben Hand= und Fußbewegungen, sondern an
feinste Schwingungen in unserem Gehirn geknüpft sind [1]),
so kann ich mir auch denken, daß der fortgehende Umsatz
gröberer in feinere Bewegungen im Weltall statt eines
Rückschrittes einen Fortschritt in geistiger Entwickelung
der Welt bedeutet. Ich nehme freilich dabei an, daß es
einen Geist der Welt wie einen Geist der Menschen giebt,
und daß das geistige Leben in der Welt nach gleichen
Bedingungen und Gesetzen als im Menschen an ein
materielles geknüpft ist.

Es ist nicht zu vergessen, daß, wenn wir von Wärme=
schwingungen sprechen, wir von einer noch ziemlich dun=
keln Sache sprechen. Unstreitig sind die Wärmeschwingungen
von den Schwingungen leuchtender, elektrischer, magnetischer
Theilchen nicht wesentlich verschieden; ja zum Theil nach=
weislich die einen in die andern überführbar. Nur die
Form oder Periode oder Amplitude der Schwingungen

Masse in das Quadrat seiner Geschwindigkeit, bei mehreren Theil=
chen aber die Summe der Produkte, die den einzelnen zukommen.
In der so verstandenen lebendigen Kraft sieht der Physiker das
Maaß der materiellen Thätigkeit.

1) Freilich nur Hypothese, doch die wahrscheinlichste, die man
machen kann. Ob nicht die psychische Tragkraft noch weit über die
feinsten Schwingungen hinausgeht, sei hier dahin gestellt. Gemein=
hin schreibt man solche doch eben nur den feinsten Schwingungen
und eben nur in unseren und dem thierischen Gehirn zu. Warum
nur diesen, mögen sich Andere zurecht legen, ich vermag es nicht.

oder der Aggregatzustand der schwingenden Theilchen mag
verschieden sein; und wenn also gesagt wird, daß alle
gröberen Bewegungen sich zuletzt in Wärmeschwingungen
umwandeln, so ist damit nicht ausgeschlossen, daß diese
Schwingungen auch die Form von Lichtschwingungen,
elektrischen, magnetischen Schwingungen haben können,
wir wissen das eben nicht. Meinerseits nehme ich dazu
an, ohne daß es die Physik beweisen oder verbieten kann,
es paßt nun eben in meine psychophysische Weltansicht,
— daß auch die psychophysischen Schwingungen in unserm
Gehirn, woran unsere Empfindungen und Gedanken hängen,
von den übrigen feinsten Schwingungen in der Welt nicht
wesentlich verschieden sind, und daß, wenn solche über uns
hinaus nicht von uns empfunden werden, weil wir sie
eben nicht in uns haben, dies doch vom allgemeinen Geiste
der Welt geschehen kann.

Was aber die Besorgniß anlangt, daß der Weltzu=
stand mit zunehmender Temperaturausgleichung zwischen
allen Räumen der Welt der Monotonie entgegengehe,
so wäre sie nur gerechtfertigt, wenn mit der Ausgleichung
der Temperatur alles Andere in der Welt sich ausgliche,
oder ein Prinzip bestände, welches an das Verschwinden
der Temperaturunterschiede auch ein Verschwinden der
übrigen Unterschiede in der Welt knüpfte. Aber davon
ist ja gar nicht die Rede. Eine Stube mit Allem was
darin ist, kann möglichst gleichförmig warm sein; aber
das hindert nicht, daß das, was darin ist, noch die größ=
ten Verschiedenheiten darbiete, indem die Wände, Möbeln,

Geräthe, lebendigen Wesen darin bei aller Temperatur-
gleichheit noch Verschiedenheiten ihrer äußeren Gestalt,
Verschiedenheiten der inneren Anordnung und Beschaffenheit ihrer Theilchen behalten, und Verschiedenheiten der
Schwingungen selbst in Form und andern Beziehungen,
wovon unten, damit bestehen können. Der ganze Mensch besitzt innerlich eine nahezu gleichförmige Temperatur, und
repräsentirt in dieser Hinsicht so zu sagen schon jetzt den
Zustand, dem die ganze Welt entgegengeht, dabei aber
besteht noch die größte Mannigfaltigkeit in ihm, und befindet er sich sogar besser, als wenn er sich, wie man
sagt, einmal erkältet hat, d. h. eine Ungleichförmigkeit
seiner Temperatur über gewisse Gränzen hinaus hervorgerufen hat. Wonach sich das in der Welt bestehende
Streben, die noch bestehenden Temperaturunterschiede
auszugleichen, sogar auch als ein Streben zum Besseren
fassen ließe. Im Gehirn insbesondere gehen trotzdem,
daß es gleichförmig warm ist, noch die mannichfaltigsten
psychophysischen Schwingungen, woran sich die mannich-
fachsten Empfindungen und Gedanken knüpfen, von Statten,
es wird auch das Entsprechende in einer dereinst gleichförmig warm gewordenen Welt noch der Fall sein können.

　　Nun bestehen freilich in unserm Körper und Gehirn
außer den Schwingungen auch noch Strömungen und
Kreislaufsbewegungen, welche den Schwingungsprozeß
selbst unterhalten und immer neu anfachen, endlich aber
einmal wie alle fortschreitenden und Kreislaufsbewegungen
in den Geschöpfen wie außer den Geschöpfen in der Welt

aufhören müſſen. Aber wodurch werden ſie aufhören?
Doch eben nur dadurch, daß ſie ſich ſelbſt in Schwin=
gungen umſeßen, alſo wird ihr Aufhören nicht eine Verringe=
rung, ſondern eine Steigerung des Lebensprozeſſes von
dieſer Seite in der Welt bedeuten, und daß das zur Mo=
notonie führe, dagegen ſprechen insbeſondere folgende
Gründe:

1) Mit der ſchließlich eingetretenen gleichförmigen
Temperatur werden noch verſchiedene Aggregatzuſtände
beſtehen können, da ſolche jeßt damit beſtehen; denn
der verſchiedene Aggregatzuſtand, wonach wir Feſtes, Flüſ=
ſiges, Luft= oder Dunſtförmiges und Imponderables unter=
ſcheiden, hängt nicht blos von der Temperatur, ſondern
auch von der molecularen Conſtitution der Körper ab.

2) Damit, daß alle größeren mechaniſchen Bewegungen
ſich in Schwingungen umgeſeßt haben, iſt nicht ausge=
ſchloſſen, daß Fortpflanzungen dieſer Schwingungsbewe=
gungen, Zurückwerfungen, Brechungen, Zerſtreuungen der=
ſelben wie heute ſtattfinden. Das Licht pflanzt ſich durch
den ganzen Himmelsraum fort, und doch bleibt jedes
Aethertheilchen dabei, ſo zu ſagen, an ſeiner Stelle, d. h.
es zittert blos um ſeine mittlere Lage herum, ohne da=
bei über das nächſte Lichttheilchen hinauszukommen. Wirf
ein Brett auf einen Teich oder See, über den der Wind
die Wellen jagt; das Brett ſchwankt nur auf ſeiner Stelle
auf und ab, weil der Wind nicht die Waſſermaſſe der
Wellen jagt, ſondern nur die Schwingung des Waſſers
pflanzt ſich in der Richtung des Windes fort. Die

Mannichfaltigkeit großer fortschreitender Bewegungen setzt
sich also mit dem Uebergange in Schwingungen in eine
nicht minder große Mannichfaltigkeit von Fortpflanzungs=
bewegungen dieser Schwingungen um, und diese Mannich=
faltigkeit kann trotz gleichförmiger Temperatur fortbestehen.
So kreuzen sich Lichtstrahlen von mannichfaltiger Farbe
und Richtung schon jetzt im Weltraum, ohne durch dessen
gleichförmige Temperatur daran gehindert zu sein.

3) Die Temperatur hängt blos von der sogenann=
ten freien Wärme der Körper ab, aber die der gebun=
denen kann dabei je nach der inneren Constitution der
Körper die allerverschiedenste sein und trotz Ausgleichung
der Temperatur bleiben. Worin aber liegt die Verschie=
denheit zwischen freier und gebundener Wärme selbst?
Ja, wenn man das recht gründlich wüßte, wüßte man viel.
Man unterscheidet beide nach Folgeerscheinungen oder
Wirkungen, deren letzten Grund man aber nicht kennt;
und der vorsichtige Physiker begnügt sich hierbei. Gilt
es doch Hypothesen, so kann man kaum auf eine andre
als folgende kommen.

Da es keinen absolut kalten Körper giebt, so haben
wir anzunehmen, daß die Theilchen eines jeden in Wärme=
schwingungen überhaupt begriffen sind. Aber diese
können wir in zwei Theile zerlegbar denken, einen solchen,
der als sogenannter stehender Schwingungsprozeß auf die
Theilchen selbst beschränkt bleibt, und einen zweiten, der
den Wärmeverkehr mit der Außenwelt vermittelt. Erste=
res die gebundene, letzteres die freie Wärme. Beide stehen

in einem gewissen Abhängigkeitsverhältnisse von einander,
außerdem hängt die gebundene von der inneren Constitu=
tion des Körpers, die freie von den Verhältnissen der
Außenwelt, in die sie hineinstrahlt und die gegenseits in
den Körper hineinstrahlt, ab. Bei diesem Verkehr aber
findet nun eben die Tendenz zur Ausgleichung der Tem=
peratur schon jetzt in jedem einzelnen Falle und schließlich
für die Gesammtheit der Welt statt.

4) Die Höhe der Temperatur selbst wird durch die
lebendige Kraft der dazu beitragenden feinsten Schwingun=
gen bestimmt, mögen übrigens diese Schwingungen einen
Namen führen und eine Form haben, welche sie wollen.
Auf den Namen Wärmeschwingungen kommt dabei nichts
wesentlich an. Aber die lebendige Kraft von Schwingungen
hängt ihrerseits von zwei Momenten ab, die eine sehr ver=
schiedene physische und psychophysische Bedeutung haben
und nun ist wichtig zu zeigen, daß mit Ausgleichung der
Temperatur in der Welt doch die, mit diesem Unterschiede
zusammenhängenden, wichtigsten Verschiedenheiten in der
Welt sich nicht auszugleichen brauchen.

Die beiden Momente oder sagen wir Componenten
der lebendigen Kraft von Schwingungen, feinsten wie
gröbsten, sind: die Amplitude oder Weite und die Periode
oder sogenannte Schnelligkeit der Schwingungen. In je
kürzerer Zeit nämlich ein schwingendes Theilchen in die=
selbe Lage zurückkehrt, desto kürzer ist seine Periode und
desto schneller sagt man, daß es schwingt, dabei aber kann
es in größerer oder kleinerer Weite schwingen. Handelt

es sich um psychophysische Schwingungen oder wie ich
lieber sagen möchte, um die psychophysische Bedeutung der
Schwingungen, so hat, in so weit ein Schluß in dieser
Hinsicht möglich ist, die Weite oder Amplitude der Schwin=
gungen auf die Qualität der Empfindungen oder überhaupt
psychischen Phänomene, die sich daran knüpfen können,
keinen Einfluß, sondern bloß auf deren Intensität oder
Stärke. In der That, in je größerer Amplitude die Theil=
chen in einem Lichtstrahl oder Schallstrahl draußen
schwingen, desto heller oder lauter erscheint er uns, indem
die stärkeren Schwingungen von draußen auch stärkere in
uns erwecken. An der Periode oder Schnelligkeit der
Schwingungen aber hängt bei der Lichtempfindung die
Farbe des Lichts, bei der Tonempfindung die Höhe der
Töne, und überhaupt psychophysisch die Qualität der
Empfindung. Was aber psychophysisch in uns zusammen=
hängt, hängt nach meiner allgemeinen Hypothese draußen
eben so zusammen. Doch, will man, halte man sich nur
an die physische Seite der Sache.

Bei all' dem ist zu beachten, daß die lebendige
Kraft von Schwingungen weder blos von Amplitude,
noch blos von Periode abhängt, sondern eben von beiden.
Ein tiefer Ton, d. i. mit langsamer Schwingung oder
langer Periode kann vermöge großer Amplitude der
Schwingung noch dieselbe lebendige Kraft haben, als ein
hoher Ton, d. i. mit schneller Schwingung bei kleiner
Amplitude. Ganz entsprechend wie mit tiefen und hohen
Tönen verhält es sich in dieser Hinsicht mit den minder

brechbaren (rothen) und brechbaren (violetten) Farben;
und entſprechende Verhältniſſe beſtehen nicht minder für
die lebendige Kraft der dunkelen Wärmeſtrahlen; ſie hat,
wie zwar nicht unmittelbar mit der Empfindung, aber
mittelſt Experimenten nachweisbar, ihre zwei Compenenten
in Amplitude und Periode der Schwingung; und der Phy=
ſiker ſpricht ſogar nach den vorkommenden Verſchieden=
heiten der letztern von verſchiedenen Wärmefarben. Hier=
nach aber kann ganz allgemein bei feinſten wie gröbſten
Schwingungen mit Gleichheit und Gleichförmigkeit der
Temperatur und allgemeiner der lebendigen Kraft von
Schwingungen noch Verſchiedenheit und Abwechſelung
zwiſchen ihren Componenten beſtehen, und ich kenne keine
Erfahrung, welche auf ein Prinzip wachſender Ausglei=
chung der Schwingungsperioden ſo wie zugehörigen Ampli=
tuden mit wachſender Annäherung an die Temperaturaus=
gleichung deutete; nur iſt freilich zu geſtehen, daß die
Frage in dieſer Hinſicht (meines Wiſſens) wiſſenſchaftlich
noch gar nicht diskutirt iſt, alſo iſt wieder Hypotheſen
Raum gelaſſen. Und ſo denke ich mir zugleich in Conſe=
quenz des Vorigen und meiner Weltanſicht etwa Folgendes:

Indem die gröberen Bewegungen, die ſelbſt verſchie=
dener Art ſind, ſich in feinere umſetzen, führen ſie unſtrei=
tig, je nach ihrer Verſchiedenheit und den verſchiedenen
Bedingungen, unter denen der Umſatz erfolgt, ſelbſt neue
Schwingungsperioden mit neuen Amplituden ein, und
nimmt hiermit die Mannichfaltigkeit vielmehr zu als
ab; die einmal entſtandenen Perioden aber ſcheinen gar

nicht wieder verloren zu gehen, sondern sich nur aufs Mannichfachste mit den schon vorhandenen zusammenzusetzen und nach Umständen wieder zu scheiden [1]), wodurch die Mannichfaltigkeit um so mehr wächst. Wird eine Violine gespielt, so bringt das Spiel derselben mit unveränderter Schwingungsperiode durch Thür und Fenster, und wird zwar von dem, der an demselben Orte stehen bleibt, bald nicht mehr gehört, weil es ins Weite verklingt; könnte sich aber sein Ohr mit dem sich ausbreitenden Schalle zugleich erweitern und würde das Spiel nicht durch andern Schall übertönt, so würde sein Ohr dasselbe Spiel immer fort hören, denn die Schwingungen gehen immer mit gleicher Periode fort, und sollte sich durch Reibung der Lufttheilchen an einander auch immer mehr von den Luftschwingungen in Wärmeschwingungen umsetzen, so sind das eben nur feinere Schwingungen, in die sich die gröberen zersplittern, und die sich endlich nicht weiter zersplittern, noch, so scheint es, die einmal verlangte Periode wieder ändern können. Auch das Licht mit gegebener Schwingungsperiode geht durch Aether, Wasser, Luft, ohne die Schwingungsperiode zu ändern; und wenn phosphoreszirende Körper Licht von anderer Brechbarkeit und mithin Schwingungsperiode wiedergeben, als womit sie bestrahlt wurden, so läßt sich das wohl als ein Austausch solcher Schwingungen, die ohnehin in ihnen ent-

---

1) Daß auch letzteres möglich ist, beweist die Zerlegung von Licht- und Wärmestrahlen durch das Prisma, der Schallstrahlen durch Resonatoren.

halten waren, mit solchen, die in sie eindrangen, fassen. Schwingungen von der verschiedensten Periode durch= kreuzen sich überhaupt in der Welt, ohne ihre Periode zu stören.

Strahlt überhaupt ein Körper dem andern Licht oder Wärme zu, so wird dieser die Schwingungen theils mit unveränderter Periode zurückwerfen [1]), theils, soweit er durchsichtig und diatherman (für Strahlwärme durch= gängig) ist, mit unveränderter Periode durchlassen, theils absorbiren. Was aus den absorbirten Schwingungen wird, weiß man nicht genau. Zum Theil helfen sie jeden= falls die Temperatur desselben erhöhen, indem sie wieder in freie Wärme übergehen, zum Theil aber treten sie in ein noch unbekanntes Verhältniß zu den, durch die Struktur des Körpers auf eine stehende Schwingungsform gebrach= ten innern Schwingungen desselben, welche die sogenannte gebundene Wärme desselben bilden; und ich denke mir, sie setzen sich damit zusammen, so weit sie dazu fähig sind, wovon gleich zu sprechen; insoweit sie es aber nicht sind, werden sie nun eben zurückgeworfen oder durchgelassen.

Schwingungen können überhaupt entweder fort= schreitende sein, wie Licht= und Schallschwingungen, die sich durch Aether und Licht fortpflanzen und dabei flüch= tig kreuzen, oder stehende, wie die Schwingungen einer

---

1) Dabei kann eine Zerlegung derart stattfinden, daß weißes Licht auffällt, farbiges zurückgeworfen wird, aber das farbige war schon mit seiner Periode in dem zusammengesetzten weißen Lichte enthalten.

Saite, die Schwingungen der Luft in einer tönenden
Röhre und voraussätzlich die Schwingungen der gebundenen Wärme. Sollen sich nun verschiedene Schwingungen zu einer stehenden haltbar zusammensetzen können,
so müssen sie in physikalischem Sinne harmonisch zu
einander sein, d. h. eine sei es gleiche oder in rationa-
lem Verhältnisse zu einander stehende Schwingungsperiode
haben; treffen sie aber zusammen, ohne solche zu haben,
so äußern sie doch ein mehr oder weniger wirksames
Streben, sich zu akkomodiren, d. h. die Constitution des
Körpers mehr oder weniger vorübergehend oder dauernd
so abzuändern, daß er sich zu harmonischen Schwingungen
hergiebt, und dies wird nicht minder von den feinsten
Schwingungen als von den gröbsten gelten. Allgemein
unterstützen sich harmonische Schwingungen in ihrer Kraft
und Haltbarkeit, indeß disharmonische sich stören.

Und so denke ich mir überhaupt, daß mit der Tendenz zur Verfeinerung der Bewegungen in der Welt
durch Umsatz in immer feinere Schwingungen und Ausgleichung der lebendigen Kraft dieser Schwingungen zwar
nicht eine Tendenz zur Monotonie, aber zur Harmonie
Hand in Hand geht, und daß dies zur physischen auch
seine psychophysische und hiermit psychische Bedeutung
haben wird. Eingehender habe ich hiervon in Unterord-
nung unter ein allgemeines Prinzip (Prinzip der Tendenz
zur Stabilität) in meiner Schrift „Die Tagesansicht
gegenüber der Nachtansicht" gesprochen. Hier näher
darauf einzugehen, würde zu weit führen. Also mag auch

die Periode der einmal in der Welt entstandenen Schwin=
gungen doch im Laufe der Zeiten gewisse Abänderungen
durch gegenseitige Akkomodation erfahren können, doch nur
solche, die in das Prinzip der Tendenz zur Harmonie
hineintreten. Harmonie aber ist nicht mit Gleichheit der
Perioden überhaupt zu verwechseln, sondern hat nur solche
als besondern Fall unter sich; und es können sich
Schwingungen von kleiner Periode ganz harmonisch in
solche von großer Periode einbauen und damit zusam=
mensetzen, ja ein Stufenbau sich so einschließender Perioden
bestehen.

Nimmt man das Vorige zusammen, so wird durch
die Tendenz zur Ausgleichung der lebendigen Kraft der
Schwingungen einerseits und durch die Tendenz zur Har=
monie derselben andererseits die Welt zwar nicht der
Monotonie zugeführt, die größte und selbst eine wachsende
Mannichfaltigkeit kann damit bestehen, wohl aber wird
die Welt vor Zerfahrenheit in ungebundene und heillose
Mannichfaltigkeit geschützt und in bestimmter Richtung
zum Bessern erhalten. Jedenfalls denke ich es mir so,
indem ich die thatsächlichen Anknüpfungspunkte dazu im
Sinne meiner Weltansicht zurechtlege.

Mögen nun, um endlich auf Ihre spezielle Frage zu=
rückzukommen, Sonne und Erde einmal zu sog. Schlacken
werden, so hat uns der schlecht klingende Name nicht zu
kümmern. Die Schwingungen, die jetzt das Leben auf
den Weltkörpern bedeuten, können nicht sterben, sondern
sich nur in noch feinere und nach meinen optimistischen

Voraussetzungen noch harmonischere verwandeln, und müssen
sich so oder so irgendwo und wie im Weltraum fort=
gepflanzt und zu einem allgemeinem System mit andern
verwebt wiederfinden. Sonne und Erde selbst aber mit
ihren, nicht völlig erloschenen, nur zum Temperatur=
gleichgewicht mit der Umgebung herabgebrachten Schwin=
gungen werden immer noch als Kerne des Systems fort=
bestehen. Organische Geschöpfe wie die, welche heute auf
der Erde herumlaufen, wird es freilich nicht mehr geben
können, aber ich betrachte die ganze Welt als ein allge=
meineres organisches System, und individuelle Schwin=
gungssysteme, an die sich zugehörige Systeme psychischer
Phänomene knüpfen können — auch die beseelten Menschen
und Thiere sind wesentlich nur solche — wird es auch,
ohne daß sie herumlaufen und in eine Haut eingeschlossen
sind, eingebaut ins größte System, noch geben können;
denn jedes individuell geartete und zusammengesetzte System
von Schwingungen setzt sich auch in seinen Folgen in ein
solches fort. Möchten Sie aber zuletzt doch nur Leichen
in der kalt gewordenen Sonne und Erde sehen, möglich,
daß sie endlich wirklich in gewissem Sinne diesen Charak=
ter annehmen, — so fasse ich das aus demselben Ge=
sichtspunkte, als die Leichen, die wir selbst hinter uns
lassen, indeß wir in dem Schwingungssystem fortleben,
das wir während unsers Lebens aus uns hervortrieben,
und was so wenig in das allgemeine System unterschieds=
los zerfließt, als das Spiel einer Violine, das vielmehr
im obigen Sinne noch mit seinem individuellen Charakter

durch die Welt fortgeht, selbst wenn die Violine, von der es ausgegangen, zerschlagen ist, eine Idee, die in der Schrift über die Tagesansicht ihre weitere Unterstützung und Ausführung gefunden hat. Also auch nachdem die Sonne und Erde zu Schlacken geworden sind, werden die von ihnen ausgegangenen Schwingungssysteme fort= leben, indem sie die Fortsetzung des unseren dabei mit= führen, und werden damit das allgemeine Schwingungs= system ausbauen helfen.

Schwingungen lassen sich überhaupt nicht einsperren[1]). Die Schwingungen in unserm Gehirn wie die Schwin= gungen in allen anderen Körpern strahlen von ihren Aus= gangspunkten aus ins Unbestimmte durch die Welt und wechselseitig zwischen den Körpern über, kreuzen, begegnen sich, vernehmen sich physisch und hiermit psychophysisch mit einander; zur Gravitation ist das ein zweites allgemeines Verkehrsmittel; und giebt es spiritistische Erscheinungen, so hängen auch sie hieran.

Jedoch ich will Sie nicht mit weiteren Ausführungen dieser doch nur rohen und hypothetischen Gedanken er= müden, und entschuldigen Sie nur, wenn sie für Ihren Wunsch oder Geschmack schon zu weit ausgelaufen sind. Fängt man einmal an, sich Gedanken in diesem Gebiete zu machen, so treibt einer von selbst den andern hervor

---

1) Selbst von der gebundenen Wärme hat man anzunehmen, daß zu jeder Zeit ein Theil davon sich in freie Wärme umsetzt und nach Außen strahlt, durch von Außen kommende Wärme aber wieder ergänzt.

und möchte jeder sich durch andere stützen. Jedenfalls bin
ich weit entfernt, zu glauben, Sie damit befriedigt zu
haben, daß ich das von der Wissenschaft noch unbestimmt
Gelassene im Sinne meiner Weltansicht gedeutet und zu=
recht gelegt habe. Denn so gütig Sie gewesen sind, einen
gewissen Kreis meiner Ansichten dem Publikum im gün=
stigsten Lichte vorzuführen, ist doch Ihre Weltansicht in
letzter Instanz eine andere. Sie nehmen keinen bewußten
Gott zur Welt an, und lassen das Bewußtsein überhaupt
nur eine exceptionelle Rolle in der Welt spielen. Indem
Sie Empfindung, bewußtes Leben überhaupt blos be=
gränzten Organismen, wie wir solche auf unserer Erde
kennen, ja nicht einmal allen, zuschreiben, muß freilich
für Sie mit dem Uebergange der Erde und Sonne und
endlich aller Sonnen in Schlacken die ganze Welt sich ver=
schlacken; und ich kann nicht erwarten, Sie von Ihrer
Weltansicht dadurch zu bekehren, daß ich in Vorigem
die entgegengesetzte voraussetze.

Mit hochachtungsvollem Gruße
der Ihrige
Professor Fechner.

Hierzu gestatte ich mir noch eine Schlußbemerkung.
Von Neubildungen im kosmischen Bereich zu reden,
ist ja in keiner Weise unzulässig. In der Astronomie
selbst wird ja die Hypothese von Weltnebeln als von in
Bildung begriffenen Sonnen und Sonnensystemen nicht
beanstandet. Setzt man den Neubildungsprozeß als un=

begrenzt fortdauernd, so würde also von einer jemals ein=
tretenden Verschlackung der ganzen Welt ohnehin nicht
die Rede sein können. Andererseits wird derselben aber nur
ein Aufschub gesteckt, sobald wir eine Erschöpfung der
Materie und damit also auch eine Begrenzung der Neu=
bildungen annehmen. Der entscheidende Punkt liegt also
in der alten ungelösten Frage: ist die Materie zu fort=
gehenden Neubildungen überhaupt erschöpfbar, ist nicht
die Zahl der Atome so gut unendlich zu setzen wie die
Ausdehnung von Raum und Zeit, eine Frage, die ich
für meine Auffassung bejahe, wenn gleich, wie ja ohne
Weiteres einzuräumen, weder die Vorstellung noch der
Physiker mit einer unendlichen Zahl von Atomen etwas
anzufangen im Stande sind. Denn dies Unvermögen
unserer Sinnlichkeit hebt für mich den Vernunftzwang
und damit auch den vernünftigen Inhalt, die Denknoth=
wendigkeit und damit auch die Denkbarkeit der Unendlich=
keit, des Unbegrenztseins in Bezug auf das Ganze und
also auch in Bezug auf die Materie als Substrat des
Ganzen nicht auf, weil es eben mit einer Grenze über=
haupt kein Ganzes mehr giebt. Ist das Grenzenlose
schon nicht das Ganze selbst, d. h. erschöpft diese Bestim=
mung nicht positiv dessen Gedankeninhalt, so ist es doch
die nächste Annäherung an dasselbe, die wir im Denken
erreichen können und als solche die unerläßliche Bedin=
gung, von der sich nicht abstrahiren läßt, ohne den Ge=
danken selbst aufzuheben.

————✳————

Univerfitäts-Buchdruckerei von Carl Georgi in Bonn.

Verlag von Emil Strauß in B

—>•<—

David Friedrich Strauß. Gesammelte Schrifte
Verfassers letztwilligen Bestimmungen zuse
Eingeleitet und mit erklärenden Nachweisun
von Eduard Zeller. 12 Bände Preis gel
in 12 Halbfranzbänden ℳ 75.—.

NB! Einzelne Bände dieser Gesammtausgabe werden nic
gegen sind die einzelnen Strauß'schen Schriften in Separatausga
Verlage erschienen.

David Friedrich Strauß. Das Leben Jesu für
Volk bearbeitet. Dritte Auflage. gr. 8°. 1874. Pr

David Friedrich Strauß. Der alte und der n
Ein Bekenntniß. Elfte Auflage mit einem
Eduard Zeller. Erscheint in 7 Lieferung

Eduard Zeller. David Friedrich Strauß in seine
seinen Schriften. 2. Auflage. Preis geh. ℳ

Besser, Leopold. Der Mensch und seine Ideale.
theoretischer und praktischer Art. 8°. Preis

Besser, Leopold. Die Ehe, Herrschen oder Diene
wort an Eduard Lasker. 8°. Preis ℳ 1.80.

Besser, Leopold. Was ist Empfindung? Vortrag
versammlung (1880) des psychiatrischen Verein
provinz. Preis ℳ 1.—.

Häckel, Ernst. Gesammelte populäre Vorträge
biete der Entwickelungslehre. Mit vielen
Heft 1 u. 2. 8°. Preis à ℳ 4.—.

Höffding, Harald. Die Grundlagen einer hu
Aus dem Dänischen. 8°. Preis ℳ 2.40.

Taine, Hippolit. Der Verstand. Autorisirte deut
nach der dritten französischen Auflage über
Siegfried. 2. Bände. gr. 8°. Preis ℳ 16.—.

von Wasielewski, Wilh. Jos. Robert Schuman
graphie. Dritte wesentlich vermehrte Auflage
Porträtradirung. 8°. geh. Preis ℳ 6.—.
ℳ 7.—.

—>•<—

Universitäts-Buchdruckerei von Carl Georgi in Bon